L'harmonisation fiscale, gage de croissance du potentiel énergétique de la zone CEMAC

Finances publiques/Public finance

Collection dirigée par/ Collection directed by Thierry Lambert

Les finances publiques connaissent un développement important et se diversifient. Cette discipline couvre notamment les finances de l'État, le droit public financier, le droit fiscal, les finances communautaires, les finances locales, les finances sociales, les finances internationales et comparées, les procédures fiscales ainsi que le droit douanier. Ces questions peuvent être envisagées dans un cadre national, communautaire ou mondial.

La présente collection a pour vocation de publier des travaux originaux (thèses, essais, colloques...) ou de facture plus classique (manuels, commentaires de textes, recueils de documents...).

Elle a aussi pour ambition de rééditer des ouvrages aujourd'hui introuvables, mais fort utiles, dès lors qu'ils s'imposent comme référence et qu'ils sont agrémentés d'une préface substantielle.

Public finance steadily developing and diversifying. This discipline more particulary covers state finance, public finance law, tax law, EU finance, local finance, social finance, international and comparative finance, tax procedures and customs law. Those questions can be considered within a national community or global framework.

The aim of this collection is to publish original works (theses, essays, symposiums...) or more traditional ones (textbooks text analyses, collections of documents ...).

In addition, it is meant to re-publish books which are currently untraceable no matter how useful provided they stand as genuine references and contain substantial prefaces.

Dernières parutions

Alexandre NICOLIER, *Le risque professionnel et le droit fiscal*, 2024.

Jean GIARD, *Le système fiscal international : une construction conceptuelle et pragmatique*, 2024.

François Marie DJOA BOYAM, *Finances publiques et décentralisation au Cameroun*, 2024.

Simon RIO, *Les dispositifs anti-abus en droit fiscal international, Contribution à l'étude de la théorie de l'abus de droit appliquée au droit fiscal internationa*l, 2024.

Yoan ANTONIO, *L'intégration de l'égalité femmes-hommes dans le budget de l'Etat*, 2024.

Marie-Caroline LEFEBVRE, *La proportionnalité en droit fiscal, Une action modératrice, par l'adaptation, dans l'application de la norme fiscale*, 2023.

Jennyfer PILOTIN, *Le secret en matière fiscale*, 2022.

Synthia Ndjogobissa Lessebi

L'harmonisation fiscale, gage de croissance du potentiel énergétique de la zone CEMAC

Préface de Daniel Ona Ondo

L'Harmattan

5-7, rue de l'École-Polytechnique ; 75005 Paris

http://www.editions-harmattan.fr/

ISBN : 978-2-336-49600-9
EAN : 9782336496009

DÉDICACES

À ATOLATSINIGUI Mireille, merci d'être la femme que tu es.

REMERCIEMENTS

Ma reconnaissance va naturellement et avant tout au Professeur Thierry LAMBERT, Président de l'Institut international des sciences fiscales, qui, en dépit de ses nombreuses occupations académiques, a accepté de diriger cette thèse. Je lui suis également reconnaissante pour sa constante disponibilité, ses recommandations avisées et toute la patience dont il a fait preuve durant la conduite de ce travail.

Mes vifs remerciements s'adressent ensuite au Professeur Daniel ONA ONDO pour avoir accepté de préfacer cet ouvrage.

Qu'il me soit permis de remercier également Jean-Pierre NDJOGOBISSA pour son soutien sans faille et sa précieuse aide qui m'a permis d'améliorer mes réflexions.

Mes remerciements s'adressent enfin à tous ceux qui m'ont permis d'obtenir les informations indispensables à la réalisation de ce travail, ainsi qu'à ma famille et mes amis pour leurs encouragements.

Préface

L'énergie est aujourd'hui, et le sera probablement demain, le principal enjeu des politiques industrielles et de la guerre économique à laquelle se livrent les pays occidentaux et les pays émergents. Le coût de l'énergie influence la compétitivité des pays et donne aux uns un avantage comparatif indéniable dans le marché des produits manufacturés.

Dans la CEMAC, l'accroissement de notre capacité énergétique est l'une des priorités de notre nouveau Programme Economique Régional (PER). Il est en effet paradoxal que les pays de la sous-région soient en déficit énergétique, alors qu'ils regorgent de potentialités immenses offertes par la nature. Comment gérer de manière optimale ces potentialités de la CEMAC, tout en tenant compte de la contrainte environnementale ? L'interconnexion, qui est aujourd'hui préconisée, est-elle viable sans harmonisation de la fiscalité énergétique dans la CEMAC ? Coordination ou harmonisation des fiscalités énergétiques nationales : quelle est la meilleure solution ?

Synthia NDJOGOBISSA donne une réponse originale à ce questionnement dans cet ouvrage tiré de sa thèse soutenue à Aix-Marseille.

Celle-ci repose sur une idée centrale : « l'harmonisation fiscale est le meilleur gage de croissance du potentiel énergétique de la zone CEMAC. Il ne s'agit pas d'homogénéiser les politiques fiscales énergétiques, mais de traiter leur interaction entre les pays membres comme un sujet d'intérêt commun ».

Pour traiter de manière approfondie un sujet si vaste et complexe, où il n'existe, de fait, que des sources d'information rares et éparses, l'auteure adopte dès le départ une démarche sémantique et pédagogique, en différenciant, l'harmonisation et d'autres concepts ou structures organisationnelles, telles que l'unification ou l'uniformisation. Bien après l'Europe, la CEMAC est en effet confrontée à la caducité des politiques fiscales nationales du fait de l'ouverture des frontières et de la mobilité accrue du capital. L'interdépendance des pays dans une communauté économique, oblige en effet de choisir entre une stratégie de concurrence fiscale ou une organisation commune de la fiscalité afin de maintenir une pression fiscale homogène. Deux types de coopérations sont souvent envisagés : l'harmonisation des politiques fiscales ou la création de taxes globales communes.

En rentrant dans ce débat, Synthia, contrairement à ce qui s'est passé dans l'Union européenne choisit l'harmonisation fiscale compte tenu de la structure et des réalités économiques de la CEMAC.

Ce choix opéré, l'auteure s'emploie ensuite à analyser « dans quelle mesure l'harmonisation fiscale des produits énergétiques peut-elle rechercher le meilleur compromis possible entre les impératifs économiques de l'intégration des marchés et les exigences d'autonomie des choix fiscaux nationaux » c'est là peut-être que se situe l'apport de Synthia NDJOGOBISSA. En fiscaliste avertie, elle a consulté et croisé des archives diverses : des opinions d'auteurs émises dans des textes législatifs, de la jurisprudence, des ouvrages et des articles. Elle a exploité une masse de documents, dont des traités nationaux et internationaux en les mettant en parallèle afin d'isoler les ressemblances et les différences des différents pays membres pour en vérifier les conditions d'applicabilité. Elle est ainsi parvenue à faire comprendre aisément à ses lecteurs, le sens des dispositions législatives ou réglementaires. Elle a réussi à exploiter avec clarté, quand c'était nécessaire, les documents les plus techniques, dans le seul but d'appuyer et d'illustrer sa démonstration. Synthia ne se contente pas d'effectuer ces exercices de style, mais tente d'en tirer les principaux enseignements.

Ce n'est peut-être pas le moindre paradoxe de cette recherche que de voir Synthia, qui montre une parfaite maîtrise des instruments théoriques et pratiques de la fiscalité proposer pour la CEMAC, un processus d'harmonisation fiscale permettant une gestion optimale des potentialités de son patrimoine énergétique qui tient compte de l'incivisme fiscal et des possibles fraudes.

Libreville, le 16 janvier 2023
Le Président de la Commission de la CEMAC
Pr Daniel ONA ONDO

Liste des sigles et des abréviations

ACAJ	Association Congolaise pour l'Accès à la Justice
AEF	Afrique Équatoriale Française
AFL	Acte Final de Lagos
AFREC	Commission Africaine de l'Énergie
APE	Accord de Partenariat Economique
BAD	Banque Africaine de Développement
BCE	Banque Centrale Européenne
BDEAC	Banque de Développement des États d'Afrique centrale
BEAC	Banque des États de l'Afrique centrale
BM	Banque Mondiale
BVMAC	Bourse de Valeurs Mobilières de l'Afrique centrale
CAISTAB	Caisse de Stabilisation et de Péréquation
CBLT	Commission du Bassin du Lac Tchad
CCI	Contribution Communautaire d'Intégration
CCJA	Cour Commune de Justice et d'Arbitrage de l'OHADA
CEA	Commission Économique pour l'Afrique
CEDEAO	Communauté Économique des Etats de l'Afrique
CEEAC	Communauté Économique des États de l'Afrique centrale
CEMAC	Communauté Économique et Monétaire de l'Afrique centrale
CEN-SAD	Communauté des États Sahélo-Sahariens
CEPGL	Communauté Économique des Pays des Grands Lacs
CGG	Commissions du Golfe de Guinée
CGI	Code Général des Impôts
CILSS	Comité Inter-Etats de Lutte Contre la Sécheresse au Sahel
CJCE	Cour de Justice des Communautés Européennes
COBAC	Commissions Bancaires de l'Afrique centrale
COPEM	Commissions Permanentes de l'Énergie et des Mines
COPIL/CER	Comité de Pilotage de la Rationalisation des deux Communautés Economiques Régionales
CORREAC	Commissions Régionales de Régulation de l'électricité de l'Afrique centrale
CSPRN	Commissions Temporaires des Nations Unies pour la Souveraineté sur les Ressources Naturelles
CUA	Commission de l'Union Africaine
DA	Droits d'Accises
DERSSDHBG	Départements de l'Éducation de la Recherche et du Développement Social Chargé des Droits de l'Homme et de la Bonne Gouvernance
DES	Douanière Stock Exchange
DGDA	Direction Générale des Douanes et Accises.
DIDD	Départements des Politiques et de Développement Durable
DMC	Départements des Politiques et de Développement Durable
DPEMF	Départements des Politiques Economiques Monétaires et Financières
DSPER	Documents Stratégiques de Politique Energétique Régionale
EAC	Communauté de l'Afrique de l'Est

EIED	École Inter-Etats Douanes
ER	Énergies Renouvelables
EU	Union Européenne
FCS	Fonds Communs de Solidarité
FEC	Facilité Élargie de Crédit
FMI	Fonds Monétaire International
FODEC	Fonds de Développement de la Communauté
FOMUC	Forces Multinationales en Centrafrique
GATT	General Agreement on Tariffs and Trade
GES	Gaz à Effet de Serre
GIEC	Groupe d'Expert Intergouvernementale sur l'Evolution du Climat
GNL	Gaz Naturel Liquéfié
GPL	Gaz de Pétrole Liquéfié
GRT	Gestionnaire de Réseau de Transport
IDE	Investissement Direct Etranger
IEF-PR	Institut de l'Economie et des Finances-Pôle Régional de Formation Régies Financières de l'Afrique centrale
INS	Instituts Nationaux des Statistiques
JDZ	Joint Development Zone
MUNISCA	Mission Multidimensionnelle Intégrée des Nations Unies pour la Stabilisation en Centrafrique
ODD	Objectif de Développement Durable
OHADA	Organisation pour l'Harmonisation du Droit des Affaires en Afrique
OIG	Organisation Inter-Gouvernementale
OMC	Organisation Mondiale du Commerce
OMD	Organisation Mondiale de Douane
OMD	Objectif du Millénaire pour le Développement
ONG	Organisations Non Gouvernementales
ONU	Organisation des Nations Unies
OPAEP	Organisation des Pays Arabes Exportateurs de Pétrole
OPEP	Organisation des Pays Exportateurs de Pétrole
OUA	Organisation de l'Unité Africaine
PAL	Plan d'Action de Malabo
PAS	Programme d'Ajustement Structurel
PEAC	Pool Energétique de l'Afrique centrale
PED	Pays En Développement
PER	Programme Economique Régional
PIB	Produit Intérieur Brut
PNUD	Programme des Nations Unies pour le Développement
PREFCEMAC	Programme des Réformes Economiques et Financières de la CEMAC
PRI	Programme de Réforme Institutionnelle
PRR	Programme Régional de Réforme
RFD	Réforme Fiscalo-Douanière
RPEF	Ressources Pétrolières à Epargner sous Forme Financière
RUSID	Redevance du Système Informatique Douanier
SADC	Communauté de Développement de l'Afrique australe

SBG	Solde Budgétaire Global
SBR	Solde Budgétaire de Référence
SNH	Société Nationale des Hydrocarbures
TC	Taxe Complémentaire
TCA	Taxe sur le Chiffre d'Affaires
TCAI	Taxe Commune sur le Chiffre d'Affaires à l'importation
TCE	Traité de la Charte de l'Energie
TCI	Taxe Communautaire d'Intégration
TEC	Tarif Extérieur Commun
TIC	Technologies de l'Information et de la Communication
TIPAC	Transport Inter-États des Pays de l'Afrique centrale
TPC	Programme Triennal de Convergence
TPG	Tarif Préférentiel Généralisé
TSPP	Taxe Spéciale sur les Produits Pétroliers
TU	Taxe Unique
TVA	Taxe sur la Valeur Ajoutée
UA	Union Africaine
UDE	Union Douanière Équatoriale
UDEAC	Union Douanière et Économique de l'Afrique centrale
UEAC	Union Économique de l'Afrique centrale
UEAC	Union des États d'Afrique centrale
UEMOA	Union Économique et Monétaire de l'Afrique de l'Ouest
UMAC	Union Monétaire de l'Afrique centrale
URAC	Union des Républiques de l'Afrique centrale
URSS	Union des Républiques Socialistes Soviétiques

Carte, Encadré, Figure, Graphique, Tableaux

Carte :

Encadré :

Figure :

Graphiques :

Tableaux :

SOMMAIRE

INTRODUCTION

1. Dans le contexte de la mondialisation, il est étonnant de voir comment le monde s'organise selon des logiques régionales[1]. La mondialisation est un fait incontestable, qui se traduit par l'intensification de l'ouverture et de l'élargissement de sous-ensembles particulièrement dynamiques dits « pôles économiques »[2]. En outre, le contexte économique mondial actuel très marqué par la globalisation des échanges et la crise économique, pousse les États à se regrouper pour former des espaces économiques beaucoup plus étendus, par le mécanisme de l'intégration régionale[3]. Si bien qu'on « assiste, depuis le début des années quatre-vingt-dix, à un regain d'intérêt pour les processus d'intégration dans toutes les régions du monde »[4], marqué par le libéralisme économique très poussé. Ce libéralisme économique, fondé sur la libre circulation des personnes et des biens s'accompagnent d'un arsenal juridique, dont la portée réside dans l'érosion des frontières étatiques[5]. Ainsi, le mouvement d'intégration représente la recherche d'un droit en commun, qui intègre la multiplicité des systèmes juridiques nationaux dans le but de communiquer et d'échanger[6].

2. C'est en ce sens que l'accent mis par les États africains sur la constitution d'un espace économique et juridique intégré[7], illustre bien la prise de conscience des enjeux du positionnement de l'Afrique sur le marché mondial. Bien que l'existence des organisations politico-territoriales remonte aux IVe (Chine) et V^{e} (Grèce) siècles avant Jésus-Christ[8], il faut toutefois dire que, si l'on s'en tient aux confédérations, les premières organisations

---

[1] SAURUGGER (S) ; Théories et concepts de l'intégration européenne, Paris, Édition *Presses de science po*, 2013, p.20

[2] BELAID (S) ; *Le rôle du droit dans l'intégration régionale*, Revue tunisienne de Droit 1989, p.21

[3] OGOUMA (J) ; *Politique fiscale et intégration régionale*, p.4.

[4] MAMATY (I), SALMON (J-M), DIOULO (J-M), DE BIOLLEY (T), ANGELO (L) ; *L'appui à l'intégration régionale en Afrique : quels enjeux pour les partenaires au développement ?* Étude réalisée par STRADEVCO, juin 2012 Direction Générale de la Mondialisation, du Développement et des Partenariats, p.14.

[5] OUEDRAOGO (S) ; *Les compétences nationales en matière fiscale et la communautarisation des règles dans l'espace ouest-africain*, Thèse de l'Université de Bordeaux, Sous la direction du Professeur Jean-Pierre DUPRAT, soutenue le 25 novembre 2015, p. 27.

[6] MEYONG ABATH (R) ; *L'harmonisation fiscale en zone CEMAC*, Thèse université de Paris Dauphine, Sous la direction du Professeur Bernard CASTAGNEDE, Soutenue en mars 2010, p.13.

[7] YAYA SARR (A), *L'intégration juridique dans L'Union Économique et Monétaire Ouest Africaine (UEMOA) et dans l'Organisation pour l'Harmonisation du Droit des Affaires en Afriques (OHADA)*, p.25

[8] DORMOY, (D), *Droit des organisations internationales*, Paris, Edition Dalloz, 1995, p. 2.

régionales se sont formées dans le sillage de l'État souverain en Europe[9]. En Afrique, l'idée des regroupements régionaux prend son essor en 1959 avec la conférence de Bandoeng[10]. C'est semble-t-il, au sortir de cette conférence que les intentions se sont fixées dans les pays en développement par la création des espaces régionaux à caractère politique ou économique. Si bien qu'au lendemain de leur accession à la souveraineté, les États africains ambitionnaient de s'inscrire fermement dans un processus de développement économique[11]. Concrètement, cet objectif ambitieux s'est traduit d'une part, par la création de l'Organisation de l'Unité Africaine (OUA) en 1963 devenue l'Union Africaine (UA)[12]. Et d'autre part, par la création des organisations sous régionales, constituées de dispositifs institutionnels et de mécanismes juridiques garantissant l'harmonisation des politiques nationales et l'élaboration des stratégies de développement commun[13].

3. Cependant, ce serait se fourvoyer que de penser que l'Afrique centrale[14] ne connaissait pas déjà des formes similaires de coopération entre les peuples qui y vivaient. En effet, bien qu'il faille noter depuis l'époque précoloniale (entre les IXe et les XVIIe siècles), l'existence permanente de liens économiques, monétaires, politiques, culturels et sociaux anciens entre de vastes empires stables dans cette partie de l'Afrique[15], il convient toutefois, de remonter à la période coloniale pour retrouver les balbutiements de brassage socio-économique[16], à travers la création de l'Afrique Équatoriale Française (AEF) en 1910[17]. C'est dans ce cadre qu'en 1959 a été mise en place l'Union Douanière Equatoriale (UDE), dont l'objectif initial était de favoriser, au niveau sous-régional, les politiques de coopération douanière et monétaire engagées par les États membres au sein de la Zone

---

[9] MESSE MBEGA (C), *La Communauté économique des États de l'Afrique centrale (CEEAC) : Quelle politique de sécurité pour une organisation régionale à vocation économique ?* Thèse Université de Reims Champagne-Ardenne, 2015, p.23.

[10] CONFERENCE des nations Afro-Asiatiques, convoquée par les gouvernements de Birmanie, de Ceylan, de l'Inde, d'Indonésie et du Pakistan, Réunie à Bandung du 18 au 24 avril 1955, dans le but de contribuer à l'accélération du processus de décolonisation et à l'émergence d'un nouveau groupe de pays qui feront partie du tiers monde.

[11] Entre autres, décider de mettre en œuvre une intégration régionale à travers une coopération politique, juridique et économique, afin de parvenir à un développement collectif et harmonieux.

[12] MESSE MBEGA (C), *Ibid.* p.26.

[13] SOMMO PENDE (A), *L'intégration sous-régionale en CEMAC à l'épreuve de la liberté de circulation des biens et des personnes*, Mémoire Master Gouvernance et Politiques Publiques Université Catholique d'Afrique centrale, 2010, p1.

[14] Avec une population estimée aujourd'hui à environ 30 millions d'habitants inégalement répartie sur une superficie de près de 3 millions de km^2, elle est la plus petite des communautés économiques en Afrique. Son sous-sol est comparativement à celui des autres pays africains extrêmement riche.

[15] OUEDRAOGO (S), *op.cit.* p.25.

[16] AVON (D), *Intégration régionale dans la CEMAC : des problèmes institutionnels récurrents.* p.7.

[17] Archives Nationales d'Outre-Mer (ANOM), 2011/2013 p.2.

Franc[18]. Dès lors, afin de promouvoir l'établissement graduel d'un marché commun, grâce à l'élimination des entraves au commerce intra-communautaire, à la coordination des programmes de développement et à l'adoption des mesures d'harmonisation[19], les nouvelles Républiques[20] signèrent le 8 décembre 1964 à Brazzaville, le Traité instituant l'Union Douanière et Économique de l'Afrique centrale (UDEAC)[21]. Malheureusement, la difficile conjoncture économique du début des années 1990 dans la sous-région sonna le glas de l'UDEAC. Née des cendres de l'UDEAC, la Communauté Economique et Monétaire d'Afrique centrale (CEMAC), est instituée par le Traité du 16 Mars 1994 signé à Ndjamena[22], afin de rendre effectives l'harmonisation des politiques et l'élaboration d'un cadre juridico-économique favorable à la relance de l'investissement et surtout à la réalisation d'un marché commun[23].

4. Au regard du faible poids économique des États membres, de l'étroitesse des marchés nationaux et de la faible productivité des industries, une nouvelle impulsion d'intégration régionale prend toute son importance[24]. De ce fait, la mise en place d'un marché commun à travers l'élimination progressive des obstacles aux échanges, conduit inéluctablement les juristes à s'interroger sur les techniques juridiques mises en place par les institutions

---

[18] La Zone Franc regroupe aujourd'hui les pays d'Afrique noire francophone situés au sud du Sahara, dans deux organisations d'intégration économique que sont la CEMAC (Cameroun, Centrafrique, Congo-Brazzaville, Gabon, Guinée Equatoriale et Tchad) et l'UEMOA (Bénin, Burkina Faso, Côte d'Ivoire, Guinée Bissau, Mali, Niger, Sénégal et Togo), dans une union monétaire, chacune des Organisations étant dotée d'une banque centrale qui émet une monnaie unique, le franc CFA.

[19] OUEDRAOGO (S), *Ibid.*, p.25.

[20] Le référendum de septembre 1958 transforme les cinq entités constituant la fédération en républiques autonomes (République congolaise ou Congo-Brazzaville, République centrafricaine, République gabonaise, République du Tchad, République du Cameroun) au sein d'une éphémère Communauté française.

[21] NDOKIA (C-I), *L'intégration économique : les enjeux pour l'Afrique centrale*, Paris, Édition l'Harmattan, 1999, p.12.

[22] Mais ce n'est que le 25 juin 1999, que les chefs d'Etats lancèrent officiellement et solennellement le démarrage des activités de la CEMAC à Malabo. Cf; SOMMO PENDE (A), o*p.cit.*, p.1.

[23] Cette décision s'inscrit également dans la logique de la mise en œuvre du Traite d'Abuja, signé par tous les Etats de la CEMAC. Afin, de donner une impulsion nouvelle au processus d'intégration régionales, au regard du retard qu'accuse l'Afrique centrale en la matière, comparée aux autres régions du Continent. Enfin, elle intervient aussi dans un contexte international caractérisé par la mondialisation et l'émergence et la consolidation concomitante de grands blocs économiques régionaux. Cf ; SOMMO PENDE (A) ; *Op.cit.*, p.1.

[24] En effet, l'intégration régionale facilite la création d'un espace géoéconomique plus grand, permettant aux Etats de faire face collectivement aux défis de la concurrence internationale et de mieux s'insérer dans l'économie mondiale. Voir Nations-unies Commission Economique pour l'Afrique, centrale de développement sous-régional pour l'Afrique centrale ; *redynamiser l'intégration en Afrique centrale : cadre stratégique pour l'intégration et la coopération en Afrique centrale*, p.3.

communautaires[25]. Car, la mise en place d'un marché commun basé sur la libre circulation des personnes, des biens et des capitaux entre Etats impliquant une internationalisation du droit et de l'économie, ne saurait passer sous silence certaines questions essentielles, eu égard aux domaines sur lesquels les membres se sont entendus pour exercer des prérogatives communes. Au nombre des politiques sectorielles communes à mettre en œuvre, figure la politique fiscale des produits énergétiques. Les disparités entre celles-ci peuvent conduire à un dumping fiscal susceptible de provoquer une concurrence dommageable pour certains Etats[26]. Car, en Afrique plus qu'ailleurs, les problématiques de l'énergie sont sources de nombreuses préoccupations et tensions que le droit semble manifestement appréhender avec de sérieuses difficultés.

I. <u>Présentation du contexte énergétique</u>

5. L'énergie (du grec : ενέργεια, *energia*, force ou action) est la capacité d'un système à produire un travail entraînant mouvement de la lumière et de la chaleur. C'est une grandeur physique, qui caractérise l'état d'un système et qui est d'une manière globale, conservée en cours de transformation[27]. On désigne l'énergie de manière différente selon le stade auquel elle apparaît dans les filières énergétiques. Les deux principaux stades, que l'on retrouve dans les statistiques de production et de consommation d'énergie sont l'énergie primaire et l'énergie finale[28].

6. <u>L'énergie primaire</u> correspond aux formes sous lesquelles la nature livre l'énergie avant toute transformation ; énergie chimique contenue dans une ressource fossile (charbon, pétrole, gaz naturel) ou dans la biomasse (bois, végétaux, déchets) ; énergie mécanique de l'eau ou du vent (hydraulique, éolien) ; énergie thermique de l'eau chaude du sous-sol (géothermie) ou du rayonnement solaire ; énergie photovoltaïque solaire ; énergie nucléaire du noyau de l'atome d'uranium.

7. <u>L'énergie finale</u> : correspond aux produits énergétiques qui sont livrés au consommateur, résultant d'une transformation effectuée à partir de l'énergie primaire pour satisfaire divers besoins : produits pétroliers, combustibles solides et gazeux, électricité[29]. Dans certains cas, l'énergie finale peut être identique à l'énergie primaire (c'est le cas du gaz naturel).

---

[25] GNIMPIEBA TONNANG (E) ; *op.cit*, p.41.

[26] OUEDRAOGO (S); *op.cit*, p.29.

[27] SABLIERE (P), *Droit de l'énergie*, Édition Dalloz, Paris, 2014, p.2.

[28] RAPPORT D'ETUDE, sous la direction de KEGNE OUABO (J) et LAPONCHE (B) ; *Les consommations d'énergie des pays de la CEDEAO et de la CEMAC*, 2008, p.8.

[29] HANSEN (J-P), PERCEBOIS (J), *Énergie économie et politiques*, avec la collaboration de JANSSENS (A), 3e édition, Édition Deboeck mai 2019, p.41.

8. Ainsi, parler des produits énergétiques, c'est introduire d'abord les produits pétroliers, qui en Afrique centrale, représentent 46,35%. Puis, le gaz naturel dont la consommation est de 41,65%. Enfin, l'électricité qui représente 12% (voir **Tab.1** et **Graph. 1** et **2**).

Tableau 1 : *Consommation d'énergie finale des pays de la CEMAC par produits énergétiques.*

	Produits pétroliers		**Gaz**		**Électricité**	
	Mtep	**%**	**Mtep**	**%**	**Mtep**	**%**
Cameroun	1,9	57,57	0,8	24,24	0.6	18,18
Congo	0.5	28	1,2	67	0.1	5
République Centrafricaine	0.05	81	0.002	3	0.01	16
Gabon	0.8	60	0.34	25	0.2	15
Guinée-Equatoriale	0.1	8	1.03	88	0.04	4
Tchad	0.4	95	/	/	0.02	5
CEMAC	**3,75**	**46,35**	**3,37**	**41,65**	**0.97**	**12**

Source : Base de données énergétique Africaine 2020 et CIA World fact book 2020

- ***Mtep*** = million de tonne équivalent pétrole.

Graphique 1: *Produits pétroliers CEMAC ;* ***Graphique 2:*** *Électricité*

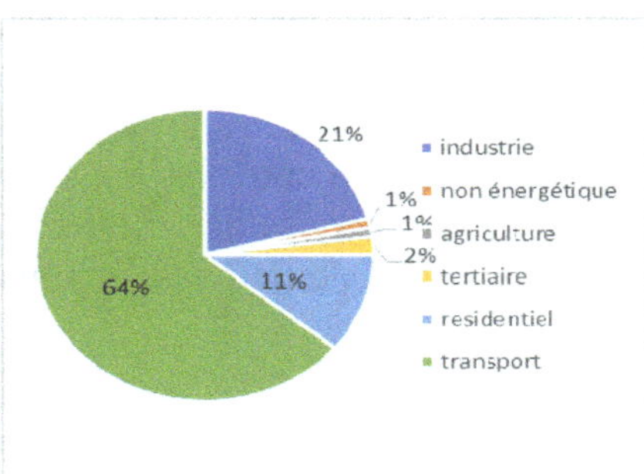

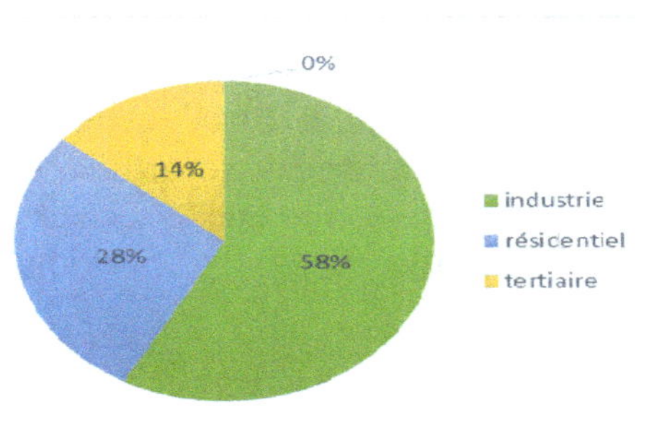

Source : Les consommations d'énergie des pays de la CEMAC, 2008.

9. Au niveau budgétaire, la lecture du tableau 2 montre que le pétrole représente une ressource vitale pour l'économie de certains pays de l'Afrique centrale[30]. En effet, pour les pays les plus dépendants les chiffres

[30]ETUDE PROSPECTIVE ET STRATEGIQUE, *Impact de la baisse du prix du pétrole sur les pays producteurs d'Afrique équatoriale (Cameroun, Congo-Brazzaville, Gabon et Guinée équatoriale),* 25 septembre 2015, p.8.

de la part des revenus pétroliers dans le budget sont de (81,7%, 68,4% et 45,3%) et représentent jusqu'à 88,6 % des recettes d'exportations. Alors, que la contribution de ces pays à la production pétrolière mondiale est négligeable (moins de 1 % à eux quatre).

Tableau 2: *Part du pétrole dans le PIB, le budget et l'exportation (2018).*

	PIB	BUDGET	EXPORTATION
CAMEROUN	3,4%	14,6%	27,4%
CONGO	45,1%	68,4%	82,1%
GABON	30%	36,9%	65,9%
GUINEE-EQ.	40,2%	81,7%	66,1%
TCHAD	16,1%	45,3%	88,6%

Source : BEAC 2018

10. Désigné par l'Organisation des Nations Unies (ONU) comme une priorité pour la décennie 2014-2024 et faisant partie des sous-critères des Objectifs du Millénaire pour le Développement (OMD), l'accès à l'énergie est pour l'heure l'un des principaux enjeux des pays africains. Avec en 2020 une population d'environ 1,335 Milliard d'habitants[31], l'Afrique ne consomme que 3,2% de toute l'énergie consommée dans le monde[32]. À terme, l'augmentation prévisible de la population et l'amélioration du niveau de vie entraîneront des besoins accrus en énergie[33]. Cette situation présente un paradoxe dans la mesure où de nombreux Etats africains disposent d'un potentiel énergétique important, mais actuellement très faiblement mobilisé, en raison de l'absence de stratégies, politiques et de programmes appropriés au niveau de chaque Etat[34]. Cela semble s'expliquer, en Afrique centrale d'une part, par l'inégale répartition des sources d'énergie entre les pays. Et d'autre part, par le fait que le secteur électrique est caractérisé par une faible capacité installée, une interconnexion intra et interrégionale limitées, un taux

---

[31] Department of economic and social affairs population dynamics – World population prospect 2020

[32] En effet, en comparaison à son poids démographique, l'Afrique subsaharienne (hors Afrique du sud) ne consomme que 180 kWh par habitant contre 13 000 kWh par habitant au États-Unis et 6500 kWh par habitant en Europe. Voir Banque africaine de développement (BAD), The high 5, Éclairer l'Afrique et l'alimenter en énergie – « Le New Deal » pour l'énergie en Afrique. Voir aussi, CANTONI (R), MUSSO (M), « L'énergie en Afrique : les faits et les chiffres. Introduction », in *De Boeck Supérieur, Afrique contemporaine*, 2017, n°261-262, p.9-23.

[33] Agence Française de Développement et Banque africaine de Développement, *L'énergie en Afrique à l'horizon 2050*, p.2.

[34] Livre Blanc CEEAC-CEMAC, politique régionale *pour un accès universel aux services énergétiques modernes et le développement économique et social 2014-2030*, 2014, p.24.

d'accès très insuffisant et une qualité de service en deçà des normes internationales.

11. Dès lors, le retard de l'Afrique centrale en matière d'optimisation de son potentiel énergétique pose avec acuité la question de l'importance de la communautarisation des politiques fiscales et le renforcement d'un droit de l'énergie au service du développement économique. Aussi, plusieurs techniques d'intégration juridique que sont notamment l'harmonisation, l'uniformisation ou l'unification sont envisageables pour communautariser les impôts. MAILLOT et Dima EHONGO[35] précisent alors que les concepts « d'harmonisation », « d'unification » et « d'uniformisation » sont employés, soit dans des sens différents, soit au contraire comme synonymes. Néanmoins, pour éviter des glissements de sens, il est important d'apporter des clarifications aux ambiguïtés qui entourent l'usage de ces notions, afin d'éviter toute confusion conceptuelle.

II. Distinction entre harmonisation, unification et uniformisation

12. La définition de chacune des notions permet de souligner les caractéristiques qui les distinguent les unes des autres. Cette différenciation tient, principalement en deux points.

13. Le premier élément de distinction réside dans le degré de similitude du contenu législatif ou réglementaire établi par chacun des concepts[36] : en effet, l'unification des mots latins *unus* qui signifie « un » et *facere* qui veut dire « faire » [37] et l'uniformisation composée des mots latins *unus* qui signifie « un » et *forma* qui veut dire « forme »[38], prône une identité de contenu législatif ou réglementaire de second degré. Autrement dit, ces deux modalités d'intégration juridique exigent que la teneur législative ou réglementaire qui en résulte soit parfaitement identique pour toutes les parties implique et ne laisse subsister aucune spécificité nationale. À l'opposé, l'harmonisation quant à elle suppose l'élaboration de normes ayant un niveau d'identité ou d'unité de premier degré. En effet, l'harmonisation opère un niveau de similarité législative ou réglementaire, qui laisse place à la survivance de certaines spécificités nationales[39].

---

[35] MIALLOT (C), DIMA EHONGO (P), « Introduction. De l'intégration normative à géométrie et géographie variable ». In DELMAS-MARTY ; *critique de l'intégration normative, l'apport du droit comparé à l'harmonisation des droits*, Paris, PUF.2004. p.26.

[36] FETZE KAMDEM (I), « Harmonisation, unification et uniformisation. Plaidoyer pour un discours affiné sur les moyens d'intégration juridique » in *Revue juridique Thémis* 43-3, 2009, pp. 605-645, p.620.

[37] DIOUM (N-N), *L'harmonisation fiscale en UEMOA : Enjeux et Perspectives*, Mémoire, Promotion : 2013/2015, p.9.

[38] *Ibid.*, p.9.

[39] FETZE KAMDEM (I), *op.cit.*, p.620.

14. Le second élément de distinction se trouve dans le support de mise en œuvre du résultat d'une entreprise d'intégration juridique. Contrairement à l'uniformisation qui suppose aussi bien un fond législatif ou réglementaire commun qu'une forme unique, l'harmonisation et l'unification aboutissent à des normes dont le support et la procédure d'adoption sont choisis par les différentes parties prenantes[40].

15. En somme, l'uniformisation propose un abandon de la souveraineté au profit de la communauté, par la fusion des fiscalités de différents pays en un modèle identique. L'unification, pour sa part, est la substitution à la pluralité des ordres juridiques d'un ordre unique[41]. À l'inverse, l'harmonisation puise dans l'équivalence fonctionnelle, entre les mesures prises dans les différents[42] États impliqués, autant le cadre juridique, qui en résulte laisse en friches de nombreux aspects qui seront régis par des normes propres à chacun de ces États[43]. Ce faisant, elle laisserait aux autorités nationales certains aspects du droit qui, parfois, constituent des pierres d'achoppement lors d'une entreprise d'intégration juridique[44]. Ainsi, la dynamique d'harmonisation fiscale a-t-elle été préférée à l'uniformisation et à l'unification, par le simple fait, que l'harmonisation pose l'exigence d'une reconfiguration des systèmes fiscaux nationaux, afin de parvenir à construire, selon l'expression de Saint-Etienne, un véritable espace de « croissance équitable »[45]. Analyser la dynamique d'harmonisation fiscale en Afrique centrale impose toutefois de préciser non seulement son approche conceptuelle, mais également son champ d'application et les enjeux, qui ont cours à l'occasion de ce processus. Par ailleurs, cette étude ne peut prétendre à sa complétude, que si elle soulève les problématiques qui entourent la dynamique d'harmonisation fiscale des politiques énergétiques, tout en formulant des hypothèses sur la base desquelles ce processus peut être viabilisé. Mais, il importe, avant toute chose, de clarifier le concept même d'harmonisation fiscale[46].

III. <u>Présentation du contexte harmonisation</u>

16. La mondialisation de l'économie suppose l'harmonisation des droits et des pratiques. Cette exigence constitue pour les pays en voie de développement une priorité pour créer les conditions favorables à l'instauration d'un espace de sécurité juridique et judiciaire indispensable,

---

40 FETZE KAMDEM (I), *Ibid.*, p.617
41 MEYONG ABATH (R), *op.cit.*, p.14.
42 *Ibid.*, p.13.
43 FETZE KAMDEM (I); *Ibid.*, p.622.
44 *Ibid.*
45 YAYA SARR (A), *op.cit.*, p.27.
46 MEYONG ABATH (R), *op.cit*, p.15.

pour drainer les flux importants d'investissements. Car, investir est déjà en soi un risque, même s'il est calculé, il ne faut pas que vienne s'y greffer un système juridique fluctuant, ondoyant et insaisissable au risque de ne pas susciter l'attrait des investisseurs[47]. En outre, l'harmonisation est l'un des modes de relation que le droit communautaire peut entretenir avec ses homologues nationaux[48].

17. Du Latin *harmonia*, l'harmonisation désigne « un simple rapprochement entre deux ou plusieurs systèmes juridiques[49] », afin d'en réduire ou d'en supprimer certaines contradictions. Par ailleurs, COMMUNIER précise que l'harmonisation fiscale « consiste à rapprocher les systèmes fiscaux de manière à rendre propice la mise en place d'un marché commun[50] ». Mieux encore, ASSIMACOPOULOU définit l'harmonisation comme « un mécanisme juridique d'alignement des droits nationaux qui cherche à éliminer ou du moins, à atténuer les distorsions et les disparités que ces droits provoquent, dans le cadre de la réalisation des objectifs communautaires, en produisant les règles similaires[51] ». Ainsi, l'harmonisation est un moyen qui sert à établir les grandes lignes d'un cadre juridique en laissant aux différentes parties prenantes à l'intégration, le soin de compléter l'ossature commune, par des dispositions qui correspondent mieux à leurs valeurs, à leurs préférences ou à leur niveau de développement[52].

18. Toutefois, il convient de mentionner que la mise en œuvre du processus d'harmonisation de la fiscalité directe et indirecte n'a pas le même rôle à jouer, même si leur objectif commun est la mobilisation des recettes fiscales et la réduction des disparités au niveau de la taxation[53]. À cet effet, l'harmonisation de la fiscalité indirecte non seulement élimine des distorsions au niveau des prix relatifs dues à des traitements fiscaux différents entre Etats, mais permet aussi de substituer les pertes de recettes dues à la libéralisation tarifaire, par un niveau de prélèvement d'impôts indirects conséquent, notamment la TVA. Du simple fait que les impôts indirects sont plus faciles à mobiliser, en raison de l'incivisme fiscal[54]. D'autant plus que l'analyse de l'harmonisation de la fiscalité des produits énergétiques n'est pas un exercice aisé, car il procède de la superposition des différentes strates : le coût (de production, de transport, de transformation et de distribution) qui est le plus souvent hétérogène, des taxes imposées par les pays exportateurs et par les pays consommateurs, des

---

47 YAYA SARR (A), *op. cit*, p.27.

48 MEYONG ABATH (R), *Ibid.*, p.16.

49 CORNU (G), (Dir.), *Vocabulaire juridique*, Paris, Quadrige / PUF, 2000, p. 423.

50 COMUNIER (J-M), *Droit fiscal communautaire*, Édition Bruylant, Bruxelles, 2001, p.1.

51 MEYONG ABATH (R), *op.cit.*, p.16.

52 FETZE KAMDEM (I), *op.cit.*, p.13.

53 DIOUM (N-N), *op.cit.*, p.8.

54 *Ibid.*

politiques tarifaires nationales qui introduisent parfois des distorsions économiques. Il existe donc des disparités importantes créatrices de distorsion puisque les produits en concurrence directe peuvent être soumis à des régimes fiscaux différents et marqués par des différences importantes dont certaines tiennent aux disparités de traitement fiscal[55].

19. Malheureusement, dans la CEMAC, le processus d'harmonisation fiscale se trouve menacé par une volonté chez les Etats membres de préserver leur souveraineté, car toutes les avancées dans le processus d'harmonisation érodent cette même souveraineté. À ce titre, ce lien étroit qu'entretient la fiscalité avec la souveraineté de l'Etat a bien été perçu par le Pr. GEST lorsqu'il affirme que : « Le pouvoir de lever l'impôt est communément présenté comme le pouvoir régalien par excellence, trouvant sa légitimité dans l'idée même de souveraineté[56] ». En effet, la fiscalité demeure l'une des prérogatives régaliennes par excellence, et on considère que l'impôt est la marque de la souveraineté de l'État, mais aussi l'instrument principal de sa souveraineté. Il faut dire que la corrélation entre pouvoir fiscal et souveraineté est l'objet d'un vieux débat qui est alimenté par les crises de souveraineté imputables aux processus d'intégration[57], inscrit dans une politique d'émergence dont la base est la diversification de l'économie. C'est pour cette raison que jusqu'à présent, contrairement à l'Union Economique et Monétaire de l'Afrique de l'Ouest (UEMOA), la CEMAC peine à avancer dans son processus d'harmonisation fiscale[58].

20. En réalité, la question de l'importance et de la nécessité de l'harmonisation des politiques fiscales, tout comme la souveraineté fiscale ne fait nullement l'unanimité[59]. Car pour certains Etats elle présente des risques, non seulement, parce que ses moyens sont plus complexes et l'écueil de la fragmentation juridique est proche, mais aussi, parce que les décisions fiscales ne sont pas évaluées par comparaison avec ce qui existe dans les autres Etats, mais plutôt, en fonction de leurs propres mérites. De plus, étant donné que la fiscalité, symbole de la souveraineté des Etats en matière de finances, reste actuellement le seul levier propre aux Etats, est-ce que les Etats de la CEMAC sont-ils disposés à renoncer à leur souveraineté fiscale au bénéfice de la communauté ? Lorsqu'on sait que parfois les intérêts et les valeurs défendus par une société à une période déterminée, peuvent ne pas

---

[55] PFISTER (M) ; *Initiative NEPAD-OCDE pour l'investissement en Afrique ; Une fiscalité orientée vers l'investissement et le développement : aperçu de quelques enjeux de politique fiscale en Afrique*, avril 2009, p.5.

[56] GEST (G), *« Considérations générales sur la notion de souveraineté fiscale »*, in Mélanges Paul AMSELEK, Bruxelles, Bruylant, 2005, p.332.

[57] HAQUET (A), « *La (re)définition du principe de souveraineté »*, Pouvoirs n°94, 2000, pp.141-142.

[58] DIOUM (N-N), *op.cit..*, p.9.

[59] MEYONG ABATH (R), *op.cit*, p.14.

être les mêmes que ceux approuvés dans une autre société au cours de la même période[60]. Ce qui fait sans doute dire à SALIN que « l'harmonisation fiscale n'est pas nécessaire et peut même s'avérer préjudiciable »[61]. En revanche, il estime que l'harmonisation s'avère nécessaire entre Etats où les systèmes fiscaux sont mal élaborés.

IV. La nécessité d'harmoniser

21. La CEMAC apparaît comme l'une des régions au monde présentant le profil économique le moins diversifié et le moins intégré. Il convient donc qu'avec un marché aussi fragmenté et une multiplicité de règlements et des normes, la zone CEMAC a besoin d'un cadre juridique, institutionnel et procédural clair et prévisible pour encourager les investissements et créer un climat de stabilité. Outre l'objectif que tout système fiscal fournit des ressources suffisantes pour le financement des dépenses publiques, il doit être considéré également comme un enjeu majeur de développement et d'intégration régionale de la zone. Il n'est en effet, de toute évidence, plus possible de laisser les Etats membres faire leurs propres choix de politiques fiscales, en vue d'optimiser la position compétitive de leurs propres territoires. Dans un espace communautaire, si les États membres disposent du droit de déterminer librement leur fiscalité nationale, quand bien même cela serait dicté par des exigences d'intérêt national, on peut craindre que la pression exercée par la mondialisation des activités des entreprises et des particuliers, conduise à une compétitivité malsaine entre les différents systèmes fiscaux.

22. Par ailleurs, frappés à divers degrés par le choc des prix du pétrole en 2019 et la crise sanitaire Covid-19, les pays de la CEMAC connaissent des déséquilibres budgétaires et extérieurs et des niveaux d'endettement différents[62]. Avec une activité morose, des recettes pétrolières en berne et un impératif de soutien de la demande publique à l'activité économique, et la lutte contre la crise sanitaire, le déficit budgétaire, base engagements, dons compris, se creuserait à -2,5 % du PIB en 2020, contre -0,1 % du PIB en 2019[63]. Ce choc fiscal a été d'autant plus difficile à amortir que cette augmentation des déficits est intervenue alors que tous les pays à l'exception du Congo, qui présentait en 2013 un solde budgétaire positif, étaient déjà en situation de déficit budgétaire avant même la chute des cours du pétrole : 3 % pour le Gabon, 4 % pour le Cameroun et 5 % pour

[60] KELSEN (H), *Théorie pure du droit*, 2e éd, Paris, Édition Dalloz, 1962, p.93.

[61] *Ibid.*, p.15.

[62] En 2019, les soldes budgétaires globaux variaient d'un déficit de -3,2 % à un excédent de 5,3% du PIB. La variation du solde budgétaire en pourcentage du PIB (-2,4 points),

[63] RAPPORT BEAC, *sur la politique monétaire*, décembre 2O20, p.28.

la Guinée équatoriale pour l'année 2013[64]. Ce qui a mis en évidence non seulement, la dépendance budgétaire des pays de la CEMAC sur les ressources énergétiques mais aussi, l'absence d'une approche coordonnée dans ce domaine économique stratégique[65] et rappelé son caractère stratégique dans les relations extérieures. De surcroît, confronté à l'enchérissement et la raréfaction des ressources fossiles[66] et dans un contexte de changement climatique, le développement des énergies renouvelables (ER) pour atténuer la dépendance des pays, constitue une chance pour que l'énergie ne soit plus un obstacle mais un levier du développement pour l'Afrique. D'autant plus que les questions liées à l'environnement ont ajouté une dimension nouvelle à ce secteur complexe. C'est en cela que l'harmonisation fiscale constitue un puissant instrument d'amélioration de la politique énergétique.

23. Dès lors, pour mener à bien une politique énergétique commune, afin d'exploiter de façon optimale les ressources naturelles et attirer les investissements nécessaires, il convient pour les Etats de la CEMAC comme le fait remarquer le Pr. Michel BOUVIER, « d'abord, de définir les enjeux fondamentaux de nos sociétés, pour en dégager ensuite les questions fiscales-clefs et de se donner les moyens d'innover en la matière »[67]. À ce titre, dans un souci de gérer l'interaction de ces systèmes fiscaux, il appartient d'une part, à la CEMAC et la Communauté économique des Etats de l'Afrique centrale (CEEAC), qui jouent un rôle très important dans la construction du droit centrafricain de l'énergie, de créer des normes régionales coordonnées des politiques stratégiques en vue d'harmoniser les législations fiscales énergétiques[68]. Et d'autre part, aux Etats membres de les harmoniser. Ainsi, l'harmonisation fiscale des produits énergétiques est donc nécessaire et légitime pour répondre aux objectifs du Traité et représente non seulement dans les conditions ainsi énoncées, un instrument de construction du marché commun de l'énergie, mais aussi, la structure de police de ce marché une fois constitué. Ainsi, son choix par les pays se justifie parce qu'elle « s'assigne une mission d'homogénéité et de cohérence des systèmes juridiques nationaux »[69] et assure l'égalité de traitement des opérateurs

---

[64] ETUDE PROSPECTIVE ET STRATEGIQUE, *Ibid.*, p.10.

[65] DEHOUSE (F), IOTSOVA (T), op.cit., p. 1-76.

[66] La principale source d'énergie utilisée dans les pays de la CEMAC qu'est le pétrole existe en quantité limitée, et bien que les prévisions, quant aux réserves exactes disponibles divergent, tous les avis convergent sur une certitude que les réserves pétrolières s'amoindrissent au fil des années, en l'absence des nouvelles découvertes. Voir RAPPORT FERDI, « Evaluation des gains attendus de l'intégration économique régionale dans les pays africains de la Zone franc », 19 septembre 2012, p.1.

[67] BOUVIER (M) ET ESCLASSAM (M-C) et LASSALE (J-P), *Finances publiques*, Édition LGDJ, 19e éd, 2020, Paris, p.25.

[68] CANTON-FOURRAT (A), FANFIL (J-M.), « Brèves réflexions sur le fondement du droit de l'énergie en Afrique », in Revue de l'Energie, N° 594, mars-avril 2010, p. 106.

[69] CANTON-FOURRAT (A), FANFIL (J-M.), *Ibid.*, p. 106.

économiques au sein de l'union. Cette nécessité apparaît d'autant plus grande que l'intérêt particulier accordé aux taxes sur les produits énergétiques appartient à la catégorie d'impôts qui se répercutent intégralement et directement sur le consommateur. Elles exercent ainsi une influence immédiate et sensible sur les prix et par conséquent sont, plus que d'autres, susceptibles d'influencer la concurrence à l'intérieur d'une union. Même, à l'intérieur des taxes sur les produits énergétiques, il se pose la question du choix du type d'impôt qui conviendrait aux impératifs d'une intégration et d'une mobilisation de recettes fiscales[70].

24. En s'engageant ainsi, dans le processus d'harmonisation fiscale, les Etats créent les conditions d'une croissance plus soutenue de leurs économies respectives, lesquelles sont censées résulter de l'élargissement des débouchés et des opportunités d'investissement, offertes à leurs agents économiques[71]. Dès lors, le choix d'une stratégie d'intégration révèle le degré d'engagement des Etats membres dans la recherche des solutions communes aux problèmes auxquels ils font face.

V. Approche juridique

25. La base légale de l'harmonisation en CEMAC résulte des articles 4, 12, 13 et 14 de la convention régissant l'Union économique de l'Afrique centrale (UEAC)[72]. En vertu de ces dispositions, les autorités communautaires peuvent en effet adopter à l'unanimité des directives, fixant les objectifs que doivent poursuivre les réglementations fiscales nationales, à charge pour les États membres de les transposer ensuite dans leurs droits internes. Toutefois, bien que le Traité CEMAC ne contienne pas de dispositions spécifiques sur l'énergie, la présente étude se base sur les politiques communautaires du Traité de la CEEAC et les dispositions du Pool Énergétique de l'Afrique centrale (PEAC). C'est donc, dans ce contexte géographique et sociologique pluriel que va se déployer la dynamique d'harmonisation fiscale des produits énergétiques[73]. Bien que l'énergie et la

[70] JACQUET (P), PISANI-FERRY (J), LE CACHEUX (J), ATKINSON (T), BOYER (R), HERZOG (P), HEL-THELIER (S), OULD AOUDIA (J-M J) et TUBIANA (L), *La coordination des politiques économiques dans la zone euro : bilan et proposition*, Rapport, Pierre Jacquet Directeur ADJOINT de l'IFRI, Jean Pisani-Ferry, Université Paris-Dauphine et Conseil d'Analyse Economique, p.80.

[71] *Ibid.*

[72] Article 4 du Traité CEMAC : « *a) harmonise, dans la mesure nécessaire au fonctionnement du marché commun, les règles qui régissent les activités économiques et financières et élabore à cet effet des réglementations communes c) initie le processus de mise en place des instruments de libre circulation des biens, des services, des capitaux et des personnes, notamment par une harmonisation de la fiscalité des activités productives et de la fiscalité de l'épargne* ».

[73] MEYONG ABATH (R), *op.cit.*, p.17.

fiscalité soient deux domaines différents, ils se rejoignent toutefois autour de deux points : leur hégémonie et leur complémentarité. Cette constatation nous amène d'une part à situer la place des produits énergétiques dans notre société en tant qu'élément et en tant qu'instrument fiscal. Elle illustre, d'autre part, la politique fiscale énergétique avec l'exemple le plus manifeste dont elle dispose : la taxe spéciale sur les produits pétroliers[74]. Néanmoins, la fiscalité des produits énergétique en Afrique centrale est complexe parce que la matière imposable se situe à la charnière de la politique, de l'économie et du droit. Le juriste ne peut pas faire abstraction de l'influence économique du prix du pétrole, ni des caractéristiques générales du marché des hydrocarbures lorsque la fiscalité est employée comme instrument de la politique énergétique des pouvoirs publics[75]. À cela, s'ajoute l'influence grandissante de la problématique environnementale dans le domaine de l'énergie qui se manifeste de manière fluctuante[76].

26. Ainsi, il est nécessaire de connaître l'économie et la politique de l'énergie. En effet il serait vain d'analyser la fonction économique de l'impôt dans le domaine des produits énergétiques si l'on ignore les contraintes politiques exercées sur l'offre de l'énergie[77]. En outre, l'examen de la fiscalité des produits énergétiques ne saurait se borner au seul aspect politique, car l'analyse de la fiscalité du point de vue technique nous conduit aussi bien à l'étude des taxes grevant les produits énergétiques qu'à l'évolution de chaque impôt. Par ailleurs, les Etats de la CEMAC, comme tous les autres États d'Afrique subsaharienne ont dès leur naissance dans leurs berceaux une législation clé en main et assez complexe. Après avoir adopté les lois fondamentales qui déterminent et organisent les pouvoirs publics, ces Etats ont entamé une œuvre de codification de portée considérable. Bien que dans le mouvement quasi général de codification, les matières de droit public n'étaient pas en principe touchées, des lois minières ont été néanmoins promulguées[78]. Cependant, toutes les énergies n'ont pas donné lieu à une législation et réglementation, seules celles utilisées par le

---

[74] RUBINO (P), *op.cit.*, p.1.

[75] CAMPIN (A-R), *fiscalité des produits pétroliers en France*, Thèse Université de Strasbourg, 1978, p.10.

[76] Des débats importants ont ainsi eu lieu à l'occasion des campagnes de protestations après l'accident de Tchernobyl en 1986, ou lors de la convention-cadre sur le changement climatique de 1992. Aujourd'hui, l'impact réel de la consommation d'énergie sur l'environnement est devenu incontestable. Les projections de la Commission européenne soulignent les influences multiples de l'environnement dans le choix des sources d'énergie à venir.

[77] CAMPIN (A-R), *op.cit*, p.10.

[78] Il importe même de souligner que ce puissant courant législatif, qui traverse ces Etats se concentre surtout entre 1960 et 1965, brève période au cours de laquelle s'est constituée la base de la législation fiscale minière. Voir DIKOUME (A-L), *op.cit.*, p.232.

plus grand nombre ont suscité un encadrement juridique[79]. On peut à fortiori s'interroger sur le fait de savoir s'il existe une fiscalité de l'énergie ?

27. Au niveau européen, c'est l'article 25 de la loi n° 96-1236 du 30 décembre 1996 sur l'air et l'utilisation rationnelle de l'énergie[80], qui a donné une première définition de la fiscalité de l'énergie, qui stipulait qu'elle « tient compte de l'incidence de leur utilisation sur la compétitivité de l'économie, la santé publique, l'environnement et la sécurité d'approvisionnement et vise au regard de ces objectifs, un traitement équilibré entre les différents types de combustible ou de carburant ». Celui-ci a été abrogé par l'article 8 de la loi n°2005-781 du 13 juillet 2005 avec une légère différence en partant de la « fiscalité des énergies » et en ajoutant un paragraphe selon lequel cette fiscalité « tient compte par ailleurs de la nécessité de rendre compétitives, afin de favoriser leur développement, les énergies renouvelables »[81]. La fiscalité de l'énergie a d'abord été limitée à l'harmonisation des structures des droits et des accises sur les huiles minérales[82], tout en prévoyant des cas d'exonérations de plein droit, ainsi que la possibilité pour les États d'instaurer des exonérations ou réductions de l'accise dans des secteurs tels que le transport ferroviaire et les travaux agricoles[83]. C'est plus récemment, par la directive 2003/96/CE[84] du conseil du 27 octobre 2003 qui a restructuré « le cadre communautaire européen de taxation des produits énergétique et de l'électricité » en élargissant l'assiette de l'impôt aux autres sources d'énergie[85].

28. En revanche, pendant longtemps, il n'y a eu en Afrique centrale aucune disposition législative ou règlementaire faisant cadre général à la fiscalité de l'énergie. La fiscalité de chaque énergie donnant lieu à des dispositions de séparation insérées dans le Code Général des Impôts, le Code des douanes ou les lois de finances. Avant l'indépendance, la fiscalité pétrolière des pays de l'Afrique centrale s'inscrivait dans le cadre général de l'AEF. Ainsi le décret minier du 13 octobre 1933 et l'arrêté du gouvernement général du 30 décembre 1933 fixaient déjà l'assiette, les règles de perceptions et le taux des redevances minières en AEF. Ce n'est qu'en 1956 que le premier gisement de pétrole Ozouri a été découvert sur le

---

[79] Ce sont essentiellement les énergies transportées et distribuées par réseau qui ont généré le plus d'encadrement juridique afin de permettre non seulement leur établissement, mais aussi de surveiller leur fonctionnement et leur exploitation. Cf ; SABLIERE (P), *op.cit.* p.3.

[80] Loi N° 96-1236 du 30 décembre 1996 sur l'air et l'utilisation rationnelle de l'énergie, JO 1er janvier, 1996, p.11

[81] SABLIERE (P), op.cit. p.204.

[82] Directive 92/81/ CE concernant l'harmonisation des structures des droit d'accises sur les huiles minérales JOCE n° L316 octobre 1992, p.12 et p.19 et Directive 92/82/CE 19 octobre. 1992 concernant le rapprochement des taux d'accises, huiles minérales.

[83] SABLIERE (P), op.cit. p.203.

[84] Directive 2003/96/CE du conseil du 27 octobre 2003, JOUE n° L283, 31 octobre. 2003, p51.

[85] Article 2 al 1 et article 3 de la Directive 2003/96/CE, *op.cit.*

territoire gabonais[86]. Cette fiscalité n'étant pas toujours favorable aux pays africains, il a fallu attendre les indépendances pour voir naître un cadre fiscal national susceptible de préserver les intérêts des Etats africains.

29. Malheureusement, en Afrique centrale la fiscalité applicable aux produits énergétiques est aussi importante que méconnue dès lors qu'on définit la fiscalité des produits énergétiques comme l'ensemble des prélèvements de droit et taxes[87] accises sur la consommation des produits énergétiques, qui est caractérisé par la juxtaposition non seulement, d'une fiscalité spécifique, mais aussi, par une fiscalité de droit commun intégrant la TVA. Cette fiscalité éminemment politique, qui diffère selon le secteur où l'on se situe[88], tient d'abord son importance à sa fonction budgétaire et financière[89]. En effet, dans les Etats de la CEMAC les prélèvements financiers obligatoires en rapport avec l'exploitation des ressources énergétiques significatives représentent une part substantielle non négociable des ressources publiques[90]. Elle tient également son importance à son rôle économique car la consistance du régime fiscal proposé aux opérateurs miniers est un facteur important de la décision d'engager l'exploitation d'un gisement, de procéder à de nouvelles exploitations ou recherches, et par là d'assurer la valorisation économique d'une ressource potentielle. Quant à sa méconnaissance, elle tient au fait que le secteur de l'énergie constitue un des seuls où le marché unique reste loin d'être achevé. Cela s'explique par le mode de prise de décisions en matière fiscale[91] et le contexte de concurrence fiscale intrinsèque privant les budgets des Etats de recettes[92].

30. De surcroit, aux intérêts financiers considérables en action s'ajoutent les questions liées à la politique de l'environnement, et à la compétitivité[93]. D'où l'apparition de nombreux projets de réformes au cours desquelles les Etats de la CEMAC ont pris conscience de la nécessité de rechercher de

---

86 BREETON (M), ZACCOUR (G), Colloque Douala du 28-30 avril 1993, HEC-Montréal SNH-Yaoundé ESSE-Douala, Industrie pétrolière outils d'aide la décision et étude de cas, Édition Technip, Paris, 1994, p.101.

87 ESSAGA (S) ; *Problématiques de la fiscalité pétrolière aval en Afrique : exemple du Cameroun*, p.1.

88 Le pétrole et le gaz en Afrique, 1er édition, Édition Ediafric la Documentation africaine, Paris, 1983, p.7

89 DIKOUME (A-L) ; *La fiscalité pétrolière des Etats membre de la CEMAC,* Édition l'Harmattan, 2008, 420 pages, préface p.7.

90 DELBOSC (L), *Quels enjeux pour la fiscalité de l'énergie aujourd'hui ?* Mémoire, Aix-Marseille III, 2009, p.15.

91 En effet, c'est à l'unanimité des Etats membres que doit être prise toute mesure relevant du domaine fiscal.

92 En effet, les taxes grevant les produits énergétiques constituent une ressource importante pour les Etats de la CEMAC.

93 DELMAS-MARTY (M), Critique de l'intégration normative : l'apport du droit comparé à l'harmonisation des droits, 2004, Collection Les voies du droit, Édition Presses universitaires de France, p.13.

nouvelles sources d'énergie à capter tout en assurant une mobilisation des recettes à l'Etat[94]. Car, bien que la production et la consommation des produits énergétiques soient à l'origine de l'aisance économique et budgétaire, elle engendre toutefois des externalités négatives (pollution), dont les responsables ne subissent pas tous les effets[95]. C'est en ce sens que la fiscalité énergétique intervient aussi pour encadrer de manière efficace les extranéités négatives dues aux usages énergétiques.

VI. Objet de l'étude

31. L'étude de l'harmonisation fiscale des produits énergétiques en zone CEMAC est le prolongement des analyses et réflexions sur le système fiscal de ses Etats membres. Évidemment, les systèmes fiscaux actuels des Etats membres sont différents et mettent en avant plutôt un rôle qu'un autre. Les choix en matière de fiscalité sont des choix politiques, et emportent une vision politique et économique de la société. Aujourd'hui, plus que jamais, il convient de jeter un regard à la fois rétrospectif, en identifiant les raisons du retard accusé comparativement aux autres entités du même type comme l'UEMOA, et perspectif en proposant quelques orientations sur la façon de surmonter les obstacles inhérents à la mise en place de la liberté de circulation des biens et des personnes en zone CEMAC[96].

32. De même, la sécurité concernant l'approvisionnement énergétique doit être repensée, car l'énergie est essentielle dans notre vie quotidienne. L'accentuation de la dépendance vis-à-vis des combustibles fossiles pose de nombreux problèmes au niveau de la CEMAC, parmi lesquels on citera les prix du pétrole et du gaz qui influencent l'économie et la vie de millions d'individus, le pouvoir conféré à quelques fournisseurs extérieurs, la pollution et comme on a pu le voir récemment, les risques de troubles sociaux lorsque les marchés déraillent. Toutefois, il ne s'agit pas ici d'homogénéiser les politiques fiscales énergétiques, mais de traiter leur interaction entre les pays membres comme un sujet d'intérêt commun. Pour rendre cette interaction conforme aux impératifs de stabilité et d'efficacité du marché unique, il faut identifier les différences et leur impact, en tester l'acceptabilité et laisser la concurrence jouer son rôle à la fois pour révéler les problèmes et pour découvrir les solutions. Mais, il faut aussi être prêt à agir dans l'intérêt commun[97]. Ainsi, l'harmonisation fiscale des produits

---

94 HARIRI (R) et CUENCA (C) ; « Les réformes dans le secteur des hydrocarbures en Afrique subsaharienne francophone : le point de vue de praticien », *RJS Po*, N° 5, février 2012, p59.

95 Ces dommages, se traduisissent sous formes de coûts sociaux très élevés, supporté par les sociétés pétrolières.

96 SOMMO PENDE (A), *op.cit.*, p.25

97 JACQUET (P), PISANI-FERRY (J), LE CACHEUX (J), ATKINSON (T), BOYER (R), HERZOG (P), HEL-THELIER (S), OULD AOUDIA (J-M J) et TUBIANA (L), *op. cit.*, p.16.

énergétiques en zone CEMAC consiste à profiter de cette remise en cause obligatoire des fiscalités nationales pour rationaliser dans chaque pays, l'ensemble de la fiscalité pour éviter les pertes d'efficacité à l'échelle nationale, comme à l'échelle sous régionale, pour promouvoir des réformes fiscales, de façon indépendante dans chaque pays, mais du moins convergente tout en prenant exemple sur les meilleures pratiques.

33. Il serait donc pertinent de réfléchir à la question de l'harmonisation fiscale des produits énergétiques en CEMAC. La fiscalité des produits énergétiques a un objet exclusivement juridique, mais il apparaît que la législation est très fortement soumise à des influences diverses, notamment politique. Actuellement, la législation fiscale des pays de la CEMAC s'inspire très largement des directives qui y sont émises. Par ailleurs, le processus d'harmonisation des politiques énergétiques, après plusieurs années de mise en œuvre, mérite bien une évaluation. La priorité est de vérifier si les objectifs, à défaut d'être atteint, sont en voie de l'être, ou bien quel est l'impact de cette législation sur la structure et les performances de l'économie, même si les résultats ne sauraient lui être imputables entièrement. Aussi, pour de meilleurs résultats, il serait judicieux de réfléchir sur les perspectives qui s'offrent à l'harmonisation fiscale en CEMAC.

34. En outre, cette étude juridique de l'activité énergétique porte un intérêt aussi bien théorique que pratique dans la mesure où, d'une part, elle aboutit aux mesures juridiques de base édictées par les États, quel que soit son rapport avec les industries, et qui intéressent les régimes fiscaux du raffinage et de la distribution. Et d'autre part, de mettre en exergue les dispositions juridiques mises en œuvre pour organiser la participation des Etats dans la commercialisation des produits énergétiques. Dès lors, l'imposition des revenus énergétiques contribue dans une large mesure à aider les pays africains exportateurs à atteindre leurs objectifs pour le développement et améliorer leurs conditions d'investissement. Cependant, les États de la CEMAC doivent faire face à une série de défis lorsqu'il s'agit d'optimiser la fiscalité des produits énergétiques tout en s'efforçant d'atteindre leurs objectifs en matière de développement. À cet égard, il est essentiel de trouver un équilibre optimal entre un régime fiscal favorable à l'entreprise et à l'investissement, et un niveau d'imposition dégageant suffisamment de recettes, pour financer les investissements publics qui contribuent au développement local et l'attractivité des économies[98].

VII. <u>Justification de la méthodologie de recherche et problématique</u>

35. Soucieuse de l'harmonisation fiscale des produits énergétiques dans la zone CEMAC : l'idée ici, en définitive, est une politique énergétique mieux élaborée au sein de la CEMAC à travers une construction juridique

---

[98] PFISTER (M), *op.cit.* p.5.

substantiellement renforcée. Mais comme l'a fait remarquer Pauline TÜRK, pour résoudre un cas pratique, il faut « la maîtrise de la documentation : il faut non seulement la connaître, mais aussi savoir l'utiliser au service d'un raisonnement permettant de répondre aux questions soulevées »[99]. En effet, le contenu des hypothèses posées, mais surtout la technicité et la complexité de la matière fiscale, obligent à adopter une démarche classique qui a consisté à s'inspirer des opinions d'auteurs émises à travers des textes législatifs, de la jurisprudence, des ouvrages, des thèses et articles, dont la souplesse permet d'adapter le cadre d'analyse en fonction des données émergentes de l'examen des documents d'archives, pour bâtir ce travail. Pour la doctrine, elle a été surtout inspirée du droit comparé, notamment européen, en raison du fait que les écrits en matière de fiscalité énergétique en Afrique ne sont pas abondants.

36. En outre, la non-abondance de la littérature sur cette question a poussé à avoir recours à des sources numériques qui ont pu contribuer à étayer certaines réflexions. La CEMAC, objet de cette étude, ne dispose pas d'un site internet à jour qui permette d'avoir l'information en temps réel. Ainsi, certaines données sont quelque peu anciennes de quelques années. L'inventaire de ces difficultés techniques n'a pas semblé pertinent dans l'analyse qui suit. Il a été préférable de se soumettre à un examen critique du système d'harmonisation, aussi bien sur le plan institutionnel que matériel, pour tirer les conclusions qui s'imposent.

37. Ainsi, une double méthode analytique et comparative a été retenue comme démarche méthodologique pour la conduite de l'étude sur l'harmonisation fiscale des produits énergétique en zone CEMAC. Les raisons de ce choix se justifient par la nature du problème étudié. En effet, cette méthode permet non seulement de chercher des éléments de compréhension des origines et du contexte de la situation, de découvrir son mode de fonctionnement par rapport aux autres processus, sa configuration actuelle, l'évaluation de la conformité des traités nationaux et internationaux y afférents, et aussi de mettre en parallèle les législations de façon à isoler les ressemblances et les différences des différents pays membres pour en vérifier les conditions d'applicabilité. Dès lors, il s'agit de mener l'analyse d'une part, à partir des données socio-historiques et des éléments de la théorie du droit pour mettre en évidence les imbrications des ordres juridiques, et d'autre part, à partir des processus en vigueur, pour appréhender l'harmonisation fiscale des produits énergétiques selon le point de vue des différents Etats membres et apprécier les incidences de la communautarisation sur les systèmes en cours de la CEMAC.

---

99 TÙRK (P), DAËL (S) et SAISON (J), « Documentation, Recherches et Méthode » in Exercices pratiques du contentieux administratif », *PUF*, 2006, p 1 et s.

38. Cette comparaison implique quasi nécessairement que chaque document soit confronté à des documents de l'Union européenne qui a largement inspiré la CEMAC. Parfois, il sera également fait référence au droit de l'UEMOA, afin de faire ressortir les éventuelles spécificités de la CEMAC. Mais surtout, afin de compléter non seulement, l'information et de construire progressivement le nœud de l'harmonisation dans la zone CEMAC, mais aussi, d'assurer un transfert de connaissances sur les meilleures pratiques au sujet des modes d'action et des politiques les plus pertinentes de l'harmonisation fiscale.

39. Par ailleurs, comme la CEMAC fait partie d'un espace plus large qui est la CEEAC, il n'y a pas de doute que le droit de la CEEAC entraîne nécessairement des conséquences sur le processus d'intégration au niveau de la CEMAC. Cette influence est d'autant plus réelle que la CEEAC poursuit le même schéma d'intégration que la CEMAC et par conséquent constitue un ordre juridique concurrent dans le même espace géographique. Compte tenu du fait que la matière fiscale fait appel à d'autres disciplines comme l'économie, la comptabilité et la sociologie, son étude nécessite que l'on ait recours à ces disciplines de temps à autre pour mieux étayer certaines réflexions. Dès lors, il sera nécessaire d'utiliser des données qualitatives obtenues ; des tableaux statistiques, dont la souplesse permet d'adapter le cadre d'analyse en fonction des données qui émergent de l'exploitation des documents d'archives.

40. De surcroît, il faut rappeler que l'avantage de l'espace CEMAC réside dans le fait que les Etats membres ont un système fiscal comparable, car hérité du passé colonial avec la France. Mais, il n'en demeure pas moins que des difficultés liées aux disparités de niveau de développement entre Etats membres subsistent. Les prélèvements fiscaux opérés dans les Etats, sans tenir compte des buts et des objectifs de l'intégration économique, peuvent inéluctablement conduire à un traitement fiscal discriminatoire lorsqu'ils le sont dans un contexte transfrontalier. Dès lors, la contribution d'une fiscalité communautaire compatible avec l'objectif de croissance de la CEMAC doit être examinée par une série d'actions à entreprendre par les Etats, les institutions communautaires, la société civile et les opérateurs économiques de la zone dans le but de mettre en exergue l'explication des préconceptions initiales du traité CEMAC et la concordance entre ces préconceptions et les visées préliminaires des Etats membres.

41. Ainsi, l'utilisation de la méthode susvisée donne les moyens à cette thèse de construire une problématique centrée sur l'efficience de l'harmonisation fiscale indispensable au bon fonctionnement de ce cadre commun. L'évolution progressive de la fiscalité des ressources énergétiques a montré que celle-ci est passée d'une simple taxation des produits énergétiques, comparable à celle déployée pour de nombreux biens et services, à un véritable outil au service d'une politique plus globale, visant à

atteindre divers objectifs déterminés[100]. En tout état de cause, l'origine des problèmes de taxation des produits énergétiques conduit à dégager la problématique à élucider dans le cadre de cette réflexion : **dans quelle mesure l'harmonisation fiscale des produits énergétiques peut-elle rechercher le meilleur compromis possible entre les impératifs économiques de l'intégration des marchés et les exigences d'autonomie des choix fiscaux nationaux ?**

42. Dès lors, l'examen du processus d'harmonisation des règles fiscales des produits énergétiques nous conduit, à signifier le processus de déconstruction des disparités ou de minimisation des distorsions géographiques induites par les différences de fiscalité entre les systèmes fiscaux des Etats membres de la CEMAC et d'aborder cette question à travers la recherche d'un équilibre entre un régime fiscal favorable aux Etats et un niveau d'imposition dégageant suffisamment de recettes pour financer les investissements publics qui contribuent au développement et l'attractivité des économies.

43. Les enjeux d'un espace juridique, monétaire et fiscal unifié sont considérables. L'impôt étant la source des recettes du budget des États. Celles-ci financent les politiques correspondant en théorie aux choix de leurs peuples souverains[101]. Ainsi, en marge de ce questionnement lié aux incidences de l'intégration sur la charge fiscale des contribuables et ses incidences sur l'activité économique, on peut s'interroger sur le degré de communautarisation des règles fiscales dans l'espace CEMAC et les difficultés que rencontre l'ancrage du processus d'intégration économique. On peut toutefois s'interroger sur le degré de l'incidence du processus de communautarisation sur les compétences nationales en matière fiscale. À défaut, une concurrence fiscale peut s'installer entre les Etats membres. Cette concurrence fiscale risque d'avoir des effets dommageables sur l'aboutissement du processus. On peut dire à ce propos que la réglementation n'est pas en adéquation avec les réalités, en l'état actuel du droit communautaire dans la CEMAC. Pour tenter de répondre aux différentes interrogations suscitées par cette question de l'harmonisation fiscale, nous avons choisi d'adopter un plan dynamique autour de deux grands axes de réflexion.

VIII. Présentation du plan d'analyse

44. De façon pédagogique, l'analyse tient en deux parties, contenant chacune deux titres qui comportent à leur tour deux chapitres chacun. En effet, la première partie retrace l'historique de l'harmonisation fiscale et

---

100 DELBOSC (L), *op.cit.* p.13.

101 TREHAN (J-C) ; *Quelle politique fiscale pour dynamiser le Marché unique ?* Fondation pour l'innovation politique, octobre 2006, Paris, p.4.

passe en revue les différents travaux mettant en exergue l'ampleur du processus d'harmonisation fiscale en zone CEMAC. Le Titre I explicite l'hypothèse selon laquelle l'harmonisation fiscale a des fondements socio-économiques et politico-juridiques. Cette analyse permet ainsi, de proposer une évaluation rétrospective de ce degré de rapprochement en partant des structures fiscales des États membres, et d'évaluer l'impact des mesures d'harmonisation sur le niveau des recettes fiscales nationales. L'objectif avoué d'un tel effort est de limiter une concurrence fiscale exacerbée et destructrice pour les Trésors nationaux, par une harmonisation des systèmes fiscaux nationaux. Dans le Titre II, il s'agira de déterminer si les compétences fiscales sont exercées en concurrence avec les États ou si l'exclusivité de ces compétences revient au régulateur communautaire, dans un contexte où les États et les acteurs économiques pratiquent la concurrence fiscale. Aussi, il y aura lieu de rappeler les risques pesant sur les avancées vers l'harmonisation de la fiscalité des produits énergétiques de la CEMAC tels que le problème de la fraude fiscale transfrontalière. L'enjeu de cette partie est de parvenir à donner une vue d'ensemble mais surtout d'esquisser un examen détaillé des acquis afférents à la mise en œuvre du processus de rapprochement fiscal.

45. La seconde partie pour sa part montre la nécessité d'une mise en œuvre de l'action politique et institutionnelle efficace et appuyée pour assurer le succès de l'harmonisation fiscale des produits énergétiques, tout en cernant les mécanismes, les contraintes et la plus-value de l'harmonisation des politiques énergétiques en zone CEMAC. À cet effet, le Titre I de cette partie relève les difficultés relatives au processus d'harmonisation fiscale en CEMAC. L'objectif implicite d'une telle analyse est de présenter l'état d'harmonisation fiscale des produits énergétiques au sein de la CEMAC, en recensant les différentes directives pertinentes produites par la Commission et en évaluant leur applicabilité dans les législations fiscales nationales des États membres. Dans le Titre II, il ne s'agit pas de faire un audit complet de la cohérence entre ces législations et les directives régionales, mais de déceler les principales différences, parfois permises par ces mêmes directives, qui affaiblissent l'objectif d'harmonisation, notamment la convergence des politiques fiscales. En outre, il définit également les perspectives et les enjeux de l'harmonisation fiscale en zone CEMAC, le renforcement des capacités institutionnelles et la participation effective de tous les acteurs de la chaîne fiscale. Toutefois, il tente d'apporter la preuve que la construction d'un modèle fiscal intégré est réellement avantageuse et place l'harmonisation fiscale comme le principal gage de la croissance et du développement des pays de la zone CEMAC. L'analyse qui suit vise à mettre en exergue les compétences dont disposent les autorités communautaires pour déterminer les règles fiscales de l'Union et à s'interroger sur les objectifs prioritaires que la CEMAC doit se fixer afin de dégager des orientations et mesures concrètes.

PARTIE I : HARMONISATION FISCALE FACTEUR D'INTÉGRATION RÉGIONALE

46. L'intégration régionale en Afrique centrale est un processus aux enjeux multiples, qui vise « à rapprocher les cultures, éventuellement modifier les comportements, pour accroître l'efficacité économique et politique de la zone[102] ». C'est en sens que l'harmonisation fiscale des produits énergétiques de la zone CEMAC vise à transcender les spécificités fiscales pour asseoir une fiscalité systémique[103]. Présentée dès le début des années 60 aux États de l'Afrique centrale comme une opportunité facilitant leurs efforts pour sortir du sous-développement, l'idée n'avait pas reçu au départ l'application qu'elle méritait. Il était impossible de « réaliser un ensemble juridique unique, et cohérent dans lequel les législations nationales s'insèrent, ou se fondent pour atteindre les objectifs économiques et sociaux que les Etats membres se sont assignés [104]». Pour la simple raison que les Etats s'obstinaient à refuser de concéder quelques pans de souveraineté nationale nouvellement acquis. Si depuis les années 90, l'intégration régionale s'est de nouveau renforcée, après une éclipse au cours des décennies 1970 et 1980, un certain nombre de maux minent l'avancement de ce projet. En effet, l'analyse de l'harmonisation fiscale des produits énergétiques de la zone CEMAC met en évidence une disette énergétique dans une zone déchirée par de nombreux conflits et qui souffre d'une pauvreté, d'autant plus inacceptable, qu'elle regorge de nombreuses ressources énergétiques.

47. Au regard de ces aspects théoriques, il est évident que le processus amorcé par la CEMAC mérite un diagnostic depuis ses balbutiements jusqu'à sa phase actuelle, pour qu'on puisse entrevoir le degré de rapprochement des politiques énergétiques (**Titre I**). Néanmoins, s'il est vrai que le bilan de l'harmonisation fiscale est une réussite, mais sa mise en œuvre, particulièrement lente, comporte des écueils de divers ordres, qui méritent une attention (**Titre II**).

---

[102]OUAMBA-DIASSIVY (A) ; *La souveraineté de l'état et l'intégration sous-régionale en Afrique centrale : le cas de la CEMAC*, Université de Yaoundé II - Institut des Relations internationales du Cameroun (IRIC) Stage diplomatique (Master I) - Master I 2009, p.25.

[103] GNIMPIEBA TONNANG (E), *op.cit.*, p.26.

[104] ISSA SAYEGH (J), « L'intégration juridique des Etat africains de la Zone Franc » in *Penant*, 107ème année, N° 823, janvier-avril 1997, p.12.

TITRE I : L'UNIFORMISATION DE LA FISCALITÉ DE PORTE

48. La nécessité de créer un marché commun surgit dès 1959, au sein de l'UDE. À l'origine ses fondateurs voyaient dans le marché commun un moyen de dynamiser l'économie des pays membres et de rapprocher les peuples, par le biais des échanges économiques[105]. Cette volonté affichée des Etats membres de bâtir une intégration plus poussée transparaît sur l'armature du Traité CEMAC, qui a été conçu non comme une simple coopération, entre les Etats membres, mais plutôt comme un moyen destiné à construire un marché commun[106], forme d'intégration économique la plus élaborée, qui allie différentes techniques[107]. Toutefois, à l'épreuve des faits, l'intégration progressive des économies d'Afrique centrale n'a pas eu l'effet escompté. En effet, le mouvement de construction d'un espace économique est resté cantonné une décennie dans de simples mécanismes de coopération, privilégiant l'interétatisme au détriment du communautarisme[108].

49. De ce fait, si cet acte finit par paraître comme un fait historique, il importe d'une part d'en cerner les étapes les plus significatives (**Chapitre I**). Et d'autre part, mettre en évidence les avancées significatives de cette laborieuse rationalisation, et d'analyser les implications de ce processus sur les systèmes fiscaux (**Chapitre II**).

---

[105] Article 27 du Traité UDEAC et Article 2 (c) de la convention instituant l'Union Economique de l'Afrique Centrale (UEAC) : « (…) *l'Union Economique entend* (…) *créer un marché commun fondé sur la libre circulation des biens, des services, des capitaux et des personnes* (…) ».

[106] VAN DER MENSBRUGGHE (Y), « La mise en œuvre des dispositions du traité de la CEE relatives à la libre circulation des marchandises », in *CDE* N°1, 1966, p.40.

[107] L'Union Douanière est le prolongement d'une zone de libre-échange. En effet, si la Zone de Libre Echange (ZLE) est la situation dans laquelle deux ou plusieurs Etats éliminent, dans leurs rapports mutuels, les restrictions tarifaires et non tarifaires à leurs échanges commerciaux, l'Union douanière est quant à elle le schéma dans lequel deux ou plusieurs Etats, non seulement créent entre eux une ZLE, mais aussi, instituent une protection commune, tarifaire et non tarifaire, dans leurs rapports avec les Etats tiers. Cf. CARREAU (D), JUILLARD (P) ; *Droit international du développement*, LGDJ, col. Manuel, 1998, p.27.

[108] GNIMPIEBA TONNANG (E), op.cit., p.52.

CHAPITRE I : TENTATIVE DE RAPPROCHEMENT DES RÈGLES FISCALO-DOUANIÈRES DANS LE CADRE DE L'UDEAC

50. Le Traité instituant l'UDE marqua le processus de rapprochement des systèmes politico-économiques entre les différents Etats de l'Afrique centrale. Cependant, l'absence d'un cadre juridique propice à l'émergence et les spécificités propres à la zone ont rendu ce processus laborieux. Dès lors, les questions ne manquent pas quand il s'agit de clarifier la notion d'intégration régionale, dans la mesure où les évolutions permanentes du droit communautaire rendent difficile une parfaite compréhension du système juridique de la CEMAC[109]. Par conséquent, avant d'évaluer l'application des différentes dispositions adoptées au niveau régional pour une harmonisation fiscale (**Section II**), un examen de celles-ci, s'avère primordial (**Section I**).

SECTION I : LA COORDINATION FISCALE DE JURÉ

51. Bien que l'harmonisation fiscale en zone CEMAC soit une dynamique initiée depuis les indépendances, ce n'est que par la force des enjeux majeurs économiques que les États se sont attaqués à l'harmonisation des politiques énergétiques. Ce retard s'explique par les difficultés politiques, liées au caractère stratégique des hydrocarbures et à l'intensité de la concurrence fiscale[110]. De ce fait, avant de mettre en exergue les mécanismes d'interdiction progressive des obstacles aux échanges intracommunautaires au sein de l'UDEAC (**Paragraphe II**), il s'impose une analyse des fondements conceptuels (**Paragraphe I**).

Paragraphe I : L'édification de l'union douanière

52. Selon les principes posés par l'article XXIV de l'Accord Général sur les Tarifs Douaniers et le Commerce (GATT), une union douanière ne peut revendiquer cette appellation, qu'à condition que les territoires constitutifs de l'union aient supprimé entre eux tout droit de douanes, taxes d'effet équivalent, qu'ils se soient entourés d'un Tarif extérieur commun (TEC), et qu'ils aient mis en place une réglementation commerciale, du moins largement harmonisée[111]. Dès lors, inscrire la CEMAC dans le vaste concept de coopération énergétique sous-régionale, revient à rechercher les justifications historiques, politiques, économiques et sociales de

---

109 BORSI (F-X), *Intégration du cadre économique et juridique européen et attractivité des espaces régionaux*. Economies et finances, Thèse, Université Nancy 2, 2008, P.23.

110 MANSOUR (M), ROTA-GRAZIOSI (G), « Coordination fiscale dans l'Union Économique et Monétaire Ouest Africaine », Tax Coordination in the West African Economic and Monetary Union, in *Revue d'économie du développement*, 2012/3 Vol. 26, p. 9-34.

111 BERR (J-C), « Union douanière », in *RTDE* n° 37, juillet-septembre 2001, p. 668-669.

l'harmonisation fiscale des produits énergétiques en zone CEMAC (**A**) et interroger les facteurs moteurs qui ont permis à la CEMAC de tendre vers une intégration économique globale (**B**).

A / Tracé historique de la coopération fiscale et douanière en Afrique centrale

53. Étant donné que les prémices des activités douanières proprement dites, remontent de la période coloniale, durant laquelle des ébauches de regroupement ont été réalisées[112], l'apport de l'héritage colonial est significatif pour examiner et comprendre l'ossature et le fonctionnement de la CEMAC (**1**). De plus, les motivations particulières de chaque État ont largement participé à la construction du rapprochement fiscal de la zone (**2**).

1 / Les efforts de réalisation d'un espace économique entrepris dans le cadre de l'UDEAC

54. La doctrine intégrationniste s'est développée en Afrique centrale, à travers un artifice institutionnel hérité de la France[113]. Présente dès 1842 en Afrique équatoriale uniquement au Gabon, la France par un Arrêté du 11 décembre 1888[114], décida d'étendre sa colonie à un nouveau territoire celui du Moyen-Congo, pour former la colonie du Congo, qui sera par la suite rattaché à la colonie l'Oubangui[115], pour devenir le Congo Français[116]. Par ailleurs, c'est en 1900 avec la bataille de KOUSSERI que le Tchad devint un territoire militaire Français[117]. Ainsi, pour une administration rationnelle de ses colonies, la France décida de les regrouper dans un ensemble administratif nommé AEF[118] (voir **carte.1**) par les décrets du 15 janvier 1910 du ministre des Colonies, et du 11 décembre 1912[119].

---

[112] AYESSA (A) ; *Elément de droit douanier, des procédures et techniques douanières dans les Etats de la CEMAC*, Édition Connaissance et Savoirs, 2010. p.14.

[113] Par un Arrêté du 11 décembre 1888, le Gabon est réuni au Moyen-Congo.

[114] GUERNIER (E) ; *L'intégration économique sous-régionale en Afrique : L'exemple de l'Afrique centrale,* Thèse droit public, Université de Reims, 2005, p.85.

[115] Uniquement dans sa partie occidentale, conquise en 1888. Ce n'est qu'en 1903 après la victoire sur le sultanat d'Égypte que l'Oubangui sera définitivement conquise.

[116] Toutefois, le Gabon sera détaché de la colonie du Congo français pour constituer une colonie à part entière. Cf. BAYA (D) ; Histoire des archives des colonies Française d'Afrique noire, thèse d'histoire, Université Lumière Lyon, 1987, p.201 et s.

[117] Ce dernier gardera son statut militaire jusqu'en 1920. Cf. DENIS (M-E), Histoire militaire de l'AEF, Edition Imprimerie national, Paris, 1931, p.10.

[118] PRISO ESSAWE (S-J), *Intégration économique et droit en Afrique centrale intégration,* Thèse Droit public. Université Montpellier I, 1997. P.176.

[119] AUBRY MEMOLI (C), Les relations monétaires entre la France et ses colonies d'Afrique centrale, Thèse de Doctorat en histoire, Université Paris I, 2004, p.19.

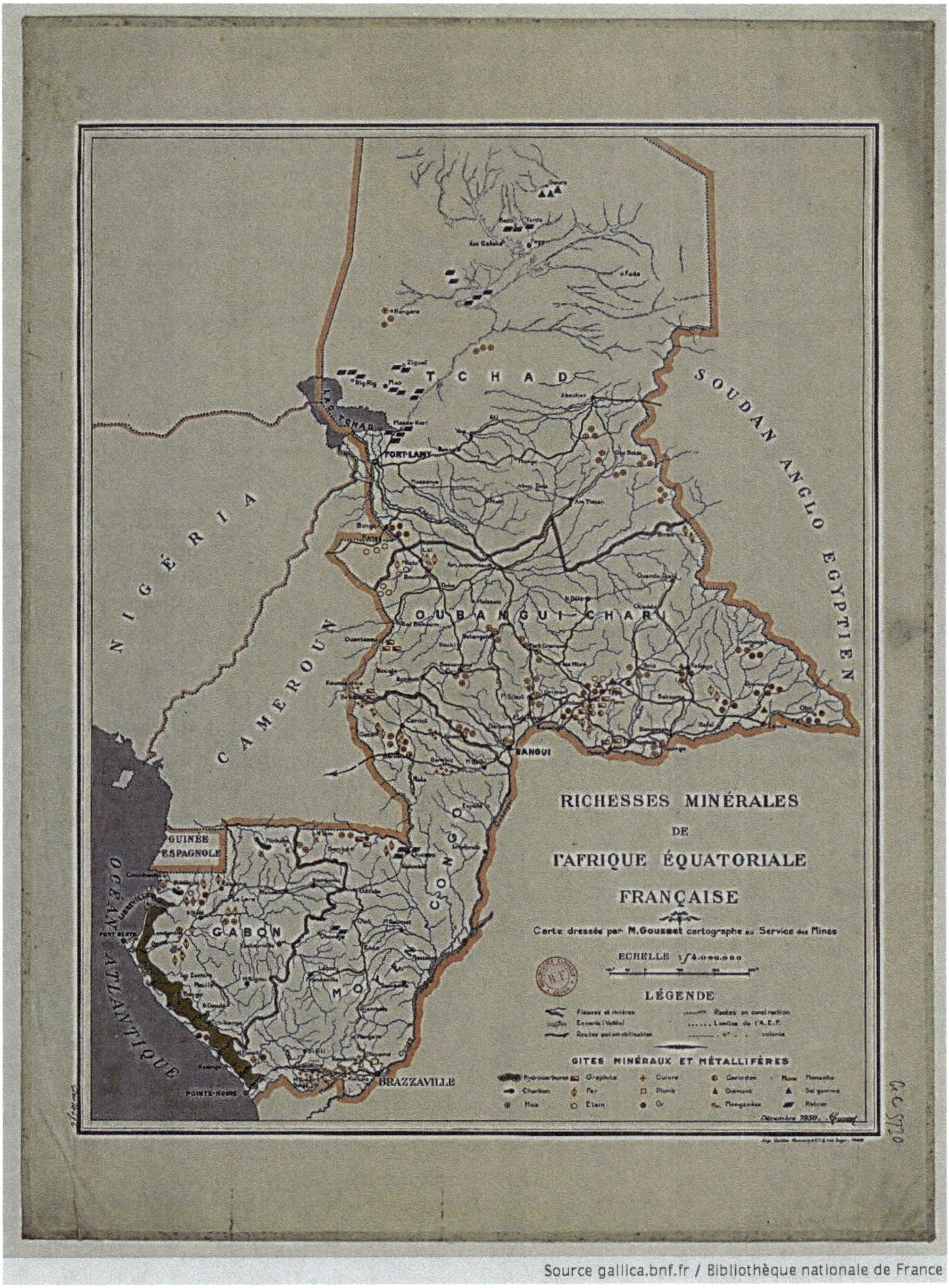

<u>Carte 1</u>: *Richesse minérale de l'AEF 1930*

55. Cependant, malgré une certaine homogénéité administrative, la marche des pays de l'AEF vers une intégration douanière allait être difficile. En effet, le Gabon dont l'exploitation des ressources pétrolières avait fortement contribué à l'approvisionnement du budget de la fédération AEF, était favorable à toute nouvelle forme de coopération, dans laquelle ses ressources ne seraient plus exploitées au profit de l'ensemble des pays de l'AEF[120]. En outre, les pays enclavés souhaitaient bénéficier d'un accès maritime, pour leur commerce extérieur et exprimaient également le besoin de bénéficier des régimes douaniers suspensifs, dont le transit pour leurs importations[121]. Quant au Congo, qui dominait les échanges interrégionaux, il ne souhaitait pas l'admission du Cameroun, qui avait un tissu industriel plus développé[122].

56. C'est sans doute, dans ce contexte de motivations divergentes que le 29 juin 1959, est mise en place l'UDE, dont l'objectif initial fut de favoriser au niveau sous régional, les politiques de coopération douanière et monétaire engagées par les Etats membres[123]. L'UDE, sans être entièrement autonome, marqua une constance de la dynamique volontariste de coopération des pays d'Afrique centrale, et constitua le socle du projet BOGANDA[124]. Malgré, les diverses tentatives de la France de maintenir cet artifice administratif, c'est en rangs dispersés que les pays de l'UDE accédèrent à l'indépendance, chacun persuadé de disposer des moyens nécessaires pouvant lui garantir un développement socio-économique soutenu. Toutefois, dans certains pays des velléités de coopération se sont manifestées, si bien qu'ils réalisèrent très vite l'urgence de la mise en place d'une institution supranationale, chargée de promouvoir et de coordonner les politiques économiques et monétaire, au moyen d'une coopération renforcée et d'une intégration progressive[125].

---

120 OYOUBI (L) ; « *Surveillance multilatérale et convergence des politiques macroéconomique en Afrique Centrale : analyse du contentieux et des critères* ». In les enjeux de l'intégration régionale en Afrique centrale. FFB Yaoundé. P.116. Cf. MEYONG ABATH (R), *op.cit*., p.69.

121 MEYONG ABATH (R), *ibid*., p.69.

122 TAMEKAMTA (A-Z) ; *Le Cameroun à l'UDEAC : Bilan et perspectives d'une gestion administrative contestée à l'ère du Renouveau*, Édition l'Harmattan, 2011, Paris, P.20.

123 En effet, la convention portant organisation de l'UDE stipulait que : « *Les quatre territoires se constituent en union douanière à l'intérieur de laquelle la circulation des marchandises, des biens et des capitaux est libre* ».

124 En 1958 en devenant le Président de l'Oubangui Chari, Barthélémy BOGANDA, fit de la création de l'Union des Républiques d'Afrique centrale (URAC) son principal cheval de bataille, en se donnant pour objectif principal de convaincre les autres leaders nationaux du choix d'un fédéralisme, calqué sur le modèle américain comme meilleur moyen pour les pays de la sous-région de faire leur entrée dans le concert des nations. Voir, FOWOUO (Michel) ; *L'Union douanière et Economique de l'Afrique centrale*, Thèse, Paris I, 1984. Cité par GNIMPIEBA TONNANG (E), op.cit., p.14.

125 C'est ainsi, qu'en 1962, le Cameroun intègre pleinement l'UDE, Cf. MEYONG ABATH (R), *ibid*., p.70.

2 / Les motivations particulières des pays fondateurs de l'UDEAC

57. En vue de renforcer cette volonté de cohésion et d'approche collective du développement, les cinq chefs d'Etats[126] réunis à Brazzaville le 8 décembre 1964, créèrent l'UDEAC. C'est ainsi que l'UDEAC fut portée sur les fonts baptismaux, et apparaissait désormais comme l'un des instruments de mesure de l'unité à laquelle aspiraient tous les peuples du continent. De ce fait, l'institution eut pour missions essentielles : « D'établir graduellement et progressivement un marché commun entre les États membres ; D'éliminer les entraves au développement des échanges intracommunautaires [...] ; De renforcer l'unité des économies en présence et la moderniser afin d'en assurer le développement régulier [...][127] ». Pour une meilleure élaboration de l'action sous-régionale, l'UDEAC opta pour un modèle de développement basé sur le « fonctionnalisme »[128]. Toutefois, la réalisation progressive des objectifs assignés à l'institution allait laisser apparaître un fossé, sans cesse grandissant, entre les approches communautaires de développement et les réalités de l'environnement ambiant[129].

58. En effet, l'UDEAC fait face à sa première crise le 2 avril 1968[130], lorsque les États enclavés se retirèrent de l'UDEAC, pour constituer avec le

---

[126] El Hadj Ahmadou AHIDJO (Cameroun), David DACKO (Centrafrique), Alphonse MASSAMBA-DEBAT (Congo), Léon MBA (Gabon) et François TOMBALBAÏ (Tchad).

[127] Préambule du Traité de l'UDEAC.

[128] Théorie économique initiée par David MITRANY (*A working Peace System,* London, Royal Institute of International Affairs, 1943) et développée par les auteurs américains des décennies 60 et 70, le fonctionnalisme se base sur l'idée selon laquelle «*il est préférable, dans un but tactique, et parce qu'on se heurte au mur de la souveraineté des Etats, de vider progressivement ces derniers de leur contenu économique, social, culturel, en transférant ces différents secteurs de l'activité nationale à des organisations internationales dans l'espoir que, finalement, l'Etat étant vidé de son contenu essentiel, de ce qui fait son essence et sa raison d'existence, le pouvoir politique lui-même finira par s'effondrer [...]*», Cf. GONIDEC (P-F) ; *Relations Internationales*, Ed. Les cours du Droit, Paris Sorbonne, 1974, p.182. Sur cette théorie du « *fonctionnalisme* » appliquée aux pays du Tiers Monde en général et à l'Afrique en particulier, voir également INIS (Claude), *Swords into plowshares. The problems and progress in International Organization*, Random House, 1964.

[129] En effet, la doctrine originelle du « *fonctionnalisme* », n'a pas longtemps résisté aux critiques. Notamment, en ce qui concerne la supranationalité des organisations économiques régionales, tant dans les pays développés, qu'au niveau de ceux en développement. Dès lors, afin de s'adapter aux réalités de son environnement, la théorie fut revisitée et corrigée par les auteurs dits « *néo-fonctionnalistes* ». L'émergence du néo-fonctionnalisme tient au fait, qu'elle soit moins radicale et surtout capable de contourner l'indécis obstacle de souveraineté nationale.

[130] BORELLA (F), « L'Union des Etats d'Afrique centrale ». In : *Annuaire français de droit international*, vol 14, 1968. pp. 167-177.

Zaïre, l'éphémère Union des Etats d'Afrique centrale (UEAC)[131]. Les principales difficultés étaient dues, à des désaccords et des retards accusés par certains Etats dans le remboursement des recettes douanières[132], mais aussi, à une tendance au contournement dans les faits des dispositions communautaires[133]. La persistance de la crise économique de la première décennie des indépendances et l'inefficacité des réformes macroéconomiques de l'UDEAC remirent sur la sellette la question de l'intégration économique entre les Etats membres et poussèrent les Etats membres à adopter progressivement des politiques économiques plus ou moins introverties[134].

B / Les fondements d'une politique communautaire de l'énergie en Afrique centrale

59. La politique énergétique est longtemps restée absente des traités de l'Afrique centrale, car elle posait peu de problèmes **(1)**. Cependant, les importantes fluctuations du prix du baril, l'apparition de nouvelles préoccupations majeures et l'incapacité des Etats membres à enrayer la crise, ont mené les institutions de l'Afrique centrale à instaurer un protocole de coopération en matière d'énergie (**2**).

1 / L'absence de compétence énergétique dans le traité instituant l'UDEAC

60. À l'origine, le traité de l'UDEAC ne comportait pas de dispositions relatives à une politique de l'énergie. Cette absence semble s'expliquer par la volonté des Etats membres d'opter pour des choix énergétiques différenciés. De surcroit, le droit de l'énergie, par sa complexité, comporte la spécificité d'une réglementation technique laissant parfois peu de libertés aux États quant à leur transposition. Toutefois, la dépendance énergétique révélée par le premier choc pétrolier conduit les institutions africaines à réfléchir sur une politique énergétique commune. En effet, après le plan Directeur révisé pour l'instauration d'un nouvel ordre économique international publié en 1976 par la Commission Économique pour l'Afrique (CEA)[135], les responsables africains publièrent en juillet 1979, la « Déclaration d'engagement de

---

[131] Néanmoins, la République centrafricaine se ravise en décembre de la même année. Cf. POUTIER (R) ; *Atlas de l'UDEAC : Intégration régionale en Afrique centrale*, étude, université paris 1 panthéon Sorbonne, p.2.

[132] BUZELAY (A), « L'union fiscale et douanière des Douze : quels enseignements pour l'intégration régionale en Afrique Centrale ? » In: *Tiers Monde*, tome 35, N°140, 1994. pp. 875-890.

[133] MEYONG ABATH (R), *op.cit.*, p.71.

[134] GNIMPIEBA TONNANG (E), *op.cit.*, P.22.

[135]Commission Economique pour l'Afrique, *Restructuration des institutions pour le développement et la coopération en Afrique,* Alger, 12-15 octobre 1976, p.5.

Monrovia », relative au principe directeur pour réaliser l'autosuffisance nationale et collective, dans le domaine économique et social en vue de l'instauration d'un nouvel ordre international[136]. Si bien qu'au terme du Sommet économique africain, tenu les 28-29 avril 1980 à Lagos, les chefs d'États et de gouvernement adoptèrent le Plan d'Action de Lagos (PAL), pour le développement économique de l'Afrique 1980-2000[137], et l'Acte Final de Lagos (AFL) [138].

61. La particularité du PAL est la nécessité impérieuse de déterminer la base des ressources naturelles, non seulement pour déterminer la gamme des produits à fabriquer, mais aussi pour planifier le perfectionnement des compétences nécessaires à la détermination, l'exploitation, l'évaluation, et la mise en valeur de ses ressources, ainsi que l'organisation et la question de circuit, de production et de distribution[139]. À cet effet, le PAL, préconisait au gouvernement africain de porter une attention particulière au développement des énergies nouvelles et renouvelables, promouvoir la création d'un mécanisme multinational de coopération et de coordination des activités en matière d'énergie[140]. La justification résidait dans le fait qu'en ce qui concerne les domaines d'actions partagés, une action au niveau communautaire serait plus efficace qu'une somme de politiques énergétiques individuelles. Pour cela, il préconisa la création de nouvelles structures sous régionales et le renforcement de structures existantes[141].

62. Auréolé par le succès du quatorzième sommet de l'OUA à Libreville en juillet 1977[142], ce fut le Gabon qui prit l'initiative du projet fédérateur, en Afrique centrale[143]. Ainsi, lors de la XVIe Conférence annuelle, du Conseil des Chefs d'Etats de l'UDEAC, tenue les 17-19 décembre 1981 à Libreville[144], les Chefs d'Etats et de gouvernement prirent connaissance du

---

136 GONIDEC (P-F), L'OUA trente ans après : l'unité africaine à l'épreuve, p.133.

137 Voir L'histoire générale de l'Afrique VIII ; *l'Afrique depuis 1935*, Édition UNESCO p.443.

138 Conseil économique et social pour l'Afrique, sixième réunion du comité technique, Addis-Abeba, Ethiopie, 15-22 avril 1985.

139 ST/ECA/PSD.2/12, Commission économique pour l'Afrique ; mise en œuvre du plan d'action de Lagos, proposition et recommandation pour l'orientation des Etats membres, 25 février 1982, p.3.

140 Commission Economique pour l'Afrique, vingtième session, Addis-Abeba, Ethiopie, 25-29 avril 1985.

141 *Ibid.*

142 JOUVE (E), *l'organisation de l'unité africaine,* Edition presses universitaires de France, 1984, p.20.

143 En effet, à la différence de tous ses voisins, le pays apparaissait non seulement, comme une oasis de paix, mais également, comme un pôle fédérateur dénué d'ambitions particulières, jouissant d'excellentes relations avec les Etats de l'UDEAC et de la Communauté Economique des Pays des grands Lacs (CEPGL). Cf. M'BOKOLO (E), *Médiation africaine ; OMAR BONGO et les défis diplomatique d'un continent*, 2009, p.6.

144 SAAL (A) ; « Chronologie des faits internationaux d'ordre juridique (année 1981) », in *Annuaire français de droit international*, vol 27, 1981, pp.929-962

Rapport d'évaluation de l'UDEAC, établi par les experts de la CEA, faisant mention des possibilités d'élargissement de la coopération économique en Afrique centrale, dans l'optique du renforcement des communautés existantes[145]. Par conséquent, le 19 décembre 1981 dans une « Déclaration de Libreville », les participants s'engagèrent solennellement, à se réunir en février 1982, pour étudier la mise en œuvre d'une Institution qui engloberait, selon le souhait d'OMAR BONGO tous les onze Etats d'Afrique centrale. Pour donner suite à la « Déclaration de Libreville », les dix chefs d'Etats et de gouvernement d'Afrique centrale à l'exception de l'Angola confronté à la rébellion armée depuis l'indépendance, signèrent le 18 octobre 1983 à Libreville, le Traité portant création de la CEEAC. Disposant donc d'un corpus juridique pour mettre en œuvre une politique énergétique communautaire durable. Il convient dès lors de s'intéresser aux mesures prises dans cette perspective.

2 / Fixation d'une feuille de route aux Etats membres en matière de politique énergétique

63. Au titre de l'harmonisation des politiques nationales en matière d'énergie et de ressources naturelles, la CEA incita les Etats de l'Afrique centrale dans une communication du 25 février 1982[146], de mettre en œuvre une politique énergétique communautaire et introduit un ensemble de mesures regroupées au sein d'un plan d'action pour l'efficacité de cette politique. En effet, la CEA insista sur la nécessité impérieuse de déterminer la base des ressources naturelles, non seulement pour déterminer la gamme des produits à fabriquer, mais encore, pour planifier le perfectionnement interne des compétences nécessaires à la détermination, l'exploitation, l'évaluation, et la mise en valeur de ses ressources, ainsi que l'organisation et la question de circuit, de production et de distribution[147].

64. Ce Traité indique d'emblée que l'on a voulu promptement tout faire à la fois[148]. Bien que, son contenu soit loin d'être révolutionnaire, néanmoins, il s'en dégage une forte volonté d'intégration[149]. Mieux encore, bien

---

145 Rapport de la CEA ; Mission d'évaluation de l'UDEAC et possibilités d'élargissement de la coopération en Afrique du Centre, Conférence annuelle du Conseil des Chefs d'Etat de l'UDEAC, Libreville 17-19 décembre 1981, p. 88 et s.

146 ST/ECA/PSD.2/12, E/CN.14/TPCW II/18/Revl, 25 février 1982, mise en œuvre du plan d'action de Lagos ; proposition et recommandation pour l'orientation des Etats membres, p.3.

147 ST/ECA/PSD.2/12, Commission Economique pour l'Afrique ; *op.cit.*, p. 3

148 94 articles divisés en 21 chapitres, 18 Protocoles annexes faisant partie intégrante du Traité, sans compter bien sûr les règlements intérieurs des différents organes. L'importance de l'œuvre justifie l'intérêt que l'on lui porte.

149 En effet, c'est un texte qui fixe à un haut niveau les objectifs des Etats membres notamment : « *[...] d'harmoniser les politiques nationales, en vue de la promotion des activités communautaires, notamment dans les domaines de l'industrie des transport et communication, de l'énergie, de l'agriculture, des ressources naturelles, du commerce, des*

qu'éparses on y relève quelques efforts d'innovation ou d'adaptation intentionnelle, par rapport aux structures similaires existant en Afrique. En effet, dans le Traité de la CEEAC, les Etats membres assignent la CEEAC : « d'assurer le fonctionnement du marché de l'énergie et la sécurité de l'approvisionnement énergétique dans l'Union, promouvoir l'interconnexion des réseaux énergétiques, l'efficacité énergétique, les économies d'énergie et le développement des énergies nouvelles et renouvelables[150] ». Dès lors, pour accroître les disponibilités en ressources énergétiques de la zone et promouvoir les ER, dans le cadre de la politique de diversification des sources d'énergie[151], les États membres doivent s'engager à harmoniser leurs politiques minières et hydrauliques ; coordonner leurs programmes nationaux de développement énergétique ; « [...] coordonner leur position dans toutes les négociations internationales portant sur les matières premières afin de sauvegarder leurs intérêts [...] » ; développer un mécanisme de coopération administrative approprié entre les Etats membres ; élaborer et mettre en œuvre des programmes communs de formation et de perfectionnement des cadres[152]. De surcroît, les États doivent convenir de procéder à l'évaluation et à la mise en valeur de leurs ressources minières et hydrauliques, en recherchant une meilleure connaissance de leur potentiel en ressources naturelles, tout en réduisant progressivement leur dépendance vis-à-vis des sociétés transnationales pour la mise en valeur de ces ressources, notamment par la maîtrise des techniques d'exploitation[153]. Comparé aux autres traités de l'Afrique centrale, le traité de la CEEAC apparaissait plus intégrateur et plus complet. Puisque la politique énergétique élaborée par le Traité tient compte de l'exigence de préserver et d'améliorer l'environnement. Restait à donner un contenu réel, visible et palpable, à ce projet[154].

<u>Paragraphe II :</u> La libération progressive des obstacles tarifaires aux échanges commerciaux intracommunautaires

65. Traditionnellement, une union douanière est fondée sur la règle selon laquelle il est interdit, du moins après une certaine période transitoire, toute entrave à la libre circulation des marchandises. Toutefois, l'analyse du

---

douanes, des questions monétaires et financière, des ressources humaines, du tourisme, de l'enseignement de la culture, de la science et de la technologie ; [...] Accélérer le développement des Etats membres sans littoral insulaire, partiellement insulaire, semi-enclavé et/ou appartenant à la catégorie des pays les moins avancés ». Cf ; Article 4 du Traité instituant la CEEAC de 1983.

150 Traité institutif de la CEEAC 1983

151 Article 54 du Traité instituant la CEAC

152 Article 56 du Traité institutif de la CEEAC

153 *Ibid.*, article 54.

154 M'BOKOLO (E), *op.cit.*, p.7.

contenu juridique actuel de la notion de libre circulation ne peut rationnellement se faire sans un rappel préalable des acquis douaniers de l'UDEAC (**A**) et de la période d'expérimentation du tarif préférentiel (**B**).

A / Processus d'homogénéisation du marché intérieur

66. Simultanément au renouveau institutionnel de la sous-région, l'UDEAC décida de réviser le Traité de Brazzaville, afin de mettre en place un marché de l'énergie entre les Etats membres. Ce processus d'homogénéisation devait passer au préalable par l'adoption de texte qui devait graduellement favoriser le démantèlement des barrières douanières (**2**), et devait aussi, mettre en place une politique commerciale commune vis-à-vis des pays tiers (**1**).

1 / L'adoption du tarif douanier et fiscal d'entrée commun

67. L'existence de multiples obstacles de nature non tarifaire imposait l'urgence de la définition d'un cadre juridique de la répression de toutes ces formes de prélèvements déguisés[155]. Ainsi, pour une gestion efficace de l'union douanière, les Etats membres prévoyaient, lors de la 22e session des Parties Contractantes du Traité de Brazzaville, du 2 au 26 mars 1965, la réalisation d'une zone de libre-échange, sans Droit de Douane, ni de restriction quantitatives entre ses membres[156]. À ce titre, l'Accord général sur les tarifs douaniers et le commerce prévoyait une zone délimitée par un Tarif Douanier et Fiscal d'entrée Commun comportant : le droit de douane du Tarif Extérieur Commun (TEC)[157], le droit fiscal d'entrée commun et la Taxe commune sur le chiffre d'affaires à l'importation[158]. De surcroit, en vue de compenser les pertes fiscales, pouvant en résulter pour les Etats membres, une taxe complémentaire (TC) à l'importation dont le taux pouvait être différent selon les Etats fut provisoirement ajoutée au TEC[159].

68. Malheureusement dans les faits, le TEC présentait de graves lacunes dans sa conception et sa structure. En effet, non seulement la base d'application du TEC n'était pas la même dans tous les pays, mais chaque Etat conservait également, le droit de suspendre le TEC ou certaines de ses

---

155 GNIMPIEBA TONNANG (E) ; op.cit., p.99

156 Article 28 du Traité de Brazzaville instituant l'UDEAC

157 Institué par l'Acte N° 16/62-UDE-209 du Comité de Direction de l'Union Douanière Équatoriale et le Décret n° 62/DS/223 du Président de la République fédérale du Cameroun.

158 Article 30 de l'Accord générale sur les Tarifs Douanier et le Commerce du 17 février 1965

159 Banque Mondiale, *Coopération régionale et ajustement structurel. Programme de réformes de la politique fiscalo-douanière pour les Etats membres de l'UDEAC*, 22 octobre 1991, p.10., Confidential Report, N° 9747, AFR, 22 octobre 1991, p. 18 à 35. Cf. BUZELAY (A), *op.cit.*, pp. 875-890

composantes pour des produits spécifiques[160]. De plus, bien que provisoirement accordée pour dédommager certains États des baisses de recettes liées au TEC, la TC subsistait avec des taux élevés, ce qui entravait les échanges et les objectifs du TEC[161]. Face à ces difficultés et au regard de l'évolution des politiques douanières communes, le législateur UDEAC opta pour divers ajustements, fondés non seulement, sur l'adaptation de la politique douanière commune aux réalités économiques des Etats membres mais aussi sur les réactions individuelles et collectives des pays membres face à l'évolution de l'environnement économique et commercial.

2 / Institution de la taxe unique

69. Constituée à sa création pour devenir l'unique prélèvement sur toutes les marchandises d'origine communautaire circulant dans le territoire des Etats membres[162], la Taxe Unique (TU)[163], entra en vigueur le 1er avril 1966. Définie par l'article 59 du traité constitutif de l'UDEAC comme toute taxe « qui frappe les productions industrielles nationales dont le marché s'étend ou est susceptible de s'étendre au territoire de plusieurs Etats membres [164]». Réglementée par la partie IV[165] du traité de Brazzaville, révisé à Yaoundé, lors du sommet de crise de 1974, elle fut positionnée comme moteur de l'intégration sous régionale et jugée plus adaptée aux réalités socio-économiques des pays membres. Toutefois, s'il est vrai qu'en théorie l'article 62 (c) du Traité UDEAC fixait une période transitoire de six ans, pendant laquelle les taux de la TU pouvaient être différents, pour une même marchandise d'un pays à un autre, dans la pratique les taux de la TU étaient proposés par le Secrétariat Général, selon des critères à la fois économiques et budgétaires propres à chaque pays. De surcroit, le Comité de Direction devait progressivement procéder à une harmonisation des taux de la TU, selon une formule de réductions successives à la suite d'un examen annuel de l'évolution économique et budgétaire de chaque pays membre, l'objectif étant d'arriver, à la fin de la période transitoire à une harmonisation complète des taux pour chaque catégorie de marchandises sur le territoire de l'Union[166].

160Voir, Rapport n° 9747-AFR de la Banque mondiale ; Coopération régionale et ajustement structurel, Programme de réformes de la politique fiscalo-douanière pour les Etats membres de l'UDEAC du 30 novembre 1992, p.13.

161 BUZELAY (A), *op.cit.*, pp. 875-890.

162 Article 32 (b) du Traité UDEAC.

163 L'unicité de cette taxe était à la fois fiscale et géographique : fiscale, elle l'est parce que seule taxe frappant les produits industriels des pays originaires des pays membres et circulant dans le territoire communautaire. Géographique, elle l'est parce que frappant une même production dans tous les Etats membres de l'Union.

164 Article 59 du Traité UDEAC

165 *Ibid.*

166 GNIMPIEBA TONNANG (E) ; op.cit., p.67.

70. Bien entendu, il ne faut pas perdre de vue que l'harmonisation des taux, selon l'UDEAC n'impliquait nullement une uniformisation totale des dispositions douanières internes relatives à l'imposition des marchandises en provenance des autres Etats membres, mais plutôt un effort de rapprochement de taux nationaux initialement très différents afin de garantir une certaine équité des relations commerciales intracommunautaires[167].

B / La coopération industrielle

71. Les pays de l'Afrique centrale ont toujours inscrit l'industrialisation sur leurs étendards. Toutefois, l'étroitesse des marchés a souvent été un obstacle à cet objectif. Par conséquent, la politique industrielle a incité à rechercher un accord (**1**) et à promouvoir une coopération suprarégionale en matière d'énergie (**2**).

1 / Les péripéties du tarif préférentiel UDEAC

72. Dans le cadre des objectifs des programmes régionaux, la coopération industrielle devait concerner les industries : à vocation essentiellement exportatrice dont la production n'intéresse pas le marché des autres Etats de l'union ; celles intéressant le marché d'un seul Etat, pour lesquelles il n'est pas demandé d'avantages économiques, fiscaux, douaniers aux autres Etats de l'Union, et toutes les autres intéressant le marché de l'Union pour lesquelles une harmonisation doit être recherchée au sein de l'Union[168]. À cet effet, les productions industrielles originaires de l'Union devaient bénéficier, pour leur mise en consommation dans les autres pays membres d'un tarif préférentiel, ad valorem ou spécifique[169]. Toutefois, l'application du tarif préférentiel ne devait pas exclure la perception des taxes sur les chiffres d'affaires et des droits d'accises sur les produits similaires, qu'ils soient importés ou fabriqués localement[170].

73. Malheureusement, la suspension de l'article 33 du Traité et la fermeture des bureaux de douane communs entraînèrent en décembre 1971, l'interruption du processus de démantèlement des barrières douanières. En outre, la taxe complémentaire, accordée provisoirement pour dédommager certains Etats des baisses de recettes liées au TEC, subsistait avec des taux élevés entravant les échanges[171]. De surcroit, sur la base de multiples justifications, les Etats membres levèrent des taxes et surtaxes supplémentaires, y compris sur les importations intra zone, tout en accordant de nombreuses dérogations non prévues par le code douanier de l'Union. Ce

---

[167] GNIMPIEBA TONNANG (E) ; *op.cit.*, p.67.
[168] Article 48 du Traité instituant l'UDEAC
[169] Article 63 du Traité instituant l'UDEAC
[170] *Ibid.*, article 64.
[171] BUZELAY (A), *op.cit.*, pp. 875-890.

qui expliqua la réintroduction des barrières tarifaires très intenses entre les Etats membres et l'existence des tarifs extérieurs élevés et dispersés. Par conséquent, déterminer à relancer le processus de démantèlement des barrières douanières, l'UDEAC décida, lors du sommet de Yaoundé du 7 décembre 1974, d'adapter le traité aux réalités socio-économiques et politiques sous régionales[172].

2 / Politique énergétique commune

74. Les disponibilités en ressources énergétiques ont été un facteur très important dans la poursuite de l'industrialisation de l'UDEAC. Ainsi, afin de favoriser le décollage industriel et l'utilisation de ressource énergétique, les Etats membres avaient convenu d'harmoniser leur plan de développement[173]. Néanmoins, l'importance respective de différentes sources d'énergie variait d'un Etat à l'autre. En effet, les gisements de charbon au Cameroun et au Gabon étaient modestes sans aucune valeur économique. Les réserves de gaz qui furent découvertes dans plusieurs pays de l'UDEAC, n'étaient pas énormes en tant que sources d'énergie. Le bois quant à lui servait en partie à produire de l'énergie pour les scieries et pour le chauffage domestique. De ce fait, les sources d'énergie potentielles se limitaient aux produits pétroliers, aux hydrocarbures gazeux et à l'énergie électrique. En effet, il ressort du **tableau 3** que les importations totales des combustibles et lubrifiants de l'UDEAC en 1964 s'élevaient à 350 700 t environ, avec le Cameroun comme principal consommateur.

Tableau 3: *Importation des produits pétroliers dans l'UDEAC en (t) 1964*

Pays	**Essence d'aviation et carburateur**	**Essence tourisme**	**Pétrole lampant**	**Gasoil et fuel**	**Total**
Cameroun	7 600(1)	51 600	30 500	45 400	135 100
Congo	24 600	19 800	8 100	40 200	92 700
Gabon	3 600	12 000	4 300	36 300	56 200
RCA	3 500(2)	11 600	4 300	9 000	28 400
Tchad	11 000	11 700	3 200	12 400	38 300
Total UDEAC	**50 300**	**106 700**	**50 400**	**143 300**	**350 700**

Source :

1) Essence d'aviation seulement
2) Estimation

[172] Acte N° 12-74-UDEAC-180 du 7 décembre 1974, portant révision du Traité instituant une Union doua-nière et Economique de l'Afrique centrale, signé à Brazzaville le 8 décembre 1964

[173] Article 44 du Traité UDEAC

75. Toutefois, bien qu'en matière d'énergie et de gestion de ressources naturelles des politiques communes et des programmes sous régionaux aient été définis, les réalisations se sont révélées être à l'opposé du but proclamé. En effet, la rigidité des instruments de la politique communautaire de l'UDEAC a entrainé la prolifération d'un vaste arsenal de taxes et droits parafiscaux qui n'ont fait que saper les objectifs régionaux de l'UDEAC.

SECTION II : LA COORDINATION FISCALE DE FACTO

76. L'objet principal de cette section n'est pas de faire un audit complet de la cohérence des lois nationales avec les directives, mais d'identifier les principales lacunes d'application des directives communautaires au sein des législations nationales (**Paragraphe I**) et leurs effets sur l'efficacité de la coordination des politiques énergétiques (**Paragraphe II**).

Paragraphe I : L'opérationnalisation du processus d'intégration à l'épreuve des défaillances avérées

77. L'objectif de la politique UDEAC visant la disparition des distorsions commerciales entre les Etats membres afin de garantir le développement économique et social des Etats, était loin d'être atteint (**A**). De surcroit, les taxes d'effet équivalent ont participé de façon radicale à l'échec des politiques douanières communes de l'UDEAC (**B**).

A / La difficile suppression des obstacles tarifaires aux échanges commerciaux entre les Etats membres

78. La mise en place d'un ensemble sous régional cohérent a été très difficile en UDEAC, en raison de la multiplication des barrières d'ordre technique ou administratif (**1**), et de la non-application des dispositions conventionnelles relatives à la libre circulation des marchandises (**2**).

1 / Les avatars de la Taxe Unique UDEAC

79. Malgré tous les efforts consentis de consécration d'une législation douanière commune, les taux de la TU variaient d'un pays à un autre. De plus, les innombrables exonérations consenties par les États aux entreprises bénéficiaires de la TU, variaient d'une entreprise à une autre. Créant des distorsions majeures et des discriminations dans la taxation des produits originaires fabriqués par des entreprises non bénéficiaires de la TU. Si bien qu'on assista au foisonnement de régime particulier de la TU tout aussi

complémentaire que confus, dont la principale marque de distinction n'était basée que sur les formulaires d'enquête permanente[174]. Bien que des dispositions conventionnelles pertinentes procédassent à une répartition équitable des droits de douane entre les Etats membres[175], les Etats côtiers refusaient, malgré les injonctions de l'institution communautaire, de reverser directement aux Etats enclavés les recettes douanières dont ils étaient légitimement bénéficiaires, conformément aux articles 35 à 39 du Traité[176]. Ce refus s'avéra très catastrophique pour les pays enclavés, qui comptaient beaucoup sur les recettes douanières provenant de la TU, pour combler les déficits et autres déséquilibres budgétaires liés à leur insularité. La situation aboutit à terme à la paralysie des politiques douanières communes de l'UDEAC.

80. Ainsi, face à ces difficultés le Comité de Direction de l'UDEAC décida, d'une part, de la mise en place de brigades spéciales inter-Etats chargées de contrôler les entreprises soumises au régime ; et d'autre part, de procéder à la mise en place d'un cadre juridique destiné à règlementer toutes les infractions à la législation douanière commune et de regrouper les différents régimes de la TU[177]. Seulement, loin de simplifier le mécanisme de suppression des obstacles physiques à la libre circulation des marchandises et promouvoir les échanges intracommunautaires, le nouveau régime de la TU a continué à obstruer un peu plus la voie de la liberté commerciale entre les pays membres[178].

81. Bien qu'à l'épreuve des faits, la TU n'a réussi ni l'objectif de stimulation des implantations industrielles dans les pays membres, ni la libéralisation des échanges inter-Etats, affirmer toutefois que les difficultés

---

174 Outil de référence servant à consigner les différentes informations d'ordre administratif, technique ou commerciale. Cf. GNIMPIEBA TONNANG (E), *op.cit.*, p.67.

175 Notamment, en faisant tout d'abord obligation aux bureaux des douanes communes de tenir une comptabilité distincte pour le compte de chaque Etat. Ensuite, d'adresser mensuellement un double de cette comptabilité aux administrations douanières nationales bénéficiaires pour lesquelles des liquidations avaient été effectuées. Enfin, de procéder par des opérations de trésor à trésor au transfert des recettes correspondantes. Cf. GNIMPIEBA TONNANG (E), *op.cit.*, p.67.

176 C'est-à-dire soit, par le mécanisme d'opération de trésor à trésor, soit celui prévu par le Fond Commun de Solidarité (FCS). Cf. *Ibid.*

177 Notamment par : L'Acte n°44/71-CD-905 du 13 décembre 1971, le Comité de Direction procédait à une classification systématique des infractions à la TU. L'Acte n°8/77-UDEAC-226 du 21 décembre 1977 du Conseil des Chefs d'Etat prescrivant la nouvelle méthode d'élaboration des statistiques du Commerce extérieur et du commerce inter-Etats. L'Acte n°08/79-CD-UDEAC-143 du 15 décembre 1979, le Comité de Direction consacra cette multiplication de régime dans le but de tenter un regroupement des différents régimes de la TU, selon qu'il s'agisse du moment de la sortie de l'usine (TU3), de l'établissement des formulaires de laissez-passer (TU10) ou encore au moment de l'exportation (TU11).

178 Du simple fait, d'une multiplication de régimes fondés, soit sur l'origine, soit sur la nature du produit, conjugué d'une procédure administrative contentieuse lourde et l'application de lourdes pénalités pour des infractions bien souvent mineures Cf. GNIMPIEBA TONNANG (E), *op.cit.*, p.67.

d'application de la TU ont été la seule cause de l'échec de la politique douanière commune en Afrique centrale serait une hypothèse assez hasardeuse. Dans la mesure où, le refus par la quasi-totalité des Etats membres d'appliquer les dispositions conventionnelles, relatives à la libre circulation des marchandises d'origine communautaire, transparaît comme le premier élément ayant précipité l'effondrement des politiques douanières en UDEAC.

2 / Le refus d'application des articles 28 et 33 du traité de l'UDEAC

82. Dans l'optique de favoriser les échanges commerciaux dans le territoire communautaire, le législateur UDEAC posa deux principes. D'une part, le principe de l'adoption par les États membres, dans leurs relations avec les partenaires commerciaux tiers, d'un droit fiscal d'entrée commun, à l'article 28 du Traité. Et d'autre part, disposa à l'article 33 (a) du Traité que « les marchandises d'importation prises à la consommation dans un Etat membre et transférées dans un autre Etat membre sont exemptées de tous droits et taxes de sortie dans le pays expéditeur et d'entrée dans le pays destinataire[179] ». C'est en ce sens que la notion de « libre pratique » tient une importance capitale dans la construction de l'union douanière de l'Afrique Centrale. Si bien que le législateur UDEAC avait tenu à en préciser les contours : « Sont considérés comme étant en libre pratique dans un Etat membre les produits en provenance d'un pays tiers pour lesquels les formalités d'impositions ont été accomplies et les droits de douane perçus dans cet Etat membre [180]». Par conséquent, l'effet juridique de la mise en libre pratique consiste à placer les produits importés des Etats tiers dans une position identique à celle des produits originaires de l'Etat membre d'importation.

83. Toutefois, cette consécration solennelle de la mise en « libre pratique » allait être tempérée par une autre disposition conventionnelle soumettant au franchissement des frontières, toutes les marchandises à un pointage statistique en termes de quantité et de valeur[181]. De plus, les pays enclavés subissaient des difficultés persistantes de trésorerie, dénoncèrent les dispositions de l'article 33 du Traité[182]. De surcroit, étant donné que le Traité

---

[179] Article 33 (a) du Traité UDEAC

[180] Article 6 à l'Annexe à la Circulaire n°471/SG/DUD du 18 décembre 1993 du Secrétaire Général de l'UDEAC relative aux modalités d'application de l'Acte n°7/93-UDEAC-556-SE1 du 21 juin 1993 portant révision du TEC et fixant les modalités d'application du TPG.

[181] Pointage statistique devant servir, pendant une période transitoire triennale, de référence au remboursement, par les Etats importateurs aux Etats de consommation effective, du montant total des droits et taxes perçus sur les marchandises ainsi recensées. Cf ; Article 33 (b) du Traité UDEAC

[182] En effet, ces dispositions mettaient fin au régime de compensation institué par la TU, qui se traduisait par le renversement, via le FCS, de ressources financières importantes et

UDEAC ne prévoyait aucune disposition contraignante en cas de manquement d'un Etat de ses obligations conventionnelles, les Etats qui peinaient à trouver des solutions idoines à leurs problèmes économiques et satisfaire les conditionnalités imposées par les plans d'ajustement structurels (PAS), n'avaient pas d'autre choix que le contournement de la politique douanière commune. Ce qui favorisa, la multiplication de diverses taxations nationales tant sur les produits étiquetés UDEAC, que sur les marchandises en provenance de pays tiers.

84. Ainsi, en estimant que les recettes douanières constituaient pour les États une importante ressource budgétaire et constatant son aptitude à trouver un système juste, neutre et équitable[183], le Comité de Direction décida, lors de sa séance du 17 décembre 1971, de suspendre le processus d'harmonisation douanière en laissant la gestion du tarif douanier commun à la seule compétence des autorités nationales. En cela, l'UDEAC ne différa guère d'une simple zone de libre-échange.

B / <u>Les régimes dérogatoires : le talon d'Achille de la coordination fiscale</u>

85. Bien que le Traité UDEAC insistât sur la nécessité pour les Etats membres, dans leur objectif de suppression de tous obstacles aux échanges intercommunautaires, d'« interdire entre eux tous droits et taxes à l'importation et à l'exportation[184]», malheureusement, cette disposition évasive a omis de définir le cadre juridique pour réprimer ces mesures tarifaires déguisées (**1**). Lesquelles ont participé aussi à l'échec des politiques douanières communes (**2**).

1 / Les Taxes d'Effets Équivalents

86. En l'absence de définition textuelle dans le Traité UDEAC et face à l'absence doctrinale et jurisprudentielle relative aux Taxes d'Effets Équivalents (TEE), auxquelles était soumise la libre circulation des marchandises entre les pays membres, un recours à l'expérience d'intégration de l'UE donne un contour assez précis de la notion. À ce titre, dans un arrêt du 14 décembre 1962, la Cour de Justice des Communautés Européennes (CJCE) décidait qu'« au sens des articles 9 et 12 du Traité CE, la taxe d'effet équivalent peut être considérée, quelle que soit son appellation ou sa technique comme un droit unilatéralement imposé, soit au moment de l'importation, soit ultérieurement, et qui, frappant spécifiquement un produit

---

nécessaire à leur équilibre budgétaire, au profit des Etats importateurs, qui continuaient pourtant à percevoir ces taxes sur les produits importés et transférés dans tout le territoire communautaire.

[183] GNIMPIEBA TONNANG (E), *op.cit.*, p.69

[184] Article 28 (b) du Traité instituant l'UDEAC.

importé d'un pays membre à l'exclusion du produit national similaire, a pour résultat en altérant son prix d'avoir ainsi sur la libre circulation des produits la même incidence qu'un droit de douane[185]». Autrement dit, pour tomber sous le coup de l'interdiction, la TEE doit constituer une charge pécuniaire, unilatéralement imposée et frapper les produits d'un pays membre à l'occasion du franchissement des frontières à l'exclusion du produit national similaire.

87. Toutefois, l'interdiction absolue des taxes d'effet équivalent ne signifie point que les marchandises passant les frontières nationales et d'origine communautaire ne peuvent plus faire l'objet de quelque prélèvement que ce soit[186]. Car, l'efficacité des politiques douanières communes dépend tout aussi de la reconnaissance au profit des administrations et acteurs économiques nationaux de certains prélèvements. C'est en ce sens que l'arrêt de la CJCE du 1er juillet 1969, qui précise qu' « une charge pécuniaire, fut-elle minime, unilatéralement imposée, quelle que soit son appellation ou sa technique et frappant les marchandises nationales ou étrangères en raison du fait qu'elles franchissent la frontière, lorsqu'elle n'est pas un droit de douane proprement dit, constitue une taxe d'effet équivalent [...] alors même qu'elle ne serait pas perçue au profit de l'Etat, qu'elle n'exercerait aucun effet discriminatoire ou protecteur, et que le produit imposé ne se trouverait pas en concurrence avec le produit national[187] ». Seulement, en pratique les dispositions touchant aux marchandises importées n'avaient pas toujours leur équivalent dans les prélèvements internes, et ne constituaient donc pas une TEE. De surcroit, il était difficile de prouver leur caractère discriminatoire[188].

2 / Les difficultés inhérentes à la récupération des Taxes d'Effet Équivalent indûment perçue

88. En application du principe communautaire interdisant tout droit de douanes et TEE, dans les échanges entre les pays membres, lorsqu'un opérateur économique a été contraint d'acquitter une certaine charge financière, en application d'une disposition législative, ou réglementaire interne d'un Etat membre, il doit pouvoir obtenir de cet Etat le remboursement des sommes payées, sur le fondement juridique d'une

---

[185] Arrêt de la Cour du 14 décembre 1962, Commission de la communauté économique européenne contre Grand-Duché de Luxembourg et Royaume de Belgique, Affaires jointes 2/62 et 3/62.

[186] En effet, la reconnaissance du pouvoir de prélèvements non assimilables aux taxes d'effet équivalent trouve son fondement dans les pouvoirs fiscaux, que détiennent les législations nationales.

[187] Arrêt de la Cour du 1er juillet 1969 Commission de la communauté européenne contre République italienne affaire 24-68.

[188] GNIMPIEBA TONNANG (E) ; *op. cit.*, p.86

législation nationale contraire au droit communautaire[189]. Or, en pratique l'existence de multiples restrictions quantitatives et mesures d'effet équivalent est très vite apparue, au fil des années, comme le principal obstacle à l'émergence d'un véritable marché d'échelle entre les pays d'Afrique centrale. Ce d'autant plus que c'est souvent par le biais de restrictions diverses que la tentation protectionniste des Etats, en période de récession et de chômage, se manifeste subtilement et insidieusement, que les mesures prises sont souvent indistinctement applicables aux produits nationaux et aux produits importés[190]. Ce qui a conduit au fil des années à la généralisation de pratiques, visant à élargir les compétences des administrations douanières et fiscales nationales, en matière fiscalo-douanière au-delà des limites fixées par la législation commune, donnant lieu à la multiplication de diverses barrières non tarifaires de nature administrative, technique voire phytosanitaire aux échanges intracommunautaires[191].

Paragraphe II : La difficile ébauche d'un droit communautaire de l'énergie

89. Malgré d'abondantes ressources énergétiques, l'UDEAC a dû assurer en permanence la difficile adéquation de ressources suffisantes, mais difficilement accessibles à des besoins énergétiques croissants, en fonction de l'évolution économique (**A**). Devant le constat alarmant de l'absence d'une offre d'énergie satisfaisante, l'UDEAC entreprit de réformer l'organisation et la réglementation du secteur de l'énergie (**B**).

A / Les tentatives infructueuses de l'UDEAC en matière de politique énergétique

90. L'accès à l'énergie est une composante essentielle du développement économique, social et politique[192]. Bien qu'ayant un potentiel énorme en énergie fossile et renouvelable, l'UDEAC présentait des disparités et des déficits énergétiques importants (**1**). De surcroit, l'effondrement des prix des matières premières sur le marché, l'essor de nouveaux moyens de production a conduit les Etats de l'UDEAC à élaborer des politiques industrielles concurrentes (**2**).

189DRUESNE (G) ; *Droit de l'Union européenne et politiques communautaires,* Col. Droit fondamental, droit communautaire, 6e édition PUF Section « Droit », Paris, septembre 2001, p. 54.

190 *Ibid.*, p. 57

191 GNIMPIEBA TONNANG (E) ; *op.cit.*, p.100.

192 Quatrième forum international sur les perspectives africaines : *Un meilleur accès à l'énergie pour les africains*, p.2.

1 / Des Etats aux potentialités inégales

91. Bien qu'en 1991 l'UDEAC disposât d'importantes ressources énergétiques sur un territoire de 3 020 651 km^2, elle présentait toutefois de nombreux contrastes humains et économiques. Il ressort en effet, du **(Tab.4)**, qu'en 1988 l'UDEAC présentait des écarts très nets du PNB/h entre les Etats, en raison de l'inégale répartition spatiale des populations. Si bien que ces contrastes démographiques ont eu des répercussions diverses sur le niveau de développement des États et surtout sur le niveau de vie des populations. À cet effet, les données de la (**Carte.2**), laissent clairement apparaître deux groupes de pays : ceux relativement riches (Cameroun, Congo et Gabon), et ceux relativement pauvres (Guinée-Equatoriale, RCA et Tchad).

Tableau 4: *Situation démographique et économique des pays de l'UDEAC en 1988*

Pays	Superficie (km^2)	Population en 1988	Densité	PNB en USS/h 1986
Cameroun	475 000	10 500 000	22,1	916
Congo	342 000	2 200 000	6,4	1040
Gabon	267 667	1 300 000	4,9	3020
Guinée-Équatoriale	29 000	380 000	13,1	290
RCA	622 984	2 800 000	4,5	260
Tchad	1 284 000	4 800 000	3,7	130
TOTAL	**3 020 651**	**21 990 000**	**7, 25**	**850**

Source : World population data sheet et Banque Mondiale, Washington

92. La situation économique des pays riches de l'UDEAC s'explique par trois atouts ; un potentiel d'industrialisation appréciable avec des nombreuses ressources minières et énergétiques[193]. Sa situation géographique dans le golfe de Guinée qui s'étend du Nigeria à l'Angola et la production de pétrole. Cette production a débuté au Gabon en 1960, au Congo en 1976 et au Cameroun ; elle passa de 14 millions de tonnes en 1987 (**Tab.5**). Ce qui représentait 9% de la production africaine et 0,7% de la production mondiale.

---

[193] Le Gabon en 1987, était 2e producteur mondial de manganèse avec 2,4 millions de tonne, 6e producteur mondial d'uranium avec 900 tonnes de métal et produisait également de l'or, du gaz, du pétrole et des bois blancs. De plus il comptait 855 millions de kWh d'électricité. Le Congo, bénéficiait également de revenus appréciables issus de la vente du plomb (1 000 tonnes en 1986), l'or, mais surtout le gaz naturel (760 millions de m3 en 1985) et le pétrole (6,4 millions de tonnes en 1987), sans oublier le bois et les produits agricoles. Quant au Cameroun, ses ressources minières quelque peu limitées étaient compensées par un secteur agricole très actif qui, en dehors de l'autosuffisance alimentaire désormais acquise par le pays, cas unique dans l'UDEAC, a permis la création de grands complexes agro-industriels. Si bien qu'il possédait le tissu industriel le plus dense de l'UDEAC avec plus de 300 unités de production. De surcroit, le Cameroun pouvait également compter sur un potentiel hydro-électrique qui faisait de lui le 2e producteur d'Afrique noire après le Zaïre, avec 2 318 millions de kWh fournis par trois grands barrages. Cet avantage, lui ont permis de créer un complexe métallurgique à base d'aluminium qui, avec 72 000 tonnes en 1987, plaça le Cameroun au même niveau que la Suisse ou la Hongrie. Cf ; MOUAFO (D) ; « les difficultés de l'intégration économiques interrégionale en Afrique noire : l'exemple de la zone UDEAC ». In : *Cahier d'outre-mer*, N°174-44e année, avril-juin 1991, pp. 167-185

Source : Cahier d'outre-mer 1991

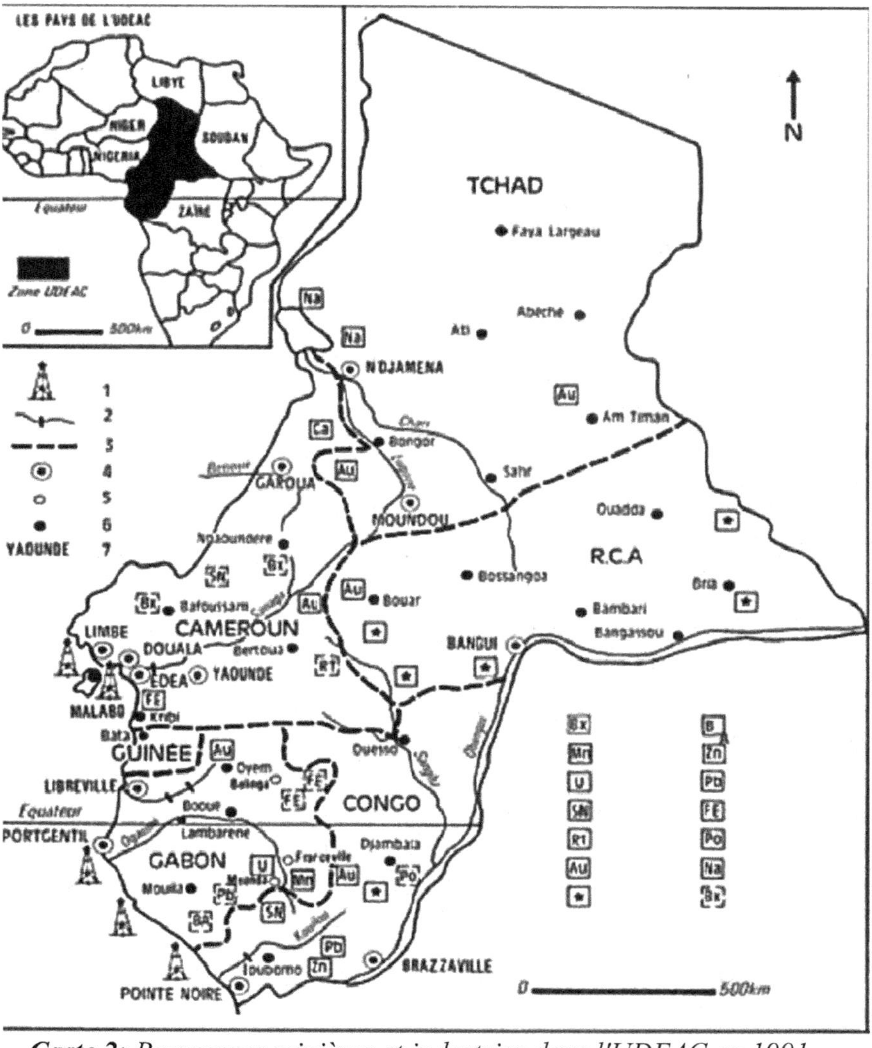

<u>Carte 2</u>: Ressources minières et industries dans l'UDEAC en 1991

1. Industrie pétrolière ; **2.** Cours d'eau avec barrage **3.** Limite d'Etat ; **4.** Ville industrielle ; **5.** Ville minière ; **6.** Autre localité ; **7.** Capitale d'Etat. **Bx :** Bauxite ; **Mn :** Manganèse ; **U :** Uranium ; **Sn :** Etain ; **Rt :** Rutile ; **Au :** Or ; **II :** Diamants ; **Ba :** Baryte ; **Zn :** Zinc ; **Pb :** Plomb ; **Fe :** Fer ; **Po :** Potasse ; **Na :** Natron ; **Bx :** Gisements inexploités.

Tableau 5: *La production pétrolière dans l'UDEAC en 1977 et 1987 (en tonnes métriques)*

Pays	1977	1987	Progression En (%)
Cameroun	900 000	8 300 000	+822%
Congo	1 840 000	6 317 847	+243%
Gabon	11 267 187	7 794 000	-30%
TOTAL	**14 007 187**	**22 411 847**	**+60%**
Quantité exportée	10 902 000	19 197 625	+76%
Soit en (%)	77,80	85,60	
Part de l'UDEAC dans la production mondiale (%)	0,50	0,70	+40%
Monde	**2 800 000 000**	**2 918 316 000**	

Source : Bulletin statistique de la BEAC, 1988.

93. Durant les dix dernières années qui ont suivi la création de l'UDEAC, la manne pétrolière a ainsi constitué la principale source du Cameroun, du Congo et du Gabon. Toutefois, son impact économique et financier n'a pas été le même pour les trois États, ce qui poussa les Etats à mettre en place des politiques industrielles très diverses.

2 / Des stratégies industrielles peu concertées

94. Les pays de l'UDEAC ont tous fondé leur politique d'industrialisation sur l'import-substitution, à savoir l'implantation sur place d'industries visant à remplacer les biens importés par des produits nationaux. Bien que cette politique présentât des avantages certains (réduction du déficit commercial, valorisation des ressources locales), elle trouvait ses limites dans le fait qu'en UDEAC les ressources locales sont presque les mêmes d'un pays à l'autre, en raison de l'homogénéité physique de la zone. Par ailleurs, cette stratégie impliquant une protection des industries nationales était incompatible avec la libéralisation souhaitée des échanges. En conséquence, le tissu industriel de l'UDEAC présentait de nombreuses similitudes d'un État à l'autre, la seule différence résidait dans les potentialités propres à chaque pays. Notamment, une plus grande disponibilité de minerais (Gabon), des moyens de transport (Cameroun), du capital humain et des sources de financement (Congo). À ce titre, le (**Tab.6**), obtenu par recoupements de plusieurs documents, donne une idée du niveau d'industrialisation de l'UDEAC en 1988.

95. En dépit de ses ressources énergétiques, plus importantes que celles des autres sous-régions, les ressources énergétiques de la zone UDEAC se répartissaient dans des zones distinctes, et dont les capacités d'exploitation

étaient aussi largement inégales[194]. Toutefois, l'effondrement brutal des cours du pétrole mit les Etats de l'UDEAC dans des difficultés économiques.

Tableau 6: Le tissu industriel de l'UDEAC en 1988

Pays	Indust. Extrat.	Transf. Bois	Ind. Méca Electriq/Electron	Chimie Caoutc et plast	Huilerie Corps/gras	Energie Eau/Divers	Total
Cameroun	3	16	38	27	15	29	128
Congo	5	15	13	18	5	11	67
Gabon	8	19	12	8	7	6	60
RCA	2	10	6	2	4	7	31
Tchad	1	_	4	1	2	2	10
TOTAL	**19**	**60**	**73**	**56**	**33**	**55**	**296**

Source : d'après la synthèse de documents

B / Les modifications fiscales apportées au traité originel de l'UDEAC

96. Conscient du contexte de crises économiques dues à l'effondrement des cours du pétrole[195] (**1**), l'UDEAC dut entreprendre d'importants remaniements du Traité pour s'adapter aux nouveaux contextes de globalisation (**2**).

1 / Le contexte de la réforme fiscalo-douanière de 1991

97. En proie à de sérieuses difficultés économiques depuis le milieu des années 80, l'effondrement des cours des matières premières[196] et la dépréciation du dollar[197] plongèrent les économies des États de l'UDEAC dans une profonde récession[198], accentuant leurs déficiences structurelles[199].

---

[194] En effet, le Gabon connaissait moins de déperditions lors de l'exploitation du pétrole que le Tchad.

[195] Voir Rapport Banque mondiale N°9747-AFR ; coopération régional et ajustement structurel : *op.cit*, p.11

[196] Entre 1985 et 1987, les prix du pétrole firent une chute vertigineuse en Francs CFA, de 65%, ceux du cacao, du café et caoutchouc accusèrent respectivement une baisse de 24%, 43% et 24% Rapport Banque mondiale N°9747-AFR ; *ibid.*, p.30.

[197] En 1987, effondrement de la bourse de New-York due à une déficit commercial américain plus important que prévu, puis à une hausse des taux en Allemagne, ainsi qu'un éclatement d'une bulle spéculative sur les actions.

[198] En 1987, les recettes publiques du Cameroun accusèrent une baisse de 50%, celui du Congo de 55% du niveaux d'avant 1985, les recettes pétrolières du Gabon passèrent de 400 milliards de Franc CFA en 1985 à 65 milliards en 1987. Cf ; Rapport Banque mondiale N°9747-AFR ; *op.cit.*, p.11

[199] Notamment, la faible mobilisation des ressources intérieures, l'étroitesse de la mobilisation de recettes publiques, un taux de change surévalué, un compte des opérations courantes vulnérable étroitement dépendant du secteur exportateur insuffisamment diversifié, des dépenses publiques excessives, un secteur public inefficace et une structure des coûts salariaux ahurissant. Cf. *Ibid.*

En effet, le (**Tabl.7**) montre que le PIB du Congo en 1986 fléchit de 6,9% et celui du Cameroun et du Gabon en 1987 recula respectivement de 6,5%, et 16,1%.

Tableau 7: *Situation économique des Etats de l'UDEAC en 1987*

Pays	Années	PIB	Service de la dette	Inv. Public	Dep. Pub	Déficit pub
CAMEROUN	1986	8	9,1	11,3	22	-1,2
	1987	-6,5	7,8	14,4	31	-12,8
	1988	-7,7	7,6	7,6	22	-0,1
CONGO	1986	-6,9	-	-	32,6	-2
	1987	-1	-	-	28,1	-8
	1988	0,5	38	5	37	-16
GABON	1986	-2,1	5	12,6	56,4	-14,6
	1987	-16,1	2,9	3,2	25,8	-0,6
	1988	2,7	4,3	2,5	27,8	-2,2
GUINÉE ÉQUATORIALE	1986	-3,4	13,9	7,9	20,2	-14,6
	1987	1,3	11,7	14,5	19,5	-20
	1988	5,3	7,4	13,6	20,1	-14,6
REP CENTRAFRICAINE	1986	t5,2	3,4	9,7	25,5	-13,8
	1987	2,5	3,7	10,5	27,1	-15
	1988	2,9	5	8,6	26,1	-13,7
TCHAD	1986	-4,1	1,2	8,7	27,4	20,6
	1987	-3,4	1,3	11,8	34	26
	1988	17,6	1,2	7,5	26,8	18,9

Source : world development indicators

98. Néanmoins, bien que les pays non exportateurs de pétrole (la Centrafrique, le Tchad et la Guinée équatoriale) n'aient pas été si durement éprouvés par la chute des prix des produits de base, leurs économies furent tout de même, atteintes par les répercussions de cette baisse[200]. Il faut ajouter à cela, les coûts élevés de transaction liés à la non-coopération[201]. Au regard

200 En 1987, le déficit public de la Guinée-Equatoriale et la RCA, accusèrent respectivement une hausse de 20% et 15% par rapport à 1986. Cf. Rapport Banque mondiale N°9747-AFR ; *Ibid.*

201 Conseil des Chefs d'Etat UDEAC, préambule, Libreville décembre 1991

des obstacles posés et des défis à relever, les Etats convinrent, au sortir de la réunion de l'UDEAC en décembre 1990 à Yaoundé, d'adopter une série de mesures dans le domaine de la politique financière[202]. De surcroît, les ministères des Finances des six États membres approuvèrent le 18 octobre 1990, un cadre dans les domaines de la politique fiscalo-douanière et de la politique du transport en transit[203].

99. C'est dans ce contexte, que lors du Conseil des Chefs d'Etat de l'UDEAC du 6 décembre 1991, tenu à Libreville, un Programme Régional de Réforme (PRR) comportant trois aspects fut mis au point pour la sous-région : Une réforme fiscalo-douanière (RFD) ; Un protocole de transport inter-Etat des pays de l'Afrique centrale (TIPAC)[204], portant sur le transport et les procédures de transit ; Et la mise en œuvre d'une nouvelle institution[205]. Initiée de manière endogène par les Chefs d'Etats et de gouvernement, avec l'appui des institutions internationales, le PRR devenait une exigence cardinale, d'autant plus que les différentes PAS nationales n'avaient pas donné les résultats attendus.

2 / Les acquis de la réforme fiscalo-douanière de 1991

100. Le premier ajustement opéré par l'UDEAC, fut la révision du TEC[206]. Ainsi selon l'article 28 (nouveau), le TEC qui comportait dorénavant le droit à l'importation résultant de la fusion du droit de douane et du droit d'entrée, s'appliquant aux produits et marchandises importés sur le territoire douanier de l'Union, était classé de la manière suivante :

- ✓ 1ère catégorie : Biens de première nécessité
- ✓ 2ème catégorie : Matières premières et équipements
- ✓ 3ème catégorie : Biens de consommation courante[207].

101. Ainsi, la liste des produits et des marchandises, ainsi que le taux du droit à l'importation applicable aux produits de ces trois catégories étaient

---

202 Voir décision du Conseil d'administration de la BEAC du 16 octobre 1990. Voir aussi, la note de réflexion sur les politiques de la monnaie et du crédit et de la supervision bancaire dans la zone BEAC, Banque mondiale, juillet 1990.

203 Voir le Compte rendu sommaire : Réunion sur le programme d'ajustement structurel régional, Yaoundé, 18 octobre 1990.

204 L'objectif visé du TIPAC était d'accélérer le processus d'intégration économique régionale par la mise en place d'une politique ambitieuse de transport en transit. Pour plus d'information voir NJANKE TATCHOU (M) ; *Transports et échanges commerciaux dans les pays de la CEMAC*, Mémoire Master II en Économie des Transports, Université de Yaoundé II Soa CAMEROUN, 2008, p.16.

205 Conseil des Chefs d'Etat UDEAC, Libreville décembre 1991

206 Article 28 (nouveau) du Traité de l'UDEAC « *l'union douanière constitué entre les Etats membre comporte, sous réserve et dans les conditions fixées au présent titre : un tarif extérieur commun dans leur relation avec les pays tiers [...]* ».

207 Article 30-a (nouveau) du traité de l'UDEAC

déterminés par Acte du comité de Direction[208]. Sur la même lancée le 21 juin 1993, un accord visant à renforcer l'harmonisation des réglementations fiscales nationales fut conclu. Notamment, l'Acte n° 7/93-UDEAC-CD-556-SE1 du 21 juin 1993, portant révision du Tarif Extérieur Commun et fixant les modalités d'application du Tarif Préférentiel Généralisé (TPG), faisant du TPG l'outil juridique majeur devant désormais servir d'instrument de décloisonnement des barrières tarifaires en Afrique centrale[209].

102. En vue d'intensifier les échanges commerciaux dans la sous-région, la nouvelle législation commune apporta quelques précisions supplémentaires à la notion de « produits CEMAC » [210], considérés désormais comme « les produits industriels obtenus dans la Communauté exclusivement à partir de matières premières d'origine communautaire ou ceux qui sont obtenus à partir de matières premières importées, mais ont subi une transformation suffisante »[211]. L'autre nouveauté est que les « produits CEMAC » ne bénéficiaient plus des TU10 et TU11[212] dans les échanges intracommunautaires et de l'enquête permanente, mais plutôt d'un certificat de circulation UDEAC/CEMAC[213]. Dès lors, les « produits CEMAC » consommés sur le territoire de fabrication ne sont soumis qu'à la TVA. En revanche, les « produits CEMAC » consommés dans un Etat membre, autre que celui de fabrication sont soumis au TPG sur la base de leur valeur sortie-

---

208 Le cas échéant, une surtaxe temporaire était applicable, sur une période de trois ans à un nombre limité de produits et marchandises, relevant de la 3ème catégorie soumise à cette époque à des restrictions quantitatives. Article 30-a et b (nouveau) du Traité de l'UDEAC

209 Le TPG venait ainsi remplacer non seulement, les multiples taxes créées par les Etats membres dans leur souci de trouver des solutions à leurs constants déficits fiscaux et budgétaires mais aussi, la TU instaurée initialement pour favoriser le développement industriel de la sous-région.

210 Défini initialement par le législateur communautaire comme « *tout produit finit ou toute matière première entièrement obtenu dans les Etats membres de l'UDEAC [alinéa 1-a], produit du cru [alinéa 1-b] ou produit fabriqué dans le territoire de l'Union [alinéa 1-c]* » voir l'article 9 de l'Annexe à l'Acte n°7/93-UDEAC-556-SE1 du 21 juin 1993 portant révision du TEC et fixant les modalités d'application du TPG en UDEAC.

211 Énuméré à l'Article 10 (*Acte n°1/98, Règlement n°21/07*), 1) Sont considérés comme entièrement obtenus dans le territoire des États membres de la CEMAC : a) les produits minéraux extraits de son sol ou de ses fonds marins ; b) les produits de règne végétal qui y sont récoltés ; c) les volailles qui y sont nées et élevées ; d) les animaux qui y sont nés et élevés ; e) les produits et sous-produits obtenus à partir d'animaux visés aux alinéas c) et d) ci-dessus ; f) les produits de la chasse et de la pêche qui y sont pratiquées ; g) les produits de la pêche maritime et autres produits extraits de la mer, des cours d'eau et des lacs, dans les États membres, par les navires immatriculés ou enregistrés dans un État ou par les navires ayant passé une convention avec cet État membre ; h) les articles de l'artisanat local obtenus exclusivement à partir des produits visés aux alinéas a, b, c et d du présent paragraphe.

212 Formulaires de laissez-passer TU10 et formulaire de laissez-passer au moment de l'exportation TU11.

213 Dont les conditions furent déterminées à l'article 12 de l'Acte 7/93-UDEAC-CD-556-SE1 du 21 juin 1993, portant modification du TEC et fixant les conditions d'application du TPG.

usine, que ce soit sous la forme de « matière première »[214] ou de « produit fini »[215], à la TVA et éventuellement au DA[216]. Tout compte fait, pour bénéficier de l'appellation « origine CEMAC » et se voir appliquer le régime de la TPG, les marchandises en circulation dans les pays membres devaient obéir à un double critère : le taux d'incorporation de la matière première locale[217], et l'importance de la valeur ajoutée régionale incorporée dans le produit final[218]. Ainsi, le taux du TPG applicable aux produits du cru fut fixé à zéro[219].

103. Toutefois, la dévaluation du Franc-CFA, survenu le 11 janvier 1994[220], influa considérablement sur la mise en œuvre de cette réforme. Le changement de parité vint renchérir de 100 % le prix des produits importés. Par conséquent, les taux de taxation douanière prévalant à l'époque au sein de l'UDEAC devinrent insupportables pour les États, en particulier ceux qui étaient très dépendants de l'extérieur pour leur approvisionnement alimentaire[221]. Néanmoins, au-delà du fait que le PRR releva l'exigence d'approfondir sans concession la RFD, il proposa en parallèle de réfléchir sur de nouveaux mécanismes devant permettre à la nouvelle institution de mieux porter le développement économique des pays membres.

---

[214] Définie par le Code des Douanes UDEAC/CEMAC comme « *tout ingrédient, élément, intrant, matériau, composants, parties, etc. utilisé dans la fabrication des produits* » ; Cf. Article 9 al. 1 (2) de l'Annexe à l'Acte n°7/93-UDEAC-556-SE1 du 21 juin 1993., *op.cit.*

[215] Définie par le Code des Douanes UDEAC/CEMAC comme « *produit résultant d'une fabrication ou obtenu tel quel, même s'il est destiné à être utilisé ultérieurement au cours d'une autre opération de fabrication.* » ; Cf. Article 9 al. 1 (3) de l'Annexe à l'Acte n°7/93-UDEAC-556-SE1 du 21 juin 1993., *op.cit.*

[216] Article 11 annexe 1 à l'Acte n°7/93-UDEAC-CD-556-SE1 du 21 juin 1993.

[217] En effet, était désormais considérés comme originaires, les marchandises obtenues à partir soit :« *de produits industriels dans la fabrication desquels sont incorporées des matières premières communautaires représentant en valeur au moins 40% de l'ensemble des matières premières utilisées,* ». Cf. Article 10 de l'Acte n°7/93-UDEAC-CD-556-SE1 du 21 juin 1993. Les modalités de détermination de la valeur ajouté locale sont précisées par la Note Circulaire n°179/CEMAC/SE/DMC/SDAD du 24 octobre 2003 et son Corrigendum n°027/CEMAC/SE/DMC/SDAD du 11 février 2004.

[218] Soit, « *de produits industriels qui ne répondent pas au critère précédent, mais pour lesquels la valeur ajoutée intérieure est supérieure ou égale à 30% du prix sortie usine* ». Article 10 de l'Acte n°7/93-UDEAC-CD-556-SE1 du 21 juin 1993. Ainsi, les simples activités de montage ou de reconditionnement parce que n'ayant pas atteint un niveau de transformation suffisant dans le territoire communautaire ne sauraient bénéficier de l'appellation d'origine CEMAC. Cf. Introduction à la Réforme Fiscalo-douanière UDEAC/CEMAC, Secrétariat Général de l'UDEAC/CEMAC, Bangui, août 1993, p.5.

[219] Article 12 de l'Acte n°7/93-UDEAC-CD-556-SE1 du 21 juin 1993 portant modification du TEC et fixant les conditions d'application du TPG.

[220] Après que la France le crée en 1948 pour ses colonies d'Afrique noire, avec une parité fixe par rapport au franc Français, Édouard Balladur décide de le dévaluer de moitié

[221] En effet, le maintien de taux élevés sur des valeurs à l'importation doublés aurait accentué la hausse attendue des prix de marchandises MEYONG ABATH (R), *op. cit.*, p.71.

CONCLUSION DU CHAPITRE I

104. L'analyse rétrospective de l'harmonisation fiscale en Afrique centrale montre qu'au regard des objectifs affichés d'un idéal communautaire et d'un développement sous régional, le bilan de l'UDEAC est sans aucun doute décevant. Il convient toutefois de mettre en balance ce jugement avec les réalités qui masquent une diversité de situations nationales et sectorielles. D'ailleurs, différentes analyses[222] allaient mettre en évidence l'urgence de substituer l'UDEAC par une institution moderne et efficace devant se substituer aux marchés nationaux jugés très étroits et incapables de s'intégrer dans un commerce international très compétitif. Mais surtout de faire le choix de la revalorisation juridique et normative comme instruments majeurs de la construction communautaire, tout en essayant d'adapter ces outils à l'environnement sociopolitique et économique des pays de la région[223]. C'est dans cette optique, qu'il faut apprécier la dissolution de l'UDEAC et son remplacement par la CEMAC jugée plus moderne et plus apte à porter les nouvelles ambitions intégrationnistes des États de la zone.

---

222 Banque Mondiale, Coopération régionale et ajustement structurel : programme de réforme de la politique fiscalo-douanière pour les Etats membres de l'UDEAC, 22 octobre 1991, 120 pages ; Confidential Report, n° 9747, AFR, 22 octobre 1991, p. 18 à 35

223 Diverses réflexions doctrinales recommandaient déjà dès 1990 aux pays de l'UDEAC de faire précéder la constitution du marché commun souhaité par une harmonisation préalable des règles devant régir ce dernier ; comme le souligne M. BUZELAY (A), « [...] *en Afrique Centrale plus qu'en Europe,* [...] *en raison même des disparités et segmentation locales existantes,* [...] .*L'intégration de marché (objectif) peut ne pas s'amorcer par le marché mais par les règles et l'harmonisation préalables* » In L'union fiscale et douanière des douze : quels enseignements pour l'intégration régionale en Afrique Centrale ? Revue Tiers Monde t. XXXV, n° 140, octobre-décembre 1994, p. 887.

CHAPITRE II : LA REFONDATION DE L'IDÉAL COMMUNAUTAIRE PAR LA CRÉATION DE LA CEMAC

105. Mis en sommeil en raison des maigres acquis de l'UDEAC et pratiquement vidé de sa substance par une série de mesures dérogatoires, les travaux de réflexion menés entre 1989 et 1996 dans le cadre du PRR, initiés par les pays membres, avec l'appui des bailleurs de fonds recommandaient la refondation de l'idéal communautaire en Afrique centrale[224]. Ainsi, le chemin parcouru en matière d'harmonisation est tributaire, en bonne partie non seulement de la nouvelle place du droit comme instrument majeur de réalisation du processus d'intégration en Afrique centrale (**Section I**), mais surtout, de l'engagement des chefs d'Etats dans le processus (**Section II**).

SECTION I : LA RELANCE DE L'HARMONISATION ET SON ADOPTION PROGRESSIVE

106. En dépit des efforts constatés, la mise en œuvre du PRR n'avait pas pu apporter de solutions idoines aux maux dont souffre la sous-région, elle révéla toutefois, l'urgence de doter la sous-région d'une institution plus moderne et résiliente. De ce fait, une rationalisation juridique du marché intérieur (**Paragraphe I**) et un réaménagement du cadre de convergence régionale de la sous-région étaient de mise (**Paragraphe II**).

Paragraphe I : La rationalisation juridique du marché intérieur

107. Face à la crise et à la perspective d'une faible croissance, les Etats membres engagèrent des réformes structurelles ambitieuses visant une intégration économique plus poussée (**A**) et un renforcement de la légitimité de l'Union vis-à-vis de ses partenaires extérieurs (**B**).

A / L'émergence du droit fiscal et douanier communautaire

108. Au regard des mutations et de recentrage des stratégies de coopération et de développement observés, les Chefs d'Etats s'étaient attelés à moderniser les différents secteurs d'économie (**1**). Toutefois, les nouvelles ambitions d'intégration économique ne pouvaient atteindre leurs objectifs qu'avec une démarche juridique communautaire (**2**).

---

224 GNIMPIEBA TONNANG (E), *op.cit.*, p.22.

1 / Le rôle du politique dans le rapprochement fiscal en Afrique centrale

109. La nouvelle dynamique ayant cours en Afrique, consistant à l'émergence de nouvelle forme de regroupement sous régionale, a été un coup d'accélérateur dans le processus de relance de l'idéal communautaire en Afrique centrale[225]. En effet, face au constat d'échec du PRR, conjugué à la multiplication des effets négatifs induits de la dévaluation du Franc CFA, de nombreux experts demandaient le remplacement de l'UDEAC par une institution nouvelle, plus adaptée aux nouvelles exigences économiques des pays membres[226]. Mandat avait donc été donné au gouverneur de la Banque centrale, de réfléchir sur les modalités de relance de l'intégration sous régionale[227]. Ces réflexions avaient abouti d'abord, à la rédaction du Traité instituant la CEMAC, qui tint à rappeler l'urgente nécessité pour les Etats membres de « développer ensemble toutes les ressources humaines et naturelles de leurs Etats et de mettre celles-ci au service du bien-être général de leurs peuples dans tous les domaines[228] », telle qu'inspirée par l'OUA, lors de la Conférence d'Abuja. Puis aux choix de la revalorisation juridique et normative comme instrument majeur de la construction communautaire, tout en essayant d'adapter ces outils à l'environnement sociopolitique et économique des pays de la région[229].

110. C'est dans ce contexte rénové que la CEMAC vint se substituer à l'UDEAC, le 16 mars 1994[230]. À l'évidence, l'échec de l'UDEAC, loin de renvoyer aux calendes grecques l'idéal communautaire, constitua un déclic pour la mise en place d'une institution chargée de concrétiser une politique réaliste de développement de l'Union. La CEMAC devenait ainsi, l'outil de promotion « d'un développement harmonieux des Etats membres », en passant « d'une situation de coopération, qui existe déjà entre eux, à une situation, susceptible de parachever le processus d'intégration économique et monétaire » [231]. Cette volonté politique s'adjoint à celle du Président BOKASSA de la Centrafrique pour qui l'harmonisation représentait « le gage même de la prospérité[232] ». Si bien que, pour favoriser le principe de l'émergence du marché commun, l'UEAC sera très vite mise en place.

111. Ainsi, en tirant les leçons des expériences de l'UDEAC, les membres fondateurs de la CEMAC prévirent non seulement que, l'économie

---

[225] ELLAINGANH (S) ; *Aspects Juridiques des nouvelles formes d'investissement dans les pays africains de la Zone Franc*, Thèse Droit du Développement Université de Nice, sous la direction de Jean TOUSCOZ, 1998, p.30

[226] GNIMPIEBA TONNANG (E), *op.cit.*, P.23.

[227] AVOM (D), *op.cit.*, pp. 199-221.

[228] Préambule du Traité instituant la CEMAC, signé à N'Djaména le 16 mars 1996.

[229] BUZELAY (A), *op.cit.*, p. 887.

[230] Toutefois, elle devint effective le 1er janvier 1998.

[231] Préambule du Traité CEMAC.

[232] Jean Bedel BOKASSA, « Discours d'ouverture », in *UDEAC,* An 10, Bangui, 1979, p.17.

serait le moteur de l'intégration, mais également que le droit serait le moyen de l'intégration. Ainsi, il était devenu évident que les nouvelles ambitions d'intégration économique ne pouvaient atteindre les objectifs qui lui furent assignés, que si elles étaient fortement encadrées par des instruments juridiques aptes à accompagner, à rendre efficace et cohérente l'œuvre de l'intégration poursuivie.

2 / La nouvelle place du droit dans les mécanismes d'intégration économique en Afrique centrale

112. L'absence d'un cadre juridique propice à porter le développement économique des pays membres semble expliquer l'échec de l'UDEAC. Pourtant, la science économique a été très tôt saisie par le droit en Afrique[233]. Mais, en réalité, la base de l'ossature institutionnelle sur laquelle étaient construites ces organisations était assez pauvre, le rôle du droit avait été dévoyé et essentiellement confiné à une fonction institutionnelle. De surcroit, les modes de réglementations mis en place étaient plus politico-administratifs que juridiques. Ce qui a fait dire à certains qu'on était en présence « d'un droit purement formel » [234]. Fort de ces paramètres, la CEMAC a voulu construire ses fondations sur de nouvelles bases, en réaffirmant sa volonté de faire du droit l'instrument majeur de réalisation de ses ambitions libérales et sécuritaires. D'ailleurs, il est depuis établi par la doctrine, qu'il ne peut avoir intégration économique sans qu'on ne touche « à l'ensemble des règles juridiques régissant la vie des acteurs et des activités, ainsi que celle des biens et des richesses économiques[235] ». Autrement dit, afin de garantir un succès certain de l'harmonisation économique, il est nécessaire de réglementer, et légiférer dans le sens d'une substitution aux différents droits nationaux de règles supranationales. Car si l'intégration économique entraîne ipso facto une unité juridique, l'intégration juridique est donc un préalable à l'intégration économique[236].

---

[233] En effet, nier aux institutions africaines tout fondement juridique, et tenté à démontrer que depuis leur indépendance, « *aucune mesure d'importance n'a été prise en vue, d'harmoniser les systèmes juridiques existants* » est hasardeux. Cf. GONIDEC (P-F), Relations internationales, col. *Les cours du droit,* Université de Paris I Panthéon Sorbonne, 1982, p. 514. Car, dès les années 60, les Etat africains ont essayé de mettre timidement en place ce type de législation.

[234] GOUGOU LABOUHE (P), *L'unification du droit des assurances en Afrique Zone Franc : contribution à l'étude des relations entre l'assurance et le développement*, Thèse pour l'obtention du Doctorat (nouveau régime) en Droit, Faculté de Droit, des Sciences Economiques et de Gestion, Université de Nice-Sophia Antipolis, septembre 2000, p. 57.

[235] ISSA-SAYEGH (J) ; *op.cit.*, p. 14.

[236] Comme le fait remarquer une fois de plus le Pr. ISSA-SAYEGH, l'intégration par le droit a pour conséquence l'atténuation, voire l'élimination des distorsions entre les législations nationales des pays membres, *« lesquelles distorsions sont souvent sources de déséquilibres économiques et sociaux importants d'un pays à un autre »*. Il est donc, évident que l'unité juridique est plus attractive pour les investisseurs. En ce sens que l'unité juridique émanant

113. Tout compte fait, la substitution de la CEMAC à l'UDEAC constitue non seulement, un tournant radical dans les politiques qui avaient pendant plusieurs décennies sous-tendu les diverses tentatives d'intégration entre les pays de la sous-région et qui se sont toutes révélées inefficaces[237], mais correspond aussi à la volonté politique de relancer résolument la coopération entre les Etats et d'assurer la convergence des politiques fiscales[238]. C'est en ce sens que la CEMAC reçut pour mission la mise en place voire la promotion d'un cadre économique propice à l'émergence d'une nouvelle ère pour les pays de la sous-région par le biais de l'unification douanière et fiscale.

B / Effort de légitimation de l'harmonisation dans la zone CEMAC

114. Bien que l'objectif de la CEMAC fût de faire de la bonne gouvernance, l'instrument qui devait conduire les RFD, dans des conditions de stabilité politique[239], la crise des Etats de la CEMAC et l'absence de volonté politique, ont toutefois laissé les populations indifférentes vis-à-vis du processus d'harmonisation fiscale. Ainsi, afin d'éviter des dérives susceptibles de conduire à une fracture économique entre les États membres, la CEMAC a reconnu l'importance de légitimer les politiques mises en place avec notamment la participation des partenaires **(1)** et de la société civile **(2)**.

1 / Le soutien des partenaires au développement

115. Avant la RFD de 1993, les initiatives en matière d'harmonisation fiscale étaient l'exclusivité des gouvernements et des instances communautaires. L'approche partenariale dans la gestion publique n'était guère un phénomène de mode. En effet, le secteur privé n'était pas concerné par le processus de construction fiscale communautaire, il a fallu attendre la mise en œuvre des PAS dans le volet gouvernance pour voir se développer l'approche partenariat dans la conduite des politiques publiques en Afrique centrale. Depuis lors, le rôle du privé dans l'harmonisation fiscale ne cesse de se renforcer compte tenu du vent de libéralisation du pouvoir fiscal. En ce

---

d'une structure communautaire, présente un avantage sur le plan de la sécurité juridique. En effet, la connaissance d'une législation harmonisée d'un Etats à un autre d'une zone intégrée « *évite la recherche de la loi nationale applicable, dans les relations commerciales et leurs fâcheuses conséquences pour les plaideurs* ». Cf. ISSA-SAYEGH (J), *ibid.*, p. 11.

[237] GNIMPIEBA TONNANG (E), *op.cit.*, p.11.

[238] MEYONG ABATH (R), *op.cit.*, p.71.

[239] En effet, l'unification douanière et fiscale, s'était fixé pour objectifs, entre autres, l'amélioration des recettes fiscales des Etats d'une part, par la simplification et la spécialisation des instruments douaniers et fiscaux et d'autre part, par l'élargissement de la base imposable. Notamment par la suppression des discriminations entre entreprises locales et entreprises étrangères et lutter contre la fraude douanière par l'abaissement des droits de douane. Voir OUAMBA-DIASSIVY (A), *op.cit.*, p.35.

sens, il participe à l'élaboration des politiques fiscales, prodigue des conseils aux pouvoirs publics et s'active pour la poursuite des réformes[240]. Bien qu'il existe un éventail de mécanismes pour faire participer le secteur privé à l'harmonisation fiscale, la CEMAC privilégie néanmoins les réunions périodiques et l'examen préalable des instruments réglementaires avant la présentation au conseil des ministres.

116. De ce fait, pour aboutir à la formation d'un marché plus large, et réduire l'incertitude et le risque économique, et en stimulant l'activité du secteur privé, les autorités de la CEMAC se sont mobilisées pour lever les principales contraintes fiscales qui entravent le développement et le renforcement de l'efficacité du secteur privé en adaptant sa politique et les relations interétatiques en fonction de l'évolution du contexte. Notamment, en améliorant les mécanismes institutionnels de coopération entre les secteurs public et privé au niveau national. Malheureusement, le niveau d'expertise du secteur privé reste à développer pour devenir un partenaire fiable dans la conception, l'élaboration, la formulation et l'adoption des programmes d'harmonisation. Dès lors, qu'en est-il de la société civile ?

2 / L'élaboration pluraliste et intégrée du processus d'harmonisation fiscale

117. Le contexte politique du développement socio-économique de la sous-région est souvent caractérisé par une centralisation excessive du pouvoir et des obstacles à la participation effective du peuple, au développement économique, politique et social. Ainsi, la population de l'Afrique centrale avait quasiment perdu toute motivation, pour contribuer de leur mieux au processus de développement, et à l'amélioration de leur propre bien-être. Ainsi, dans un souci d'amélioration du rôle de la société civile dans le développement et la transformation de la région, des organismes populaires africains, les gouvernements africains, les organisations non gouvernementales et les organismes des Nations unies ont fait l'effort d'une collaboration exceptionnelle en adoptant le 16 février 1990, la Charte africaine de la participation populaire au développement et à la transformation, lors de la Conférence de Arusha en Tanzanie.

118. À cet effet, la Charte affirme dans son article 8 que : « les pays africains doivent admettre que plus que jamais, leurs principales ressources sont en fait leur population et que c'est leur participation pleine et active qui pourra surmonter les difficultés qui les attendent [241]». C'est ainsi que la participation de la société civile s'est manifestée, en acquérant une place aussi bien auprès des Etats, des organismes sous-régionaux, que dans la

---

240 MEYONG ABATH (R), *op.cit.*, p.74.

241 Article 8 de la Charte africaine de la participation populaire au développement et à la transformation d'Arusha 1990.

définition des politiques publiques communes en Afrique centrale[242]. Par conséquent, c'est sur la base d'un consensus affirmant qu'un projet d'harmonisation impliquant la participation de la société civile a plus de chance de réussir qu'un processus d'harmonisation conduit unilatéralement par les Etats, incita les Etats membres à reconnaître la nécessité de faire participer d'autres acteurs, le 29 juin 2005 à Malabo, lors du sommet extraordinaire des chefs d'Etat de la CEMAC, consacré à l'inapplication des directives communautaires. À ce titre, l'une des recommandations fortes était d'accroître le niveau de participation de la société civile[243].

119. Néanmoins, malgré cette noble intention, il convient de souligner que cette participation de la société civile à la gouvernance régionale fait encore face à de nombreux écueils. En effet, la participation de la société civile, reste limitée à des actions ponctuelles, entre autres conférences, émissions télévisées et journées CEMAC. De plus, aucun cadre formel ne semble à ce jour permettre d'associer la société civile à la vie institutionnelle de la CEMAC. Étant donné que les mécanismes destinés à faciliter une telle participation restent encore embryonnaires, il existe donc un doute sur la capacité de la société civile à pouvoir imposer aux Etats l'application collective et effective des accords. Car, c'est une chose de favoriser l'adoption des politiques commune, c'en est une autre de pouvoir les appliquer convenablement dans l'esprit des textes.

120. Il convient dès lors, de se demander si le processus d'harmonisation peut être efficacement conduit à son terme, tant que la société civile n'a pratiquement plus voix au chapitre dans le développement national, qu'elle ne prenne pas la mesure de l'harmonisation fiscale. De surcroit, aucune perspective de développement n'est possible sans l'implication active de tous les acteurs.

<u>Paragraphe II :</u> Réaménagement du cadre de convergence régionale de la CEMAC

121. L'intégration régionale constitue l'un des fondements de la formulation et de la mise en œuvre des politiques de valorisation du potentiel énergétique de la région[244]. Il n'est donc pas étonnant que le document de politique formulé sur la base de la vision à l'horizon 2025 (le Programme Économique Régional_PER 2009-2015) place explicitement l'énergie parmi les axes prioritaires retenus pour l'élaboration et la mise en œuvre de

[242] En effet, au sein de la CEMAC, il est admis que la démocratisation de l'harmonisation fiscale est indispensable pour donner au processus un enracinement profond et durable.

[243] Communiqué final de la première session extraordinaire de la Conférence des Chefs d'Etat de la CEMAC, Malabo, 29 juin 2005

[244] DSPER–PEAC ; Document stratégique de Politique énergétique régionale du Pool Energétique de l'Afrique centrale, p.12

l'intégration régionale. Ainsi, la CEMAC a décidé d'adopter de nouvelles dispositions juridiques pour traduire cette vision (**A**) et renforcer l'union douanière (**B**).

A / Renforcement du dispositif juridico-institutionnel de la CEMAC

122. Depuis sa mise en place formelle en 1964, le processus d'intégration est passé par plusieurs étapes charnières, avant que les Etats membres n'expriment leur forte volonté politique d'adopter une série de dispositifs institutionnels (**1**) et de mécanismes juridiques garantissant l'harmonisation des politiques nationales et l'élaboration des stratégies de développement des Etats (**2**).

1 / L'implémentation d'un Programme de Réformes Institutionnelles

123. L'effort concerté d'intégration en Afrique centrale non seulement, s'inspire du mode d'aménagement institutionnel des organisations d'intégration régionale[245] créées sous l'égide de l'OUA[246], mais résulte également de la prégnance des questions liées au développement économique homogène du continent[247]. Aussi, à l'occasion du sommet de Malabo, l'union adopta le 5 juillet 1996, la convention régissant l'UEAC, pour renforcer la compétitivité des activités économiques et financières, instituer la coordination des politiques sectorielles nationales notamment dans le domaine de l'énergie et créer un marché commun[248]. Afin d'optimiser la réalisation de ces objectifs, l'union économique établit un programme en trois étapes, échelonné chacune sur cinq ans, dénommés « Plan d'Action de Malabo ». À cet effet, l'article 4 et 5 de la convention précise que la première étape (1999-2004) et la deuxième étape (2005-2010) visaient à renforcer le dispositif institutionnel et à initier les réformes prioritaires de l'intégration notamment en matière d'énergie[249]. La troisième étape (2011-2015) quant à elle, devait selon l'article 6 de la convention, résorber

---

[245] En effet l'intégration en zone CEMAC puise ses racines, dans la Charte de l'OUA de 1963, dans le Traité signé le 08 décembre 1964 instituant l'UDEAC, et Celui instituant la CÉMAC du 16 Mars 1994.

[246] ANDRE (C) ; « Regards critiques sur le dispositif de lutte contre le blanchiment de capitaux : les obligations de vigilance et de déclaration des professionnels de l'expertise comptable et du commissariat aux comptes », in *Revue internationale de droit économique*, vol. t.xxv, N°1, 2011, pp. 75-112.

[247] Notamment le plan d'action de l'Acte final de la Déclaration de Lagos d'avril 1980, le Traité d'Abuja instituant la Communauté économique Africaine (CEA) adopté en 1991, ainsi que l'accord portant création de la zone de libre-échange continentale africaine (ZLEC) du 21 mars 2018 signé à Kigali.

[248] Article 2 de la convention de l'UEAC.

[249] Voir article 4 et 5 de la Convention de l'UEAC.

d'éventuels retards accusés[250]. Ainsi, selon les prévisions de la CEMAC, le « Plan d'Action de Malabo » devait à l'horizon 2010 participer à la réduction de la pauvreté et à l'insertion de la zone CEMAC dans le marché mondial à travers la production de richesses et l'accroissement des échanges.

124. Manifestement, à partir de 2005, l'insuccès de l'intégration commence à devenir une évidence et très vite, apparaît une multiplication des pratiques commerciales anticoncurrentielles et une détérioration des relations économiques entre les Etats membres[251]. En effet, après plusieurs missions d'audits institutionnel et organisationnel, les Etats ''Cémaciens'' précisaient dans le rapport d'audit que le processus d'intégration économique régionale était « fortement miné par des goulots d'étranglement, qui se manifestent tant, au niveau de l'opérationnalité institutionnelle, qu'en ce qui concerne le développement des flux des échanges intracommunautaires et la construction du marché commun, le tout aggravé par la non-application, des normes communautaires consensuellement adoptées[252] ». Ainsi, pour trouver des solutions efficientes à l'inertie de la CEMAC, les Chefs d'Etats initièrent en 2006, un Programme de Réformes Institutionnelles (PRI), comportant deux axes majeurs échelonnés sur trois ans[253]. Simultanément, afin d'accroître l'accès à l'énergie des populations de la sous-région, au premier trimestre de 2006, le Plan d'Action pour la Promotion de l'Accès à l'Energie dans les Etats membres de la CEMAC est présenté à la Conférence des Chefs d'Etats de la CEMAC. Par la suite, le 30 octobre 2007, les Chefs d'Etats et de gouvernement de la CEEAC entérinent le fait que le secteur énergétique conditionne pour beaucoup, l'émergence effective du marché commun en Afrique centrale, en adoptant le Document de Vision stratégique de la CEEAC à l'horizon 2025, lors de leur 13e Conférence.

125. C'est dans ce contexte qu'en 2010, le Programme Économique Régional (PER) identifia l'énergie comme étant l'un des piliers de croissance, avec l'objectif de faire de la CEMAC à l'horizon 2025 une

---

250 Article 6 de la Convention de l'UEAC.

251 En effet, bien que des mesures favorisant la libre circulation ont été prises notamment, l'Acte additionnel n°08/CÉMAC-CEE-SE, du 29 juin 2005, relatif à la libre circulation des personnes en zone CEMAC, le processus fut bloqué par le Gabon et la Guinée-Equatoriale qui redoutait une immigration massive, dans la mesure où, ce sont deux pays pétroliers relativement prospèrent.

252 Communiqué final de la septième session ordinaire de la conférence des Chefs d'Etats de la CEMAC du 14 et 15 mars 2006 à Bata.

253 Le premier axe était consacré au réaménagement institutionnel, afin de renforcer la cohérence du dispositif communautaire. Cette phase a abouti en 2008, à la substitution du Secrétariat Exécutif en Commission. Le second axe quant à lui, avait pour objectif de mener au principe de rotation des postes de responsabilité au sein des grandes institutions. Cf. COMMUNAUTE EUROPEENNE-AFRIQUE CENTRALE ; Document de stratégie régionale et Programme indicatif régional pour la période 2008-2013, p.35. Voir 10e session ordinaire de la Conférence des chefs d'Etats de la CEMAC du 17 janvier 2010 à Bangui.

puissance énergétique capable d'assurer son autosuffisance en électricité. Ainsi, dans le prolongement des programmes et des politiques prioritaires en matière énergétique, la CEEAC et la CEMAC vont élaborer en mai 2015, une vision commune dans le Livre Blanc de politique régionale d'accès universel aux services énergétiques modernes pour le développement économique et social de l'Afrique centrale à l'horizon 2030. L'ensemble de ces actions a conduit à la formulation du Document Stratégique de Politique Énergétique Régionale (DSPER) qui, sur l'horizon temporel (2014 –2030), a pour objectif de fixer « le cadre stratégique qui va permettre de soutenir l'intégration régionale du marché de l'énergie des États membres de la CEEAC ainsi que le développement des infrastructures régionales, le commerce des produits énergétiques et le développement de l'accès des populations à une énergie moderne, disponible et bon marché [254]». Ainsi, à travers le développement de ces actions, la finalité est non seulement de doter l'Afrique centrale d'infrastructures énergétiques capables d'assurer son intégration physique, mais de répondre également aux besoins d'alimentation en énergie fiable et abordable des populations et des opérateurs industriels.

126. Bien que la revue du contexte régional et national des Etats de l'Afrique centrale mette en évidence la volonté politique de la région en faveur d'une politique énergétique régionale forte et ambitieuse, il est toutefois à relever qu'elle contraste nettement avec le retard significatif constaté dans les réalisations des ouvrages régionaux de production et de transport de l'énergie.

2 / Densification du panorama institutionnel de la CEMAC

127. Dès le lancement effectif des activités de la CEMAC, les États membres ont voulu, au-delà du dispositif normatif, affirmer leur volonté de procéder à une réelle mise en place de la libre circulation des biens, par la création d'organes dits « spécialisés ». Celle-ci se concrétise lors de la Conférence des Chefs d'Etats du 14 décembre 2000, par l'adoption de l'Acte Additionnel n° 08/CEMAC-006-CCE-2 portant liste des Institutions spécialisées de l'UEAC. Ainsi, en positionnant l'énergie comme élément clé de la vision stratégique de l'Afrique centrale, la CEEAC/CEMAC crée le 12 avril 2003 à Brazzaville au Congo le Pool Énergétique de l'Afrique centrale (PEAC), et l'institut « Organisme spécialisé de la CEEAC », le 27 avril 2004, afin de développer les infrastructures communautaires et d'établir les conditions commerciales, juridiques et techniques d'un marché régional de l'électricité fiable avec des coûts concurrentiels[255].

[254] DSPER–PEAC, *op.cit.*, p.13.
[255] DSPER–PEAC, *op.cit.*, p.12.

128. Par ailleurs, les leçons, apprises de l'audit institutionnel et organisationnel conduit en 2006, permirent à la CEMAC de renforcer le dispositif institutionnel, afin d'impulser une dynamique aboutissant à l'effectivité de l'intégration régionale[256]. Ainsi, le 11 mars 2006 à Bata, les Etats adoptent le Règlement n° 12/06-UEAC-171-CM-14 portant création de la Commission Permanente de l'Energie et des Mines (COPEM). Afin d'élaborer « toutes mesures visant à promouvoir les politiques communautaires en matière d'énergie dans la zone CEMAC […] », d'étudier « […] toute question liée au secteur de l'énergie, d'assurer le suivi de la réglementation énergétique et en proposer, le cas échéant, des améliorations ». Mais surtout, de suivre « [...] les actions de coopération en matière d'énergie menées au niveau national, sous-régional et international […] »[257]. En outre, pour favoriser l'essor des échanges énergétiques transfrontaliers, la CEEAC précise dans le Document de Vision stratégique de la CEEAC à l'horizon 2025 que l'axe n°15 a pour but « le renforcement des capacités de production et le développement de l'interconnexion des réseaux électriques[258] ».

129. Corrélativement, la CEMAC a également tenu à améliorer le cadre conceptuel, institutionnel et réglementaire communautaire, par la mise en place d'une réglementation fiscalo-douanière importante[259].

B / Renforcement de l'union douanière

130. Au demeurant, deux aspects majeurs permettent d'apprécier ladite évolution : il s'agit du renforcement de l'intégration économique par la mise en place d'un marché commun (**1**) et de l'institution d'un mécanisme autonome de financement des projets communautaires (**2**).

1 / Les aménagements du Tarif Extérieur Commun

131. Le présent TEC[260] des douanes de la CEMAC adopté le 1er juillet 1996, par l'Acte 16/96-UDEAC-556-CD-57 portant adoption du Tarif Extérieur Commun, complété par l'Acte Additionnel n° 03/00-CEMAC-046-CM 05 du 14 Décembre 2000 et l'ensemble des textes modificatifs subséquents[261], traduit l'application d'une union douanière au sein des Etats

---

256 COMMUNAUTE EUROPEENNE-AFRIQUE CENTRALE, *op.cit.*, p.44.

257 Article 2 al 1 du Règlement N° 12/06-UEAC-171-CM-14, portant création de la Commission permanente de l'Energie et des Mines (COPEM)

258 Document de Vision stratégique de la CEEAC à l'horizon 2025, p.14.

259 Voir, Centre africain de Politique commerciale ; Les processus de création du marché commun Africain : Une vue d'ensemble, juin 2004, p.6.

260 Modifier par l'Acte n° 7/93- UDEAC-556-CD-SEI du 21 juin 1993, portant révision du Tarif extérieur commun et fixant les Modalités d'Application du Tarif préférentiel généralisé (TPG).

261 Décision n°21/07-UEAC-1368 U-CM du 17 mars 2007 approuvant la mise à jour du TEC de la CEMAC selon la version 2007 du système harmonisé. Règlement n° 02/12-UEAC-213-

membres de la CEMAC. À ce titre afin d'obéir à une préoccupation de simplification et de spécialisation de la fiscalité douanière, la nouvelle configuration du TEC comprend, le DA et la Taxe Communautaire d'Intégration (TCI). En effet, il ressort de cette évolution qu'à l'exception du DA et de la TCI les autres droits et taxes accessoires ont disparu[262]. L'autre conséquence est que les Etats de la CEMAC, non seulement, adoptent une nomenclature tarifaire et une codification uniforme des marchandises, mais appliquent également, aux marchandises originaires des pays tiers, les mêmes droits d'entrée selon une classification prédéfinie[263] (**Encadré.1**). Cette politique commune en matière de tarification externe vise, avant tout, à accroître les échanges intrarégionaux, à lutter contre le détournement de trafic, mais surtout de promouvoir et protéger la production communautaire à l'égard des pays tiers. De cette manière, le tissu économique devient homogène, se densifie et surtout se diversifie.

Encadré 1: *Tarif douanier du TEC de la CEMAC*

Types de produits	**Catégorie**	**Droits de douane**
Biens de première nécessité	Catégorie **I**	5%
Matières premières et les biens d'équipement	Catégorie **II**	10%
Biens intermédiaires et divers	Catégorie **III**	20%
Biens de consommation courante.	Catégorie **IV**	30%

Source : Commission Economique pour l'Afrique[264]

132. Cela est d'autant plus vrai, qu'à l'issue du conseil des ministres de la CEMAC, tenu à Ndjamena, le 17 décembre 1999, les Etats membre adoptent le Règlement n°17/99/CEMAC-20-CM-03, relatif à la charte d'investissement CEMAC. Afin, de favoriser la croissance et la diversification des économies des pays membres, sur la base d'une meilleure définition du rôle de l'Etat, et d'un développement harmonieux du secteur privé à travers des investissements d'origine nationale ou étrangère[265]. Cependant, l'analyse de la nomenclature tarifaire et statistique des combustibles minéraux, huiles minérales et produits de leur distillation révèle un niveau de protection relativement bas sur les produits énergétiques

CM-23 du 22 juillet 2012, portant adoption du tarif extérieur commun de la CEMAC selon la version 2012, du système harmonisé

262 Mieux encore, la TVA à l'importation et le Droit d'Accise sont séparés du nouveau TEC.

263 Article 5 de l'Acte n° 5/94-UDEAC-556-CD-56 du 19 Décembre1994, portant modification des articles 5 et 6, suppression de l'article 14 de l'Acte n° 7/93- UDEAC-556-CD-SEI,

264 Commission Economique pour l'Afrique, bureau sous-régional pour l'Afrique centrale, prospectus intégration régionale, 25ème session du comité interétat, Libreville, 2007, p.7.

265 Préambule du Règlement n°17/99/CEMAC-20-CM-03, relatif à la charte d'investissement CEMAC.

avec un taux de 10%. À titre illustratif, le (**Tab.8**) ne comprend que les différents produits énergétiques qui concernent notre étude. Pour plus de compréhension, il convient de lever quelques zones d'ombre. Tout d'abord, les termes « huiles de pétrole » ou « de minéraux bitumineux », employés dans le libellé du n° **27.10**, s'appliquent, non seulement, aux huiles de pétrole ou de minéraux bitumineux, mais également, aux huiles analogues, ainsi, qu'à celles constituées principalement, par des hydrocarbures non saturés mélangés, dans lesquelles les constituants non aromatiques prédominent en poids, par rapport aux constituants aromatiques, quel que soit le procédé d'obtention[266].

133. Ensuite, au sens du n° **2710.11**, les « huiles légères » et « préparations » sont celles distillant en volume, y compris pertes, 90 % ou plus à 210 °C, d'après la méthode ASTM D86[267]. Enfin, l'astérisque **(*)** signifie qu'il faut indiquer les unités complémentaires dans la déclaration, conformément aux précisions figurant dans le paragraphe **C** de la notice des règles générales du tarif des douanes de la CEMAC[268]. Car, la déclaration en détail de certains produits peut comporter, parmi ses éléments, l'indication d'une unité complémentaire. Ainsi, les produits signalés par un astérisque dans le tableau de tarif ci-dessus, doivent indiquer les unités complémentaires suivant :

- Mètres cubes : **27.10**, à l'exception des sous-positions **2710.19.40** à **2710.19.90** ;
- Mille kilowatts-heure : **2716.00.00**.

134. Toutefois, il convient de noter que le TEC mis à jour, par le Règlement n° 02/12-UEAC-213-CM-23 du 22 juillet 2012, portant adoption du tarif extérieur commun de la CEMAC selon la version 2012, du système harmonisé de désignation et de codification des marchandises (SH), n'est pas intangible, et peut être modifié ou suspendu temporairement, à la suite de décision autonome de l'union ou de négociation tarifaire, avec les pays tiers[269]. De plus, l'article 22 de la convention de l'UEAC précise qu'en « cas de crise économique soudaine affectant notamment la balance des paiements, l'État membre peut prendre à titre conservatoire les mesures de sauvegarde indispensables […][270] ».

---

[266] Commission de la CEMAC-TARIF DES DOUANES-CEMAC, février 2009, Yaoundé, p.153.

[267]*Commission de la CEMAC-TARIF DES DOUANES-CEMAC, op.cit., p.153.*

[268] *Ibid.*, p.69.

[269] Article 22 de la Convention régissant l'UEAC.

[270] Ces mesures ne doivent cependant, provoquer qu'un minimum de perturbation sur le fonctionnement du marché commun et ne pas excéder une durée de six mois éventuellement renouvelables.

Tableau 8: Tableau récapitulatif des tarifs des produits énergétiques de la CEMAC

N° du tarif	Désignation des produits	Droit de Douane	Dispositions spéciales	TCA/ TVA	Droit d'accise
2705.00.00	Gaz de houille, gaz à l'eau, gaz pauvre et gaz similaires, à l'exclusion des gaz de pétrole et autres hydrocarbures.	10%		TN	
27.09	Huiles brutes de pétrole ou de minéraux bitumineux				
2709.00.10	-Huiles brutes de pétrole	10%		TN	
27.10	Huiles de pétrole ou de minéraux bitumineux, autres que les huiles brutes ; préparations non dénommées ni comprises ailleurs, contenant en poids 70 % ou plus d'huiles de pétrole ou de minéraux bitumineux et dont ces huiles constituent l'élément de base ; déchet d'huile				
	-huiles légères et préparation :				
2710.11.11	---Essence destinée à l'aviation (*)	10%		TN	
2710.11.12	---Essence ordinaire (*)	10%		TN	
2710.11.13	---Super carburant (*)	10%		TN	
2710.11.23	---Pétrole lampant (*)	10%		TN	
2710.11.24	---Carburéacteurs (type essence ou de type pétrole lampant (*)	10¨%		TN	
	--Autres huiles légères ou moyennes (*) :				
2710.11.60	---Huiles dites agricoles ou de plantation (*)	10%		TN	
2710.11.70	---Autres huiles légères ou moyennes	10%		TN	
	--Huiles lourdes :				
2710.19.71	---Gazoles (*)	10%		TN	
2710.19.20	---Fiouls intermédiaires (*)	10%		TN	
2710.19.30	---Fiouls lourds (*)	10%		TN	
	--Huiles lubrifiantes et autres préparations non dénommées ni comprises ailleurs :				
2710.19.40	---Lubrifiants destinés à l'aviation	10%		TN	
2710.19.50	---Lubrifiants industriels	10%		TN	
2710.19.60	---Lubrifiants automobiles	10%		TN	
27.11	Gaz de pétrole et autres hydrocarbures gazeux				
	- Liquéfiés :				
2711.11.00	--Gaz naturel	10%		TN	
2711.12.00	--Propane	10%		TN	
2711.13.00	--Butanes	10%		TN	
	-À l'état gazeux :				
2711.21.00	--Gaz naturel	10%		TN	
2716.00.00	**Energie électrique (*)**	10%		TN	

Source : Commission de la CEMAC – TARIF DES DOUANES – CEMAC

135. Placé sous l'égide de la commission de la CEMAC, le comité de suivi en charge de relecture du code des douanes alignées de la CEMAC[271], s'était réuni à Libreville du 12 au 16 mars 2018, pour valider l'alignement des articles dudit projet de révision du Code des douanes et d'examiner certaines propositions de texte d'application dudit code, en vue de son inscription à l'ordre du jour de la session du conseil des ministres de l'UEAC, tenu en janvier 2019[272]. Si bien que, du 8 au 16 mai 2019, au cours d'un atelier régional de négociation organisé à Douala, la CEMAC et la CEEAC se sont accordées sur l'harmonisation du TEC d'Afrique centrale. En dépit des quelques distorsions observées depuis lors, la mise en œuvre effective de cette tarification a consacré l'objectif d'union douanière et reste un acquis majeur pour la CEMAC.

2 / Institution d'un mécanisme autonome de financement

136. Que l'on se trouve en Europe, aux Amériques ou en Asie, le financement constitue la problématique fondamentale de l'efficacité des institutions communautaires. Tirant ainsi les leçons de l'échec des mécanismes antérieurs[273], et considérant la nécessité de mobiliser des ressources plus substantielles, pour la réalisation des objectifs de la Communauté, la CEMAC adopta à l'unanimité l'Acte additionnel n° 03/00-CEMAC 046-CM-05 instituant un mécanisme autonome de financement de la Communauté[274], lors de la Conférence des Chefs d'Etats du 14 décembre 2000. Faisant partie intégrante du tarif des douanes de la CEMAC, la TCI est à ce titre, une taxe d'affectation spéciale et extrabudgétaire, instituée dans tous les Etats membres, dont le taux est de 1% sur la valeur des importations des Etats membres de produits originaires des pays tiers, mis à la consommation[275]. Notons au passage que contrairement au FCS de

---

[271] Composé d'experts des cinq Etat membres (Cameroun, Centrafrique, Congo, Gabon et Tchad), du représentant de l'organisation mondiale de douanes (OMD) et des consultants du FMI.

[272] Rapport de la réunion du comité de relecture du projet de révision du code des douanes de la CEMAC et de préparation de texte d'application, Libreville Gabon du 12 au 16 mars 2018.

[273] Avant l'adoption du mécanisme de la TCI, les pays budgétisaient les dépenses au titre du fonctionnement des institutions communautaires. Ensuite, le versement des contributions des Etats se faisait via leur Trésor public. Ce système s'est révélé inadapté, les pays membres n'ayant pas toujours honoré leurs engagements. Il en a résulté de sérieuses difficultés qui ont contribué à paralyser l'UDEAC

[274] Il convient de souligner que cet Acte Additionnel abroge et remplace l'Acte n°1/93/ UDEAC-573-CD-SEI du 17 mai 1993 portant adoption du système des ressources permanentes de l'union et ses conventions connexes, ainsi que les dispositions de l'article 2 du Règlement n° 10/99/UDEAC-023-CM-02 du 17 août 1999 portant mise en place du Fonds du Développement. Cf, TSOPBEING (M-W), *Les mécanismes de financement et de gestion budgétaire de la CEMAC*, Université de Dschang, Cameroun, Diplôme d'Études approfondies (DEA) en droit communautaire et comparé CEMAC 2004, p.18

[275] Ce taux peut toutefois, être modifier à la hausse ou à la baisse par règlement du Conseil de Ministres.

l'UDEAC[276] qui n'était alimenté que par les Etats côtiers, le Fonds de développement de la communauté (FODEC) [277] perçoit l'essentiel des ressources de la TCI.

137. Par ailleurs, le 08 décembre 2001 la nature juridique de la TCI est reprécisée par l'Acte additionnel n° 01/01-CEMAC-046-CE-03, portant modification de l'Acte Additionnel n° 3/00-CEMAC-046-CE-03 du 14 décembre 2000, instituant un Mécanisme Autonome de Financement de la communauté. En effet, la précision du principe de la TCI, rend désormais superfétatoire le recours à la notion de « disponibilité intégrale », comprise dans celle de « taxe d'affectation spéciale » et dans la disposition suivant laquelle « le produit de la TCI est intégralement affecté à la Communauté »[278]. Malgré, cette amélioration la TCI essuya des contre-performances. À ce titre, le rapport final de l'audit institutionnel et organisationnel de la CEMAC de 2006 souligne que « [...] force est de constater l'émergence de nombreux obstacles créés au niveau de certains Etats, compromettant le bon fonctionnement du mécanisme. Il s'agit notamment de l'encaissement de la TCI par les Trésors nationaux, et de la rétention des ressources correspondantes[279] ».

138. Ainsi, en vue d'optimiser le financement de la Communauté, le 25 juin 2012 ; la CEMAC rénova le mécanisme en consacrant la faculté de déposer les titres de payement de la TCI pour encaissement par les agences nationales de la BEAC[280]. De plus, les Chefs d'Etats rappelèrent lors de la 12e session ordinaire de leur Conférence du 06 mai 2015, l'obligation faite aux Etats d'apporter leur contribution sans entraves audit budget et de reverser le produit de la TCI, en déconnectant ce mécanisme des trésors nationaux[281]. Ainsi, en vue de régler définitivement cette question de

---

[276] L'article 26 du Traité de l'UDEAC dispose en effet que « *dans un esprit de solidarité et pour tenir compte des avantages retirés des activités de transit par les Etats côtiers, il est institué un Fonds de Solidarité alimenté par des versements forfaitaires ou par toute autre ressource dont le montant et la répartition sont fixés par le Conseil des chefs d'Etat.* » Le Fonds comme son nom l'indique était un financement basé sur l'esprit de solidarité où les pays côtiers étaient contributeurs, et les pays enclavés les bénéficiaires, ceci dans l'intérêt collectif.

[277] Instauré par l'article 77 de la Convention régissant l'UEAC et mis en place par le Règlement n° 10/99/UDEAC-023-CM-02, portant mise en place du Fonds de Développement en vue de promouvoir le développement harmonieux des Etats membres, et de faciliter l'intégration régionale. Le principe de la création d'un Fonds de financement du développement est énoncé à l'article 2 du Traité de la CEMAC de 1994 et à l'article 1er de l'Additif du 05 juillet 1996.

[278] Rapport de la commission de la CEMAC du 29 octobre 2017, p.43

[279] Rapport final, Audit institutionnel et organisationnel de la CEMAC, 2006, Tome 1, p.54.

[280] Article 8 de l'Acte additionnel n° 08/CEMAC-046-CCE-11, portant modification de l'Acte additionnel n° 01/01-CEMAC-046-CE-03 du 08 décembre 2001, portant modification de l'Acte Additionnel n° 3/00-CEMAC-046-CE-03 du 14 décembre 2000 instituant un Mécanisme autonome de Financement de la Communauté.

[281] Communiqué final de la Conférence des Chefs d'Etats de la CEMAC, du 6 mai 2015 à Libreville.

financement de la communauté, les chefs d'Etats adoptèrent le 25 février 2016, l'Acte additionnel n° 01/CEMAC-046-CCE portant réaménagement du mécanisme autonome de financement de la Communauté par la TCI. Puis, lors de la 13e session ordinaire de la conférence des chefs d'Etats, du 17 février 2017, ils prirent un Acte additionnel définissant le mécanisme du prélèvement de la TCI.

SECTION II : LA QUESTION DE LA PORTÉE DES RÈGLES COMMUNAUTAIRES

139. La réalisation d'une union énergétique ne peut se concevoir sans l'élaboration des règles de droit propre qui donnent aux autorités communautaires le moyen d'exprimer une politique énergétique commune. Si comme le dit Isaac et Blanquet, le droit communautaire constitue « un ordre juridique propre, intégré au système juridique des Etats membres[282] », cela voudrait dire que l'ordre juridique communautaire ne peut être conçu indépendamment de l'ordre juridique des États membres dans lequel il trouve son point d'application[283]. Dès lors, partant de ce raisonnement, il est pertinent de vérifier l'autonomie du droit fiscal communautaire (**Paragraphe I**) ainsi que la portée de sa mise en œuvre au sein de la CEMAC (**Paragraphe II**).

Paragraphe I : Le système hiérarchisé des sources juridiques du droit fiscal communautaire CEMAC

140. Le droit cémacien résulte d'un système hiérarchisé de sources juridiques, organisant le cadre dans lesquels s'exercent les droits des organes communautaires, des Etats, des personnes physiques et morales[284]. Par conséquent, la distinction la plus communément admise consiste à distinguer le droit communautaire originaire (**A**) et le droit communautaire dérivé (**B**).

A / Le droit fiscal primaire de la CEMAC

141. Le système normatif de la CEMAC est constitutif d'un ensemble cohérent et coordonné de règles dotées de force obligatoire, à l'égard de ses sujets et dont la méconnaissance est sanctionnée[285]. Cet ordre juridique a un édifice pyramidal au sommet duquel trônent[286] les traités institutifs,

---

282 ISSAC (G), BLANQUET (M), *Droit communautaire général*, Paris, Édition Armand Colin, 2001, p. 183

283 MÉGRET (J), *op.cit.*, pp. 565-577.

284 DUTHEIL DE LA ROCHERE (J), *Droit matériel de l'Union européenne*, paris, 2e édition, Édition Hachette supérieur, 2004, p.30.

285 Arrêt n° 001/CJ/CEMAC/CJ/10-11 du 25 novembre 2010. Affaire Ecole Inter-Etats des douanes C/ Djeukam Michel la CJ-CEMAC a rendu son premier Arrêt préjudiciel

286 OUEDRAOGO (S), op.cit., p.121

modificatifs et son additif relatif au système institutionnel et juridique[287] (**1**). Toutefois, à ces sources originaires ; il convient d'ajouter les Actes additionnels, Actes conventionnels qui complètent sans modifier les traités, sans oublier les statuts de la BEAC (**2**).

1 / L'émergence du droit fiscal et douanier communautaire dans les traités originaires

142. Posant les principes fondamentaux de l'ordre juridique et des politiques des Etats de la CEMAC et définissant le cadre de la construction communautaire, les traités UDEAC, CEMAC et son Additif constituent la « Charte constitutionnelle »[288] et désignent l'ossature institutionnelle de l'union. À ce titre, le fondement du droit fiscalo-douanier de l'union se trouve à l'article 27 du Traité institutif de l'UDEAC, qui stipule que l'Union « constitue un seul territoire douanier à l'intérieur duquel la circulation des personnes, des marchandises, des biens, services et capitaux, est libre[289] ». Ce qui se traduit par une coopération douanière renforcée et une harmonisation étroite des fiscalités internes.

143. Depuis 1964 le droit fiscal et douanier communautaire fait l'objet d'une évolution constante en Afrique centrale. Le but poursuivi étant de corriger les « imperfections, afin de l'adapter à un nouvel environnement économique axé sur la libéralisation, voire la mondialisation des échanges[290] ». Seulement, la révision du Traité fondateur et de son additif requiert en règle générale la conclusion et la ratification d'un nouveau traité par les Etats membres. À cet effet, la question du passage de l'UDEAC à la CEMAC a été tranchée par l'article 47 du Traité CEMAC en stipulant que les dispositions fiscales du traité de Brazzaville du 8 décembre 1964 créant l'UDEAC « restent en vigueur et peuvent être appliquées par les institutions et organes de la communauté, sauf dérogation [291]». De même le patrimoine ainsi que les droits et dispositions précédemment dévolus à l'UDEAC sont transférés à la CEMAC[292].

144. Toutefois, pour mettre à la charge des Etats membres des engagements rigoureusement définis, induisant de véritables obligations de

---

[287] Il s'agit, en l'occurrence du Traité instituant l'UDEAC et du traité CEMAC. Ces deux Traités, qui ont connu moult adaptations et modifications. Restent la source primaire de l'expression du droit fiscal en zone CEMAC

[288] BIEBER (R), MAIANI (F), Précis de droit européen, 2e éd, Stämpfli Édition SA Berne, 2011, p.89.

[289] Article 27 Traité institutif de l'UDEAC

[290] NYAMA (J-M) ; *Droit douanier de la CEMAC*, Yaoundé, CERFOD, 2003, p.32.

[291] Article 47 du Traité UDEAC.

[292] Dans les faits, deux principaux instruments fiscaux appartenant à l'UDEAC ont été transférés à la CEMAC. Il s'agit, de l'Acte n°5/66-UDEAC-49 du 13 décembre 1966 portant convention fiscale d'élimination de la double imposition et de l'Acte n°17/65-UDEAC-38 du 14 décembre 1965 portant convention d'assistance mutuelle administrative en matière fiscale.

moyens et de résultat[293], les dispositions du Traité CEMAC sont libellées en des termes impératifs : « Conscient [...] Convaincus [...] Affirmant [...] Prenant [...] »[294]. En effet, le choix du présent de l'indicatif employé dans la rédaction du Traité, de préférence au futur ou mode conditionnel indique clairement une défiance à l'égard des formules « programmatives » ou « incantatoires », qui n'engendreraient que des devoirs facultatifs, des obligations molles[295] aux Etats membres. De plus, les actes constitutifs de la CEMAC se caractérisent par une certaine intangibilité, du fait de la rigidité de leur procédure de révision. En effet, si l'initiative de la révision appartient à toute partie contractante, son adoption et sa validation requièrent le consentement unanime des Etats membres[296]. Le texte modificatif ne peut entrer en vigueur qu'après avoir été ratifié par tous les Etats membres, selon leurs règles constitutionnelles respectives. Cependant, dans la pratique l'unanimité est très difficile à atteindre et les risques de blocage sont plus importants. Par conséquent, dans un objectif d'amélioration du processus de prise de décision, le traité CEMAC devrait étendre le vote à la majorité qualifiée[297] à un grand nombre de domaines.

2 / Les actes structurels du droit CEMAC

145. Les actes structurels sont des instruments juridiques donnant sa structure et sa dimension à l'édifice communautaire[298]. Ainsi, font partie de cette charte de base les actes conventionnels, les actes additionnels et les actes d'adhésion. La CEMAC en tant qu'institution dispose d'une compétence conventionnelle. Le Traité prévoit à ce titre : les Actes conventionnels internes et externes. Les actes conventionnels internes complètent le Traité primaire et sont à la base de la création d'organes communautaires et visent également à compléter le Traité primaire[299]. Les

---

293 OUDRAOGO (S), *op.cit.*, p.109.

294 Voire préambule du Traité CEMAC révisé

295 Pour René Jean DUPUIS, cette notion, « *évocatrice de ce transit dans lequel se situent des normes dont le contenu reste imprécis et la portée, vague ne saurait trouver d'autre traduction en français que [droit mou] ou mieux [droit vert], pour expliquer la maturité insuffisante de la règle de droit »,* in « droits déclaratoires et droits programmatoires : de la coutume sauvage à la « soft law », in *SFDI*, L'élaboration du DIP, Paris, Pedone, 1975, pp.139-140.Voir également DUPUY (P-M), KREBRAT (Y), *Droit international public*, 15e éd, Édition Dalloz, 2020, p.433-435.

296 Article 57 du traité CEMAC révisé « *Tout Etat membre peut soumettre à la Conférence des Chefs d'Etat des projets tendant à la révision du présent Traité ou des Conventions de l'UEAC et de l'UMAC. Les modifications sont adoptées à l'unanimité des Etats membres.* »

297 En effet, pour la plupart des actes constitutifs d'organisations internationales de coopération, une majorité simple ou qualifiée suffit pour le vote de projets de texte tel que l'UE ou pour les amendements aux chartes notamment, l'ONU, et l'UA.

298 BLANQUET (M), Droit général de l'Union européenne, 11e éd, Édition Sirey, 2018, p.635

299 À cet effet, l'article 3 du traité CEMAC stipule que « *les quatre Institutions* [...] *feront l'objet de Conventions séparées, à annexer respectivement au Traité* [...] ». Notamment, la Convention régissant l'UEAC 25 janvier 2008 ; La Convention régissant l'Union monétaire

actes conventionnels externes ont quant à eux l'aspect de véritables traités soumis au droit international public[300]. En outre, à ces conventions institutionnelles, il faut ajouter les conventions organiques héritées, conclues dans le cadre de l'UDEAC, portant spécialement le système bancaire communautaire (BEAC et la COBAC)[301]. Toutefois, le régime juridique de ces instruments n'est pas explicité, pas plus que ne sont précisés leur statut et leur place dans la hiérarchie des normes communautaires[302]. Par analogie, l'on peut établir que, comme dans l'Union européenne, ces accords font partie intégrante de l'ordre juridique communautaire et bien qu'ils se situent à un niveau inférieur au droit originaire, ils prévalent néanmoins sur le droit dérivé[303].

146. Par ailleurs, les Actes additionnels[304] sont quant à eux, annexés au Traité et complètent celui-ci, sans toutefois le modifier. Leur respect « s'impose aux organes de l'union ainsi qu'aux autorités des Etats membres [305]». Toutefois, ils ne bénéficient pas de la même solennité que les Actes conventionnels, car ils ne font pas l'objet d'une ratification en bonne et due forme, par tous les Etats membres, et ne sont pas forcément soumis à leur approbation unanime[306]. Si bien qu'on note une utilisation législative foisonnante de cet acte concernant certaines questions non déterminées[307]. Dès lors, il convient de distinguer les Actes additionnels normatifs et les Actes additionnels de nature décisionnelle. En effet, les Actes additionnels normatifs réglementent le système juridictionnel de la CEMAC et doivent être considérés selon Joseph ISSA-SAYEGH comme des actes d'application

(UMAC) 25 juin 2008 ; La Convention régissant le Parlement Communautaire 25 juin 2008 ; La Convention régissant la Cour de justice Communautaire 30 janvier 2009.

300 Selon l'article 8 du Traité CEMAC, c'est à la Conférence des Chefs d'Etat qu'il revient de conclure des accords de coopération et d'assistance avec des Etats tiers ou des organisations internationales externes à la CEMAC. Toutefois, ce pouvoir peut être délégué suivant les cas, soit à la commission soit au conseil des ministres.

301 Notamment : Convention de Coopération monétaire du 22 novembre 1972 entre les Etats membres de la Banque des Etats de l'Afrique centrale (BEAC) et la République française ; Convention de Coopération monétaire du 23 novembre 1972 entre les Etats membres de la Banque des Etats de l'Afrique centrale (BEAC) et la République française ; La Convention portant création de la Commission Bancaire de l'Afrique Centrale (COBAC).

302 Cf. Arrêt CJCE, 30 avril 1974, Haegeman, 181/73, Rec., p.449. À ce jour, la CEMAC a signé l'Acte n°5/66 UDEAC-49, Convention d'assistance mutuelle administrative en matière fiscale du 13 décembre 1966 avec la France.

303 Arrêt CJCE, 12 décembre 1972, international Fruit Company, 21à 24/ 72, R., p.1219.

304 Prévu à l'article 41 du Traité CEMAC et l'article 21 de l'Additif au Traité CEMAC

305 Article 41 du Traité CEMAC

306 En effet, l'objet de ces Actes additionnels est de concrétiser les dispositions du Traité, d'y consentir les dérogations ou encore de fixer des dispositions relatives à leur application.

307 En effet la formulation de l'article 6 selon laquelle : « *La Conférence des Chefs d'Etat arrête, par voie d'acte additionnel, le régime des droits, immunités et privilèges accordés à la Communauté, aux membres de ses institutions et à son personnel* ». Laisse penser que pour toute question jugée nécessaire, la Conférence peut prendre des actes additionnels.

ou d'exécution du Traité[308]. En revanche les Actes additionnels de nature décisionnelle, sont des actes purement administratifs tels que les nominations d'un membre de la commission ou l'acceptation de sa démission[309]. Cependant, avec un tel enchevêtrement de prescription faut-il conclure que l'Acte additionnel fasse pour autant partie du droit primaire CEMAC ? À cette question, selon la décision de la Cour de justice de l'UEMOA dans un arrêt du 27 avril 2005, l'Acte additionnel en droit communautaire UEMOA, paraît comme un acte relevant du droit dérivé plutôt que du droit primaire dans la mesure où il ne s'impose pas à la Cour de justice en tant qu'organe de l'Union[310]. En revanche, au niveau CEMAC en l'absence de jurisprudence communautaire en la matière, c'est dans le contenu même des actes additionnels qu'il va falloir rechercher des réponses. Étant donné que selon l'article 41 al 1 du Traité CEMAC « les Actes additionnels sont annexés au Traité et complètent celui-ci sans le modifier [311]», et ne sauraient faire l'objet d'une appréciation de validité, selon la limitation faite à l'alinéa 1 de l'article 26 de la convention régissant la cour de justice communautaire CEMAC[312], seuls les Actes additionnels normatifs, lesquels « complètent le traité sans le modifier », pourraient faire l'objet exclusivement d'un renvoi préjudiciel en interprétation, comme acte de droit primaire. Les Actes additionnels décisionnels pourraient quant à eux subir à la fois une interprétation et une appréciation de validité[313].

147. Enfin, l'article 55 du Traité CEMAC fait mention que relève également du droit primaire les Actes d'adhésion qui ont pour objet de fixer les conditions d'adhésion des nouveaux et d'adapter dans la mesure du possible les dispositions du Traité. Dans le but d'atteindre en matière fiscale et douanière, les objectifs assignés aux traités de départ ; une importante législation a été élaborée.

---

308 Par exemple, l'Acte Additionnel n° 4/00/CEMAC-041-CCE-CJ-02, portant Règles de Procédure de la Chambre judiciaire de la CEMAC ; l'Acte Additionnel n° 07/00/CCE-041-CCE-CJ-02 portant Statut de la Chambre des comptes.

309 Par exemple l'Acte Additionnel n° 03/CEMAC-CE-06 portant renouvellement du mandat et nomination à des postes de responsabilité au sein de la CEMAC et l'Acte Additionnel n° 1/2000/CEMAC/CJ/CE portant nomination des membres de la Cour de Justice de la CEMAC du 10 février 2000.

310 Voir, CJ UEMOA, extrait de minute du greffe sur l'arrêt n°03/2005.

311 Article 41 al 1 du Traité CEMAC.

312 Article 26 de la Convention régissant la cour de justice CEMAC « *la Cour de justice statue à titre préjudiciel sur l'interprétation du Traité de la CEMAC et de ses textes subséquents,* […], *quand une juridiction nationale ou un organisme à fonction juridictionnelle est appelé à connaître à l'occasion d'un litige]* »

313 *Ibid.*, « *la Cour de justice statue* […], *sur la légalité et l'interprétation des actes des institutions, organes et institutions spécialisés de la CEMAC, quand une juridiction nationale ou un organisme à fonction juridictionnelle est appelé à connaître à l'occasion d'un litige.* »

B / Les sources dérivées du droit fiscal de la CEMAC

148. Le droit dérivé communautaire est un corpus hétérogène émanant de divers actes juridiques adoptés par les institutions en vue de réaliser les objectifs du Traité. Ainsi, selon la typologie établie par le traité CEMAC, on distingue particulièrement cinq catégories d'actes législatifs qui ont une portée juridique très variée (**1**). Cependant, dans la pratique, les institutions de la CEMAC adoptent souvent des actes qui ne rentrent dans aucune des catégories d'actes juridiques prévus par le Traité CEMAC (**2**).

1 / La nomenclature officielle

149. La terminologie usitée par l'article 41 du Traité CEMAC relatif à la nomenclature des actes juridiques et de contrôle des activités de la Communauté s'inspire de l'article 190 du Traité de Lisbonne à quelques exceptions près. Vu la grande variété de cette nomenclature, pour un souci de clarté il faut distinguer les actes juridiques contraignants et les actes juridiques non contraignants.

150. Les actes juridiques contraignants sont des actes qui créent une obligation juridique pour tous les destinataires. Il s'agit notamment, des Règlements, Directives et Décisions. À ce titre, le Règlement fait partie des actes normatifs par excellence de portée générale[314]. Car, non seulement, il vise à assurer l'application uniforme du droit de l'Union au sein des Etats membres[315], mais fixe également les objectifs et les moyens pour l'atteindre[316]. Par conséquent il rend inapplicable les réglementations nationales incompatibles avec les clauses matérielles qu'il contient. Par ailleurs, tout comme le Règlement, la Directive[317] vise l'harmonisation des législations nationales et fixe les objectifs à atteindre par les Etats membres, à la différence près que d'une part, elle délègue le choix des moyens aux Etats membres, et d'autre part, qu'elle ne déploie des effets juridiques contraignants qu'à l'égard des Etats membres. Toutefois, ce n'est qu'en cas où un des Etats membres est défaillant que la directive peut déployer des effets directs uniquement en faveur des particuliers vis-à-vis des autorités publiques[318]. En revanche, la Décision[319] est un acte juridique contraignant de portée individuelle[320], et c'est cette dernière caractéristique qui la

[314] Article 41 al 2 Traité CEMAC révisé

[315] Exemple le Règlement N° 09/05-UEAC-143-CM-13 portant adoption de la Réglementation Commune sur le Contrôle de la Consommation des Substances Appauvrissant la couche d'Ozone dans l'espace CEMAC.

[316] Exemple le Règlement n° 12/06-UEAC-171-CM-14 portant création de la Commission permanente de l'Energie et des Mines (COPEM)

[317] Article 41 al 3 du Traité CEMAC

[318] BIEBER (R), MAIANI (F), *op.cit.*, p.98.

[319] Article 41 al 4 du Traité CEMAC

[320] Article 21 de l'Additif du Traité CEMAC

différencie du Règlement et de la Directive qui sont de portée générale. En effet, les destinataires d'une Décision doivent être individuellement désignés qu'il s'agisse des Etats ou des personnes physiques et morales, à qui elle confère des droits ou impose des obligations. Ainsi, les décisions jouent parfois le rôle d'actes normateurs[321] et sont adoptées aussi bien pour la nomination de personnel que pour la création d'un organe communautaire visant à compléter le Traité[322].

151. Étant donné que les actes juridiques contraignants sont créateurs de droit et s'imposent à leurs destinataires, ils doivent selon l'exigence de l'article 42 du Traité CEMAC être motivés.

152. À l'inverse, les actes juridiques non contraignants ne « lient pas » car, ils ont vocation à exprimer une position ou suggérer une ligne de conduite, sans imposer d'obligation légale à leur destinataire[323]. Il s'agit entre autres, des Recommandations et des Avis[324]. En effet, les Recommandations permettent aux institutions d'inviter les Etats membres ou les particuliers à se conformer à une ligne de conduite déterminée[325]. Les Avis pour leur part, permettent aux institutions d'énoncer leurs positions sur un sujet déterminé. Toutefois, étant donné que les institutions et les organes de l'union peuvent émettre des avis préparatoires sur toutes questions juridiques concernant le Traité CEMAC et ses textes subséquents. Rien ne leur interdit en théorie dans le cadre de leurs attributions respectives, de formuler à l'intention des Etats membres des actes délégués[326] assortis de sanctions, en vue de la réalisation des objectifs de l'intégration économique[327]. Tout compte fait, en adoptant ces actes non contraignants la Conférence n'entend pas légiférer, mais orienter et parfois recadrer l'action des organes destinataires sur les questions qu'elle aborde. Ce qui rend difficile l'appréciation de la portée réelle de ces actes[328].

153. Toutefois, bien que le Traité et ses conventions rattachées précisent la nature des différents actes adoptés par les institutions, il y a ceux dont l'adoption n'est pas prévue par le Traité.

---

321 Exemple la Décision n°9/P du 7 juillet 1967 donnant délégation permanente aux directeurs du département de la fiscalité pour ester en justice au nom de l'union en matière de contentieux fiscal douanier ;

322 Décision n°94/07 portant création d'un centre de collecte de données fiscales en zone CEMAC.

323 Rapport final de l'audit institutionnel, fonctionnel et organisationnel de la CEMAC, Tome 1, 2006, p.164

324 Articles 41 al 5 du Traité CEMAC

325 Exemple la Recommandation N° 01 /02/UEAC-114-CM-08 relative aux Grandes Orientations des Politiques économiques des États membres de la Communauté pour l'année 2003

326 Actes juridiques contraignants qui permettent à la Commission de compléter ou de modifier des éléments non essentiels des actes législatifs de la CEMAC.

327 ISSA SAYEGH (J), *op.cit.*, p. 669.

328 Rapport final de l'audit institutionnel, fonctionnel et organisationnel de la CEMAC, *op.cit.*, p.164.

2 / Les actes hors nomenclature

154. La pratique des organes communautaires permet de constater l'existence d'autres actes, qui échappent à l'énumération du Traité, qui résultent de l'opportunité d'une situation et contribuent à la réalisation des objectifs de la communauté. Ils impressionnent par le nombre et la variété terminologique utilisés par la doctrine pour les désigner : on parle d'actes « innomés, sui generis, non prévus, hors monoculture, atypiques ou encore déviés [329]». Pour cette étude, nous nous contenterons d'utiliser l'expression actes atypiques[330] . En droit communautaire, un acte est qualifié d'atypique lorsqu'il n'est pas réductible à un ou plusieurs types d'actes qui servent de référence[331]. Toutefois, la dichotomie entre acte typique et acte atypique correspond à la production normative, qui résulte du fonctionnement de la Conférence des Chefs d'Etats. Ainsi, par souci de clarté et de simplification, nous analyserons séparément les actes atypiques prévus par le Traité et les actes atypiques non prévus par le Traité. Parmi les actes atypiques prévus par le Traité on note : les résolutions et les rapports de la Commission Interparlementaires de la CEMAC. Selon l'article 60 al 2, ces actes traduisent essentiellement l'opinion politique des institutions sur certaines problématiques de la CEMAC et n'ont aucun effet contraignant[332]. Par ailleurs, sont également des actes atypiques les règlements intérieurs des institutions de la CEMAC[333]. Étant donné que le règlement intérieur fixe l'organisation, le fonctionnement et les règles de procédures internes des institutions de la CEMAC, il n'est contraignant que pour les institutions concernées.

155. En revanche, les actes atypiques non prévus par le Traité, sont des actes nés de la pratique des institutions de la CEMAC, dans le cadre de leur propre activité. À cet effet, les institutions expriment certaines de leurs positions politiques sur certaines problématiques Cémaciennes ou internationales à l'issue de leurs réunions, par des Orientations, des déclarations, des communiqués finaux, notes d'information, etc. Par ailleurs, lors de la présentation de nouveaux programmes politiques, ou des propositions d'actions détaillées sur certaines problématiques d'Afrique centrale, la Commission adopte également des actes atypiques non prévus qui lui sont propres. Il s'agit des Communications et des livres blancs.

---

329 LEFEVRE (S), *les actes communautaires atypiques*, Bruxelles, édition Bruylant, 2006, p.16.

330 Ainsi, l'adjectif atypique désigne ce qui ne correspond pas au type ordinaire, qui est en dehors des types communs. Voir Larousse grand format, 2005, p.97.

331 LEFEVRE (S), *ibid.*, p.17

332 En effet, l'article 60 al 2 prévoient que la Commission Interparlementaire « [...] *peut exprimer ses vues sous forme de résolutions ou de rapports.* [...] ».

333 L'article 35 du Traité prévoit en effet, que la Commission « [...] *adopte son Règlement intérieur, après avis conforme du Conseil des Ministres* ».

156. Néanmoins, lorsqu'on examine l'influence du droit communautaire sur les droits nationaux, on s'intéresse le plus souvent à la suppression des contradictions par rapport au droit de la CEMAC. À cet effet, aborder l'étude de la portée et la mise en œuvre de ces actes juridiques à la lumière du droit communautaire est crucial.

Paragraphe II : La portée et la mise en œuvre du droit fiscal communautaire

157. L'analyse des techniques juridiques[334] à partir desquelles le droit communautaire s'insère dans les ordres juridiques nationaux, laisse apparaître que la CEMAC a emprunté la voie de l'intégration ascendante[335]. Cet argumentaire laisse apparaître l'autonomie et la prééminence du droit communautaire sur le droit national (**A**), et sa force spécifique de pénétration dans l'ordre juridique interne des Etats membres (**B**).

A / La suprématie du droit fiscal communautaire issu de la CEMAC

158. La réussite de tout processus communautaire dépend de la place accordée aux normes communautaires dans l'ordre juridique interne des Etats. C'est en ce sens que la prévalence du droit communautaire sur le droit national (**1**) et l'érosion des compétences fiscales étatiques (**2**) sont reconnues par le Traité, la doctrine, la jurisprudence[336], y compris les règles constitutionnelles.

1 / L'affirmation de la primauté des normes fiscales communautaires

159. La question des rapports entre l'ordre juridique communautaire et les ordres juridiques nationaux est l'une des questions clés du droit communautaire auquel une solution satisfaisante doit être apportée, sous peine de mettre cette construction en péril[337]. À cet effet, si l'on considère avec KELSEN que l'organisation des règles de Droit obéit à une structuration pyramidale, on trouve au sommet de la pyramide des normes

---

[334] Définies par Gerard CORNU comme « *l'ensemble des moyens spécifiques (procédés, opérations…) qui président à l'agencement et à la réalisation du droit* […] », elles mettent en avant deux approches : l'intégration ascendante(part de l'élaboration des principes communs, par comparaison des différents droits nationaux, pour aboutir à une règlementation communautaire souple) et l'intégration descendante (où la norme communautaire est élaborée au niveau des instances d'intégration en se fondant sur le droit international).

[335] Rapport final de l'audit institutionnel, fonctionnel et organisationnel de la CEMAC, *op.cit.*, p.99

[336] Arrêt N° 001/CJ/CEMAC/CJ/10-11 DU 25 NOVEMBRE 2010. Affaire Ecole Inter-Etats des douanes C/ DJEUKAM MICHEL la CJ-CEMAC a rendu son premier arrêt préjudiciel.

[337] MÉGRET (J), *op.cit.,* pp. 565-577.

nationales, telle la Constitution suivie des lois organiques et des lois ordinaires votées par le parlement. Et c'est au niveau de la primauté du droit communautaire sur la Constitution elle-même que surgissent des difficultés. En effet, la suprématie du Traité dans l'ordre juridique international se heurte à celle de la Constitution dans l'ordre étatique. C'est cette dernière qui confère à toutes les normes juridiques une valeur propre en droit interne, et où la suprématie du droit communautaire sur le droit national tire son fondement. Dès lors, la tâche revient au pouvoir constituant de situer les règles internationales dans cet ordonnancement interne.

160. À ce titre, l'article 44 de la Constitution Camerounaise du 14 avril 2008 stipule « Si le Conseil Constitutionnel a déclaré qu'un traité ou accord international comporte une clause contraire à la Constitution, l'approbation en forme législative ou la ratification de ce traité ou de cet accord ne peut intervenir qu'après la révision de la Constitution[338] ». Et l'article 45 dispose que « Les traités ou accords internationaux régulièrement approuvés ou ratifiés ont, dès leur publication, une autorité supérieure à celle des lois, sous réserve pour chaque accord ou traité de son application par l'autre partie ». Ces deux articles sont en tout point identiques aux articles 71 et 72 de la Constitution centrafricaine, 183 et 184 de la Constitution congolaise, 221 et 222 de la Constitution tchadienne. Quant aux Constitutions gabonaise et équato-guinéenne, elles établissent le principe d'une Cour constitutionnelle qui vérifie tous les engagements internationaux préalablement à leur ratification[339], sans pour autant soumettre l'application de ces engagements internationaux à la règle de la réciprocité.

161. La primauté du droit communautaire suppose donc que l'ordre communautaire l'emporte dans son intégralité sur les législations nationales. C'est d'ailleurs ce qu'ISSAC et BLANQUET affirment en disant que la primauté est « une condition existentielle du droit communautaire, qui ne saurait exister en tant que droit qu'à la condition de ne pas pouvoir être en échec par le droit des Etats membres. [...] La primauté du droit communautaire [...] se fonde sur ce que cette règle doit prévaloir sous peine de cesser d'être commune ; or à défaut d'être commune elle cesse d'exister et il n'y a plus de communauté ». Mieux encore, la CJCE dans l'arrêt Costa c/ENEL, affaire 6-64, du 15 juillet 1964 affirme que « le droit né du traité ne pourrait donc, en raison de sa nature spécifiquement originale se voir judiciairement opposer un texte interne quel qu'il soit, son caractère communautaire et sans que soit mise en cause la base juridique de la communauté elle-même ». Entre autres, en cas de conflit entre une norme

[338] Loi n°96/06 du 18 janvier 1996 Portant révision de la Constitution du 02 juin 1972, modifiée et complétée par la loi n°2008/001 du 14 avril 2008, article 44 de la Constitution du Cameroun.

[339] Article 87 de la Constitution du Gabon et 94 de la Constitution équato-guinéenne.

communautaire et une norme nationale, la première prime quelle que soit sa nature, son objet ou sa date d'adoption[340].

162. Ainsi, tout comme la CJCE qui pour la première fois dans l'arrêt Costa c/ENEL, sacralise la primauté du droit communautaire sur les règles juridiques internes, le législateur CEMAC consacre ce caractère dans le Traité CEMAC révisé en son article 44 qui dispose que « [...] les actes adoptés par les Institutions, Organes et Institutions Spécialisées de la Communauté pour la réalisation des objectifs du présent Traité sont appliqués dans chaque Etat membre nonobstant toute législation nationale contraire, antérieure ou postérieure ». Autrement dit, la norme communautaire s'intègre dans l'ordre juridique interne des États membres, avec prééminence sur l'ensemble des normes nationales. Toutefois, s'il est vrai qu'à ce jour, la réponse apportée par les juridictions internes à la question de la suprématie de la norme communautaire sur les principes constitutionnels reste plutôt nuancée, il reste néanmoins la question de l'implémentation de cette primauté.

2 / La mise en œuvre de la primauté du droit communautaire dans les Etats membres de la CEMAC

163. Les ordres juridiques nationaux se sont rapidement efforcés de prendre pleinement en compte le principe de primauté de la règle communautaire, afin d'en garantir judiciairement l'application. Dans le cadre européen, plus précisément en droit français, le Conseil d'État (CE) s'est d'abord borné à prescrire des obligations négatives aux autorités nationales en vue de l'application du droit communautaire[341], avant d'imposer aux autorités nationales depuis l'affaire France Nature Environnement, dite FNE[342] qu'elles « sont tenues d'adapter leur législation et leur réglementation aux Directives qui leur sont destinées [343]». Par conséquent, les obligations communautaires qui pèsent sur les autorités administratives nationales pour garantir le principe de primauté, comportent

---

340 Toutefois, il convient de mentionner que ce principe a longtemps été écarté par les tribunaux français. Ce n'est qu'en 1975, dans l'arrêt Jacques Vabre, que la Cour de cassation reconnaitra ce principe.

341 Le gouvernement ne doit pas prendre un décret d'application d'une loi incompatible avec les objectifs d'une directive communautaire. Cf. CE. 24 février 1999, Association de patients de la médecine d'orientation anthroposophique. Les autorités nationales ne peuvent ni laisser subsister, ni édicter de dispositions réglementaires incompatibles avec les objectifs d'une directive. Cf. CE Ass. 3 février 1989, Compagnie Alitalia, GAJA, 13è édition, Dalloz, 2001, pp. 705 - 714.

342 CE section, 3 décembre 1999, Association ornithologique et mammalogique de Saône-et-Loire et association France nature environnement, Rec. 379, concl. Lamy, GAJA op. cit., pp. 849 – 856. Voir, CJCE, 18 décembre 1997, Inter-Environnement Wallonie ASBL, affaire C-129/96, Rec. page I-7411.

343 Cf. CE Ass. 22 décembre 1978, Ministre de l'intérieur c/ Cohn-bendit, Rec. 524, GAJA op. cit. pp. 669 - 678. V. aussi CE. Ass. 3 février 1989, Compagnie alitalia. Op. cit.

deux volets : la non-application du droit national contraire et l'encadrement procédural des Etats.

164. S'agissant de la non-application du droit fiscal national contraire, pour ne point laisser subsister toute confusion dans la législation nationale, qui viendrait notamment mettre en péril la sécurité juridique des justiciables, l'article 44 du traité CEMAC interdit aux États membres d'adopter dès l'entrée en vigueur du texte communautaire de nouvelles dispositions contraires et institue une obligation d'abrogation/modification des normes antérieures[344]. Il est toutefois important de préciser que cette double obligation n'est point absolue et automatique[345]. Malheureusement, dans les faits les Etats membres de la CEMAC ne respectent pas ce principe. En effet, le communiqué final de la 13ème session ordinaire du Conseil des ministres de la CEMAC relevait que les ministres « ont convenu de donner des instructions fermes à leurs administrations nationales compétentes pour lever ces contraintes qui causent d'énormes préjudices dans la mise en œuvre des actions et programmes de la communauté, qui mettent en péril sa vie et sa crédibilité [346]». De plus, le Conseil extraordinaire des ministres organisé en juin 2005 pour faire le point sur la non-application des textes par les Etats membres, faisait ressortir que le champ des décisions non appliquées couvre un large spectre des instruments d'intégration dont se sont dotés les Etats, mettant en péril le processus[347]. De surcroit, les constitutions des six Etats membres de la CEMAC ne reconnaissent pas la supériorité du Traité que par rapport à la loi et non pas aux constitutions elles-mêmes. En conséquence, l'encadrement de l'autonomie procédurale semble utile pour sauvegarder l'application conforme des textes communautaires dans les Etats membres et la crédibilité de la CEMAC.

165. S'agissant de l'encadrement de l'autonomie procédurale des Etats, la primauté du droit communautaire revêt deux aspects. Premièrement, le droit communautaire doit au préalable avoir la même signification dans tous les Etats membres. C'est le problème de l'unité d'interprétation que le Traité a tranché d'une manière tout à fait claire, en constituant la Cour de justice comme seul organe judiciaire habilité à interpréter le droit communautaire[348]. Deuxièmement, le droit communautaire doit avoir dans

---

344 À ce titre, l'obligation d'abrogation/modification implique que, les Etats membres procèdent à une mise à jour de leur législation en vigueur, ou alors qu'ils abrogent la norme contraire au texte communautaire.

345 En effet, il y a abrogation/modification si, le champ matériel couvert par le texte communautaire a déjà fait l'objet d'une réglementation préalable dans l'Etat, et interdiction d'adopter de nouvelles normes si le contenu de l'acte communautaire ne se recoupe pas avec le droit national.

346 Communiqué final de la 13e session ordinaire du Conseil des ministres de l'UEAC tenue du 7 au 8 février 2005 à Libreville au Gabon.

347 Rapport final de l'audit institutionnel, fonctionnel et organisationnel de la CEMAC, Tome 1, 2006 p.54.

348 Car, une application différenciée, selon les Etats membres, du droit communautaire donnerait lieu à des discriminations fondées sur la nationalité. Voir article 4 et 7 du Traité CEMAC.

tous les Etats, la même force obligatoire, c'est-à-dire qu'il ne doit pouvoir être ni modifié, ni abrogé par les Etats membres dans la mesure où, la ratification du Traité CEMAC s'accompagne d'un transfert de compétences qui empêche les Etats membres de légiférer dans les domaines ainsi transférés puisqu'ils ne disposent plus de la compétence nécessaire[349].

166. Par conséquent, incomber au juge national le rôle de garant du principe de la primauté du droit communautaire sur le droit national[350] revient à cristalliser les normes juridiques communautaires, dans l'ordre juridique interne des Etats membres. En effet, comme le stipule l'arrêt Simmenthal du 09 mars 1978, « le juge national chargé d'appliquer, dans le cadre de sa compétence, les dispositions du droit communautaire, a l'obligation de s'assurer le plein effet de ces normes, en laissant au besoin, inappliquées, de sa propre autorité, toute disposition contraire de la législation nationale, même postérieure, sans qu'il ait à demander ou à attendre l'élimination préalable de celle-ci par voie législative ou par tout autre procédé constitutionnel[351] ». Autrement dit, il appartient au juge national de constater et sans délais que la loi interne contraire à la norme communautaire ne peut être appliquée. En réalité, même si la CJ CEMAC est devenue véritablement opérationnelle[352], dès le 14 décembre 2000, cette institution n'a rendu aucun arrêt dans le domaine fiscal. Il se pose donc en termes clairs la problématique de l'intervention du droit fiscal communautaire dans la souveraineté des Etats. Peut-on réellement envisager l'hypothèse de la primauté de l'un sur l'autre ?

B / La pénétration du droit fiscal communautaire dans l'ordre juridique interne des Etats

167. Les actes juridiques communautaires visent l'harmonisation ou le rapprochement des législations nationales, souvent disparates, autour de principes directeurs communs, et l'un des moyens d'atteindre ce but est le principe de l'applicabilité immédiate (**1**). Par ailleurs, la norme fiscale communautaire crée par elle-même des droits et des obligations pour les contribuables : c'est l'applicabilité directe (**2**).

---

349 JACQUÉ (J-P), *Droit institutionnel de l'Union européenne*, Paris, 9e éd, Édition Dalloz, 2018, p 565.

350 CHAMEGUEU (G-M), *Le contrôle juridictionnel des activités de la CEMAC*, Mémoire Université de douala, DEA, 2008, p.25.

351 Arrêt de la Cour du 9 mars 1978. Administration des finances de l'État contre Société anonyme Simmenthal. Demande de décision préjudicielle : PRETURA di Susa - Italie. Non-application par le juge national d'une loi contraire au droit communautaire. Affaire 106/77. *Recueil de jurisprudence 1978* p.00629.

352 Les juges communautaires ont été solennellement installées le 12 avril 2000 à Ndjamena après avoir prêté serment devant le ^président en exercice de la conférence des chefs d'Etat.

1 / L'applicabilité immédiate des normes fiscales communautaires

168. L'applicabilité immédiate signifie que le droit communautaire primaire s'intègre de plein droit dans l'ordre juridique des Etats, nonobstant toute mesure nationale de réception. En effet, l'article 43 al 1 du Traité CEMAC dispose que « Les actes additionnels, les règlements et les règlements cadres [...] entrent en vigueur à la date qu'ils fixent ou, à défaut, le vingtième jour suivant leur publication » au Bulletin Officiel de la Communauté[353]. Par ailleurs, l'article 43 al 2 du Traité CEMAC ajoute que « les directives et les décisions sont notifiées à leurs destinataires et prennent effet le lendemain de cette notification [354]». Elles nécessitent toutefois des mesures nationales d'application. Ainsi, contrairement au droit primaire communautaire qui exige pour son entrée en vigueur la réception par ratification par les Etats membres, le droit dérivé communautaire s'intègre dès sa publication dans l'ordre juridique interne des Etats membres sans aucune formalité d'introduction préalable[355].

169. En principe, les États membres ont le choix entre deux conceptions doctrinales inscrites dans leurs constitutions, le dualisme[356] et le monisme[357]. Contrairement au droit international, le droit communautaire relève de la théorie moniste et impose le respect par les Etats membres. D'ailleurs, la CJCE l'a très tôt annoncé dans l'arrêt Arrêt Costa c/ Enel du 15 juillet 1964, en considérant que le monisme découle de la nature même du système d'intégration, car « en instituant donc une communauté de durée illimitée, dotée d'attributions propres, de la personnalité, de la capacité juridique [...] et plus précisément des pouvoirs réels issus d'une limitation de compétence ou d'un transfert d'attribution des Etats à la communauté, ceux-ci ont limité, bien que dans des domaines restreints, leurs droits souverains et ont ainsi créé un corps de droit applicable à leurs ressortissants[358] ». Autrement dit, le

---

[353] Article 43 al 1 du Traité CEMAC

[354] *Ibid.*, Article 43 al 2

[355] Article 21 à 23 de l'Additif au Traité de la CEMAC relatif au système institutionnel et juridique de la Communauté.

[356] La conception dualisme d'origine italienne et allemande développée par des auteurs tels que TRIPEL, JELLINEK et ANZELOTTI de la fin du XIXe siècle au début du XXe siècle, voudrait qu'un traité international, s'applique immédiatement dans l'ordre interne de l'Etat contractant, lorsqu'il est introduit par un procédé juridique qui en opère la réception que l'ordre juridique international et les ordres juridiques nationaux sont des systèmes indépendants et séparés, coexistant parallèlement comme des compartiments étanches. Cf. OUEDRAOGO (S), *op.cit.*, p.117.

[357] Théorisée par HANS KELSEN, in : *Les rapports entre le droit international et le droit interne*, RCADI, 1926, IV, p.231. Elle est fondée sur l'unité de l'ordonnancement juridique entre l'ordre juridique international et l'ordre juridique interne des Etats. Cf. DUPUY (P-M) et KERBRAT (Y), *op.cit.*, p.449-450.Voir MALHIERE (F), « Le contrôle de l'équivalence des protections des droits fondamentaux : les juges et les rapports de systèmes », in *RDP*, 2013-6, pp.1523-1556. Voir aussi, VIRALLY (M), *Sur un pont aux ânes : les rapports entre droit international et droits internes*, Mélanges H. ROLIN, Paris, Édition Pedone, 1964, p.488 et s.

[358] CJCE, 15 juillet 1964, Costa c/ ENEL, Affaire 6/64, 1141,

droit communautaire selon une meilleure formule de la cour, « fait partie intégrante [...] de l'ordre juridique applicable sur le territoire de chacun des Etats membres[359] ». L'analyse de la nature des actes Cémaciens peut conduire à affirmer que la vision qui ressort expressément du Traité est apparemment moniste. Mais, la tripartition des schémas d'intégration liée à la coexistence de la CEMAC, de la CEEAC et de l'OHADA, conduit à une relativisation de cette vision. En effet, l'OHADA procède par une méthode de substitution des règles communautaires aux règles nationales.

170. Par conséquent, la CEMAC s'assimile plus à une institution communautaire hybride, dont le droit pénètre la législation nationale, parfois directement, parfois par voie de transposition. Toutefois, l'institution de la procédure des questions préjudicielle, qui permet aux juridictions nationales de renvoyer devant la CJ CEMAC l'interprétation ou l'appréciation de la validité du droit communautaire, présuppose, bien évidemment, que celui-ci soit applicable par les juridictions internes. Dès lors, les Etats ne peuvent, se dispenser d'appliquer la norme fiscale communautaire en invoquant le non-accomplissement des procédures de réception des traités internationaux prescrite par sa constitution, ou encore, d'appliquer la norme fiscale communautaire comme du droit interne sous prétexte que la réception qui a eu lieu a transformé cette norme fiscale communautaire en droit national[360].

171. Si le droit communautaire a pour vocation de s'intégrer automatiquement dans l'ordre juridique interne des Etats membres, il convient toutefois, au regard de l'applicabilité immédiate du droit communautaire, de s'interroger sur ses destinataires. Or, le Traité CEMAC reste muet sur la question des effets du droit CEMAC dans l'ordre juridique des Etats membres. Par conséquent, saisie de telles questions, nous nous inspirerons des indications fragmentaires fournies par le Traité en fondant notre raisonnement sur les objectifs de l'intégration tout en ayant recours à la jurisprudence européenne.

2 / L'applicabilité directe de la norme fiscale communautaire

172. Le droit communautaire dans ses rapports avec les opérateurs économiques se caractérise par le fait qu'il crée directement des droits et obligations au profit ou à l'encontre des particuliers[361]. Ainsi, l'applicabilité directe est le droit pour toute personne d'invoquer directement les dispositions d'une norme communautaire devant une juridiction nationale ou communautaire à l'occasion d'un litige. Bien que les origines de la théorie de l'applicabilité directe remontent à la décision *Foster v. Neilson* de la Cour

---

[359] CJCE, 9 mars 1978, Simmenthal, aff., 106/77, Rec. p. 609.
[360] MEYONG ABATH (R), *op.cit.*, p.108
[361] MÉGRET (J), *op.cit.*, pp. 565-577.

Suprême des Etats-Unis, du 9 mars 1829[362] et l'avis de la cour permanente de justice internationale (CPJI), compétence des tribunaux de Dantzig, de 1928[363], le principe de l'applicabilité directe fut évoqué pour la première fois par le juge communautaire européen, dans l'arrêt Van Gend en Loos, affaire 26-62 du 5 février 1963. Cet arrêt précise que « le droit communautaire, indépendant de la législation des États membres, de même qu'il crée des charges dans le chef des particuliers, est destiné à engendrer des droits qui entrent dans leur patrimoine juridique ». Cette jurisprudence a été consolidée par l'arrêt International Handelsgesellschaft de 1970 à travers lequel la CJCE déclare explicitement que la validité des actes pris par les institutions de la communauté « *ne saurait être appréciée* qu'en fonction du droit communautaire ; le droit né du traité issu d'une source autonome, ne peut en raison de sa nature se voir judiciairement opposer des règles de droit national quelles qu'elles soient, sans perdre son caractère communautaire et sans que soit mise en cause la base juridique de la Communauté elle-même[364]». Plus tard, la CJCE précise dans l'arrêt Simmenthal du 9 mars 1978 que l'applicabilité directe des règles du droit communautaire « doivent déployer la plénitude de leurs effets d'une manière uniforme dans tous les Etats membres à partir de leur entrée en vigueur et pendant toute la durée de leur validité »; ainsi, les dispositions directement applicables sont une source immédiate de droits et obligations pour tous ceux qu'elles concernent, qu'il s'agisse des Etats membres ou des particuliers qui sont parties à des rapports juridiques relevant du droit communautaire[365].

173. La CJ CEMAC emprunte le même raisonnement que son homologue Européen, et rappelle dans un avis consultatif que le droit dérivé est directement applicable dans l'ordre juridique interne sans le recours d'aucune mesure nationale d'introduction[366]. En effet, cette position est déduite de son affirmation selon laquelle les Etats membres de la CEMAC sont « disposés [...] à aliéner une parcelle de leur souveraineté nationale[367] » au profit de la communauté. De ce fait, le juge a pour obligation de faire usage de textes communautaires quelle que soit la législation du pays dont il relève[368]. Parmi les textes directement applicables en droit CEMAC, on note certaines dispositions du Traité lui-même. S'agissant des décisions, elles sont « obligatoires dans tous les éléments ou les destinataires qu'elles désignent [369]». En revanche, les recommandations et les avis, du fait qu'ils

---

362 BÉRANGÈRE (T), « Les critères de l'applicabilité directe des traités internationaux aux États-Unis et en France », In *Revue internationale de droit comparé*. Vol. 59 N°1,2007. pp. 157-176.

363 Voir, CPJI, Compétence des tribunaux de Dantzig, avis du 3 mars 1928 (Série B, n° 15).

364 CJCE Internationale Handelsgesellschaft du 17 décembre 1970

365 CJCE Simmental, 9 mars 1978, aff. 106/77.

366 Avis n° 002/2003 du 9 avril 2003 sur l'Avant-projet de règlement CEMAC relatif aux systèmes, moyens et incidents de paiement.

367 *Ibid.*

368 LECOURT (R), *L'Europe des juges*, Édition Bruylant, Bruxelles, 2008, p.248.

369 Article 41 al 3 du traité CEMAC.

ne lient ni les Etats membres ni les citoyens, ont un effet direct moins prononcé. Mais c'est sans doute pour les règlements cadres que la notion d'effet direct présente le plus d'intérêt. En effet, bien que « les règlements et les règlements cadres aient une portée générale. Les règlements sont obligatoires dans tous leurs éléments et directement applicables dans tous les Etats membres […] [370]», les règlements cadres quant à eux, « […] ne sont directement applicables que pour certains de leurs éléments[371] ». Toutefois, comment déterminer dans un règlement cadre, les dispositions qui bénéficient de l'applicabilité immédiate en droit interne et quelle est la portée juridique des dispositions ne bénéficiant pas de l'effet direct ? La nature hybride de ce type d'instrument est problématique.

174. Par ailleurs, les directives pour leurs parts, « lient tout Etat membre destinataire quant aux résultats à atteindre tout en laissant aux instances nationales leurs compétences en ce qui concerne la forme et les moyens[372] ». Cependant, vouée à l'intervention des Etats membres, la transposition souffre assez souvent d'irrégularités qui hypothèquent l'effet direct des directives notamment, le non-respect d'une norme de transposition ou de pratiques nationales non conformes aux objectifs de la directive[373]. Toutefois, au regard de l'évolution de la jurisprudence communautaire, cette position doit être relativisée. Vu que le juge CEMAC n'a pas encore eu à se prononcer sur l'effet direct des directives communautaires, c'est la solution développée par la CJCE qui sera retenue ici. À ce titre, dans l'arrêt Van Duyn du 4 décembre 1974[374], la CJCE précise que seules les dispositions suffisamment « claires et inconditionnelles » des directives produisent un effet direct et peuvent être invoquées par le justiciable « à défaut de mesures d'application prises dans les délais, à l'encontre de toute disposition nationale non conforme à la directive, ou encore tant qu'elles sont de nature à définir des droits que les particuliers sont en mesure de faire valoir à l'égard de l'Etat[375] ». En se fondant ainsi, sur l'effet utile des directives, la CJCE reconnaît au justiciable la possibilité de se prévaloir envers l'Etat[376] et les autres particuliers[377] de certaines dispositions d'une directive non transposée qui toutefois, reste subordonnée à l'écoulement du délai de transposition.

---

[370] Article 21 al 1 de l'additif au traité de la CEMAC relatif au système institutionnel et juridique de la communauté.

[371] Article 41 al 1 du Traité CEMAC.

[372] Article 41 al 2 du traité CEMAC

[373] TATY (G.), « le recours en manquement d'Etat de l'article 4 du traité révisé de la CEMAC : analyse critique », CJ UEMOA, Dakar, troisième rencontre interjuridictionnelle des cours communautaires de l'UEMOA, la CEMAC, la CEDEAO et l'OHADA, mai 2010.

[374] SAURON (J-L), *L'application du droit de l'Union européenne en France*, 2e éd, Édition La documentation française, collection « Réflexe Europe », 2000, p.44.

[375] CJCE 19 janvier 1982, Ursula Becker, contre Finanzamt Münster Innenstadt aff 8/81,

[376] CJCE arrêt du 26 févier 1986, MH Marshall c. Southampton et South-West Hampshire Area Health Authority (Teaching).

[377] Conseil d'Etat français 22 décembre 1978, aff Conhn-Bendit, Rec. p. 80.

CONCLUSION DU CHAPITRE II

175. Au regard du chronogramme fixé, l'on peut affirmer qu'au plan purement textuel, la CEMAC a dépassé le stade du marché commun, et se trouve fortement engagée vers le stade de l'union économique qui implique une harmonisation des politiques sectorielles nationales, plus précisément en matière d'énergie. Bien qu'il soit vrai que le tableau qui vient d'être brossé insiste sur les progrès réalisés, notamment l'institution du mécanisme autonome de finance, l'implémentation du PRI et l'effort de légitimation du processus d'harmonisation, il n'en demeure pas moins que la mise en œuvre de ces réformes institutionnelles, qui exige une application stricte, astreint à la réserve lorsqu'il s'agit de faire le point sur leur effectivité.

CONCLUSION DU TITRE I

176. L'analyse rétrospective des mutations juridiques que connaît la CEMAC constitue le baromètre du nouveau régionalisme économique entre les Etats de la CEMAC. En effet, les multiples efforts de réalisation d'un espace économique entrepris dans le cadre de l'UDEAC, poursuivis par la CEMAC, sont la parfaite illustration des nouveaux choix opérés par la sous-région, c'est-à-dire ceux de faire du droit le moteur essentiel de la réalisation des objectifs communautaires qu'ils se sont fixés, notamment en matière d'énergie. À ce titre, la refondation de l'idéal communautaire en Afrique centrale a été marquée ces dernières années par le réaménagement du cadre de convergence régionale : renforcement de l'union douanière et du dispositif juridico-institutionnel. Parallèlement au dispositif institutionnel, des règles matérielles ont été consacrées pour porter les objectifs communautaires. On a pu constater que la nomenclature des actes juridique communautaire laisse apparaître des actes atypiques dont la valeur juridique n'est pas toujours évidente ni précise. De plus, l'ordre juridique communautaire de la CEMAC a mis en avant la question de la cohabitation des différents ordres juridiques étatiques au sein de la zone. À l'image du juge européen, celui de la CEMAC a reconnu le principe de la primauté de l'ordre juridique communautaire sur l'ordre juridique interne des États. Seulement, qu'en est-il de la dynamique du processus d'harmonisation ?

<u>TITRE II :</u> LA DYNAMIQUE DE L'HARMONISATION FISCALE EN ZONE CEMAC

177. En Afrique centrale le processus d'harmonisation fiscale énergétique est une sorte d'arlésienne. En effet, bien que la perspective d'un marché communautaire de l'énergie soit une constante dans les discours politiques et les stratégies nationales de développement, chaque État continue de revendiquer la liberté de structure et d'orientation de son système fiscal interne. De surcroit, en dépit de la volonté politique affichée des Etats membres de se démarquer de cette culture du centralisme qui a caractérisé ces devancières, la CEMAC n'est pas exempte de reproches (**Chapitre I**). Outre, la fragilité de son système institutionnel et l'absence de volonté politique des Etats, le problème majeur de ce processus, semble provenir des égoïsmes nationaux (**Chapitre II**).

CHAPITRE I : LES RÉSISTANCES À L'HARMONISATION FISCALES

178. Que l'on soit en Afrique ou ailleurs, la construction des institutions sous-régionales a pour conséquence inéluctable d'entamer les souverainetés des Etats membres, dans les secteurs stratégiques tel que l'énergie. Aussi, jaloux de cette souveraineté, certains Etats souverainiste de la CEMAC mettent en œuvre de façon austère la prégnance de l'interétatisme des uns et la faible concession des autres, au profit de l'idée de supranationalité[378]. De ce point de vue, l'examen de la dynamique de l'harmonisation fiscale au sein de la CEMAC laisse transparaître, que l'harmonisation nécessaire à la mise en place d'un marché de l'énergie intégré est un processus techniquement complexe, dont la réalisation se heurte à plusieurs contraintes non seulement imputables aux Etats membres (**Section I**), mais également inhérentes aux institutions (**Section II**).

SECTION I : LES CONTRAINTES IMPUTABLES AUX ÉTATS MEMBRES DE LA CEMAC

179. Malgré le fait, que le processus d'harmonisation pourrait permettre aux Etats de la CEMAC, de profiter des avantages liés à la coopération, tout en concevant, plus ou moins leur souveraineté, force est de constater, que face au caractère embryonnaire des institutions supranationales, les Etats sont moins enclins à appliquer uniformément les politiques économiques communautaires (**Paragraphe I**), ce qui entrave fortement le processus d'harmonisation (**Paragraphe II**).

Paragraphe I : Un engagement relativement limité des Etats de la CEMAC

180. Pierre angulaire de tout processus d'intégration régionale « la volonté politique, sans laquelle rien de solide et durable ne peut être entrepris[379] », apparaît comme la clé de voûte, de la stratégie déployée par les Etats pour l'émergence de la zone. Toutefois, le manque d'appropriation de l'harmonisation fiscale, par les Etats, ne permet pas à la sous-région de tirer parti de la diversité de ses membres. Ce manque de volonté politique tient en partie à l'absence d'un relais institutionnel, traitant les questions fiscales communautaires (**A**). En outre, face aux contraintes liées à l'administration de l'impôt, les Etats font également, preuve de chauvinisme (**B**).

---

[378] Or c'est désormais un principe acquis que la diversité des systèmes fiscaux qui en résultent contribue à grever considérablement l'harmonisation fiscale.

[379] Rapport d'activité de la première étape du processus d'intégration économique de la CEMAC (1999-2004), p.26.

A / Un relais institutionnel insuffisant

181. À l'heure où, l'intégration régionale en Afrique centrale est reconnue comme un objectif stratégique majeur pour consolider le développement des économies de la zone et faciliter leur insertion au sein du marché mondial, le suivi des questions fiscales communautaire soufre non seulement de l'absence de passerelle (**1**) mais aussi, de la dichotomie qui existe entre elles (**2**).

1 / Absence de passerelle dans les Etats de la CEMAC

182. Ce qui apparaît d'emblée dans les Etats de la CEMAC, c'est le faible ancrage des politiques d'intégration économique régionale. S'il est vrai, que les Etats signent les Traités que les gouvernements adoptent au cours des sessions annuelles, le constat général laisse apparaître que nombre de textes communautaires, « ont une emprise insuffisante sur les programmes et politiques de développement mis en œuvre dans la majorité des Etats membres[380] ». Pourtant, les Actes, codes, et programmes sont « élaborés en étroite collaboration et en concertation permanente avec les administrations nationales et prennent en compte les aspirations profondes des Etats membres[381] ». Mais, l'absence de structure nationale chargée de suivre les activités fiscales de la communauté au niveau de chaque Etat, crée de nombreuses difficultés au niveau de la préparation des textes communautaires et de leur application[382]. De surcroît, aucune des institutions nationales actuelles n'exerce une surveillance démocratique appropriée du marché de l'énergie ou ne corrige les inégalités de base entre les pays. Par conséquent, non seulement, l'application des accords et autres conventions d'intégration accuse un retard important, les initiatives régionales s'en trouvent également fragilisées.

183. À cela s'ajoute également l'instrumentalisation du principe de subsidiarité par les Etats qui détournent ce principe des préoccupations démocratiques au profit des intérêts égoïstes. L'une des causes majeures de ce blocage institutionnel est l'existence des lobbies. Pourtant, l'objectif du marché régional de l'énergie, n'est nullement d'harmoniser les taux d'imposition entre les pays, ni même d'instaurer des niveaux minimaux de prélèvement fiscaux mais plutôt de le réguler à partir des mécanismes de concurrence à l'œuvre sur le marché mondial, de façon à inciter les Etats membres à adopter des pratiques exemplaires en matière de politiques énergétiques. Toutefois, la dichotomie des interfaces avec les instances

---

[380] Rapport d'activité de la première étape du processus d'intégration économique de la CEMAC (1999-2004), *op.cit.*, p.24.
[381] *Ibid.*
[382] MEYONG ABATH (R), *op.cit.*, p.220

communautaires ne permet pas également, l'effectivité de l'intégration économique, fiscale et douanière.

2 / Une dichotomie des interfaces avec les instances communautaires

184. Le contexte de crise pétrolière et sanitaire Covid-19 devrait pousser les Etats de la CEMAC à coopérer avantage et à établir des règles communes en matière de politiques énergétiques. Pourtant, il n'en est rien, le constat est même consternant. La quasi-totalité des pays de la CEMAC se caractérise, par l'absence de véritables structures administrative de coordination dans le traitement et le suivi des questions fiscales communautaires. Le principal dysfonctionnement constaté est la dichotomie entre la responsabilité ministérielle de certains Etats sur le dossier de l'harmonisation fiscale et le comité inter-Etats où siègent ceux qui, de fait, assurent l'interface avec les instances communautaires. Or, l'un des aspects majeurs, qui sous-tend les efforts de renforcement de l'intégration économique de la zone est le resserrement du lien entre les politiques et programmes de développement au double plan national et régional.

185. Le deuxième dysfonctionnement est l'absence de cellule d'expertise directement impliquée dans le traitement des affaires communautaires. En effet, les membres des administrations des Etats membres sont rarement sensibilisés sur les questions de procédures communautaires ou sur la nécessité de les mettre en œuvre. Ceci, s'explique par le fait, que tout tient du pouvoir politique qui gère et régule tout, ce qui peut se comprendre. Seulement, l'un des éléments qui caractérise l'administration et qui la différencie du politique c'est son expertise.

B / <u>Les contraintes liées à l'administration de l'impôt</u>

186. La gestion des finances publiques est un sujet complexe, parce qu'elle renvoie à des problématiques très diverses, toutes essentielles pour la bonne marche d'un Etat. Certaines touchent aux fondamentaux de la démocratie, d'autres sont liées à l'efficacité de l'action de l'Etat en matière économique[383]. Les sujets sont souvent techniques, ce qui nécessite une administration compétente et des outils adaptés. De ce fait, les contraintes relatives à l'administration de l'impôt en Afrique centrale sont liées, non seulement, à l'incivisme fiscal (**1**), mais également à la quasi-absence de contrôle par les administrations fiscales (**2**).

[383] La lettre d'Afrique centrale Cameroun, Centrafrique, Congo, Gabon, Guinée Equatoriale, République Démocratique du Congo, São Tomé et Príncipe, Tchad N°16 – mars 2020, p.1.

1 / Le problème de l'incivisme fiscal

187. Si selon l'OCDE le civisme fiscal est la motivation intrinsèque du payement de l'impôt et la discipline fiscale[384], alors, l'incivisme fiscal peut s'entendre comme le fait d'user de moyens illégaux pour éviter de répondre à ses devoirs fiscaux. À cet effet, l'incivisme fiscal se traduit par l'inacceptation de l'administration fiscale, la non-déclaration par le contribuable de son existence, le non-remplissage des déclarations fiscales de façon sincère et le non-paiement de l'impôt[385]. Néanmoins, il est important de préciser que le mouvement de l'incivisme fiscal en Afrique centrale remonte à la période coloniale où les gouvernements étrangers prélevaient auprès des populations un impôt colonial[386].

188. Selon les descriptions de FOSTING, cet impôt était recouvré avec une violence inouïe, au point d'en traumatiser les populations. Ce qui, n'a pas manqué de faire naître une propagande nationaliste pendant la période de revendication des indépendances, en réaction contre une fiscalité imposée. En effet, pour BARLARI, lorsque l'impôt, prélevé par une administration est perçu comme l'expression de la puissance coloniale, il s'apparente dans l'esprit à un tribut imposé par la force de la conquête[387]. C'est en sens, que pour les populations d'Afrique centrale, la résistance à l'impôt était considérée comme une résistance à l'oppression[388]. Seulement, des décennies après les indépendances, bien que les caractéristiques aient changé différentes formes d'incivisme fiscal sont toujours vivaces.

189. Étant donné que le transfert du pouvoir colonial à une minorité bureaucratique après les indépendances, laisse penser qu'en Afrique centrale, le colonialisme s'est substitué à une autocratie, l'incivisme fiscal est davantage le fait de la perte de confiance entre citoyens et gouvernements. Il faut dire que les conséquences de la gestion scabreuse des États, l'enrichissement illicite des politiques et les détournements de deniers publics, dénoncés sans suite judiciaire, expliquent le phénomène de l'incivisme fiscal. Les pratiques de corruption et de concussion se multipliant sur le dos des Etats, poussent les contribuables à préférer des arrangements illicites procurant des gains conjoncturels au paiement de

---

[384] OCDE ; Document de consultation publique : quel sont les déterminant du civisme fiscal, 10 avril – 10 mai 2019, p.12

[385] Étude sur les facteurs explicatifs de l'incivisme fiscal au Burkina Faso et les modalités d'incitations aux paiements des impôts, juin 2019, p.12

[386] ARDANT (G), *Théorie sociologique de l'impôt*, Édition SEVPEM, 1965, cité par FOSTING (J-B), *Le pouvoir fiscal en Afrique : essaie sur la légitimité fiscale dans les pays francophone*, Tome 51, Édition LGDJ, 199, p.262.

[387] BARILARI (A) ; Le consentement à l'impôt, Paris, Édition Presses de Science Po, 2000, p.22

[388] FOSTING (J-B), *op.cit.*, p.220

l'impôt[389]. En revanche, dans un contexte de précarité, l'incivisme fiscal est le fait de l'insuffisance des revenus[390]. Mais la forme d'incivisme fiscal la plus pertinente est l'opacité dans la gestion de la manne fiscale. Les populations ne perçoivent plus la pertinence du respect de leurs obligations fiscales. Elles ont le sentiment que l'utilisation des impôts ne participe pas à l'amélioration des conditions de vie des populations en termes de réalisations d'infrastructures socio-économiques et de délivrance de services publics de qualité.

190. Au niveau CEMAC, la transposition de ce raisonnement conduit à une désaffectation vis-à-vis de la communautarisation fiscale[391]. De surcroît, l'absence de volonté politique pour l'implémentation de l'harmonisation qui est observée en CEMAC, due aux tensions politiques explique l'incivisme fiscal qui s'observe en Afrique centrale. La majorité des pays de la sous-région n'offre pas un cadre de débat public des questions fiscales impliquant l'ensemble des citoyens dans le processus d'élaboration de la loi fiscale. Comme autres contraintes à l'administration de l'impôt, on note, l'inefficacité des régies financières.

2 / La quasi-absence d'un véritable contrôle par les administrations fiscales

191. Il va de soi, que l'organisation des administrations fiscales est basée sur le système déclaratif avec un droit de contrôle reconnu à l'administration pour vérifier la sincérité des déclarations souscrites par le contribuable dans le but de redresser le cas échéant l'imposition, en assortissant ce redressement de sanctions. Or, dans la plupart des pays de la CEMAC, en dépit des différentes omissions, insuffisances ou dissimulations dont font souvent preuve certains contribuables indélicats dans ces contrôles fiscaux, le fisc parvient rarement à des redressements des impositions[392]. Cette situation est d'autant plus préoccupante, que les rares contrôles exercés sont focalisés sur quelques grandes et moyennes entreprises. Ange BANGO, arrive à des conclusions similaires lorsqu'il précise qu'« au sein même de

---

389 En effet, l'intégrité des gouvernants et des agents en charge de l'administration en particulier est un prérequis en matière fiscale, sans lequel le civisme s'érode. Car, le consentement à l'impôt dépend du niveau de confiance des contribuables envers les institutions, de la perception de la corruption, et de la satisfaction à l'égard des services publics.

390 En effet, les résistances à l'impôt ont entrainé des révoltes fiscales au Tchad, au Congo, au Cameroun, ainsi qu'au Gabon.

391 Résultant des phénomènes d'incivisme fiscal par la fraude et l'évasion, dont les organes en charge de l'institutionnalisation de l'harmonisation fiscale devraient réduire l'impact. Cf. MEYONG ABATH (R), *op.cit.*, p.78.

392 BANGO (A), *L'élaboration et la mise en œuvre de la fiscalité dans les pays de la communauté économique et monétaire de l'Afrique centrale (CEMAC),* Thèse droit Finance publique et fiscalité, Université Jean Moulin Lyon 3, sous la direction de Jean-Luc ALBERT, 2009, p.272.

ces entreprises, la probabilité d'être contrôlé, semble être plus forte, pour les commerces que pour les industries[393]». Par ailleurs, si vérification il y a, il est fréquent que les résultats des vérifications ne soient pas suivis d'effets pour les entreprises indélicates.

192. Cela s'explique par le phénomène de politisation des régies financières. Il est courant « qu'un contrôle fiscal programmé par le fisc soit annulé à la suite d'un simple coup de téléphone d'un homme politique influent [394]». De surcroit, comme le relève un rapport du FMI sur la corruption mondiale : cas de la Guinée-Equatoriale « [...] aucun contrôle fiscal n'est exercé sur les règlements exigibles et effectués par les compagnies pétrolières [395]». Si bien qu'en Afrique centrale certaines multinationales, « mettent à profit le système fiscal international pour échapper à leur obligation fiscale, ce qui ne fait que saper encore le contrat entre l'Etat et les contribuables[396]». À ce propos, l'affaire Bourbon mis à jour par un concours de circonstances le 12 octobre 2012, pour cas de corruption d'agent publics étrangers, semble assez illustrative. En substance, à l'aéroport de Marseille, les douaniers ouvrent une valise en provenance du Nigeria contenant 250 000 dollars, dont le propriétaire est Marc CHERQUI alors Directeur fiscal de Bourbon, qui avoue aux agents, lors de sa garde à vue, qu'il s'agit du reliquat d'une commission versée pour le compte de Bourbon à des agents de l'administration fiscale en Afrique. Environ 150 000 euros auraient ainsi été versés à deux inspecteurs fiscaux au Cameroun pour échapper au redressement de 11 millions d'euros. En Guinée équatoriale, ce sont 400 000 euros qui auraient été versés à un intermédiaire pour faire passer un redressement fiscal de 8millions d'euros à un peu moins de 45 000 euros[397].

193. En revanche, toutes les entreprises qui ne donnent pas des pots-de-vin au responsable du fisc font l'objet de contrôles répétés. Ce mode d'organisation deux poids deux mesures est source d'incivisme fiscal. C'est le cas de certaines petites entreprises qui fonctionnent en toute illégalité sans le moindre contrôle fiscal pendant plusieurs années et omettent certains revenus lors de leurs déclarations. Quand bien même, les entreprises feraient l'objet de contrôle fiscal, encore faudrait-il, qu'en cas d'irrégularités constatées, ces contrôles débouchent sur des sanctions exemplaires.

---

[393] BANGO (A), *op.cit.*, p.272.
[394] BANGO (A), *op.cit.*, p.273.
[395] TRANSPARENCY INTERNATIONAL, *Rapport mondial sur la corruption*, 2003, p. 310
[396] OCDE, « Fiscalité, renforcement de l'État et l'aide », Note de synthèse, mars 2008, p. 2 (consultable sur http://www.oecd.org/dataoecd/43/18/40456560.pdf).
[397] Voir le Procès Bourbon pour plus d'information

Paragraphe II : Les distorsions en matière de fiscalité indirecte

194. Les entraves à la fiscalité indirecte se manifestent non seulement en matière douanière (**A**) mais également dans le domaine des impôts indirects internes (**B**).

A / Les problèmes soulevés par l'application des règles d'origine

195. L'édiction des règles d'origine est fondamentale pour assurer un fonctionnement harmonieux du marché commun. Toutefois, la définition des règles d'origine est complexe, car les critères de valorisation retenus sont particulièrement délicats à mesurer et à certifier, donc difficile à appliquer. Dès lors, il devient nécessaire de s'interroger sur la nature des difficultés nées de l'application des règles d'origine. Entre autres, la mauvaise application des règles de la valeur en douanes (**1**), et le problème de transit (**2**).

1 / L'application non uniforme de la règle d'évaluation en douane

196. Conformément à l'article 24 du code des douanes communautaires de la CEMAC, la valeur en douane des marchandises importées est « la valeur des marchandises déterminée en vue de la perception de droits de douane et taxes d'effet équivalent ad valorem ». À cet effet, selon l'Accord de l'OMC, la base première pour la détermination de l'évaluation en douane des marchandises importées est la « valeur transactionnelle »[398]. Il faut entendre par valeur transactionnelle des marchandises importées, « le prix effectivement payé ou à payer pour ces marchandises lorsqu'elles sont vendues pour l'exportation à destination de l'Etat membre d'importation après ajustement conformément aux dispositions de l'article 27 [...] ». Ainsi, afin de mettre en place un système équitable, uniforme et neutre d'évaluation des marchandises à des fins douanières, qui soit conforme aux réalités commerciales et qui interdise l'utilisation de valeur arbitraire ou fictive, les Etats membres de la CEMAC se sont engagés à appliquer la valeur transactionnelle[399]. Toutefois, si l'administration venait à établir que la valeur transactionnelle a été influencée par les liens entre l'acheteur et le vendeur [400]; que des restrictions, conditions ou prestations se rapportant à la marchandise importée ne peuvent être évaluées, la valeur transactionnelle ne sera pas considérée.

---

[398] Article 1 de l'Accord sur la Mise en Œuvre de l'Article VII de l'Accord Général sur les Tarifs douaniers et le Commerce de 1994

[399] En effet, l'article 23 du code de douane communautaire stipule que : « *La base première pour la détermination de la valeur en douane est la ''valeur transactionnelle''* [...] ».

[400] *Ibid.*, Article 27 -1 d)

197. Ainsi, en cas de rejet ou d'absence de la valeur transactionnelle, la valeur en douane est déterminée successivement par des valeurs de substitution[401] par la méthode comparative, déductive de la valeur calculée et la méthode dite « des moyens raisonnables » [402]. Il convient de préciser toutefois que l'ordre d'application de la valeur déductive et de la valeur calculée peut être inversé à la demande de l'importateur et en cas d'accord du service de douane. Malheureusement, plusieurs problèmes gênent une application optimale des règles d'origine.

198. Il y a d'abord, les critères de valorisation retenus qui sont particulièrement délicats à mesurer et à certifier par les administrations douanières des Etats membres. Puis on note également le problème relatif à l'authenticité du certificat de circulation délivré par les administrations douanières nationales, pour lesquels certains Etats émettent de sérieuses réserves[403]. Par ailleurs, on constate une grande diversité dans la pratique des gouvernements en matière de règles d'origine. Si le critère de la transformation substantielle est universellement accepté, certains gouvernements appliquent le critère du changement de classification tarifaire, d'autres le critère du pourcentage ad valorem et d'autres encore le critère de l'opération de fabrication ou d'ouvraison. Il faut aussi noter que les Etats membres ont conclu entre eux des accords bilatéraux relatifs aux règles d'origine. Il s'en dégage une pluralité de définitions qui varient en fonction de la nature de l'accord. Cette situation est de nature à créer un effet indirect négatif sur les coûts et la compétitivité des entreprises.

199. Si, les Etats de la CEMAC admettent qu'il y a des avantages dans la réduction des barrières commerciales, il n'en demeure pas moins que leurs administrations douanières font face à des difficultés dans la lutte contre la fraude sur la valeur dans un cadre réglementaire assoupli. De surcroît, les responsables des administrations douanières de la zone soulignent que les règles d'évaluation de l'OMC obligent l'administration à accepter la valeur transactionnelle déclarée, même lorsqu'elle est manifestement illégale sauf si l'administration douanière arrive à prouver irréfutablement que les pièces justificatives ont été falsifiées.

---

[401] Article 27-2 c) du code des douanes communautaires de la CEMAC

[402] En effet, « [...] *Les articles 28 et 33 inclus énoncent les méthodes à utiliser pour déterminer la valeur en douane si cette détermination ne peut se faire par application des dispositions de l'article 26* [...] *Lorsque la valeur en douane ne peut être déterminée par application des dispositions de l'article 26, l'administration des douanes et l'importateur devraient normalement se concerter pour dégager la base de la valeur par application des dispositions des articles 28 ou 29* [...] *Les articles 31 et 32 fournissent deux bases de détermination de la valeur en douane lorsque celle-ci ne peut être déterminée sur la base de la valeur transactionnelle des marchandises importées ou de marchandises identiques ou similaires importées* [...] *L'article 33 énonce la manière de déterminer la valeur en douane dans les cas où aucun des articles ne le permet* ».

[403] Évoquant comme justification les conditions douteuses de leurs délivrances et la qualité insuffisante des moyens de preuves apportés.

200. Tout compte fait, la remise en cause systématique et apparemment sans fondement crédible des règles d'origine entre Etats membres de la CEMAC, provient d'un protectionnisme économique rémanent. Or, dans une économie qui se mondialise, harmoniser la définition de règles d'origine et les pratiques des Etats, reviendrait à faciliter les échanges internationaux.

2 / Les problèmes de transit spécifiques à la CEMAC

201. Le transit douanier est une procédure douanière facilitant le transport de marchandises soit à destination, soit au départ d'un point déterminé du territoire douanier[404]. Ainsi, les marchandises expédiées en transit bénéficient d'une suspension temporaire des droits, taxes, prohibitions et autres mesures économiques, fiscales ou douanières applicables aux marchandises sous réserve de l'observation des conditions prescrites par l'administration douanière[405]. S'il est vrai, que le transit aurait dû faciliter la fluidité des échanges au sein de la CEMAC, il est encore plus vrai, qu'il demeure soumis à des errements et dysfonctionnements particulièrement pénalisants pour l'usager et pour l'Etat. Certaines causes de ces insuffisances sont inhérentes à l'ensemble des pays en développement tandis que d'autres sont spécifiques à la CEMAC.

202. Les dysfonctionnements des opérations de transit inhérents aux pays en voie de développement tiennent à la complexité de la réglementation et au coût élevé des diverses formalités. Ceci, est plus marqué dans les opérations des pays à la façade maritime vers les pays enclavés. Dans ces cas, la législation et la réglementation peuvent imposer de fortes primes d'assurances, des frais de surestaries[406] sur les conteneurs et sur les véhicules de transport, des frais supplémentaires considérables d'entreposage et de documentation, ainsi que d'autres frais imprévisibles de manutention et de traitement. Au niveau CEMAC, il arrive parfois que le coût du transport terrestre d'un conteneur de marchandises jusqu'au lieu d'importation atteigne parfois le triple du coût de son expédition à partir du point d'exportation. L'expérience montre que le régime de transit facilite la fraude. C'est le cas des opérations fiscales de transit dans lesquelles les exportateurs sont exemptés des droits de douane mais reversent l'ensemble des produits concerné sur le marché local.

203. Quant aux problèmes de transit spécifique à la zone CEMAC, le premier tient à l'absence d'un traitement efficace des opérations de transport sous transit douanier. Actuellement le transit dans la zone CEMAC n'est ni appréhendé, ni cohérent, ni sécurisé. Il s'avère, que les check-points obligés

---

[404] Article 156 du code de douane communautaire de la CEMAC

[405] *Ibid.*

[406] Les « *surestaries* » sont des indemnités que l'affréteur doit payer au propriétaire du navire, dans un affrètement au voyage, quand le temps de chargement et/ou déchargement dépasse le temps de planche prévu dans le contrat de voyage.

sont des facteurs de ralentissement et de retard. En substance, les problèmes fondamentaux des administrations douanières de la CEMAC tiennent d'abord dans des procédures douanières archaïques, inadaptées à l'évolution des modes de transport, des technologies et des pratiques commerciales en une législation inadaptée, comportant des dysfonctionnements des dispositions et procédures trop complexes, qui font obstacle au changement nécessaire pour accompagner les nouvelles pratiques commerciales[407]. Ensuite au faible niveau de coordination et de collaboration entre les administrations fiscales et douanières. Enfin, en un degré de corruption élevé qui a pour conséquence des pertes de recettes, des inégalités dans le traitement des opérateurs et l'aggravation des facteurs d'inefficience économique.

204. Par ailleurs, selon les opérateurs économiques de la zone, la législation douanière et ses procédures applicables au transit ne sont ni claires, ni cohérentes. De plus, les délais particulièrement longs du traitement des dossiers pénalisent les opérateurs et alourdissent le coût des opérations. À cela s'ajoutent, des multiples intervenants administratifs dans la chaîne du transport qui vicient le système de contrôle. En outre, les systèmes de gestion et d'échanges d'information entre les administrations sont inopérants ; ce qui entraîne une forte sensibilité à la fraude et à l'absence de fiabilité. De surcroît, les imprimés servant de support de déclaration ne sont pas sécurisés et sont particulièrement vulnérables à la fraude.

205. De ce constat négatif largement exprimé, il se dégage la nécessité impérieuse de mettre une réforme complète du transit. De même, ces dysfonctionnements entraînent des conséquences négatives sur la TVA et les accises.

B / <u>Les errements de la fiscalité indirecte interne</u>

206. La fiscalité indirecte interne, apparaît comme le principal instrument des recettes des Etats de la CEMAC[408]. Cependant, en dépit d'importantes mesures d'harmonisation, les pays membres maintiennent des législations assez distinctes en matière de TVA (**1**) et de droit d'accises (**2**).

1 / La persistance des divergences réglementaire en matière de TVA

207. Dans le cadre de la transition fiscale, les États de la zone ont entrepris d'importantes réformes dont l'adoption de la Directive N° 07/11-

---

[407] En effet, les administrations de la zone prennent comme prétexte les lacunes de la législation pour freiner ou rejeter de nouvelles procédures.

[408] En effet la TVA et le droit de douane représentent plus de 60% des recettes fiscales de l'ensemble des Etats de la CEMAC.

UEAC-028-CM-22 portant révision de la Directive N° 1/99-CEMAC-028-CM-03 portant harmonisation des législations des Etats membres en matière de Taxe sur la Valeur Ajoutée (TVA) et Droit d'Accise (DA), lors de la 22e session ordinaire du Conseil des Ministres de l'UEAC, le 19 décembre 2011. À ce titre, pour améliorer le rendement de la TVA, la Directive N° 07/11-UEAC-028-CM-22, fixe le taux général dans une fourchette comprise entre 15 et 19%, pour toutes les opérations taxables, à l'exclusion des opérations soumises au taux zéro[409]. Il donne la possibilité aux Etats membres d'initier un taux réduit dans une fourchette comprise entre 5 et 10%, applicable uniquement aux produits figurant à l'annexe 4[410]. Même si en théorie les principes de base, semblent être respectés par tous, l'examen des législations révèle des divergences, qui portent sur le taux, les exonérations, le droit à déduction et les modalités de remboursement.

208. En effet, la comparaison des taux actuellement en vigueur, conduit à déceler la persistance d'écart important entre les différents niveaux de taxe appliquée à un même produit selon les pays. Parmi, les pays ne respectant pas la Directive TVA, il y a le Congo et le Cameroun (voir **Tabl.9**). De ce fait, les effets économiques des écarts de taux pour les Etats sont légion. La première conséquence de ces écarts, est sans nul doute la dispersion des prix, même sur le produit standardisé.

Tableau 9: *Taux de TVA applicable dans les Etats de la CEMAC*

Cameroun	**Centrafrique**	**Congo**	**Gabon**	**Guinée équatoriale**	**Tchad**
Taux général : **19,25%** Taux zéro : **0%**	Taux général : **18%** Taux zéro : **0%**	Taux général : **18,9%** Taux réduit : **5%** Taux zéro : **0%**	Taux général : **18%** Taux réduit : **10% et 5%** Taux zéro : **0%**	Taux général : **15%** Taux réduit : **6%** Taux zéro : **0%**	Taux général : **18%** Taux réduit : **6%** Taux zéro : **0%**

Source : CGI des Etats de la CEMAC

209. En outre bien que la CEMAC ait établi une liste commune d'exonérations[411] que les Etats doivent respecter, une pratique contraire aux

[409] Article 23 de la Directive N° 07/11-UEAC-028-CM-22 portant révision de la Directive N° 1/99-CEMAC-028-CM-03 portant harmonisation des législations des Etats membres en matière de Taxe sur la Valeur ajoutée (TVA) et Droit d'Accise (DA).

[410] *Ibid.*

[411] Cette liste commune des exonérations est la garantie de la généralisation de l'application de la TVA, à l'ensemble des biens et service.

normes communautaires subsiste néanmoins, en matière d'exonération. En effet, bien que l'article 7 de la Directive N° 07/11-UEAC-028-CM-22, stipule qu'en dehors des biens ou services visés par la Directive, « les Etats membres n'accordent pas d'autres exonérations ou exemptions de taxe sur la valeur ajoutée. En particulier, aucunes exonérations ou exemption n'est accordée par les Etats membres dans le cadre des mesures d'incitation à la création d'entreprise et à l'investissement, dans le cadre de mesures ou dispositions visant des secteurs particuliers ou dans le cadre des conventions particulières », force est de constater que par disposition expresse et spéciale de la loi, qui obéisse à des préoccupations conjoncturelles, les Etats élargissent unilatéralement la liste des produits exonérés. De plus, le secteur pétrolier bénéficie d'une véritable fiscalité à la carte en ce qui concerne la TVA car certains pays subissent un véritable chantage de la part des firmes multinationales qui sollicitent des exonérations. Par ailleurs, l'exonération des biens dits de première nécessité pose un problème. Lorsque les produits pétroliers sont fabriqués localement avec des intrants qui ont supporté la TVA, ils deviennent plus coûteux que ceux fabriqués à l'étranger. D'où les réclamations d'exonérations supplémentaires des industriels de la sous-région sur les intrants à l'instar de l'eau, l'électricité.

210. Ces distorsions liées au différentiel de taux et des exonérations qui ont des effets pernicieux sur les finances publiques des Etats et sur le bon fonctionnement du marché commun, s'intensifient avec l'absence d'un mécanisme communautaire de déductibilité de la TVA. En effet, ces exonérations constituent une tunique de Nessus[412] pour les opérateurs économiques de la zone, dans la mesure où, ils ne peuvent déduire la taxe supportée en amont du fait de l'exonération en aval de leur activité. Dès lors qu'une partie de leur activité est imposable à la TVA, l'application de la règle du prorata de déduction crée des rémanences de taxes[413]. Le dispositif actuel de la TVA communautaire ne règle pas le problème de la déductibilité de la TVA, dans l'autre Etat membre du siège du transporteur. Or, la taxe ainsi facturée devrait faire l'objet d'une déduction ou de remboursement. Il s'avère donc, que ces dysfonctionnements des mécanismes de restitution incitent les entreprises ayant des crédits de TVA à demander des exonérations de la TVA sur les intrants ou le remboursement de leur crédit par réduction d'autres impôts dus (comme au Cameroun, au Congo et RCA)[414].

211. D'un autre côté, la rude concurrence entre les Etats qui participe à une multiplication des exonérations et régime de faveur sur toute la chaîne économique, crée l'érosion de l'assiette fiscale. À ce titre, le rapport 2018

[412] L'expression « *tunique de Nessus* » signifie un cadeau empoisonné

[413] Directive N° 07/11-UEAC-028-CM-22, op.cit., article 28

[414] Rapport FMI n°19/2 sur la communauté économique et financière d'Afrique centrale, de mars 2019 p.47

sur les dépenses fiscales 2016-2017 du Gabon, révèle que : « la moitié (56%) des dépenses fiscales est imputable aux exonérations, 32% au taux zéro et 12% aux taux réduits. En outre, les dépenses fiscales relatives à la taxe sur la valeur ajoutée pour l'année 2016 s'élèvent à 76,76 milliards de FCFA, ce qui représente 0,92% du PIB, soit 1,14% du PIB hors pétrolier. Ce qui équivaut à 10,68% des recettes totales. En 2017, les dépenses fiscales en TVA étaient estimées à 79,83 milliards de FCFA, soit 12,10% des recettes totales et 0,93% du PIB (1,02% du PIB hors pétrole)[415]». Aux pertes de recettes directes se superposent des pertes de recettes entraînées par le détournement du dispositif. En effet, l'existence des exonérations favorise de la part des contribuables des comportements de contournement de la réglementation fiscale[416]. Le but visé étant de pouvoir tirer avantage des exonérations auxquelles il n'aurait pas normalement droit.

212. Toutefois, ces disparités de régime d'imposition en matière de TVA s'observent aussi en matière de droit d'accises.

2 / Des législations fiscales distinctes pour les droits d'accise (DA)

213. Dans un contexte marqué par une diminution tendancielle des recettes budgétaires due à la pandémie Covid-19, la fiscalité s'impose de plus en plus comme le principal levier pour lever les fonds nécessaires au financement des politiques publiques de l'Afrique centrale. De plus, afin de pallier les pertes de recettes pétrolières et celles tarifaires résultant de la mise en œuvre des Accords de Partenariat Économique (APE) avec l'UE, les Etats ont besoin de mobiliser plus de recettes fiscales intérieures. Parmi les axes de recherches actuels récemment retenus par la Commission de la CEMAC, on note les dépenses fiscales et les DA. En complément avec la TVA, les DA sont susceptibles de mobiliser des ressources fiscales importantes sur des biens spécifiquement définis en raison de l'importance des consommations des biens concernés, et de la faible élasticité de la demande de ces biens par rapport aux prix.

214. En règle générale les DA frappent la consommation des biens luxueux ou des biens présentant un caractère nocif pour la santé humaine. À ce titre, l'article 52 de la Directive N° 07/11-UEAC-028-CM-22 établit un cadre commun dans lequel chaque Etat membre est libre de choisir les produits à soumettre au DA spécifique ou ad valorem. Contrairement à ce qui a été observé en matière de TVA, les dysfonctionnements en matière du DA ne consistent pas à une violation de la fourchette communautaire comprise entre 0 et 25%[417] mais plutôt, à l'introduction d'un taux réduit

---

[415] Rapport 2018 sur les dépenses fiscales 2016-2017 du Gabon, p.11.

[416] En effet, ces exonérations entraînent la contrebande des produits exonérés vers les pays voisins.

[417] Directive N° 07/11-UEAC-028-CM-22, *op.cit.*, article 57.

(voir **Tabl.10**). En effet, depuis la loi de finance de l'exercice 2006[418], le Cameroun a introduit dans sa législation un taux réduit de DA de 12,5% applicable uniquement sur les véhicules de tourisme à moteur à explosion d'une cylindrée supérieure ou égale à 200 cm^3. A priori, l'introduction d'un taux réduit de 12,5 % semble conforme à la fourchette fixée par la Directive. Seulement, au regard de la lecture stricte du droit communautaire, la Directive ne donne pas la possibilité d'arrêter une pluralité de taux à l'intérieur de la fourchette fixée, comme pour celui de la TVA.

Tableau 10: *Taux des droits d'accises dans les Etats de la CEMAC*

Taux	**Cameroun**	**Congo**	**Gabon**	**Guinée-Eq.**	**Tchad**
Taux général	25%	24%	25%	25%	25%
Taux réduit	**12,5%**				

Source : CGI des Etats

215. Par ailleurs, le Rapport 2019 du FMI sur la CEMAC montre que les Etats membres, cherchent à donner un avantage complétif aux fournisseurs locaux par des mesures protectionnistes[419]. Ces mesures qui établissent une distinction entre les produits importés et ceux de fabrication locale, prennent des formes multiples. Au Gabon, les DA sont affectés d'un abattement de 30% pour les produits fabriqués localement. Quant au Cameroun la circulaire afférente à l'exécution de la loi de finance 2021 fait mention de la suppression des DA sur les produits cosmétiques locaux. Or, l'article 57 de la Directive N° 07/11-UEAC-028-CM-22 est clair : « le taux normal applicable aux droits d'accises est arrêté librement par chaque Etat membre [...] sans abattement possible ». En effet, les DA n'ont pas vocation à faire de la protection, étant donné que c'est le rôle du TEC et ils sont indépendants de la TVA.

216. De surcroit, la structure des droits d'accises des Etats de la CEMAC, laisse paraître des dysfonctionnements qui ne favorisent pas la neutralité nécessaire au bon fonctionnement du marché commun. Cette situation a pour conséquence des recettes des DA modestes dans la CEMAC. À ce titre, en 2017 elle représentait en moyenne 0,5% du PIB non pétrolier en s'échelonnant de 0,1% au Tchad à 1,1% au Cameroun (voir **Graph.3**). À cela, s'ajoute un manque de compréhension de la valeur/de la quantité des produits importés et d'origine locale, ainsi que la porosité des frontières qui complique la lutte contre la contrebande[420].

418 Instruction n°012/MINEFI/DGI/LC/L du 30 janvier 2006 précisant les modalités d'application des dispositions fiscales de la loi de finances pour l'exercice 2006.

419 Rapport FMI n°19/2 sur la communauté économique et financière d'Afrique centrale, *op.cit.*, p.48

420 *Ibid.*

Graphique 3: *Recettes tirées des droits d'accises (en pourcentage du PIB et du PIB hors ressources naturelles) 2017*

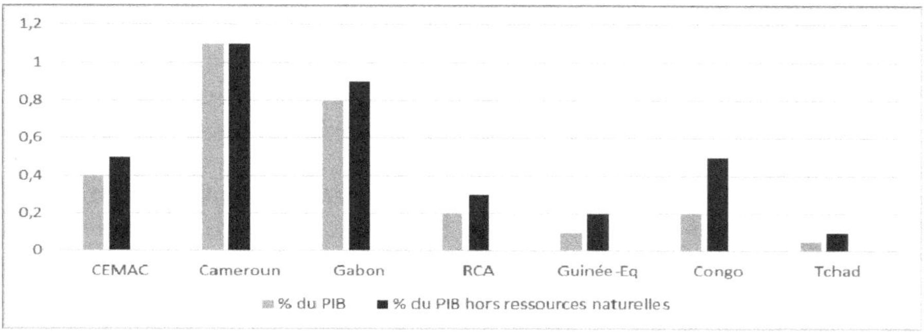

Source : Fonds monétaire international

217. De ce fait, lors, de l'Atelier Régional de Libreville sur la thématique des droits d'accises en zone CEMAC, tenu du 19 au 23 mars 2018, les participants à l'Atelier[421] se sont accordés sur le principe d'une Directive spécifique pour les DA afin d'assurer une compréhension et une application homogène des DA. Afin, d'augmenter la transparence de coordination de cet impôt simple d'application. Comme autre critère retenu lors de l'Atelier la mention d'un « principe de non-discrimination importation/production nationale », proscrivant tout abattement de taux ou d'assiette et interdisant toute discrimination entre les biens importés et ceux produits localement pour éviter la concurrence fiscale entre les Etats membres.

218. En somme, les entorses à l'application des codes et règlements fiscalo-douanier, les entraves tarifaires et non tarifaires au commerce intra régional constituent « des dérives dangereuses qui, si l'on n'y prend garde, peuvent entrainer l'effondrement de tout l'édifice de construction[422] ».

SECTION II : LES CONTRAINTES INHÈRENTES AUX INSTITUTIONS DE LA CEMAC

219. Contrairement à cette logique intergouvernementale, le pouvoir de contrôle et de surveillance attribué aux organes communautaires par le

[421] Dans le cadre de la mise en œuvre du Programme d'Assistance en Politique Fiscale entre la Commission de la CEMAC et le Département des finances signé en 2016, dénommé « Revenue Mobilization Fund » (FAD_CE6_2018-02) couvrant la période du 01 mai 2017 au 30 avril 2022, et à l'initiative conjointe de la Commission de la CEMAC et FMI (Département des finances publiques), un Atelier Régional sur les droits d'Accises dans l'espace CEMAC a été organisé à Libreville au Gabon du 19 au 23 mars 2018.

[422] Rapport d'activité de la première étape du processus d'intégration économique de la CEMAC (1999-2004), *op.cit.*, p.24.

Traité, se présente assez limité[423], malgré les progrès réalisés par la CEMAC. Il convient peut-être de rechercher l'explication des résultats mitigés de l'harmonisation fiscale dans les rigidités institutionnelles (**Paragraphe I**) et dans la coexistence des droits communautaires concurrents (**Paragraphe II**).

Paragraphe I : Les insuffisances liées aux facteurs juridique et institutionnel

220. Plusieurs blocages freinent l'harmonisation fiscale des politiques énergétiques au sein de la CEMAC. Entre autres, l'absence de cohérence du dispositif institutionnel (**A**) et l'insuffisance des capacités d'actions de la Commission pour jouer son rôle de moteur du rapprochement fiscal (**B**).

A / Un dispositif institutionnel de contrôle peu convaincant

221. La Commission constitue à n'en pas douter l'organe de base de la CEMAC, dans la mesure où, elle est chargée de la gestion quotidienne du processus d'intégration. Toutefois, le système institutionnel actuel permet difficilement de réaliser les objectifs du Traité CEMAC (**1**), et malgré la volonté affichée du législateur Cémacien de doter la Commission de pouvoirs étendus lui permettant d'acquérir une certaine indépendance vis-à-vis des organes politiques, elle est dépourvue de tout pouvoir de contrainte[424] (**2**).

1 / L'incohérence du dispositif institutionnel

222. Au regard des ambitions fixées, l'harmonisation institutionnelle n'est pas assurée car les Etats occupent encore une place beaucoup trop centrale dans le système institutionnel au détriment des organes communautaires tels que la Commission, la Cour de justice et le Parlement communautaire dont le pouvoir de contrôle et de sanction est restreint[425]. D'ailleurs, il s'avère qu'en dépit de son objectif déclaré de construction d'un marché communautaire de l'électricité, la CEMAC fonctionne encore avec un instrument de coopération. Par conséquent, la Commission est dépouillée d'un réel pouvoir fiscal au profit du Conseil des Chefs d'Etat et du Conseil des ministres[426], car, seules ces deux instances sont habilitées à prendre des décisions au nom de la CEMAC[427]. Or, l'observation d'autres processus de rapprochement fiscal révèle que le mécanisme institutionnel actuel devrait être compatible avec la nature, l'ampleur et la portée des matières à intégrer.

---

423 Article 46 du Traité CEMAC

424 Article 14 de la convention régissant la cour de justice de la CEMAC

425 Pourtant ces modèles de gestion « intergouvernementales » ont échoué, à travers le monde dans leurs tentatives d'enclencher des véritables dynamiques intégratives ascendantes.

426 Article 12 du Traité de la CEMAC

427 *Ibid.,* Article 19

Car s'il est vrai que la phase dite « d'intégration fiscale négative [428]», nécessite un dispositif institutionnel relativement rudimentaire, il n'en reste pas moins vrai que, « l'intégration fiscale positive [429]», requiert un système institutionnel complexe à forte teneur supranationale.

223. Bien que, des textes additifs épars régissent le cadre juridique et institutionnel de la CEMAC, force est de constater, que la nature de ces textes confère une certaine autonomie à chacune des institutions de la communauté, en défaveur de leur fonctionnement harmonieux[430]. De plus, l'analyse du traité de la CEMAC montre qu'il est assez laconique. Cela ne semble pas de nature à affirmer de manière claire et précise, la volonté d'aller vers une harmonisation fiscale. Ce manque de précision des textes, amène les Etats membres vers un repli sur soi, plutôt que, vers une ouverture en vue de la formation d'une communauté réelle. Par ailleurs, le climat permanent d'instabilité politico-militaire que connaît la RCA, lieu du siège social de la CEMAC, et l'état de vétusté du bâtiment abritant le siège, induisaient une certaine démobilisation des agents chargés de l'harmonisation fiscale. Ce qui a poussé, le 19 février 2018, le Président en exercice Idriss Deby Itno à délocaliser temporairement les bureaux de la Commission à Malabo en Guinée équatoriale[431].

224. Mais, les lacunes du cadre institutionnel semblent davantage tenir à la faiblesse politique de la CEMAC. Existe-t-il vraiment des indices de compatibilité entre les mécanismes institutionnels et les mécanismes institutionnels en vigueur actuellement au sein de la CEMAC et l'objectif de bâtir une véritable harmonisation fiscale ? La question se pose avec d'autant plus d'insistance que les institutions de la CEMAC semblent ne pas disposer toujours d'un poids politique suffisant pour assumer leur mission d'harmonisation fiscale. En outre, le pouvoir de contrainte de la Cour de justice de la CEMAC s'avère également limité en pratique.

2 / La Cour de justice : un pouvoir de contrôle limité

225. Malgré quelques progrès observés, les organes de contrôle que sont : le Parlement communautaire, la Cour de justice et la Cour des comptes ont des pouvoirs assez restreints. En effet, ils ne se voient accorder presque aucune compétence de sanction[432]. La Cour de justice communautaire joue

---

[428] L'intégration fiscale négative vise l'éradication des barrières tarifaires et non tarifaires aux échanges des biens

[429] Dans le cas de l'intégration fiscale positive, on suppose que la fiscalité aide à la mise en place d'une politique commerciale coordonnée ou commune. La libre circulation des personnes, services et capitaux ; une politique monétaire commune.

[430] Article 20 de la Convention régissant la cour de justice communautaire de la CEMAC du 30 juin 2009 adopté à Libreville, Article 79 de la Convention de l'UEAC

[431] Décision n° 01/18-CEMAC-CCE-P du 19 février 2018, portant relocalisation de la Commission à son siège provisoire à Malabo.

[432] Article 47 et 48 du Traité de la CEMAC

davantage le rôle de gardienne des textes communautaires qu'elle ne contraint les États à suivre les Directives de l'intégration[433]. En effet, l'article 22 de la Convention régissant la CJ CEMAC accorde à la chambre judiciaire une triple fonction, à la fois juridictionnelle, consultative[434] et d'administration des arbitrages[435] dans les matières relevant du droit communautaire. Le juge communautaire est établi, la délimitation du champ d'intervention des deux, reste flou.

226. Dans sa première fonction qui est juridictionnelle, seuls deux types de contentieux lui ont été attribués : le contrôle de la légalité des actes juridiques déférés à sa censure et le recours en interprétation des actes communautaires. L'existence de ces deux compétences se justifie par le fait que, « le droit communautaire découlant des Traités et Conventions est appliqué dans les conditions propres à garantir la mise en place d'une jurisprudence harmonisée »[436]. Plus étendu que le contrôle de la légalité, le contentieux de l'interprétation des actes communautaires apparaît comme le véritable instrument de l'harmonisation de la jurisprudence communautaire en vue d'une application uniforme du droit communautaire. Dans le cadre de contrôle, la Cour prononce la nullité totale ou partielle des actes entachés de vice de forme, d'incompétence, de détournement de pouvoir, de violation de Traité et des textes subséquents de la CEMAC ou actes pris en application de ceux-ci[437]. L'annulation peut être totale[438] ou partielle et ne porter que sur la partie illégale de l'acte communautaire en cause[439]. À cet effet, le législateur Communautaire a ouvert les possibilités de mise en œuvre des recours qui

---

433 Article 2 de la Convention régissant la cour de justice communautaire de la CEMAC du 30 juin 2009 adopté à Libreville.

434 *Ibid.,* article 34

435 *Ibid.*, article 35

436 *Ibid.*, Préambule

437 Ibid., article 25

438 Voir l'Arrêt n° 003/CJ/CEMAC/CJ/08 du 20/11/2008, Aff. : MOKAMANEDE John Wilfrid C/ Commission CEMAC : Annulation d'une décision du Conseil des ministres de l'UEAC excluant un fonctionnaire du corps des fonctionnaires de l'EIED, illégalité tirée de l'incompétence du Conseil des ministres à prononcer l'exclusion de ce fonctionnaire. Et l'Arrêt n° 010/CJ/CEMAC/CJ/09 DU 13/11/2009 ; Affaire : SIELIENOU Christophe et Autres C/ Décision COBAC N° 2008/52 - Amity Bank Cameroon PLC - Autorité Monétaire du Cameroun : illégalité de la décision COBAC portant nomination d'un mandataire, la Convention de la COBAC prévoyant la désignation d'un administrateur provisoire ou d'un liquidateur.

439 Voir l'Arrêt n° 003lCJ/CEMAC/CJ/03 Du 03/07/2003, Affaire : TASHA LOWEH Lawrence C/ Décision COBAC D-2000/22, et Amity Bank Cameroon PLC, dans laquelle le juge annule la décision COBAC attaquée sur le seul point de la démission d'office du Président du conseil d'administration, que la COBAC n'a pas le pouvoir de démettre de ses fonctions, maintenant la décision sur le point de la démission d'office le Directeur Général d'Amity Bank, selon les pouvoirs que lui confère la Convention la régissant.

s'exercent, soit dans le cadre du recours direct[440], soit dans le cadre du recours préjudiciel[441].

227. Néanmoins, comme le souligne Patrick Libang BADJAN, dans la pratique ; « la cour de justice ne dispose pas de poids nécessaire pour remplir ses missions[442] ». En effet, malgré le fait que la Convention souligne que l'interprétation donnée par la Cour de justice, en cas de recours préjudiciel devrait s'imposer aux autorités administratives et juridictionnelles dans l'ensemble des Etats membres[443], et que ces décisions ont l'autorité de la chose jugée et force exécutoire dans l'espace CEMAC[444]. L'article 26 précise néanmoins, que les compétences des juges communautaires se limitent en cas d'inobservation de ces interprétations au simple recours en manquement. Il ne leur appartient pas de statuer sur la compatibilité du droit national avec le droit communautaire[445], ni même condamner l'Etat auteur du manquement à réparer les conséquences dommageables de l'inexécution de ses obligations du droit communautaire[446]. Les juridictions nationales des États de la CEMAC, y compris les Cours Suprêmes ou de Cassations nationales, sont compétentes pour connaître du contentieux de l'application du Droit Communautaire CEMAC, dont elles sont les véritables juges de droit commun[447]. Toutefois, elles ont l'obligation de demander assistance à la Cour par la voie du renvoi préjudiciel[448].

228. L'évolution de la construction Cémacienne doit être due à l'action audacieuse et novatrice du juge communautaire. En effet, l'interprétation innovante du juge communautaire contribuerait à faire respecter les engagements pris par les Etats dans le cadre communautaire, et à faire

---

440 En effet, elle connait sur recours direct, de tout Etats membre, Institutions, Organes et Instituions spécialisés de la CEMAC ou de toute personnes physique ou morale, qui justifie d'un intérêt certain et légitime, de tous les cas de violation des dispositions du Traité et des textes subséquents. Voir les articles 23 et 24.

441 En effet, la Cour statue à titre préjudiciel sur l'interprétation du Traité et des textes subséquents sur la légalité et l'interprétation des actes des Institutions, Organes et Institutions spécialisées de la CEMAC. Voir l'article 26 de la Convention régissant la cour de justice de la CEMAC du 30 juin 2009 adopté à Libreville.

442 BADJAN (P-L), Réforme institutionnelle de la CEMAC : jeux des acteurs, intérêt des Etats, Paris, Édition L'harmatan, 2013, p.46.

443 Article 27 de la Convention régissant la cour de justice de la CEMAC du 30 juin 2009 adopté à Libreville.

444 *Ibid.*, Article 30

445 Le contrôle de la légalité des décisions ou des mesures prises par les autorités administratives d'un Etat
Membre n'est pas du ressort de la Cour. Voir notamment, arrêt n° 005/CEMAC/CJ/07 du 10 mai 2007 dans l'affaire USTC et Syndicats des douaniers centrafricains c/Etat centrafricain.

446 TATY (G.), *op.cit.*, p.5.

447 http://www.cemac.int/cour_justice

448 La Cour de Justice de la CEMAC n'a donc pas vocation à connaître du contentieux de l'application des normes communautaires. En effet, en cas de non-conformité, la Cour fait appel à l'Etat membre, l'Institution, l'Organe ou l'Institution spécialisé, de prendre les mesures nécessaires pour exécuter l'arrêt rendu. *Ibid.*, Article 25.

émerger de grands principes. Pour ce faire, il est nécessaire que soit adopté le régime des sanctions prévu dans le Traité, avec une procédure de saisine de la Cour moins lourde, car aucune Communauté n'est viable sans sanctions. De plus, pour la consolidation de l'intégration régionale, les juridictions doivent assurer l'application et l'interprétation uniforme du droit communautaire sur le territoire CEMAC[449]. De surcroît, il serait opportun que la Commission à l'instar de son homologue Européen publie chaque année un rapport sur l'application du droit communautaire, établissant la liste des manquements à leurs obligations imputables aux Etats membres[450].

B / L'antagonisme des droits communautaires concurrents

229. Le continent africain est l'endroit où prolifèrent le plus, les organisations internationales[451], dont certaines, opèrent en vase clos de manière dispersée en s'ignorant souvent. Il est clair que ce penchant effréné pour la création de nouvelles organisations d'intégrations est un travail de Pénélope qui, en dernière instance, traduit la profonde crise d'apathie que traverse l'Afrique centrale pour la concrétisation d'une véritable intégration régionale. Dès lors, en procédant à l'harmonisation de leur système fiscal, les Etats de la CEMAC se heurtent non seulement au droit édicté par l'Organisation pour l'harmonisation du droit des affaires en Afrique (OHADA) (**1**), mais à celui de la CEEAC également compétente dans le même espace territorial (**2**).

1 / Les vicissitudes de l'hégémonie du droit OHADA

230. L'avènement de l'OHADA est une fois de plus, l'illustration de la volonté de regroupement qui anime les Etats africains depuis la décolonisation. Signé à Port Louis le 17 octobre 1993, le Traité relatif à l'Harmonisation du droit des affaires en Afrique (OHADA), semble conçu selon un modèle d'harmonisation juridique basé sur l'adoption des Actes uniformes dans le domaine des droits des affaires. En effet selon l'article 2 du Traité OHADA « […] entrent dans le domaine du droit des affaires l'ensemble des règles relatives au droit des sociétés et au statut juridique des

---

449 MEYER (A), *L'intégration régionale et son influence sur la structure, la sécurité et la stabilité d'Etats faibles : l'exemple des quatre Etats centrafricains*, Thèse institut d'Étude politique de Paris, 13 décembre 2006, p.229.

450 Troisième rencontre interjuridictionnelle des cours communautaires de « l'UEMOA, LA CEMAC, LA CEDEAO ET DE l'OHADA », *op.cit.*, p.12.

451 LUABA LUMU (N), « La faiblesse du cadre institutionnel décisionnel comme frein à l'intégration régionale africaine », in *Etat, société et pouvoir à l'aube du XXIe siècle*, Mélange en l'honneur de François BORELA, Presse Universitaire de Nancy, 1999, pp.335-364. Voir aussi BOUGOUMA (O), « La dimension commerciale des APE : quelle stratégie pour le régionalisme ouest-africain ? » in *Le partenariat Europe-Afrique et les intégrations régionales*, 2012, pp.327-360.

commerçants, au recouvrement des créances, aux sûretés et aux voies d'exécution, au régime du redressement des entreprises et de la liquidation judiciaire, au droit de l'arbitrage, au droit du travail, au droit comptable, au droit de la vente et des transports, et toutes autres matières que le conseil des ministres déciderait, à l'unanimité, d'y inclure conformément à l'objet du présent traité [...][452]». Par sa ratification le 31 décembre de la même année par seize Etats, et à ce jour dix-sept[453], les Etats concernés se sont dits déterminés « à accomplir de nouveaux progrès sur la voie de l'unité africaine et établir un courant de confiance en faveur des économies de leurs pays en vue de créer un nouveau pôle de développement en Afrique[454] ». Dès lors, pour réaliser ces objectifs, ils ont trouvé nécessaire de mettre en place un Droit des Affaires harmonisé, adapté et supra législatif, fondé sur le principe de la primauté du droit international sur le droit interne afin de faciliter l'activité des entreprises[455]. L'article 10 du Traité OHADA précise que « les Actes uniformes sont directement applicables et obligatoires dans les Etats-parties nonobstant toute disposition contraire de droit interne, antérieure ou postérieure[456] ». Toutefois, cette formule abrogatoire de toutes dispositions de droit interne contraires crée un risque de conflit de normes avec l'ordre juridique interne et Communautaire.

231. S'agissant du conflit avec les ordres juridiques nationaux, le droit OHADA procède à un véritable cataclysme de la répartition des compétences normatives des Etats membres, dans la mesure où, certaines matières du droit des affaires relèvent constitutionnellement soit du pouvoir législatif, soit du pouvoir réglementaire. En outre, en tant que récepteur de la norme l'article 54 du Traité, exclut toute réserve au Traité par les Etats signataires. L'article 62 limite les possibilités de dénonciation des Etats[457]. Corrélativement, la Côte d'Ivoire a interrogé la Cour sur la question du sort à accorder aux procédures fiscales notamment en matière de contrôle, de contentieux et de recouvrement ainsi que les garanties et voies de recours des contribuables. La Cour commune de justice et d'arbitrage de l'OHADA (CCJA) a reconnu, dans l'avis n°001/2001/EP du 30 avril 2001, que « bien qu'à ce jour le droit fiscal soit hors du champ des matières entrant dans le

[452] Article 2 du traité OHADA

[453] Dont le Bénin le 08 mars 1995, Burkina Faso 06 mars 1995, Cameroun le 20 octobre 1995, Centrafrique le 13 janvier 1995, Comores le 20 févier 1995, Congo le 28 mai 1997, Côte d'ivoire le 29 septembre 1995, Gabon le 02 février 1998, Guinée le 05 mai 2000, Guinée Bissau le 15 janvier 1994, Guinée Equatoriale le 16 avril 1999, Mali le 07 févier 1995, Niger le 05 juin 1995, République Démocratique du Congo le 12 septembre 2012, Sénégal le 14 juin 1994, Tchad le 13 avril 1996, Togo le 27 octobre 1995.

[454] Préambule du Traité OHADA modifié par le traité du Québec du 17 octobre 2008

[455] *Ibid.*

[456] Article 10 du Traité OHADA.

[457] En effet il est mentionné au terme du premier alinéa de l'article 62 que le Traité « [...] ne peut, en tout état de cause, être dénoncé avant dix années à partir de la date de son entrée en vigueur ».

domaine du droit des affaires harmonisé tel que défini dans l'article 2 du Traité, il n'en demeure pas moins, que les procédures fiscales postérieures à la date d'entrée en vigueur de l'Acte concerné mettent en œuvre des mesures conservatoires ou d'exécution forcée ou de procédures de recouvrement déterminées par le dit Acte uniforme, ces procédures fiscales doivent se conformer aux dispositions de celui-ci[458] ». De ce fait, en maintenant les procédures fiscales internes antérieures et en demandant que les procédures fiscales qui seraient postérieures aux Actes uniformes leur soient conformes, le juge a recherché un certain équilibre entre la souveraineté fiscale et le besoin d'uniformiser le droit des affaires[459].

232. D'un autre côté, les normes indirectement concurrentes adoptées au niveau de l'OHADA sont sources de réels conflits avec les normes communautaires de la CEMAC. Bien que, le droit fiscal ne soit pas expressément visé par le droit des affaires harmonisé, il n'en reste pas moins que les disciplines uniformisées, dans le cadre de l'OHADA, dépendent entièrement des relations plus ou moins étroites avec la matière fiscale. En effet, les Actes uniformes relatifs au droit des sociétés[460], au droit comptable[461] et aux procédures simplifiées de recouvrement, exercent une influence certaine sur l'harmonisation fiscale de la CEMAC. Ces branches du droit des affaires font l'objet d'une double compétence entre l'OHADA et la CEMAC. Ce qui en cas de divergence des dispositions régissant le même domaine, pose un problème de compétence et laisse présager un avenir d'insécurité juridique.

2 / La difficile coexistence des schémas CEEAC/CEMAC

233. La juxtaposition de deux organisations sous régionale en Afrique centrale pose le problème de la cohérence de la capacité des Etats membres à assumer d'un point de vue institutionnel, la dynamique d'adoption aux normatives émises par ces deux institutions. En effet, du fait de l'absence d'un cadre institutionnel réglementant leur relation, les États membres se trouvent généralement obligés d'appliquer deux voire trois systèmes juridiques différents et très souvent concurrents. Ainsi, l'argument régional est fragilisé par l'appartenance de certains pays à plusieurs organisations.

---

458 Recueil de jurisprudence CCJA n° spécial, janvier 2003, p.73

459 Autrement dit, les Etats membres de l'OHADA ont l'interdiction d'édicter des nouvelles normes de poursuites contraires à l'Actes uniforme relatif aux procédures simplifiées de recouvrement, adopté le 10 avril 1998 et paru au JO OHADA n°6 du 1er juillet 1998.

460 Acte uniforme révisé, relatif au droit des sociétés commerciales et du groupement d'intérêt économique du 30 janvier 2014, entrée en vigueur le 05 mai 2014.

461 Acte uniforme relatif au droit comptable et l'information financière, adopté le 26 janvier 2017, entrée en vigueur le 01 janvier 2018.

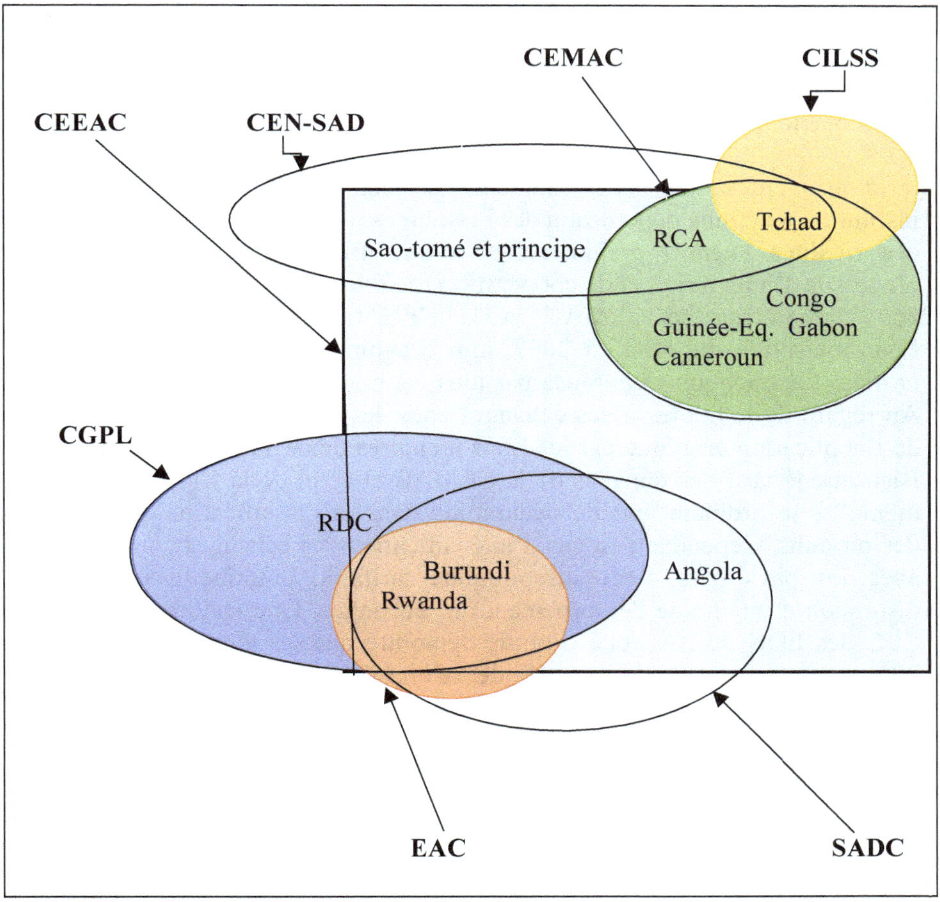

Source : Construite par l'auteur

Figure 1: *Mosaïque du régionalisme en Afrique centrale 2021*

CEEAC : Communauté Economique des Etats de l'Afrique centrale ; **CEMAC** : Communauté Economique et Monétaire de l'Afrique centrale ; **CEN-SAD** : Communauté des Etats Sahélo Sahariens ; **CGPL** : Communauté Economique des pays des Grands Lacs ; **CILSS** : Comité Inter-Etats de Lutte contre la Sécheresse au Sahel ; **EAC** : Communauté de l'Afrique de l'Est ; **SADC** : Communauté de Développement de l'Afrique australe.

234. En effet, la (**Fig.1**) montre que le Tchad appartient à la fois, à la CEMAC, la CEEAC, la CILSS et au G5 Sahel et à la CEN-SAD. L'archipel de Sao-Tomé et Principe et la RCA eux aussi comme par hasard se retrouvent membres de la CEN-SAD. De même que la République Démocratique du Congo qui est membre à la fois de la CEEAC, la CEPGL et la SADC. Par ailleurs, sur le plan institutionnel, la CEMAC, la CEEAC et l'HOADA trainent des différences notables dans le procédé d'élaboration et d'application des normes (nature du droit produit et modalité du contrôle

juridictionnel). Pis, sur le plan sécuritaire, la lutte contre le terrorisme dans le sahel et en Afrique centrale est disputée par plusieurs Etats et micros organisation (CEMAC, CEEAC, le G5 Sahel, CEN-SAD), alors qu'ils gagneraient à fédérer leurs forces. Ces facteurs néfastes à toute logique d'intégration ne peuvent qu'aboutir à un chevauchement des normes juridiques présentant des indices d'incomplétude, une cacophonie institutionnelle, une déperdition des ressources, une duplication des efforts et des rivalités latentes préjudiciables à une mise œuvre harmonieuse du processus d'intégration et de coopération régionale.

235. Bien que la CEMAC et la CEEAC se soient accordées sur l'harmonisation du TEC en 2009, afin d'avoir une zone de libre-échange unifiée, l'application rigoureuse par tous les membres, n'est pas une réalité. Au regard de la faiblesse des échanges entre les pays de la région, les effets de l'application erratique par les Etats membres de ce TEC restent contenus. Bien que le tarif des douanes de la CEMAC et celui de la CEEAC soient le même[462], le problème réside néanmoins dans la classification catégorielle des produits. Cependant, en cas d'intensification des échanges commerciaux avec les pays tiers, cette discontinuité tarifaire, entraîne des effets de distorsion et même de détournement des échanges. Une lecture des taux du TEC des Etats de l'Afrique centrale démontre que les taux de 5%, 10% et 20% se retrouvent dans les tarifs de la quasi-totalité des Etats ; exception faite de l'Angola qui n'a pas le taux de 5% et le Burundi qui non seulement n'a pas le taux de 20%, mais se retrouve également avec un taux de 15% cas unique. Sao-Tomé et Principe et la République Démocratique du Congo sont les seuls membres qui n'ont pas le taux de 30%. À cela, s'ajoute la coexistence de deux taux préférentiels dans la région ; régissant les échanges entre la CEMAC d'une part et la CEEAC d'autre part, entravant de ce fait, la libre circulation des marchandises et attenue les échanges intracommunautaires.

236. La prolifération et la juxtaposition des organisations sous régionale aux objectifs similaires en Afrique centrale freinent également, la convergence vers l'idéal communautaire. Tout comme la CEEAC, le développement du secteur énergétique figure en première ligne parmi les axes prioritaires de la vision stratégique du PER de la CEMAC. Les objectifs couvrent à la fois la mise en valeur du potentiel hydroélectrique des Etats membres et la création d'un marché régional de l'électricité. Par conséquent, la coexistence de la CEEAC et la CEMAC se révèlent finalement coûteuses pour les Etats membres et contreproductive, aussi bien pour le développement de la région que pour la marche vers l'idéal communautaire. Que penser donc de la nécessité découlant du plan d'action d'Abuja qui avait institué en 1991, la communauté économique Africaine et prescrit la nécessité par chaque région de former un seul ensemble économique ? Un

---

462 Voir encadré 1 à la page 94.

comité de pilotage attelé à la convergence et à l'harmonisation entre la CEEAC et la CEMAC a été mis en place mais pour l'heure la tâche se révèle titanesque.

Paragraphe II : La Commission un moteur d'intégration de faible puissance

237. L'examen du fonctionnement de la Commission de la CEMAC semble indiquer que l'approfondissement de l'harmonisation fiscale a été ralenti par plusieurs facteurs. Notamment, par un système d'information défectueux (**A**), et par le faible esprit communautaire (**B**).

A / Un système d'information défectueux

238. À y voir de près, et dans les discours, le consensus selon lequel les organisations d'intégration se démarquent des autres formes d'Organisation intergouvernementale (OIG) ne fait pas de doute. L'indépendance de leurs organes, l'applicabilité directe et immédiate du droit secrété qui atteint les particuliers, en sont des illustrations concrètes, sans que le consensus aille au-delà. De ce point de vue, l'intégration régionale ne peut s'accomplir pleinement tant que l'inter-étatisme reste prédominant (**1**) au détriment d'une véritable autonomie et d'une indépendance des organes intégrés (**2**).

1 / Un réseau de communication inopérant

239. De toute évidence la communication constitue un facteur fondamental dans la réussite d'un projet d'harmonisation fiscale. Malheureusement, la CEMAC ne dispose pas d'un système d'information performant d'archivage, de capitalisation et de partage de l'information. De plus, il y a une absence de culture d'échange automatique d'information entre collaborateurs interne et externe. De surcroît, l'absence d'interconnexion entre les Etats membres de la CEMAC, constitue un sérieux handicap pour l'institution. Par conséquent, l'absence de coordination entre la Commission et les Institutions spécialisées impacte considérablement la planification des activités de la CEMAC. Corrélativement, l'absence de communication en temps réel ne permet pas d'avoir une visibilité des progrès réalisés en matière de fiscalité énergétique. En effet, la faible perception de la valeur ajoutée de l'harmonisation fiscale énergétique par les administrations nationales et la société civile constitue certainement un des facteurs de l'insensibilité des citoyens de la CEMAC vis-à-vis le projet d'harmonisation fiscale.

240. À cela, s'ajoute une centralisation exagérée des décisions prises au sein de la CEMAC. En effet, toutes les décisions sont prises par le Conseil des Chefs d'Etats qui redescend vers la Commission. Cette centralisation

constitue un handicap majeur, qui non seulement, entraîne un blocage du fonctionnement des services retarde, la réalisation des projets de la CEMAC. Par conséquent, ces manquements empêchent la CEMAC d'établir un véritable réseau de relations publiques.

2 / Une gestion lacunaire des ressources humaines

241. L'examen de la mise en œuvre concrète de la fonction ressource humaine permet de constater qu'il existe un écart avec les meilleures pratiques en la matière. Le service des ressources humaines n'est pas doté d'une main-d'œuvre qualifiée, ni d'outils adéquats pour une gestion moderne. Alors que les recrutements devraient être réalisés par l'intermédiaire du comité de recrutement, tel que prévu par les statuts, force est de constater, que le processus de recrutement des cadres se fait par parrainage des Etats, sans tenir compte des compétences que nécessite le poste. Conséquence, la Direction du Marché Commun, compétente en matière d'harmonisation fiscale, ne dispose que de deux cadres qualifiés en rang d'inspecteur des impôts. Ce manque de cadres qualifiés, entraîne l'absence d'une gestion efficace des ressources humaines au sein des institutions de la CEMAC. Dans ces conditions, il semble difficile de convaincre les citoyens cémaciens de la nécessité et du bien - fondé de l'harmonisation fiscale.

B / L'esprit communautaire le chaînon manquant de la CEMAC

242. L'esprit communautaire traduit la volonté d'avancer ensemble et de partager des intérêts et des objectifs communs, afin de répondre à des exigences communes, tout en faisant face solidairement à des défis, tant sur le plan interne qu'externe. Toutefois dans le cadre de la CEMAC l'esprit communautaire a montré ses limites à bien des égards. Notamment, par la forte défiance envers les responsables des institutions communautaires **(1)** et une réticence vis-à-vis de la Commission (**2**).

1 / Déni de l'autorité des responsables des institutions Cémaciennes

243. La confiance en l'appartenance à la CEMAC est légèrement en hausse en Afrique centrale, tandis que, celle envers les responsables des institutions ne cesse de décroître. L'épicentre de ce séisme est le scepticisme des ressortissants des autres Etats quant à l'engagement des responsables des institutions de la CEMAC, de mener à bien l'objectif de l'harmonisation fiscale qui leur est confié. Il faut dire que pour les ressortissants des autres Etats, le Président de la Commission est souvent considéré comme le « défenseur d'intérêts nationaux ». Pour preuve en 2019, la gestion unilatérale et sans concertation du Président de la Commission Pr Daniel ONA ONDO, suscitait l'indignation de ses collègues, notamment de la vice-

présidente Fatima HRAM ACYL, désignée par le Tchad. En effet, la vice-présidente de la Commission, s'indignait dans une note écrite le 13 septembre 2019, adressée au Président, du traitement peu compatible avec les statuts de la CEMAC, que lui applique le responsable. Dénonçant une « opacité de plus en plus profonde dans la gestion des ressources humaines et financières de la Commission ».
« Le bilan des deux années, des hautes charges que mon pays m'a fait l'honneur de me confier pour servir la CEMAC à vos côtés, tend à se réduire aux blocages de toutes sortes de votre part » Accuse-t-elle.

244. La gouvernance de la Commission cristallise à chaque fois, l'attention des instances décisionnelles. Lors du sommet extraordinaire des Chefs d'États de la CEMAC tenu le 22 novembre 2019 à Yaoundé, il avait été reproché au Président de la Commission, des irrégularités dans l'attribution des marchés. Il ne respecterait pas « le principe de collégialité censé guider l'action de la Commission, visant à garantir que tous les Etats membres se sentent impliqués dans les décisions, afin d'y adhérer plus aisément »[463]. Pour sa part, dans une interview accordée au journal de l'Etat Gabonais l'Union, il a relevé que ces accusations auraient commencé dès sa prise de fonction en février 2017. Des manœuvres qui, selon le Président de la Commission, auraient pour corollaire, « la désinformation, la délation, la diffamation, la mauvaise foi et la vengeance ».

245. Bien au-delà de cette dispute de leadership, les chefs d'Etat de la CEMAC doivent donc, se prononcer sur les attributions des compétences entre les postes de Président et de Vice-Président de la Commission, car, aucun texte communautaire ne traite de cette question. Car, ces attaques à répétition envers les différents responsables des Instituions n'ont pour objectif que de délester les Etats, qui ont la présidence de l'Institution. Alors, même que des décisions fortes sont attendues pour la réalisation de l'idéal communautaire et de l'avenir énergétique de la sous-région, qui sort à peine du marasme pétrolier et de la pandémie de Covid-19, l'équipe dirigeante actuelle se retrouve au cœur du cyclone. De ce fait, ce déficit de confiance non seulement, entraîne un manque d'enthousiasme à différents niveaux, mais frôle aussi des incidences diplomatiques. Contribuant ainsi, à rendre difficile l'exécution de la mission de rapprochement des systèmes fiscaux, assignée à la CEMAC.

2 / Méfiance à l'égard de la Commission

246. Dans un contexte social, très tendu entre les différents mouvements de protestation de la société civile et les tensions politiques, l'incapacité supposée de la Commission à gérer de façon efficace des ressources financières importante est souvent citée comme une des raisons de la

[463] Conformément à l'Article 28 du Traité de la CEMAC

réticence à reverser une part importante de la TCI. En effet, l'un des arguments avancés par certains Etats pour ne pas effectuer des dotations en moyen supplémentaires, est le fait qu'ils désapprouvent le train de vie élevé de la Commission. Cette réticence de la part de certains Etats a pour conséquence, le déficit criard de moyens logistiques, dont souffre la Commission qui ne parvient pas à assumer de manière efficiente sa mission de rapprochement des fiscalités.

247. Parmi, les Institutions qui représentent les citoyens de l'Afrique centrale, la CEMAC leur semble peu crédible, au vu de l'inaction de l'Institution à enrailler les conflits armés, qui gangrènent le vivre ensemble des populations et le développement des Etats. En effet, les pays de l'Afrique centrale sont les pays les plus bouleversés et les plus touchés à l'échelle du continent par des conflits armés, et des crises internes profondes. Les guerres génocidaires du Rwanda et au Burundi, ainsi que la guerre civile de l'Angola, de la République Démocratique du Congo lesquelles ont évolué, au fils des années, en conflit international, révèlent que l'institution faillit à ses prérogatives. Mis à part, la profonde violence, qui caractérise la sous-région et l'impact du Covid-19, associé à l'absence de solidarité des Etats ont accentué la méfiance à l'égard de la Commission. L'apparente stabilité du Cameroun, du Gabon et de la Guinée-Equatoriale, tout comme le regain de l'équilibre interne, dont sont souvent loués la RCA et le Tchad depuis la fin déclarée des conflits, ne permettent pas à ces Etats de maintenir et de consolider un niveau d'unité suffisant, en matière politique et sociale dans leurs territoires, mais mettent plutôt, en évidence les limites des capacités d'agir de la CEMAC.

CONCLUSION DU CHAPITRE I

248. L'analyse de la dynamique de l'harmonisation fiscale en zone CEMAC, laisse apparaître un large éventail d'obstacles, qui se conjuguent pour compromettre le processus d'harmonisation en Afrique centrale. Si certains de ces écueils émanent du cadre sociopolitique des États membres, d'autres sont directement imputables à l'environnement institutionnel. En effet, s'agissant des contraintes imputables aux Etats membres on note le manque de volonté politique, la persistance des divergences réglementaires. Quant aux contraintes inhérentes aux institutions nous avons pu relever l'enchevêtrement des Institutions régionales et la faiblesse du dispositif institutionnel. Quelles que soient leurs natures, il est indéniable que ces écueils ont des conséquences lourdes sur le processus d'harmonisation des politiques énergétiques en Afrique centrale.

CHAPITRE II : LES PROBLÈMES DE PRINCIPES POSÉS PAR LA MAÎTRISE DE LA CONCURRENCE FISCALE

249. L'intégration régionale est perçue en Afrique depuis fort longtemps, comme un facteur accélérateur du développement économique. Toutefois, en Afrique centrale l'intégration demeure un slogan pour les Etats et un mythe pour les ressortissants de la zone. Ainsi, l'une des principales raisons souvent évoquées pour expliquer l'échec de ce processus au sein de la CEMAC est, sans conteste, le fait que, « chaque État tient, à tort ou à raison, à son système fiscal » [464], malgré, les efforts déployés pour refonder et promouvoir l'intégration régionale (Section **I**). Si bien que, le processus peine à produire des résultats concrets (Section **II**).

SECTION I : LA SOUVERAINETÉ FISCALE DES ÉTATS ET LA CONTESTATION DE L'ORDRE FISCAL COMMUNAUTAIRE

250. Au cours de la seconde moitié du XXe siècle, l'importance stratégique des ressources naturelles a poussé les Etats, à affirmer leurs droits et intérêts dans la gestion de leurs ressources naturelles afin d'en optimiser les rendements pour leur développement économique[465]. Si bien que le processus actuel d'harmonisation des politiques énergétiques en CEMAC, se heurte à cette souveraineté. Ainsi, au regard de nombreuses oppositions que suscite la construction fiscale énergétique de la CEMAC, différentes conceptions se sont formées sur le sujet et un débat s'est ouvert autour de la question[466]. À savoir, avec la construction de la zone CEMAC, dans quelle mesure il serait nécessaire de renoncer au principe de la souveraineté, lorsque l'ordre juridique international moderne fait de la souveraineté des Etats sur les ressources naturelles de leur territoire, une règle du droit international positif[467], à laquelle se réfèrent les États de la CEMAC dans l'établissement de leur droit souverain. Dans ce contexte, il est important de préciser les conditions dans lesquelles se réalise la confrontation de la souveraineté fiscale des Etats membres avec le processus d'harmonisation fiscal (**Paragraphe I**), pour étudier les conditions de

---

464 REBOUD (L), *Systèmes fiscaux et marché commun*, Paris, Sirey, Coll. Recherches économiques, 1961, p.9.

465 LAURIOL (T), RAYNAUD (E) ; Le droit pétrolier et minier en Afrique, Édition LGDJ, 2016, p69.

466 DÉKÁNY-SZÉNÁSI (É), « La question de la souveraineté et la construction européenne », in *Le Portique (en ligne)*, 5-2007, le 07 décembre 2007. http://leportique.revues.org/index1385.html

467 FANFIL (M-J), CANTON-FOURRAT (A), *Le droit de l'énergie en Afrique*, Édition L'Harmattan, 2015 p30.

l'exercice de cette souveraineté dans le contexte de la formation et du développement d'un ordre fiscal communautaire (**Paragraphe II**).

<u>Paragraphe I :</u> Approche notionnelle de la souveraineté fiscale sur les ressources naturelles

251. Historiquement, même si Nicolas MACHAVIEL a été le premier penseur à faire allusion au concept de souveraineté dans son œuvre intitulée « *Le prince* » [468], le concept émerge pour la première fois en 1576 avec Jean BODIN dans « *Les six livres de la République* » [469]. Bien que la plume de Jean BODIN laisse apparaître la souveraineté, comme un concept politique destiné à renforcer le pouvoir du monarque de l'époque[470], Il n'en affirmait pas pour autant qu'il était au-dessus de toutes les lois, comme Thomas HOBBES niant toute possibilité d'existence à un droit international supérieur[471], dans son œuvre intitulée « *Léviathan* » [472]. Ainsi, le terme souveraineté (du latin médiéval *superanus* qui dérive du latin classique *superus* « supérieur » ; et du concept grec *Basileus*) fait référence au « pouvoir suprême reconnu à l'Etat qui implique l'exclusivité de sa compétence sur le territoire national (souveraineté interne) et son indépendance absolue dans l'ordre international où il n'est limité que par ses propres engagements (souveraineté externe) [473]». Autrement dit, la souveraineté désigne le pouvoir suprême de l'Etat d'exercer et conduire librement sa politique intérieure et extérieure dans les limites du principe supérieur du droit et de ses propres engagements. Seulement, la souveraineté est un concept si complexe qu'il est interprété différemment selon qu'il s'agit du droit international public[474], du droit constitutionnel[475] ou du droit communautaire. En effet, l'apparition de l'ordre juridique communautaire semble changer la donne, car la souveraineté se conçoit essentiellement en

---

[468] Ecrit en 1513, Le Prince de Nicolas MACHAVIEL est publié à titre posthume en 1532

[469] HUGON (P), *Géopolitique de l'Afrique*, Paris, Édition Sedes, 2007, p.48

[470] En effet, le souverain disposait d'une puissance de commandement absolu, c'est-à-dire au sens étymologique du terme qu'il n'était pas lié (ab solutus) par les lois qu'il édictait. Cf ; CARREAU (D), « Souveraineté : comme la virginité on l'a ou ne l'a pas », in *Dictionnaire des idées reçues en droit international*, Édition Pedone, 2017, paris, p.547

[471] CARREAU (D), *Ibid.*, p.548

[472] Publié en 1651, Léviathan ou Matière, forme et puissance de l'État chrétien et civil (Leviathan, or The Matter, Forme, & Power of a Common-wealth Ecclesiasticall and Civill, by Thomas Hobbes of Malmesbury)

[473] Dictionnaire Larousse 2016.

[474] En effet, en droit international public on distingue la souveraineté intérieure et extérieure. Ainsi, au sens large, la souveraineté intérieure peut être définie comme un pouvoir suprême exercé dans une communauté sur les citoyens. Quant à la souveraineté extérieure, elle suppose l'indépendance politique de l'Etat, le respect de son intégrité territoriale et sa reconnaissance par d'autres Etats.

[475] Du point de vue du droit constitutionnel interne la souveraineté est l'expression du pouvoir d'autodétermination d'un peuple, notamment, le droit des peuples à disposer d'eux-mêmes.

termes de limitation de compétences des États dans l'espace communautaire[476]. Cependant, au regard du caractère régalien du pouvoir fiscal[477], cet état de fait de nature à faire ombrage à certaines passerelles de la souveraineté des Etats, pose de sérieux problèmes.

252. Ainsi, la souveraineté fiscale est définie comme « le pouvoir d'édicter un système d'impôt présentant une autonomie technique et budgétaire [478]». À ce titre, GEST et TIXIER, précisent que la souveraineté fiscale nécessite l'association de « deux caractéristiques essentielles : l'autonomie technique[479], et une exclusivité d'application dans le territoire en question[480] ». Dès lors, la souveraineté fiscale exige non seulement, le pouvoir exclusif d'édicter un système d'impôts sur un territoire géographique déterminé, mais aussi, le pouvoir de contraindre pour l'appliquer au contribuable par l'intermédiaire des autorités compétentes. Néanmoins, il faut distinguer la « souveraineté fiscale » de la « souveraineté politique ». En effet, la souveraineté politique entendue communément du terme souveraineté, caractérise le pouvoir étatique lui-même et est indivisible. En revanche, la souveraineté fiscale non seulement s'exerce uniquement à l'intérieur du territoire, mais peut-être exercé aussi, par des entités autres que l'Etat, qu'elles soient infra-étatique ou interétatique[481]. Toutefois, la question fondamentale concerne, l'échelle d'application de ces principes sur les ressources naturelles.

253. Dès lors, afin de mieux cerner la place du principe de la souveraineté sur les ressources naturelles, il convient, de faire un bref historique des principaux éléments qui ont mené à la consécration de ce principe en droit international (**A**), pour ensuite analyser les aménagements qui ont été apportés à ce principe fondamental (**B**).

---

476 Les Etats membres de tels espaces renoncent à l'exercice d'une compétence autonome dans certains domaines pour l'exercer en commun par l'intermédiaire d'une institution supranationale qu'ils créent.

477 BERLIN (D), *droit fiscal communautaire*, Paris, Edition PUF, Collection droit fondamental, 1988, p.15.

478 ALBERT (J-L), PIERRE (J-L), RICHER (D), *Dictionnaire fiscal et douanier*, Édition Ellipses, 2007, p.515.

479 En effet, l'autonomie technique du système fiscal suppose un système fiscal qui contient toutes les règles applicables au prélèvement fiscale, même si son contenu a été élaboré sous l'influence d'un autre système. Cf; GEST (G), TIXIER (G), *Droit fiscal international*, Edition presse universitaire de France, Paris, 1990, p.16.

480 Par ailleurs, on entend par exclusivité d'application du système fiscal un système fiscal qui « *s'applique à l'exclusion de tout système concurrent dans un territoire géographique déterminée où il est l'unique pourvoyeur de ressources fiscales d'un budget ou d'un système budgétaire* ». Cité par MAÎTROT DE LA MOTTE (A), *op.cit.*, p.35.

481 À ce titre, MAITROT DE LA MOTTE indique que « *dans les systèmes fédéraux, les titulaires de la souveraineté et de la souveraineté fiscale sont rarement la même autorité : à l'État fédéral le plus souvent l'exercice de la souveraineté, les Etats fédérés étant pour leur part titulaire de la souveraineté fiscale* » Cf. MAITROT DE LA MOTTE (A), *Souveraineté fiscale et construction communautaire,* Tome 44, Édition LGDJ, 2005, p.34.

A / Genèse du principe de souveraineté permanente sur les ressources naturelles

254. La question de la souveraineté sur les ressources naturelles préoccupait les esprits depuis 1789, lorsque devant l'assemblée constituante Française MIRABEAU affirmait que « la Nation a le droit de disposer des ressources naturelles de son territoire[482] ». Mais, le mouvement tendant à l'affirmation par les Etats de leur souveraineté sur les ressources naturelles, vit le jour au Mexique. En effet, le 18 mars 1938, le président Cárdenas procéda à de nombreuses nationalisations[483] de compagnies pétrolières étrangères, qui firent naître le premier différend en rapport avec le problème de la souveraineté sur les ressources naturelles[484]. Si bien que, la vague de nationalisations ainsi entamée[485] poussa le Venezuela, dès 1948, à exiger le partage équitable des profits entre l'Etat et les compagnies pétrolières étrangères[486]. Simultanément à ce mouvement, le processus de décolonisation[487] pourvut largement à l'affirmation, du principe de souveraineté des Etats sur leurs ressources naturelles. Dès lors, l'organisation des Nations unis ne pouvant faire fi des vagues de nationalisation insufflées par le mouvement de décolonisation, reconnaîtra en 1952 la souveraineté permanente des Etats sur leurs ressources naturelles[488] (**1**). Si bien que, le droit de souveraineté permanente sur les ressources naturelles fut consacré par la Résolution 1803 (XVII) (**2**).

---

[482] DIKOUME (A), *op.cit.*, p.58

[483] Le Président mexicain CARDENAS, promulgua un décret portant expropriation avec indemnité des biens des compagnies pétrolières, essentiellement américaines et britanniques, afin de restituteur à la nation mexicaine les richesses de son sol et de son sous-sol, pour qu'elle puisse en tirer profit. Cf ROSENBERG (D), *Le principe de souveraineté des États sur les ressources naturelles,* Paris, Edition LGDJ, 1983, p.80.

[484] ROSENBERG, (D), *Ibid.*

[485] En effet, en 1951, la Bolivie nationalisa ses mines et le Guatemala était en train de démarrer une réforme agraire qui impliquerait l'expropriation de titres de propriété de *l'United Fruit Company,* tandis que le Chili et l'Argentine envisageaient de prendre les mêmes mesures. Cf SAKAI (L), *La souveraineté permanente sur les ressources naturelles et la protection internationale des Droits de l'Homme*, Thèse Droit international et européen (EDDIE), Université Paris 1- Panthéon-Sorbonne, 2014, p.72.

[486] LAURIOL (T), RAYNAUD (E), op.cit., p.69.

[487] Notons que La décolonisation s'est faite en deux phases. La première s'étend de 1945 à 1955 et touche surtout les pays du Proche et Moyen-Orient, ainsi que l'Asie du Sud-Est. La seconde phase commence en 1955 et concerne essentiellement l'Afrique du Nord et l'Afrique noire.

[488] Assemblé Générale de l'ONU n°A/AC97/1, « l'histoire des discussions relatives à la question de la souveraineté permanente sur les ressources naturelles ».

1 / La lente affirmation du principe et les travaux de la Commission temporaire

255. Le principe de souveraineté permanente sur les ressources naturelles est pour la première fois reconnu par l'Assemblée générale de l'ONU, en sa séance du 12 janvier 1952, par l'adoption de la résolution 523 (VI)[489]. En effet, cette Résolution dispose dans son premier considérant que : « les pays insuffisamment développés ont le droit de disposer librement de leurs richesses naturelles [...] qu'ils doivent utiliser [...] de manière à se mettre dans une position plus favorable pour faire progresser davantage l'exécution de leur plan de développement économique conformément à leurs intérêts nationaux, et pour encourager le développement de l'économie mondiale »[490]. Autrement dit, la souveraineté des peuples sur leurs richesses et ressources naturelles implique le droit d'exploiter lesdites richesses et ressources[491]. Par conséquent, certains Etats décidèrent avec fermeté, de mettre en exergue l'affirmation du principe selon lequel l'Etat détient tout droit souverain d'exploiter librement ses ressources naturelles.

256. À ce titre, le 16 avril 1952 lors de la 8éme session de la commission des droits de l'homme, au cours des débats[492], le Chili présenta un projet de résolution, affirmant le principe de souveraineté permanent des Etats sur leurs ressources naturelles[493]. Ainsi, le 5 mai 1952 au terme du projet de pactes internationaux[494] la Commission décida d'inclure le projet de résolution[495], formulé comme suit : « le droit des peuples à disposer d'eux-mêmes comprend en outre un droit de souveraineté permanent sur leurs richesses et leurs ressources naturelles. Les droits que d'autres Etats peuvent

---

489 NDJOGOBISSA LESSEBI (S), *Fiscalité énergétique l'Exemple du pétrole au Gabon*, Mémoire Master II Recherche finance publique et fiscalité sous la direction de Gilbert ORSONI, 2015, p.15.

490 Résolution 523 (VI) de l'assemblée générale du 12 janvier 1952 : *développement économique intégré et accords commerciaux.*

491 RINAUDO (A), *Le Nationalisme des Ressources : Défi juridique et stratégique majeur pour les grands Groupes Pétroliers*, Mémoire de Séminaire de Droit international public, 2010 Sous la direction de Moncef KDHI, Université lumière Lyon 2 Institut d'Études politiques de Lyon. p.11.

492 Après l'adoption de la Déclaration universelle des droits de l'homme en 1948, la Commission des droits de l'homme s'est penchée sur les projets des Pactes internationaux relatifs aux droits de l'homme, même si ces pactes ne sont entrés en vigueur qu'en 1966, les débats entamés lorsqu'ils ont été votés et adoptés ont eu un effet capital sur la reconnaissance juridique de la souveraineté permanente au début des années1950. Cf. SAKAI (L), op.cit., p.37.

493 FISHER (G), *« La souveraineté sur les ressources naturelles »*, in *AFDI* 1962, pp.516-528.

494 Ces travaux ont été menés en application de la résolution 421 (V) de l'assemblée générale du 4 décembre 1950. Projet de pacte international relatif aux droits de l'homme et mesure de mise en œuvre : travaux futurs de la commission des droits de l'homme.

495 Le Chili a néanmoins réussi à faire adopter son projet d'article par la Commission des droits de l'homme par dix votes contre six et deux abstentions (Chine et Grèce).

revendiquer ne pourront en aucun cas justifier qu'un peuple soit privé de ses propres moyens de subsistance[496]». Par ailleurs, l'Uruguay soumettra le 5 novembre 1952, un projet de résolution sur le « développement économique et les pays en voie de développement ». Ce texte prévoyait que les États devaient respecter non seulement, le droit de chaque pays, de nationaliser et d'exploiter librement ses richesses naturelles, afin d'assurer son indépendance économique et le besoin des populations des pays en voie de développement, mais également, la volonté de leurs gouvernements de nationaliser leurs ressources naturelles[497].

257. À ce projet de résolution, la Bolivie proposa d'ajouter une disposition plus précise selon laquelle, le droit de chaque Etat de disposer de sa ressource naturelle était une condition indispensable à son progrès et à son développement économique[498]. Dès lors, le projet commun Uruguayen-Bolivien prévoyait que, pour parvenir à cette fin, les États disposaient également du droit « de s'abstenir de toute pression directe ou indirecte qui menacerait l'exécution des programmes de développement économique intégral ou la stabilité économique des pays insuffisamment développés ou l'entente et la coopération économique entre les nations du monde ». Malheureusement, ce projet de résolution fit l'objet de la réprobation des médias, de sociétés commerciales et des pays de l'Ouest, qui critiquaient le projet, pour son absence d'affirmation d'un principe juridique d'indemnisation. Si bien que, cette idée est apparue dans la proposition d'amendement nord-américaine au projet, qui a finalement été rejetée[499].

258. En raison de toutes ces controverses, l'Assemblée générale fut amenée à diriger plusieurs débats sur ce sujet[500] et parvint à adopter le 21 décembre 1952, le projet uruguayen-bolivien sous la forme de la Résolution 626 (VII), intitulée « droit d'exploiter librement les richesses et les ressources naturelles », afin de compléter la résolution 523 (VI) [501]. Par le biais de cette résolution, l'assemblée générale énonce « que le droit des peuples d'exploiter librement leurs richesses et leurs ressources naturelles et

---

[496] SAKAI (L), *op.cit.*, p.39.
[497] *Ibid.*
[498] SAKAI (L), *op.cit.*, p.39.
[499] Dans son amendement, les États-Unis recommandaient « aux pays qui décident de développer leurs richesses et ressources naturelles de s'abstenir de prendre, en violation des principes applicables et des usages du droit international, ainsi que des dispositions des accords internationaux, toute mesure dirigée contre les droits ou intérêts des ressortissants d'autres États membres, en ce qui concerne l'esprit d'entreprise [...] » (L'amendement avait été proposé lors de la discussion de l'article 3 du projet, voir UN. Doc. [A/C.2/L.188], 10 décembre 1952). Malheureusement il fut rejeté par 28 voix contre 17 et 5 abstentions. Il est intéressant de noter que les votes défavorables émanaient principalement d'États américains, asiatiques et du Proche-Orient, ainsi que de l'Union des Républiques Socialistes Soviétiques (URSS) et des États d'Europe de l'Est.
[500] Voir Annuaire des Nations Unies 1952, pp. 387-390.
[501] NDJOGOBISSA LESSEBI (S), *op.cit.*, p.16.

inhérentes à leur souveraineté est conforme au but des principes de la charte des Nations unies[502] ». Par ailleurs, l'Assemblée générale recommanda également à tous les Etats membres de s'abstenir de tout acte direct ou indirect qui pourrait porter atteinte à l'exercice d'un Etat de sa souveraineté sur ses ressources naturelles[503].

259. Ce faisant, bien que par la résolution 626 (VII) les Nations Unies affirmaient expressément l'existence d'une souveraineté de l'Etat sur les ressources naturelles, les réactions négatives ne se sont pas apaisées pour autant. En effet, craignant que les expropriations se fassent immédiatement sans aucune sorte d'indemnisation, les hommes d'affaires Nord-américains, condamnèrent « le caractère essentiellement unilatéral »[504] de la Résolution, car elle ne faisait aucune référence à une indemnisation[505]. Ce qui lui valut le surnom de « la Résolution de la nationalisation » par les Etats capitalistes et les hommes d'affaires[506]. Seulement, la Résolution 626 (VII), ne doit pas être considérée comme une déclaration de principes, car comme le constate BINSCHEDLER elle n'a pas le caractère révolutionnaire qu'on a voulu lui prêter[507] dans la mesure où, l'accent de la résolution « est passé de l'affirmation du droit incontesté d'exploiter à l'affirmation de la nécessité d'assurer, ce faisant, la sécurité aux capitaux étrangers »[508]. De même, le Pr ROSENBERG explique que cette Résolution a été plutôt considérée comme « une synthèse entre liberté d'action des gouvernements et la sécurité du capital apporté du dehors »[509].

260. Nonobstant ces divergences, la résolution 626 (VII), a été une étape primordiale pour la reconnaissance normative de la souveraineté permanente sur les ressources naturelles, ainsi que pour l'affirmation des droits en faveur

---

502 Résolution 626 (VII) de l'Assemblé générale du 21 décembre 1952 ; *droit d'exploiter librement les richesses et les ressources naturelles.*

503 LAURIOL (T), RAYNAUD (E), *op.cit.*, p70.

504 La résolution énonçait que « *cette émotion est provoquée non par le contenu de la résolution, mais par ses graves omissions et par son caractère essentiellement unilatéral* ». Cf Brochure n°175, des publications de la Chambre française de Commerce et Industrie, p.39.

505 ROSENBERG (D), *op.cit.*, p.108.

506 *Ibid.*, p.107.

507 En effet, contre toute attente la Résolution n'a pas donné lieu à une vague révolutionnaire de nationalisations et d'expropriations sans indemnisation. Du simple fait que la question de l'indemnisation était déjà garantie par d'autres textes internationaux.

508 BINDSCHEDLER RUDOLF(L), « La protection de la propriété privée en droit international public », in *RCADI*, vol. 90, 1956, pp 174-306.

509 ROSENBERG (D), *Ibid.*, p.108. De même, Gérard FOUILLOUX considérait que la Résolution 626 ne faisait pas de l'indemnisation une condition à la nationalisation, mais plutôt une conséquence de cette dernière. Car, l'État a le droit absolu de nationaliser, quelles qu'en soient les conditions. Pourtant, dans un deuxième temps, l'acte de nationaliser crée une obligation de réparation à la charge de l'État. Cf, FOUILLOUX (G), *La nationalisation et le droit international public*, Paris, Edition LGDJ, 1962, p.187 et p. 444. Voir aussi, PÉTREN (S), « La confiscation des biens étrangers et les réclamations internationales », Tome 109 de recueil de cours, 1963, p.562.

des pays en voie de développement[510]. Cependant, au vu des controverses suscitées par la notion, le mouvement onusien tendant à la consécration du principe tenait à en préciser le sens.

2 / La consécration du principe de souveraineté permanente sur les ressources naturelles par le droit onusien

261. En 1954, la Commission des droits de l'homme recommanda à l'Assemblée générale, à travers le Conseil économique et social, la création d'une Commission pour étudier le sujet[511], malgré la résistance des pays développés, elle insista, lors de sa 11ème session en 1955, sur la nécessité de procéder à une enquête approfondie[512]. Ainsi, à la suite des efforts déployés par ses membres, l'Assemblé désigna le 12 décembre 1958, par la Résolution 1314 (XIII), une commission temporaire des Nations unies[513] pour la souveraineté permanente sur les ressources naturelles (CSPRN)[514]. À cet effet, dans sa Résolution 1514 (XV) du 14 décembre 1960, l'Assemblée précisait que l'enquête devrait tenir dûment « compte des droits et des devoirs des Etats conformément au droit international et du fait qu'il importe d'encourager la coopération internationale en matière de développement des pays sous-développés »[515].

262. Au cours de ses trois ans d'existence, la CSPRN a tenu trois sessions de discussions qui ont servi comme travaux préparatoires en vue d'interpréter adéquatement le droit de souveraineté permanente sur les ressources naturelles[516]. A sa première session, du 18 au 22 mai 1959, la CSPRN donna pour instruction au secrétariat de l'ONU de procéder à une étude préliminaire de l'état de la question de la souveraineté permanente des peuples et des nations sur leurs ressources naturelles, auprès des Etats, des

---

510 En effet, elle n'est pas le fruit de la volonté d'un ou de plusieurs pays, mais celle de la communauté internationale par la voix des Nations unies. Cf. FISHER (G), *Ibid.*, p.516.

511 Voir commission des droits de l'homme, Rapport sur la 10ème session, 23 février-6 avril 1954,

512 Résolution du Conseil économique et social no 586 D (XX), UN Yearbook, 1955, pp. 158-160.

513 La commission était composée de neuf États membres sélectionnés par le Président de l'Assemblée générale selon la distribution géographique. Ainsi, ces membres étaient les États-Unis, les Pays-Bas et la Suède, représentant les États occidentaux développés, et l'Afghanistan, le Chili, le Guatemala, les Philippines, la République Arabe Unie (l'Égypte et la Syrie) et l'URSS.

514 En effet, cette commission avait pour tâche de procéder à une étude de principe de souveraineté permanente des Etats sur leurs ressources naturelles et formuler le cas échéant, des recommandations tendant à renforcer ce droit. Cf ; FISCHER (G), op.cit., pp. 516-528 ; LAURIOL (T), RAYNAUD (E), op.cit., p70.

515 Résolution 1514 (XV) : « Affirmant que les peuples peuvent, pour leurs propres fins, disposer librement de leurs richesses et ressources naturelles, sans préjudice des obligations qui découleraient de la coopération économique internationale, fondée sur le principe de l'avantage mutuel, et du droit international ». Cf, FISCHER (G), *Ibid.*, pp. 516-528 ;

516 SAKAI (L), op.cit., p.44.

institutions spécialisées et des commissions économiques régionales[517]. Par la suite, lors de sa deuxième session du 16 février au 17 mars 1960[518], en se penchant sur l'étude préliminaire réalisée par le Secrétariat, la CSPRN reprocha à cette étude de ne se limiter qu'à des compilations de législations nationales et de traités internationaux, sans faire mention des renseignements sur les bénéfices que les pays en voie de développement pourraient tirer des investissements[519]. Mais, ce n'est que le 10 mai 1961, lors de sa dernière session[520] que la Commission arrêta des « recommandations tendant à renforcer », le droit de souveraineté permanente sur les ressources naturelles[521], sous la forme de deux projets de résolution, l'une présentée par l'Union des Républiques Socialistes Soviétique (URSS) et l'autre par le Chili[522].

263. Cependant, seul le projet chilien présentait un compromis judicieux par rapport aux intérêts divergents des États. En effet, non seulement, il reconnaissait le droit souverain des peuples et des nations de disposer de leurs ressources naturelles, mais il garantissait aussi la protection du capital étranger, par une compensation adéquate, si une nationalisation ou expropriation advenait[523]. Ainsi, comme le souligne SCHRIJVER, ce projet « [...] *constituted a careful compromise between developed and developing countries as well as between respect for national sovereignty and other rights and obligations under international law* [524]». Cette longue période de maturation[525] conduira l'Assemblé sur rapport de la deuxième commission[526]

[517] À ce titre, le secrétariat rassembla toutes les informations sur les dispositions des législations nationales, des constitutions et des traités internationaux et les incorpora à l'étude. Cf. Rapport de la Commission au Conseil économique et social sur les travaux de ses première et deuxième session, E/3334

[518] (A/AC.97/5 et Corr.1 et Add.1)

[519] SAKAI (L), *Ibid.*, p.44.

[520] Le Rapport de la Commission figure dans le Doc. ONU. 62. V. 6., Etat de la question de la souveraineté permanente sur les richesses et ressources naturelles et Rapport de la Commission, N. Y., 1962, pp. 257 s. (6) La résolution de l'Assemblé.

[521] Résolution 1314 (XIII) du 12 décembre 1958, §1

[522] À l'issue de ses travaux, le 3 août 1961, le conseil économique et social décida de transmettre à l'assemblée générale des Nations-unies le rapport de la commission. Voir UN. Doc. [A/AC.97/L.2] du 5 mai 1961, le projet de l'URSS et UN. Doc. [A/AC.97/L.3] du 10 mai 1961, le projet chilien (voir Annexe I).

[523] SAKAI (L), *op.cit.*, p.44.

[524] Texte traduit en français « [...] constituait un compromis judicieux entre pays développés et en développement ainsi qu'entre le respect de la souveraineté nationale et d'autres droits et obligations en vertu du droit international ». Cf, SCHRIJVER (N), « Permanent sovereignty over natural resources versus the common heritage of mankind: complementary or contradictory principles of international economic law ? », in *DE WAART*, P., PETERS, P., DENTERS, E. International Law and Development, Nijhoff, Dordrecht, 1988, pp. 87-101

[525] L'élaboration des deux projets a démarré en 1947 (du 9 au 25 juin) et a duré jusqu'au 16 avril 1954. Par la suite, l'Assemblée générale a pris douze ans pour les adopter, ce qui a eu lieu le 16 décembre 1966. Cf, BOSSUYT (M), Guide to the « travaux préparatoires » of the

lors de sa 17ème session, d'adopter le projet sous forme remanié[527] le 14 décembre 1962. C'est ainsi que, fut adoptée avec une majorité écrasante[528], la Résolution 1803 (XVII) qui consacre le droit de souveraineté permanente sur les ressources naturelles. En ce sens qu'elle qualifie le principe de souveraineté de droit inaliénable et permanent, par les termes suivants : « Considérant que toute mesure prise à cette fin doit se fonder sur la reconnaissance du droit inaliénable qu'a tout Etat de disposer librement de ses richesses et de ses ressources naturelles, conformément à ses intérêts nationaux et dans le respect de l'indépendance économique des Etats[529]». Cette inaliénabilité signifie que la souveraineté permanente des peuples et des nations sur les ressources naturelles « est inhérente à leur souveraineté » comme l'affirme la Résolution 626 (VII) de 1952.

264. Toutefois, à la lumière des débats qui ont eu lieu pendant la Commission, la Résolution 1803 (XVII) ne donne aucune définition juridique satisfaisante de la notion de souveraineté permanente sur les ressources naturelles[530]. En affirmant dans son paragraphe (3) que « dans les cas où une autorisation sera accordée, les capitaux importés et les revenus qui en proviennent seront régis par les termes de cette autorisation, par la loi nationale en vigueur et par le droit international [531]», elle met l'accent sur les pouvoirs discrétionnaires de l'Etat, sur toutes les activités relatives à l'exploitation de ressources naturelles. De surcroît, en énonçant, que le droit de souveraineté permanente comprend, la prospection, la mise en valeur et la disposition de ces ressources naturelles, et que l'importation des capitaux étrangers nécessaires à ces activités doit se conformer aux règles et aux conditions nécessaires et souhaitables de l'Etat « pour ce qui est d'autoriser,

---

International Convenant on Civil and Political Rights, Martinus Nijhoff Publishers, Dordrecht, 1987, pp. xix-xx.

[526]Le projet a été voté par la 2e Commission le 3 décembre 1962. V. Doc. A/C. 2/L. 705.

[527] Plusieurs amendements furent présentés à ce projet et certain d'entre eux furent adoptés. Ceux-ci portaient en particulier sur les conditions de nationalisation, d'expropriation et sur la compensation à verser dans de tels cas. Citons notamment l'amendement proposé par l'U.R.S.S. Concernant le rappel des Résolutions 523 (VI) et 626 (VII) dans le préambule (UN.Doc.[A/C.2/L.620, sub.1) et l'amendement commun du Royaume-Uni et des ÉtatsUnis à propos du §4 sur la nationalisation et l'expropriation, qui a ajouté le membre de phrase suivant : « *sur l'accord des États souverains et autres parties intéressées* » (UN.Doc.[A/C.2/L.686]). Cf, SAKAI (L), op.cit., p.45.

[528] La Résolution 1803 a été adoptée par quatre-vingt-sept votes contre deux (la France et l'Afrique du Sud) et douze abstentions. Il est intéressant de noter que la France a été contre l'adoption de la Déclaration sur la souveraineté permanente sur les ressources naturelles. La raison avancée par la France pour justifier son opposition se fondait sur le fait que les organes compétents des Nations Unies pour les questions légales, tels le 6ème Comité et la Commission du droit international, n'avaient pas été consultés.

[529] Résolution 1803 (XVII) de l'assemblée générale du 14 décembre 1962 souveraineté permanente sur les ressources naturelles ; préambule.

[530] En effet, la majorité des délégués ont insisté sur les aspects économiques et politiques du principe.

[531] *Ibid.*, paragraphe 3.

de limiter ou d'interdire ces activités[532] », démontre que le principe affirmé par la Résolution, a plus une portée politique que juridique.

265. Ce faisant, la Résolution prévoit que l'exercice du droit de la souveraineté permanente sur les ressources naturelles doit « s'exercer dans l'intérêt du développement national et du bien-être de la population de l'Etat intéressé [533]». Et précise dans son paragraphe (2) que les bénéfices tirés de l'exploitation des ressources naturelles « [...] devront être répartis dans la proportion librement convenue, dans chaque cas, entre les investisseurs et l'Etat où ils investissent, étant entendu qu'on veillera à ne pas restreindre, pour un motif quelconque, le droit de souveraineté dudit Etat sur ses richesses et ses ressources naturelles[534] ». De surcroît, la Résolution reconnaît que la souveraineté permanente sur les ressources naturelles prévoit le droit de nationalisation, expropriation ou réquisition sous réserve que ces mesures soient justifiées par un motif d'utilité publique, de sécurité ou d'intérêt national et donne lieu à « une indemnisation adéquate, conformément aux règles en vigueur dans l'Etat qui prend ces mesures dans l'exercice de sa souveraineté et en conformité du droit international[535] ».

266. Bien que, le principe de souveraineté des Etats sur leurs ressources naturelles ait été affirmé de manière univoque dans la résolution 1803 (XVII), elle ne constitue pas un texte juridique mais une déclaration de principe. Bien qu'elles ne lient pas les Etats, elle peut toutefois, être considérée comme « légiférant » [536] puisqu'elle sera rapidement reprise non seulement, dans d'autres textes des Nations Unies, mais aussi, bien au-delà du cadre onusien.

B / <u>Le principe de souveraineté permanente sur les ressources naturelles consacré par la communauté internationale</u>

267. Si la souveraineté permanente sur les ressources naturelles n'était, à l'origine, qu'une composante économique du droit des peuples à disposer d'eux-mêmes, après la Seconde Guerre mondiale, le principe de la souveraineté permanente se fit peu à peu une place exclusive dans le droit international[537]. En s'affirmant tout d'abord comme un principe international à valeur coutumière[538] **(1)**. Il s'est par la suite transposé en droit interne par

---

[532] *Ibid.*, paragraphe 2.

[533] Résolution 1803 (XVII) de l'assemblée générale du 14 décembre 1962 souveraineté permanente sur les ressources naturelles ; paragraphe 1.

[534] Résolution 1803 (XVII), *op.cit.*, paragraphe 2.

[535] *Ibid.*, paragraphe 4.

[536] VERHOEVEN (J), *Droit international public*, Édition Larcier, Bruxelles, 2000, p.362.

[537] HYDE (J-N), « Permanent Sovereignty over Natural Wealth and Resources », in *AJIL*, vol. 50, 1956, p. 855.

[538] DAILLIER (P), FORTEAU (M) et PELLET (A), *Droit international public*, 9e éd, Édition LGDJ, Paris, 2019, p.260, voir aussi, VERHOEVEN (J), op.cit., p.362. Et COMBACAU (J), SUR (S), *Droit international public*, 13e éd, Édition LGDJ, Paris, 2019, p.61.

de nombreux pays africains qui l'élevèrent au rang de principe constitutionnel[539] (**2**).

1 / La consolidation du principe de souveraineté sur les ressources naturelles et la naissance d'un principe de droit international coutumier.

268. Le principe de souveraineté, qui s'est affirmé comme l'un des principaux corollaires du droit des peuples à disposer d'eux-mêmes, a été consacré par de nombreux textes internationaux. Le 16 décembre 1966, par le biais du Pacte international relatif aux droits économiques, sociaux et culturels[540] et du Pacte international sur les droits civils et politiques[541], qui prévoient que « tous les peuples peuvent disposer librement de leurs richesses et de leurs ressources naturelles[542] ». Ensuite en juin 1968, c'est au sein de l'OPEP que le principe est réaffirmé, lors de leur 16[ièm] Conférence à Vienne, par la Résolution XVI-90 « énoncé déclaratoire sur la politique pétrolière des pays membres », qui incite les pays à exercer leur souveraineté permanente sur les ressources naturelles dans l'intérêt du développement national, comme un droit inaliénable[543]. Si bien qu'en 1969 l'exigence du partage égalitaire des profits entre l'Etat et les compagnies pétrolières étrangères prit fin à la suite du renversement du Roi de Libye[544]. Enfin, c'est la déclaration de Stockholm sur l'environnement, faisant suite à la conférence des Nations Unies sur l'environnement du 16 juin 1972, qui dans son principe 21 précise que : « […] les États ont le droit souverain d'exploiter leurs propres ressources selon leur politique d'environnement […][545] ».

---

[539] LAURIOL (T), RAYNAUD (E), op.cit., p70.

[540] Adopté et ouvert à la signature, à la ratification et à l'adhésion par l'Assemblée générale dans sa résolution 2200 A (XXI) du 16 décembre 1966. Entrée en vigueur : le 3 janvier 1976, conformément aux dispositions de l'article 27

[541] Adopté et ouvert à la signature, à la ratification et à l'adhésion par l'Assemblée générale dans sa résolution 2200 A (XXI) du 16 décembre 1966. Entrée en vigueur : le 23 mars 1976, conformément aux dispositions de l'article 49

[542] Article 1 alinéa 2 du Pacte international relatif aux droits économique, sociaux et culturels et Pacte international relatif aux droits civils et politiques, du 16 décembre 1966. De plus, l'article 25 du Pacte international relatif aux droits économique, sociaux et culturels réaffirme que le « *droit inhérent de tous les peuples à profiter et à user pleinement et librement de la richesse et ressources naturelles* ».

[543] Résolution OPEP XVI, 90 du 24 juin 1968; *Declaroty Statement of Petroleum Poly in Member Countries.*

[544] En effet, l'avènement du Colonel Kadhafi conduira à l'abandon du principe du partage égal du profit au bénéfice du nouvel Etat Libyen, qui se voit alors accorder 55% des résultats des opérations pétrolières. Cf ; TEULON (F), la nouvelle économie mondiale, 6e éd, Édition Presses Universitaires de France, Paris, 2008, p157.

[545] Principe 21 de la Déclaration de Stockholm : « Conformément à la Charte des Nations unies et aux principes du droit international, les États ont le droit souverain d'exploiter leurs propres ressources selon leur politique d'environnement et ils ont le devoir de faire en sorte

269. Par ailleurs, c'est par la voie de l'article 2 de la Résolution 3281 (XXIX) « charte des droits et devoirs économiques des Etats » du 12 décembre 1974[546], que le principe est réaffirmé, en les termes suivants : « chaque Etat détient et exerce librement une souveraineté entière et permanente sur toutes ses richesses, ressources naturelles et activités économiques, y compris la possession et le droit de les utiliser et d'en disposer[547] ». En outre, l'article 13 de la Convention de Vienne sur la succession des Etats en matière de traités du 23 août 1978, prévoit que : « rien dans la présente Convention n'affecte les principes du droit international affirmant la souveraineté permanente de chaque peuple et de chaque État sur ses richesses et ses ressources naturelles[548]».

270. Sur le continent Africain c'est en 1981 à Nairobi que le principe est consacré lors de la conférence des chefs d'Etat de l'OUA, par la Charte Africaine des droits de l'homme et des peuples[549]. En effet, la Charte stipule en son article 21 al 1 que : « les peuples ont la libre disposition de leurs richesses et de leurs ressources naturelles. Ce droit s'exerce dans l'intérêt exclusif des populations. En aucun cas, un peuple ne peut en être privé[550]». Notons que, dans l'affaire Social and Economic Right Action Center (SÉRAC) and Center for Economic and Social Right (CESR) c. Nigeria[551], la Commission Africaine des droits de l'homme et des peuples (CADHP) a tenu à préciser l'origine et le sens de cette disposition. En effet, dans sa décision la CADHP énonce que « les conséquences de l'exploitation coloniale ont laissé les populations et les ressources précieuses de l'Afrique encore vulnérable au détournement étranger. Les rédacteurs de la charte africaine voulaient manifestement rappeler aux gouvernements africains l'héritage douloureux du continent et ramener le développement économique coopératif à sa place traditionnelle, c'est-à-dire au cœur de la société africaine[552] ».

---

que les activités exercées dans les limites de leur juridiction ou sous leur contrôle ne causent pas de dommage à l'environnement dans d'autres États ou dans des régions ne relevant d'aucune juridiction nationale ».

546 Assemblé générale des Nations Unies Résolution 3281 (XXIX) chap. II, Art.2,1

547 Dès lors, cette Résolution constitue l'aboutissement du processus d'affirmation de la souveraineté sur les ressources naturelles dans le cadre de la proclamation d'un nouvel ordre économique international. Voir, Résolution 3281 (XXIX) du 12 décembre 1974 ; *charte des droits et devoirs économiques des Etats.*

548 Article 13 de la convention de Vienne sur la succession d'Etats en matière de traités du 23 août 1978, et entrée en vigueur le 6 novembre 1996.

549 Appelée aussi Charte de Banjul) a été adoptée en 1981 à Nairobi par la Conférence des chefs d'État de l'Organisation de l'unité africaine (OUA), devenue aujourd'hui l'Union africaine (UA), et est entrée en vigueur le 28 octobre 1986.

550 Article 21 al 1 de la Charte africaine des droits de l'homme et des peuples de 1981.

551 Voir, Communication n°155-96 du 13 octobre 2001 : Social and Economic Right Action Center (SÉRAC) and Center for Economic and Social Right (CESR) c. Nigeria

552 Communication n°155-96 du 13 octobre 2001 : *Ibid.*, N°56. En outres, la CADHP affirme dans sa décision que les gouvernements ont le devoir de protéger leurs citoyens, ce qui

271. Par ailleurs, le 10 décembre 1982 le principe est institutionnalisé par la Convention des Nations Unies sur le droit de la mer signé à Montego Bay[553], qui dispose que l'Etat côtier exerce non seulement « des droits souverains sur le plateau continental aux fins de son exploration et de l'exploitation de ses ressources naturelles[554]», mais aussi, « [...] des droits souverains aux fins de conservation et de gestion des ressources naturelles, biologiques ou non biologiques, des eaux surjacentes aux fonds marins, des fonds marins et de leur sous-sol [...][555] ». Enfin, juin 1992, la Déclaration de Rio sur l'environnement et le développement, faisant suite à la Conférence des Nations Unies sur l'environnement et le développement, plus connue sous le nom de Sommet « Planète Terre » stipule en son principe 2 que : « Conformément à la Charte des Nations-unies et aux principes du droit international, les Etats ont le droit souverain d'exploiter leurs propres ressources selon leur politique d'environnement et de développement [...][556] ».

272. Au niveau européen, c'est le 17 décembre 1994 à Lisbonne, par le traité de la Charte sur l'énergie (TCE)[557], que le principe a été consacré, lequel évoque en son article 18 que « les parties contractantes reconnaissent la souveraineté nationale et les droits souverains sur les ressources énergétiques [...][558] ». Dans le même esprit la Directive 94/22/CE du Parlement Européen et du Conseil du 30 mai 1994, sur les conditions

---

suppose une action positive de ces derniers (voir Communication n°155-96 du 13 octobre 2001 : *op.cit.*, N°57), mais qu'en dépit de l'obligation du gouvernement nigérian de protéger les personnes contre les entraves à la jouissance de leurs droits, l'État a facilité la destruction du pays, et ce, en violation de l'article 21 de la Charte. Alors, que la charge n'a pas d'effet horizontal, la Commission impose aux Etats des actions positives, notamment, afin de garantir le droit des peuples à disposer de leurs richesses et de leurs ressources naturelles. *Ibid.*, N°58.

553 La convention des Nations Unies sur le droit de la mer signé le 10 décembre 1982, entrée en vigueur le 16 novembre 1994.

554 Article 77, al 1 de la convention des Nations Unies sur le droit de la mer, *op.cit.*

555 Convention des Nations Unies sur le droit de la mer, *op.cit.*, article 56, al 1

556 Principe 2 de la Déclaration de Rio sur l'environnement et le développement : « conformément à la charte des Nations Unies et au principes du droit international, les Etats ont le droit souverain d'exploiter leurs propres ressources selon leur politique d'environnement et de développement, et ils ont le devoir de faire en sorte que les activités exercées dans les limites de leur juridiction ou sous leur contrôle ne causent pas de dommages à l'environnement dans d'autres Etats ou dans des zone ne relevant d'aucune juridiction nationale ».

557 Les négociations sur cette charte ont été lancées à Bruxelles en juillet 1991 pour s'achever par la signature à la Haye le 17 décembre 1991. Le Traité sur la Charte de l'énergie et le protocole sur l'efficacité énergétique et les aspects environnementaux connexes ont été signées le 17 décembre 1994 à Lisbonne par l'ensemble de signataire de la Charte de 1991 excepté les Etats Unies et le Canada.

558 Article 18 al 1 « *the contracting parties recongnize sovereignty and sovereign rights over energy resources. They reaffirm that they must be exercised in accordance with and subject to the rules of international law.* » Partie IV Dispositions diverses de la Charte sur l'énergie de 1994.

d'octroi et d'exercice des autorisations de prospecter, d'exploiter et d'extraire les hydrocarbures rappelle que « [...] les Etats membres possèdent la souveraineté et les droits souverains sur les ressources en hydrocarbures situées sur leur territoire[559] ».

273. Ces différents instruments juridiques démontrent à quel point la communauté internationale n'a cessé d'affirmer l'existence d'un principe de souveraineté permanente des Etats sur leurs ressources naturelles. Ce qui a conduit à la naissance d'un principe de droit international à valeur coutumière, reposant à la fois sur une pratique générale et « *l'opinion juris* »[560]. Cependant, pour se soustraire aux risques d'exploitation et des engagements pris vis-à-vis des investisseurs étrangers, les Etats font souvent valoir la portée coutumière du principe de souveraineté permanente sur les ressources naturelles[561]. Si bien qu'on en vient à se demander si la question de la propriété permanente des Etats sur la ressource naturelle n'a en réalité été soulevée qu'à des fins financières. Il n'en demeure pas moins que le principe de souveraineté des Etats sur les ressources naturelles s'est étendu aux droits nationaux, qui parfois sont allés jusqu'à faire de ce principe un droit à valeur constitutionnelle.

2 / La consécration constitutionnelle du principe de souveraineté permanente des Etats sur leurs ressources naturelles

274. La souveraineté permanente sur les ressources naturelles étant perçue comme un vecteur d'indépendance économique pour les Etats Africain, ces derniers n'ont eu de cesse de réaffirmer ce principe, en insérant dans leur constitution des dispositions relatives à la souveraineté ou à la propriété pleine et entière de l'État sur les ressources naturelles présente sur son territoire. Toutefois, des différences doivent être mentionnées s'agissant des références constitutionnelles, au principe. Alors que, certaines constitutions africaines affirment de manière univoque le principe de souveraineté sur les ressources naturelles, d'autres sont plus nuancés et prévoient simplement le principe de la propriété des ressources naturelles.

275. Sur l'ensemble du continent africain, seules neuf constitutions consacrent explicitement le principe de la souveraineté des états sur leurs ressources naturelles. Parmi les neuf, pays quatre pays sont lusophones[562], dont la constitution de la république de la Guinée Équatoriale qui dans son

---

559 Préambule de la Directive 94/22/CE du Parlement européen et du Conseil, du 30 mai 1994, sur les conditions d'octroi et d'exercice des autorisations de prospecter, d'exploiter et d'extraire des hydrocarbures

560 DAILLIER (P), FORTEAU (M) et PELLET (A), *op.cit.*, p.260. Voir aussi VERHOEVEN (J), *op.cit.*, p.362.

561 COMBACAU (J), SUR (S), *op. cit.*, p.445.

562 Article 9 de la Constitution de la République de la Guinée-Bissau de 1996 ; Article 3 al 3 de la Constitution de la République d'Angola de 2010 ; Article 6 (2) de la Constitution du Cap-Vert de 2010. Cf LAURIOL (T), RAYNAUD (E), *op.cit.*, p.78.

article 3 al 1 précise que « […] l'État exerce pleinement sa souveraineté et peut explorer et exploiter de manière exclusive toutes les ressources et richesses minérales et hydrocarbures[563] ». Les cinq pays restants attribuant au principe de souveraineté sur les ressources naturelles une valeur constitutionnelle sont des pays francophones[564]. Parmi eux la République du Congo dont la constitution prévoit dans son préambule « nous peuple Congolais […] réaffirmons solennellement, notre droit permanent de souveraineté inaliénable sur toutes nos richesses et nos ressources naturelles comme élément fondamental de notre développement [565]». De même, la constitution Tchadienne prévoit que « l'État exerce sa pleine souveraineté entière et permanente sur toutes les richesses et les ressources naturelles nationales pour le bien-être de toute la communauté nationale[566] ».

276. Toutefois, certaines constitutions africaines ne vont pas jusqu'à consacrer le principe de souveraineté des Etats sur leurs ressources naturelles, mais se bornent plutôt à utiliser le terme « propriété » pour désigner les attributions de l'État sur ses ressources naturelles. Ainsi, ce sont quinze pays africains[567] qui reconnaissent la propriété pleine et entière de l'État sur les ressources naturelles présentes sur son territoire national. Cependant, la tendance à l'insertion dans la constitution de dispositions relatives à la gestion des ressources naturelles par l'État mérite d'être mentionnée. De nombreuses constitutions Africaines font écho au principe affirmé par la Résolution 1803 (XVII) du 14 décembre 1962, selon lequel le droit de souveraineté permanente des Etats sur leurs richesses et leurs ressources naturelles doit s'exercer dans l'intérêt du développement national et du bien-être des populations. À ce titre, la constitution du Cameroun stipule dans son préambule que l'État Camerounais est « Résolu à exploiter ses richesses naturelles afin d'assurer le bien-être de tous en relevant le

---

563 Article 3 al 1 de la Constitution de la Guinée-Équatorial de 1995

564 Article 9 de la Constitution de la République Démocratique du Congo de 2006 ; Article 149 et 148 de la Constitution de la République du Niger de 2010 ; Article 13 de la Constitution de la République tunisienne de 2014. Cf, LAURIOL (T), RAYNAUD (E), *op.cit.*, p.78.

565 Constitution de la République du Congo de 2002

566 Article 63 de la Constitution de la République du Tchad du 04 mai 2018

567 Article 27 (1) de la Constitution de la République de Tanzanie adoptée en 1977 ; Article 22 (b) de la Constitution de la République du Libéria de 1986 ; Article 100 de la Constitution de la république de Namibie de 1990 ; Article 14 de la Constitution du Burkina Faso de 1991 ; Article 2257 (6) de la Constitution de la République du Ghana de 1992 ; Article 40 (3) de la Constitution de la République démocratique fédérale d'Ethiopie de 1994 ; Article 244 de la Constitution de la République d'Ouganda de 1995 ; Article 17 de la Constitution d'Algérie de 1996 ; Article 23 (2) de la Constitution de l'Érythrée de 1997 ; Article 45 (3) de la Constitution de la République du Nigéria de 1999 ; Article 98 de la Constitution de la République du Mozambique de 2004 ; Article 213 de la Constitution du Royaume de Swaziland de 2005 ; Article 44 de la Constitution provisoire de la République fédérale de Somalie de 2012 et Article 32 de la Constitution de la République arabe d'Égypte de 2014 ;

niveau de vie des populations sans aucune discrimination, [...] [568] ». La constitution de la Centrafrique consacre quant à elle, de manière détournée, la propriété de l'État sur les ressources naturelles, en affirmant que « résolu, conformément au droit international, à préserver et à défendre [...] son droit inaliénable au plein exercice de la souveraineté sur son sol, son sous-sol et son espace aérien [569]».

277. Au regard de cette analyse, il apparaît que les constitutions des Etats de la CEMAC sont loin d'être unanimes lorsqu'il s'agit d'attribuer une valeur constitutionnelle au principe de souveraineté des Etats sur leurs ressources naturelles[570]. La notion ainsi définie, il convient de partir du constat suivant : les États membres sont les détenteurs initiaux de la souveraineté fiscale, et ne peuvent y renoncer irrémédiablement au profit d'une entité internationale telle que la CEMAC. Seulement, le processus d'intégration régionale impose une reconsidération de la souveraineté sous l'aspect politico-juridique.

<u>Paragraphe II :</u> L'exercice de la souveraineté fiscale par les Etats membres

278. Bien que, le Traité CEMAC et son Additif ne fassent que peu mention de la compétence fiscale de la CEMAC[571], il n'en demeure pas moins que les Etats ont œuvré dans le sens du rapprochement des législations fiscales[572] grâce à l'établissement du marché commun[573]. Toutefois, pour l'heure un constat s'impose, ces différentes mesures de coordination ne permettent pas de lutter efficacement contre les « stratégies de planification fiscale agressive[574]». Dès lors, avant de se pencher sur l'analyse d'une éventuelle corrélation entre la souveraineté, les Chefs d'Etats et l'intégration au sein de la CEMAC (**2**), un regard sur la pomme de discorde de l'intégration sous-régionale en zone CEMAC s'impose (**1**).

---

568 Préambule de la Constitution de la République du Cameroun du 14 avril 2008

569 Préambule de la Constitution de la République de la Centrafrique du 30 mars 2016

570 En effet, seul trois Etats de la CEMAC, dont le Congo, la Guinée-Equatoriale et le Tchad attribuent une valeur constitutionnelle au principe de souveraineté sur leurs ressources naturelles.

571 En effet, la fiscalité étant perçue comme une activité régalienne des Etats, la question a sans doute été volontairement évacuée à raison d'un consensus entres les pères de l'institution.

572 Voir article 12 de la Convention régissant l'UEAC, et article 69 al 3 du Traité de la CEEAC.

573 La réalisation du marché commun renvoie à l'élimination des droits de douane intérieurs, des taxes d'effet équivalent et revêt donc un caractère fiscal. Voir titre 2 de la Convention régissant l'UEAC. Convention révisée à Yaoundé le 25 juin 2008.

574 Technique consistant à tirer parti des subtilités d'un système fiscal ou des incohérences entre deux ou plusieurs systèmes fiscaux afin de réduire l'impôt payer. Voir recommandations de la commission Européenne du 06 décembre 2012.

A / La pomme de la discorde de l'harmonisation fiscale en Afrique centrale

279. L'article 4 du Traité CEMAC qui stipule que, « les Etats membres apportent leur concours à la réalisation des objectifs de la Communauté en adoptant toutes mesures générales ou particulières propres à assurer l'exécution des obligations découlant du présent Traité. […] [575]» ; contraint les Etats à reconsidérer la souveraineté sous l'aspect politico-juridique, afin qu'ils exercent en commun les compétences qui étaient exclusivement nationales avec les institutions communautaires de la CEMAC. Toutefois, dans les faits il reste des domaines non transférés pour lesquels les Etats rechignent à céder un pan de leur souveraineté et des domaines où le transfert n'est pas possible, au risque de faire disparaître l'Etat. De ce fait, dans le cadre du processus actuel de la construction énergétique CEMAC, comment sont perçues les implications théoriques et pratiques de la souveraineté, et dans quelle modalité celle-ci est perçue par les Etats de la CEMAC (**1**). Il est important de se demander si les Etats de ladite zone agissent selon le corollaire du droit de l'autodétermination, ou selon le vouloir et le désir subjectif des chefs d'Etats incarnant leur souveraineté (**2**).

1 / La corrélation entre la Souveraineté fiscale, les Chefs d'Etat et l'intégration en zone CEMAC

280. Contrairement à l'UEMOA dont les Etats membres ont eu à adopter une conception souple de la souveraineté afin de s'écarter de toute idéologie du repli sur soi, qui serait basé sur une certaine conception de celle-ci[576], au niveau CEMAC il a fallu que les Etats concèdent certaines compétences à l'Union pour la mise en place des politiques communes. Les lois fondamentales des Etats concernés avalisent le principe selon lequel la faculté d'imposer est une prérogative des pouvoirs publics nationaux. De plus, les Constitutions des Etats membres[577] font relever le régime de l'impôt du domaine de la loi. Ainsi, en vue de participer à la réalisation de l'intégration, les Constitutions des États de la CEMAC[578] ont permis un transfert de compétence à l'Union, à la condition que les traités engageant les finances de l'Etat et l'exploitation des ressources naturelles doivent être au préalable ratifiés par le Parlement, car il revient au parlement en tant que représentant national, de consentir l'impôt. Au demeurant, lorsque dans le préambule du Traité CEMAC les Etats affirment « […] donner une impulsion nouvelle et décisive au processus d'intégration en Afrique

---

[575] Article 4 du Traité révisé CEMAC

[576] OEUDRAOGO (S), *op.cit.*, p.70.

[577] Article 47 de la Constitution du Gabon, Article 125 de la constitution du Congo, article 76 de la Constitution de la Guinée-Équatoriale, article 127 de la Constitution du Tchad, article 80 de la Constitution centrafricaine et article 26 de la Constitution du Cameroun.

[578] Article 114 de la Constitution du Gabon, article 223 de la Constitution du Tchad.

Centrale par une harmonisation accrue des politiques et des législations de leurs Etats » ; et désirent « [...] établir à cet effet une organisation commune dotée de compétences et d'organes propres agissant dans la limite des pouvoirs qui leur sont conférés par le présent Traité », cela laisse apparaître un dessaisissement de leur compétence fiscale au profit de l'Union.

281. Toutefois, l'article 11 du Traité CEMAC stipule : « les Institutions, les Organes et les Institutions Spécialisées de la Communauté agissent dans la limite des attributions et selon les modalités prévues par le présent Traité, les Conventions de l'UEAC et de l'UMAC et par les statuts et autres textes respectifs de ceux-ci [579]». Et l'article 8 al 2 de la convention UEAC, précise que les organes de l'Union se doivent d'édicter dans l'exercice de leur pouvoir normatif, « [...] des prescriptions minimales et de réglementations cadres, qu'il appartient aux États membres de compléter conformément à leurs règles constitutionnelles respectives [580]». Ces deux dispositions traduisent l'inquiétude que les Etats membres ont eue de préserver leur souveraineté d'éventuels actes trop ambitieux des instances communautaires[581]. En effet, par le principe de « prescriptions minimales », les Etats n'ont concédé à l'Union que des compétences de prendre des mesures à caractère général, afin d'éviter que les dissemblances législatives engendrent des distorsions de concurrence. Par ailleurs, la préservation de la souveraineté fiscale signifie pour les Etats, le maintien d'une marge de liberté sur l'organisation de leurs politiques économiques, qui se traduit notamment par la maîtrise de la pression fiscale.

282. Dans cette optique, la fiscalité est considérée comme l'attribut inaliénable de la souveraineté au service des intérêts nationaux, car, après avoir concédé les souverainetés monétaires[582], les Etats aimeraient opérer librement leurs choix en matière fiscale[583]. Par conséquent, le traité a identifié les domaines dans lesquels les Etats membres permettent aux organes communautaires d'exercer des compétences explicites[584]. Il s'agit

---

[579] Article 11 du Traité révisé CEMAC

[580] Article 8 al 2 de la Convention UEAC

[581] En effet, pour prévenir non seulement, les excès des institutions qui sont toujours tentées de tout régler dans les moindres détails pour la mise en place du marché commun, mais aussi, le risque que l'exhaustivité législative des interventions de l'Union fasse disparaître peu à peu les compétences des Etats membres. Cf ; OUEDRAOGO (S), *op.cit.*, p86.

[582] Les Etats membres de la CEMAC appartiennent à la zone Franc. La Convention régissant l'Union Monétaire de l'Afrique centrale (UMAC) et les statuts de la Banque des Etats de l'Afrique centrale ont confié à la BEAC le privilège exclusif d'émettre la monnaie Unique, les pouvoir nécessaire à la mise en œuvre de la politique monétaire.

[583] En effet, l'un des problèmes auxquels sont confrontés les pays membres est celui de la conciliation de leur souveraineté avec la soumission à un droit édicté par une institution supranationale.

[584] Les institutions communautaires exercent leurs compétences en favorisant les réglementations cadres, qui lient les Etats quant au résultat à atteindre, tout en laissant aux instances nationales leur compétence en ce qui concerne la forme et les moyens, dans la

notamment, des politiques communes, les politiques sectorielles telles que l'harmonisation des législations fiscales et la politique monétaire. Or, dans les faits la CEMAC n'exerce pas de très larges compétences au point d'intervenir dans des domaines qui, normalement, doivent relever de la compétence étatique. En effet, c'est par voie de Directive, que la CEMAC légifère au niveau fiscal[585], acte par excellence qui ménage la souveraineté fiscale des Etats. Par conséquent, on assiste en matière fiscale, à une sorte de « fédéralisme financier » tel que Manuel TIRARD, l'a décrit pour montrer le fonctionnement du mécanisme de la gouvernance financière aux USA[586]. Ce fédéralisme financier est caractérisé par deux traits, à savoir la coopération, mais surtout la solidarité. Or, dans le cadre de la CEMAC, le modèle fédéral en construction semble reléguer au second plan la solidarité, pourtant incontournable dans un projet du genre.

283. De ce fait, l'enjeu pour les Etats de la zone est de trouver un équilibre entre la préservation du maximum de souveraineté fiscale et l'harmonisation des systèmes fiscaux[587]. Car l'exercice de la « souveraineté fiscale par les Etats conduit nécessairement à des doubles impositions, à des disparités fiscales et à des discriminations justifiant le développement[588] » de l'harmonisation fiscale dans la zone CEMAC. Mais il y a aussi, des facteurs propres à la CEMAC qui obèrent la construction communautaire.

2 / La souveraineté fiscale comme obstacle politique à l'harmonisation

284. L'harmonisation fiscale des produits énergétique constitue un processus particulièrement long et difficile, du simple fait, qu'elle touche à la souveraineté des Etats. En effet, bien que la souveraineté fiscale ne soit pas exercée exclusivement par l'État[589], elle est de toute évidence dans le

---

mesure de ce qui est compatible avec les buts et objectifs fixés dans le Traité. Cf ; Article 41 du Traité révisé de la CEMAC

585 Directive n°1/99/CEMAC-028-CM-03 du 17 décembre 1999 portant Harmonisation des Législations des Etats membres en matière de TVA et de Droit d'accises (DA).], Directive relative à l'impôt sur les sociétés, annexe à la Directive n°02/01/UEAC-050-CM-06 du 3 août 2001.

586 Ce modèle se caractérise par un partage du pouvoir financier entre les entités fédérées et le niveau fédéral, chacun ayant des ressources propres provenant de l'exercice d'un pouvoir fiscal propre. Ainsi, le niveau fédéral n'intervient que dans une fonction redistributive et stabilisatrice si nécessaire. Cf ; Manuel TIRARD, « Le fédéralisme financier au chevet de l'Europe », in *RFFP*, 2013-124, p.139-140.

587 MEYONG ABATH (R), *op.cit.*, p227

588 MAÎTROT DE LA MOTTE (A), *op.cit.*, p.36.

589 Pour Alexandre MAITROT DE LA MOTTE, la souveraineté fiscale ne se confond pas exactement avec la souveraineté politique. Ainsi, un Etat membre d'une fédération ou un Etat protégé peut exercer une souveraineté fiscale sans être politiquement souverain. Pour plus de détails, voir MAITROT DE LA MOTTE (A), op.cit., p.33 et 34. Voir également, LOGMO MBELEK (A), « La souveraineté fiscale des Etats africains au sud du Sahara (face aux enjeux du développement) : l'exemple du Cameroun », in *Revue EDJA*, n°3, 2008, pp.45-46.

cadre de l'harmonisation fiscale l'apanage originellement des Etats membres, dans la mesure où, l'acte d'imposer est traditionnellement un acte de souveraineté par excellence. Ainsi, étant donné que la fiscalité reste pour chaque Etat, l'instrument d'une politique économique et sociale, la réalisation d'une politique énergétique commune au sein de la CEMAC n'est pas exempte de difficultés. Celle-ci, est tributaire d'une part, de la structure démographique, économique et sociale qui caractérise ces Etats, et d'autre part, du choix collectif qui définit son degré de régulation et d'interventionnisme[590].

285. C'est alors qu'on observe, dans l'ensemble des pays de la CEMAC, que la politique fiscale représente, un moyen « d'expression de la représentation nationale et un instrument d'exercice privilégié de la souveraineté nationale [591]». En effet, la souveraineté implique un pouvoir politique exercé par le peuple et ses représentants, ainsi qu'une prohibition d'un transfert de ce pouvoir vers les entités supra étatiques[592]. De ce point de vue, les Etats de la CEMAC semblent percevoir l'harmonisation fiscale comme une remise en cause des compétences traditionnellement réservées par les constitutions aux parlements nationaux[593]. Or, comme le dit George SCELLE, « les organisations internationales qui tendent à une intégration en se substituant aux Etat dans l'exercice de certaines fonctions connaissent un mode de fonctionnement et de distribution du pouvoir qui relève du fédéralisme[594] ». Seulement, la CEMAC ne semble pas correspondre à ce schéma idéal. En effet, les organismes d'intégration régionale d'Afrique centrale « ont été conçus et mis en place en tant qu'associations d'Etats ; constituées par Traité, dotées d'une constitution et d'organes communs et possédant une personnalité juridique distincte de celle des Etats membres[595] ». Si bien, que le « souverainisme » qui imprègne fortement les bases structurantes de ces organismes d'intégration se reflète également dans le classicisme de leur statut juridique. Par conséquent, les Etats d'Afrique centrale entendent demeurer des pays souverains librement associés aux

---

[590] MEYONG ABATH (R), *op.cit.*, p.226.

[591] PONCELET (C), CHINAUD (R), Rapport d'information sur la fiscalité en Europe (fait au nom de la Commission des Finances, du contrôle budgétaire et des comptes économiques de la Nation (1), N°211 Tome II (1989-1990) Sénat, 4 avril 1990, p.7.

[592] CARRÉ DE MALBERG (R), *Contribution à la théorie générale de l'Etat*, Édition Paris, 1920, p.79. http://catalogue.bnf.fr/ark:/12148/cb37353931c

[593] MEYONG ABATH (R), *Ibid.*, p.226.

[594] SCELLE (G), *Manuel de droit international public*, Édition Paris, éd Domat-Montchrestien, 1948, p.250.

[595] Pour reprendre la définition désormais classique de la notion d'organisation internationale. Cf. M. BETTATI, « *Le Droit des organisations internationale* », Paris, PUF, col Que sais-je ? 1987, p.12 ; Voir aussi VIRALLY (M), *Définition et classification des organisations internationales : approche juridique, in* ABI-SAAB (G), *Le concept d'organisation internationale,* Édition UNESCO, Paris, 1980, p.51.

organismes interétatiques dont la qualification communautaire n'est pas synonyme de fusion.

286. Par ailleurs, comparé aux autres espaces politico-économiques de l'Afrique subsaharienne, la zone CEMAC est celle où le pouvoir se conserve le plus longtemps possible, du simple fait qu'elle a une tendance rétive à l'alternance[596]. Dans l'architecture communautaire de l'Afrique centrale ; la souveraineté des Etats est axiomatique, à tel point que le consensualisme des sources juridiques et « l'internationalisme » des principes fondamentaux peuvent brider dans une certaine mesure l'ambition d'intégration de la zone[597]. L'harmonisation d'un seul impôt implique rapidement la révision de pans entiers des systèmes fiscaux nationaux car ses conséquences économiques ou politiques portent atteinte à leur cohérence[598]. De plus, en zone CEMAC, le principe de l'idée de souveraineté-indépendante comportant comme corollaire immédiat l'égalité des Etats se voit respecter. À ce titre, ils négocient et discutent leurs accords sur la base de l'égalité et de la liberté contractuelle, même si certaines imperfections et incohérences sont évoquées par d'autres Etats, longtemps marginalisés dans le cadre de la gestion des instances de la Communauté.

287. Les rapports entre les Etats membres de la CEMAC privilégient plus « les rapports horizontaux entre sujets souverains et se défiant des rapports verticaux entre structure de subordination et Etats[599] ». La défiance des Etats sur la base de leur souveraineté constitue une entrave de taille à tout effort d'harmonisation. Ils disposent de moyens efficaces pour s'opposer à de tels travaux. De ce fait, étant donné que les Etats n'entendent pas perdre leur autonomie d'action dans la sphère des rapports internationaux et leur souveraineté fiscale, la procédure en matière fiscale impose que les actes de droit communautaire dérivés soient adoptés à l'unanimité. Cette exigence voulue par les Etats induit la garantie de la permanence, l'intangibilité et la sacralité de la figure de l'Etat. Ainsi, la combinaison de l'exigence d'unanimité entre les six Etats d'une part, et du caractère de souveraineté

---

[596] Téodoro OBIANG NGUEMA MBASOGO Président de la République de la Guinée-Equatoriale en fonction depuis 1979 (42 ans de pouvoir) détient le record du Chef d'Etats Africain à avoir mis le plus du temps au pouvoir, Paul BIYA Président de la République du Cameroun en fonction de 1982 (39 ans de pouvoir), Denis SASSOU-NGUESSO Président de la République du Congo en fonction depuis 1997 (24 ans de pouvoir) et Idriss DEBY Président de la République du Tchad de 1990 à 2021 (31 ans de pouvoir) et dont le Président par intérim n'est autre que son fils le général Mahamat Idriss DÉBY. Sans oublier le deuxième président du Gabon Omar BONGO ONDIMBA, qui a gouverné de 1967 à 2009 (42 ans de pouvoir).

[597] OUAMBA-DIASSIVY (A), *op.cit.*, p.10.

[598] En effet, la démocratie fondée sur l'indissociabilité de la taxation et de la représentation ; exige que les spécificités nationales soient respectées, tant que les compétences fiscales n'ont pas été transférée à un organe supranational représentatif.

[599] DUPUY (R-J), « *La Communauté internationale entre mythe et l'histoire* », Paris, Édition Economica/UNESCO, 1986, pp.39 et ss.

que recouvre la matière fiscale d'autre part, demeurent des obstacles juridiques et politiques très importants à l'élaboration d'une CEMAC fiscale. Toutefois, comme obstacle à la réalisation d'une politique énergétique commune, la souveraineté fiscale des Etats-membres ne semble pas être une réponse pertinente, dans la mesure où, les Etats s'opposent uniquement à une renonciation totale de choisir librement leur politique fiscale déjà encadrée, vu qu'ils doivent l'exercer dans le respect du Traité.

288. Ainsi, la CEMAC doit trouver un équilibre entre deux logiques, l'une liée à la centralisation progressive de certains leviers de la politique économique, l'autre à la décentralisation et la subsidiarité. Si l'exigence de l'unanimité pour l'adoption des actes communautaires dérivés constitue le principal obstacle, d'autres facteurs contribuent aussi à l'absence d'harmonisation.

B / La contestation de l'ordre fiscal communautaire

289. Penser que toute la problématique de l'intégration en zone CEMAC viendrait seulement du principe de souveraineté serait une illusion intellectuelle, car en réalité, la souveraineté des Etats est incarnée par la personne des chefs d'Etat, qui par leur égoïsme et leurs intérêts personnels adoptent ou non, les textes qui leur semblent bons grés. Par conséquent, à cause des rivalités entre Chef d'Etat développé par des considérations claniques, les réalisations concrètes des projets d'intégration peinent à voir le jour (**1**). Par ailleurs, la politique dite de «*la chaise vide* », du Président camerounais Paul BIYA lors des sommets et les revendications du Président Equato-Guinéen Téodoro OBIANG NGUEMA, semble reléguer dans « *l'archéologie du savoir* » ; l'esprit communautaire et remettre en cause les équilibres et les contours du leadership au niveau de la CEMAC (**2**).

1 / L'égoïsme des Etats membre véritable obstacle au processus d'intégration

290. En adhérant à la CEMAC les Etats, se sont engagés à s'abstenir de toute mesure susceptible de faire obstacle à l'harmonisation accrue des politiques et des législations communautaires. Dès lors, selon le programme des réformes économiques et financières de la CEMAC de 2017, il est en principe prévu d'accélérer la transposition et la mise en œuvre des nouvelles directives des finances publiques, et accélérer l'édification du marché commun. Seulement, dans la pratique pour les Etats de la CEMAC, l'Union ne signifie pas la fusion en un creuset fédéral car au nom d'une conception fervente et vive de leur souveraineté, les Etats membres se dressent aussi bien, contre toute vision réductrice de leur capacité internationale, que toute tentative d'altération ou de corrosion de leur

immédiateté internationale[600]. Comme a pu le faire remarquer, Narcisse MOUELLE KOMBI, contrairement à l'UEMOA[601], où il existe des dispositions semblables à celle des articles 23 et 24 de la loi fondamentale allemande, qui prévoit la possibilité pour la République fédérale d'Allemagne, de transférer des droits de souveraineté à l'UE, il n'existe pas de dispositions semblables au niveau de la CEMAC[602]. Par conséquent, les discours officiels tenus par les chefs d'Etats et les engagements pris par ceux-ci contrastent avec les réalités.

291. L'engagement des Etats membre de la CEMAC rencontre des entraves liées tout d'abord à la lenteur administrative qui empêche de traduire dans les faits, les dispositions des différentes Conventions. Ensuite, il arrive parfois que les Etats soulèvent un obstacle d'ordre économique pour justifier leur égoïsme, car elle vise à protéger les marchés intérieurs, les emplois et les richesses[603]. De plus, à cela s'ajoutent les blocages sécuritaires. Craignant une immigration massive et incontrôlée certains Etats sont réfractaires et réticents, à la libre circulation[604]. Alors que la libre circulation, est le baromètre de la réalisation d'une communauté. Seuls cinq des six Etats membres de la CEMAC s'efforcent de la pratiquer partiellement[605]. À ce titre, le Gabon et la Guinée-Équatoriale justifient leur réticence, par l'instabilité politique qui s'est développée dans certains Etats de la CEMAC sous l'effet des années de guerre civile, notamment, à chaque frontière du Tchad[606], celle au Nord-Ouest centrafricain[607], et plus

---

600 En zone CEMAC la réalité est-elle que, dès qu'on interfère avec un attribut essentiel de la souveraineté étatique, les engagements ayant pour finalité l'abandon de pouvoirs dans un domaine réservé posent l'épineux problème du transfert de compétences.

601 Il s'agit des Constitutions burkinabè (art.101) nigérienne (art. 81), togolaise (art.84), béninoise (art.98), sénégalaise (art.67), ivoirienne (art.71), malienne (art.70), bissau-guinéenne (art. 56)

602 MOUELLE KOMBI (N), « Les aspects juridiques d'une union monétaire : l'exemple de l'union monétaire d'Afrique centrale », in *RGDIP*, 2001-3, p.544

603 En effet, non seulement, les entreprises nationales de certains Etats sont protégées par les obstacles non tarifaires du fait qu'elles ne peuvent pas supporter la concurrence, mais certains Etats prennent également, l'initiative de modifier la catégorisation de certains produits. De ce fait, une ouverture des frontières constituerait un manque à gagner.

604 Les six Etats membres de la CEMAC étaient parvenus en 2013 à un accord sur la libre circulation mais l'accord n'a jamais été appliqué en raison du refus de la Guinée-Equatoriale et jusqu'en 2017 s'agissant du Gabon. En effet, selon la circulaire du 19 octobre 2017, les ressortissants de la zone CEMAC ne sont plus soumis à l'obligation du visa d'entrée au Gabon pour tout séjour ne dépassant pas 3 mois. Toutefois, la mesure vise à concilier la nécessité de libre circulation et l'exigence sécuritaire.

605 La Guinée-Équatoriale avait réitéré en 2017, son refus de l'accord de libre circulation sauf pour les détenteurs de passeport diplomatique

606 Actuellement le Tchad fait face à des conflits à chacune de ses frontières. En effet, depuis les années 1980-1990 le Sud du Tchad frontalier à la Centrafrique a abrité des mouvements politico-militaires Tchadien, à l'Est depuis 2010 est active une force mixte tchado-soudanaise, dans l'Ouest du pays depuis 2015 le Tchad lutte contre la fraction de boko haram affiliée à l'organisation de l'Etat Islamique, et enfin le dernier front pour le Tchad est le Nord depuis

récemment au Sud-Ouest et Nord-Ouest du Cameroun[608]. Il va de soi, que dans ces conditions, aucun allogène ne prendra le risque de s'aventurer dans ces zones, même si la liberté de circulation est effective[609]. Il subsiste enfin, un obstacle d'ordre sociétal qui nous ramène à la fonction première de l'impôt qui est de subvenir aux dépenses de l'Etat. Ainsi, parmi les six Etats membres, les modèles de société et les besoins de financement divergent[610] si bien que, pour certains Etats, une harmonisation des politiques énergétiques imposerait nécessairement une certaine harmonisation de ces choix de société. Ce qui traduit leur manque d'intérêt et d'engouement pour la politique énergétique en zone CEMAC.

292. De ces quatre facteurs très dissuasifs, l'on remarque une distanciation entre les États membres de la CEMAC, due en réalité à l'égoïsme des chefs d'État. Ainsi, le constat de ce désordre fiscal est d'autant plus préjudiciable, qu'il contribue à creuser les écarts entre les États membres en induisant, un effet concret sur les choix d'implantation d'une législation énergétique au sein de la CEMAC. Dès lors, étant donné que la Commission serait moins sensible que les gouvernements[611], les États membres ne souhaitent pas accroître son influence au risque de paupériser leurs États, mais restent plutôt attachés à leur pouvoir fiscal. Malheureusement, la démission des autorités politiques a laissé au cours des années précédentes, le soin aux forces du marché de procéder aux harmonisations fiscales qu'elles-mêmes avaient été incapables de mettre en œuvre. Ainsi, « en croyant défendre leur souveraineté fiscale, les États l'ont en réalité abandonnée au jeu des forces du marché[612] ». En effet, la libre expression de la souveraineté peut légitimement déboucher sur des règles fiscales qui peuvent sembler appartenir à la catégorie des pratiques de concurrence fiscale. À l'inverse, elle est susceptible d'être entravée par la concurrence fiscale exercée par les tiers. Conséquence, la coexistence des souverainetés fiscales, érigée en principe, est susceptible de produire une concurrence fiscale supprimant progressivement toute souveraineté[613].

2018 qui est en proie, cette fois-ci à des rebelles tchadiens venus de Libye et des insurgés Toubou,

607 La Centrafrique vit au rythme des coups d'Etat depuis 1960, le dernier en date a été mené par une rébellion venue du Nord en mars 2013.

608 Depuis 2016, la région anglophone du Sud-Ouest du Cameroun est secouée par des conflits armés

609 OUAMBA-DIASSIVY (A), *op.cit.*, p.20.

610 Certains Etats génèrent un besoin de financement nettement supérieur à celui d'autres Etats, moins interventionniste ou solidaire.

611 D'ONORIO DI MEO (E), *De l'harmonisation à la coordination de la fiscalité directe dans la lutte contre la concurrence fiscale dommageable*, Mémoire Université de Droit, d'Économie et des Sciences d'Aix-Marseille, 2002-2003, p.31.

612 MONTAGNIER (G), Harmonisation fiscale communautaire, janvier 1995- février 1997, Revue trim. de droit européen N°1, 1997, p.368.

613 https://www.senat.fr/rap/r98-483/r98-4836.html

293. Si ce risque reste dans l'ensemble théorique, il est toutefois important et très concret s'agissant des prélèvements sur les facteurs mobiles tels que la taxation des produits énergétiques. En effet, pour ces catégories d'imposition au moins, un choix doit être opéré entre le maintien absolu des souverainetés nationales, qui entrainerait une éventuelle concurrence fiscale, et des atténuations apportées aux souverainetés nationales, dans le but d'encadrer son exercice par l'adoption des règles communautaires plus ou moins ambitieuses[614]. Tout compte fait, il serait nécessaire de transférer à l'Union la compétence fiscale dans la mesure, où elle exerce déjà la compétence monétaire. Il apparaît bien que sur le terrain des objectifs essentiellement économiques autour desquels est centrée la CEMAC, la coopération et la coordination sont privilégiées. Il en va de même, des autres secteurs où, comme par prétérition, les États membres prétendent vouloir élaborer et adopter des politiques communes[615].

294. Toutefois au regard de ce qui précède, le principe de non-ingérence dans les affaires internes de l'État ou des peuples à disposer d'eux-mêmes, est difficilement observable dans la sous-région. Les différentes poches de tensions dont font face certains États, nécessitent le soutien des États voisins, pour restaurer l'ordre et la sécurité. Dès lors, cet état de fait doit pousser les États à redoubler d'efforts en laissant de côté tout égoïsme car le cadre juridique à lui seul ne suffit pas pour la réussite de l'intégration.

2 / La problématique du leadership en zone CEMAC

295. Les questions économiques sont le terreau des querelles de leadership en zone CEMAC. Ainsi, le problème de leadership au sein de la zone résulterait de l'échec du couple Cameroun-Gabon à se positionner durablement comme le moteur de la zone[616]. En effet, depuis 2004 le Cameroun et le Gabon se livraient une guerre sourde, lorsque la CEMAC retint le Gabon pour abriter la Bourse de valeurs mobilières de l'Afrique centrale (BVMAC). À la suite de cette décision, le Cameroun, mécontent inaugura le 23 avril 2005 sa bourse Douala Stock Exchange (DES)[617]. Mais, cette rivalité prit fin en 2016 à Malabo en Guinée équatoriale au cours d'une réunion de la CEMAC qui décida que le Cameroun abritera dorénavant la

---

[614] https://www.senat.fr/rap/r98-483/r98-4836.html

[615] OUAMBA-DIASSIVY (A), *op.cit.*, p.40.

[616] AWOUMOU (C.D.G), « Le couple Cameroun-Gabon : moteur de l'Afrique centrale ? », in *Enjeux* N°17, octobre-décembre 2003, pp.5-10.

[617] La création de ces deux organismes serait la résultante d'une querelle entre le président du Cameroun Paul BIYA et le Président du Gabon Omar BONGO ONDIMBA, sur le motif que le siège de la bourse régionale aurait été attribué à Libreville à l'issu d'une Conférence de Chefs d'État (où le président camerounais était absent) sans tenir compte de l'envergure du secteur privé du Cameroun.

BVMAC[618]. Quoi qu'il en soit, cette situation ubuesque démontre à quel point les divergences handicapent fortement le processus d'intégration à travers la libre circulation des services et des capitaux.

296. Ensuite, le leadership en zone CEMAC, semble se fonder sur une dimension historique. Car certains États ne rechignent pas à tirer de leur statut de membres fondateurs de l'organisation, la reconnaissance d'un rôle de dépositaire de l'aspiration originelle, qui lui conférerait une autorité politique sur les autres. En effet, le Gabon n'a cessé d'afficher ses prétentions au leadership dans la mesure où il dispose non seulement, d'importantes ressources énergétiques, mais également, d'un avantage comparatif sur l'échiquier diplomatique, qui était inhérent à l'entregent du président Omar BONGO ONDIMBA. Cependant, n'étant pas désigné pour assumer une telle responsabilité[619], le Gabon a décidé de s'associer avec le Congo en vue de s'imposer comme le moteur de la CEMAC. Il s'agit là d'une entente séculaire renforcée, une coopération bilatérale conviviale.

297. Puis, le leadership peut également s'affirmer par le biais de la puissance militaire. En effet, le Tchad peut être considéré comme remplissant les critères militaires du statut de leader au sein de la CEMAC du simple fait qu'il est la principale puissance militaire de la CEMAC. Dès lors, au-delà du poids de sa population et de sa surface géographique, il peut se prévaloir, non seulement de sa capacité à régler des conflits dans la sous-région, mais également, de son aptitude à déstabiliser potentiellement la zone ou une partie de celle-ci[620]. Cependant, le critère démographique a son importance dans certaines organisations d'intégration. Il revêt une dimension économique notable, ce qui peut dans certains cas être un facteur de leadership politique institutionnalisé. En effet, le Cameroun s'impose comme le leader naturel de la CEMAC, car il représente 50% de la population, du PIB et de la masse monétaire en circulation dans la sous-région. Pôle industriel de la CEMAC, il est le seul pays de la zone à avoir

---

618 Ainsi, le 31 octobre 2017, l'une des résolutions du sommet tenu à Ndjamena au Tchad ramena la BVMAC au Cameroun, encore faut-il que les leaders de la sous-région s'accordent sur les modalités pratiques.

619 En effet, le Gabon est l'un des Etats de la CEMAC qui ne ménage aucun effort, pour adhérer au projet d'intégration régionale, mais opte plutôt pour la coopération. Notamment, en entravant systématiquement certaines initiatives communautaires, telles que la libre circulation et le financement de l'UDEAC/CEMAC. Depuis 1996, le Gabon traîne dans le versement de sa contribution égalitaire. A la date du 30 octobre 2003, par exemple et pour l'exercice courant, Libreville n'avait versé que 600.000.000 F CFA sur 1.507.656.810 F CFA attendu, soit un taux de recouvrement de 39,80%.

620 Notamment, son implication dans le conflit Centrafricain semble l'ériger en interlocuteur politique de premier ordre de la RCA.

entamé une véritable multinationalisation de ses entreprises[621], et a démontré sa capacité à mener une initiative concurrente à un projet régional[622].

298. Enfin, le leadership peut aussi résulter de la participation du dirigeant politique d'un État à la création de l'organisation d'intégration. Ainsi, au nombre de querelles existantes au sein de la CEMAC, il faut ajouter les déclarations et revendications de la Guinée équatoriale qui suscitent de vives critiques. En effet, en 2002 la Guinée équatoriale a d'abord usé de la diplomatie financière en octroyant successivement un soutien financier à la RCA et au Gabon[623]. Par la suite, en 2003 elle s'est singularisée en retirant ses troupes de la Force multinationale en Centrafrique (FOMUC). Puis, par le biais de différents médias, le président Téodoro OBIANG NGUEMA MBASOGO et ses collaborateurs ont commencé à souligner la nécessité de moderniser la CEMAC[624]. Enfin, se sentant sous-représenté au sein des institutions sous-régionales, le président OBIANG NGUEMA a plaidé devant ses pairs lors du 6e sommet des chefs d'État de la CEMAC, les 29 et 30 juin 2005, à Malabo en Guinée-Équatoriale, pour « plus d'équité dans l'attribution des responsabilités ». À cet égard, il a requis et obtenu la réalisation d'un audit juridique et financier des institutions communautaires[625]. Ainsi, la poursuite des réformes des institutions déboucha, lors du tumultueux sommet de Ndjamena du 25 avril 2007, au remplacement du Secrétariat exécutif de l'organisation par une Commission dirigée par un Président où chaque État membre est représenté par un commissaire. Conséquence, plus la Guinée équatoriale devient riche, plus elle revendique une place à la hauteur de ses revenus car elle a acquis une puissance financière incontestable.

---

621 AWOUMOU (C.D.G), « La multinationalisation des entreprises nationales au sein de la CEMAC : initiative purement privée ou cheval de Troie pour l'hégémonie du Cameroun ? », in *Enjeux* N°13, octobre-décembre 2002, pp.24-27.

622 Notamment, par la création en 2005 de Douala Stock Exchange bourse concurrente de la BVMAC. De même le Cameroun qui dispose d'une façade maritime, au même titre que le Congo, le Gabon et la Guinée-Équatoriale a des infrastructures portuaires en concurrence qui attirent les mêmes types de produits et se disputent les parts de marché de l'import-export sous régional.

623 GESTIN (J-D), « Pétro-diplomatie », in *Jeune Afrique/L'intelligent*, N°2175, du 16 septembre 2002, p.24

624 Par exemple, dans une interview accordée à Jeune Afrique/L'intelligent (N°2319, du 19 au 25 juin 2005, p.38), le Président OBIANG NGUEMA déclare : « J'ai déjà évoqué avec mes pairs chefs d'État la nécessité d'une réforme majeure de nos structures communes. En réalité, pour le moment, nous avons juste changé de nom, l'UDEAC est devenue CEMAC. Mais, nous continuons à fonctionner avec les anciens textes qui ne sont plus adaptés. Nous sommes, c'est le cas de le dire, dans le statu quo ».

625 Pour T. OBIANG NGUEMA, « la Guinée Équatoriale ne tire aucun bénéfice des lourdes sommes qu'elle dépose dans les coffres de la BEAC et ne dispose d'aucun poste au niveau de sa direction ». Il est relayé par son ministre des Finances, Marcelino OWONO EDU, qui dénonce l'« inéquité » et l'« injustice » de la répartition des postes à la tête de la BEAC, et exige une juste rémunération des avoirs équato-guinéens puis demande une remise à plat de la gestion de la CEMAC. Cf. Jeune Afrique /L'intelligent, N°2322, du 10 au 16 juillet 2005, p.70

299. Toutefois, outre la BMVMAC et les infrastructures portuaires, les pays de la CEMAC n'ont pas « parlé » d'une même voie dans le cadre des négociations sur les APE. En effet, pendant que les États de la CEMAC étaient en négociation avec l'UE, le Cameroun signa un accord intermédiaire de façon séparée. Or, quand on sait que les APE ont pour principal effet de réduire considérablement les avantages concurrentiels en Europe des produits CEMAC, les retombées de cet accord influenceront radicalement l'environnement économique de la sous-région. Même si, pour l'instant, les textes sont établis pour contenter les érudits et les discours des chefs d'État pour la persuasion extérieure, il serait toutefois souhaitable d'envisager un leadership « participatif », où les États formeraient une alliance objective à vivifier par une coopération bilatérale dynamique, dans le but de la réalisation de l'harmonisation fiscale.

SECTION II : UNE HARMONISATION FISCALE DE FAÇADE

300. La réussite de la législation énergétique commune est intimement liée à l'efficacité des politiques communes destinées à garantir une certaine équité dans les relations inter-États. Malheureusement, selon le constat peu réjouissant tiré par les États membres de la CEMAC, à l'occasion de la 8e édition de la journée de la CEMAC organisée autour du thème « Les ressources naturelles, enjeux et défis »[626], les efforts déployés pour promouvoir et renforcer l'intégration régionale en Afrique centrale peinent à produire des résultats concrets. Cette absence de véritables progrès en matière d'intégration est due, d'une part, au développement autocentré des microstructures étatiques, phagocyté par des crises économiques récurrentes (**Paragraphe I**). Et d'autre part, à l'incapacité des autorités nationales à trouver individuellement des solutions satisfaisantes susceptibles de relancer leur développement (**Paragraphe II**).

Paragraphe I : Les pesanteurs de la mise en œuvre de l'harmonisation fiscale

301. Contrairement à l'UEMOA où l'intégration progresse en quatrième vitesse, les résultats attendus du processus d'intégration de la CEMAC n'ont toujours pas été atteints jusqu'à présent, et ce en dépit des progrès réalisés depuis l'institution du Traité CEMAC[627]. À tel point, que les synergies

626 Institué en effet, dans l'optique de donner une impulsion nouvelle et décisive au processus d'intégration en Afrique centrale, par une harmonisation accrue des politiques et des législations de leurs États, la CEMAC a effectué très peu de progrès depuis sa création.

627 En effet, non seulement, l'application des dispositions communautaires par les États membres est imparfaite, mais également, les velléités protectionnistes de certains États membres, sapent les efforts consentis.

nécessaires ne sont pas mobilisées avec la volonté suffisante, pour organiser une véritable complémentarité des outils et moyens d'assurer la réussite de la politique énergétique régionale. Ainsi, ces défaillances révèlent un bilan mitigé, qui se traduit par les dysfonctionnements du mécanisme de financement de la CEMAC (**A**), qui subséquemment ont abouti à la mauvaise implémentation du PER 2009-2015 (**B**).

A / L'infertilité des instruments d'intégration

302. Au regard de toutes les réformes opérées au sein de ladite Communauté, ainsi que, les différents projets réalisés et en cours, il est aisé de se rendre compte, que le processus d'intégration économique des États membres de la CEMAC peine à franchir le cap de la première étape de sa réalisation. En effet, si l'intégration avance à un rythme lent, c'est parce que le financement de la CEMAC pose problème (**1**). À tel point, que le plan d'action du PER qui était censé faire de la CEMAC un espace économique intégré et émergent pour la période (2017-2020) n'est pour l'heure qu'au stade d'idée de projets (**2**).

1 / Persistance des difficultés affectant le cadre macroéconomique de la communauté

303. C'est un euphémisme de dire que la CEMAC souffre de la rareté des ressources financières, pour l'accomplissement de ses programmes[628]. Pourtant, malgré cet engagement politique fort de mettre en place un mode de financement, par les dispositions pertinentes de l'Acte additionnel n° 3/00-CEMAC-046-CM 05, l'analyse juridique du mécanisme fait ressortir de nombreux vices, qui obèrent les performances de la TCI. À ce titre, le rapport bilan de la Commission de la CEMAC du 29 octobre 2017, faisait apparaître des dysfonctionnements patents au niveau du schéma de la collecte de la TCI, en révélant que « le rôle et le jeu des acteurs tels que conçus dans les textes de base de la TCI étaient complètement dévoyés dans la pratique, consécutivement à l'immixtion des administrations des Trésors dans la procédure de recouvrement de cette taxe communautaire[629] ». En effet, malgré les dispositions énoncées à l'article 8 du texte régissant la TCI, qui stipule que : « Les titres de paiement de la TCI/P sont déposés quotidiennement pour encaissement par les administrations nationales des Douanes dans les comptes ouverts au nom de la CEMAC, dans les Agences Nationales de la BEAC[630] », les États de la CEMAC procèdent à

[628] Rapport d'activité de la première étape du processus d'intégration économique de la CEMAC, *op.cit.*, p.24.
[629] Rapport bilan de la commission de la CEMAC du 29 octobre 2017, *op.cit.*, p.43.
[630] Article 8 de l'Acte Additionnel n° 3/00-CEMAC-046-CM 05 instituant un mécanisme autonome de financement de la Communauté.

l'encaissement des fonds de la TCI, par le biais des Trésors nationaux[631]. De surcroît, pour entretenir ce flou, il s'est développé une omerta systématique sur les résultats de collecte de la TCI dans les guichets des administrations douanières.

304. Toutefois, en dehors des contre-performances du schéma de collecte de la TCI, il y a également l'épineux problème de l'accumulation des arriérés des contributions des États membres. En effet, lors de l'ouverture des travaux de la session extraordinaire du Conseil des ministres de l'UEAC, du 29 octobre 2017 à Ndjamena, NGUÉTO TIRAÏNA Yambaye, président du dit conseil, révélait que, le montant cumulé des arriérés de cotisations des six pays membres, vis-à-vis de leur organisation, de 2009 à 2017, s'élevait à plus de 200 milliards de francs CFA. Lors de la session extraordinaire de la conférence des chefs d'État du 31 octobre 2017, tenue à Ndjamena, le Président en exercice Idriss DEBY ITNO déplora le fait que la TCI ne permettait pas de couvrir les charges essentielles de fonctionnement de la communauté, du fait de son faible taux de recouvrement et de reversement[632]. Selon les dispositions du Règlement n° 3/03-CEMAC-046-CM-09, 30% des ressources recouvrées de la TCI, qui servent à la couverture des dépenses de fonctionnement des institutions, et 70%, servent à alimenter les comptes du FODEC[633]. Or, en substance, non seulement, les ressources recouvrées ne permettent pas de couvrir les dépenses de fonctionnement des institutions, mais les 70% qui doivent permettre d'abonder le FODEC, ne sont également, pas mis de côté. Résultat des courses, les États membres qui estiment avoir subi des pertes de recette fiscales, dues à la mise en place de la TPG au taux zéro ne reçoivent pas les compensations attendues et les projets intégrateurs peinent à démarrer. C'est donc une situation qui remet en cause le principe de solidarité sous-jacent à l'intégration régionale[634].

---

[631] Parmi, les procédures d'encaissement de la TCI contraire aux dispositions de l'article 8 du texte régissant la TCI, on peut évoquer : l'hébergement de la TCI dans des comptes bancaires non cernés par l'agent comptable centrale ; L'absence de rapprochement entre émission de TCI et les encaissements par le Trésor. Mieux encore, les États, de manière arbitraire, ont fixé les seuils des sommes à verser à la CEMAC au titre de la TCI.

[632] Discours d'ouverture du président en exercice de la conférence des chefs d'États Idriss DEBY ITNO, lors de la session extraordinaire de la conférence des chefs d'Etats du 31 octobre 2017, tenu à Ndjamena

[633] Pour plus de précision, 40% des fonds FODEC servent à financer la compensation des pertes de recettes douanières, subi par les États membre, du fait de l'application du TPG au taux zéro %, et les 60% des fonds restant sert au financement des projets intégrateurs. Cf. article 1er du Règlement N° 3/03-CEMAC-046-CM-09 fixant les modalités d'intervention et de gestion du Fonds de Développement de la Communauté.

[634] Les grands pays, avec une économie diversifiée, exportent vers le marché communautaire sans droits de douane, en vertu des principes de l'union douanière. Cela entraine les pertes de recettes douanières pour les pays dont le tissu industriel n'est pas très large. En contrepartie de ces pertes, les processus d'intégration prévoient, pour une période transitoire, le transfert des ressources sous la forme de compensations, et de financer les projets intégrateurs dans les

305. De ce fait, aux sorties du sommet extraordinaire des chefs d'État du 31 octobre 2017, la Conférence avait pris la décision d'annuler « la masse d'arriérés à hauteur de 90%, des arriérés cumulés par les États membres, afin de repartir sur des bases nouvelles [635]», tout en invitant les États membres à s'acquitter du différentiel des arriérés avant la fin de l'année, soit 18 120 000 000 milliards de FCFA. Cependant, malgré l'amnistie fiscale de 90%, de leurs arriérés, les États membres au lieu de payer les 10% d'arriérés restants, ont explosé leur dette de financement envers la Communauté en moins de trois ans. En effet, en prélude à la 33e session du Conseil des ministres de l'UEAC du 8 février 2019, à Sipopo en Guinée-Équatoriale[636], de graves dysfonctionnements du mécanisme de la TCI avaient une fois de plus été identifiés. Au cours des travaux préparatoires du Comité inter-États de la CEMAC du 17 octobre 2018, la vice-présidente de la Commission de la CEMAC, Fatima HARAM ACYL déclarait que « la question du financement de la communauté est devenue alarmante, en dépit de toutes les initiatives entreprises pour éradiquer les dysfonctionnements observés ». Si bien qu'au regard, des écarts existants entre la TCI estimée et la TCI recouvrée d'une part, et entre la TCI recouvrée et la TCI reversée d'autre part, le taux de recouvrement de la TCI courant, prévu pour l'exercice 2018, était de seulement 15%. De plus, le 25 janvier 2019 à Malabo, le Président de la Commission de la CEMAC Daniel ONA ONDO, n'était pas allé de main morte lors de son allocution circonstancielle sur la situation financière, qui plombe le fonctionnement optimal de la Commission. Au chapitre de ces écueils, il a déploré le faible taux de recouvrement de la TCI, en déclarant que pour « un potentiel de 100 milliards de F. CFA, la TCI est recouvrée en moyenne à hauteur de 30-35 milliards F. CFA ». Preuve, que les États distraient une partie de la taxe collectée.

306. Dans le même ordre d'idées, le Président de la Commission de la CEMAC Daniel ONA ONDO, lors de la 36e session ordinaire du Conseil de ministre de l'UEAC, tenue par visioconférence, le 27 janvier 2021, a rappelé la situation financière critique de la CEMAC. L'enveloppe actuelle de la TCI est plus portée par des arriérés que par des recouvrements. L'on a des arriérés de TCI de l'ordre de près de « 100 milliards de francs CFA (soit 153 millions d'euros) et une dette sociale d'environ 20 milliards de francs CFA (soit 31 millions d'euros) [637]». Si bien, qu'« en raison de la modestie de la

---

pays les moins développés. À terme, les pays les moins développés augmentent leurs capacités à la faveur des aides communautaires et peuvent devenir de plus gros contributeurs. Ainsi, s'exprime la solidarité entre pays riches et moins riches au sein d'une même zone. Les plus forts d'un moment tirent les autres vers le haut.

[635] Communiqué final de la session extraordinaire de la conférence des chefs d'Etats du 31 octobre 2017 à Ndjamena. p.4.

[636] Communiqué final de la 33e session du Conseil des ministres de l'UEAC du 8 février 2019, p.6.

[637] Communiqué final de la 36e Session du CM-UEAC, 27 janvier 2021, p.5.

performance de la TCI, près de 90% des ressources recouvrées sont affectées au fonctionnement de la Communauté [638]». Ce qui représente un véritable manque à gagner, pour une zone en urgente nécessité d'intensification d'intégration régionale.

307. De surcroît, au niveau du Secrétariat exécutif, les états comptables sur la TCI collectée sont inexacts suivant les principes d'accord partis, lesquels devraient être fondés sur les règles de prorata du poids des budgets de chaque institution[639]. Le reversement tardif et partiel des contributions des États membres, amène successivement, le Secrétariat exécutif à effectuer des versements à compte goute, et à procéder fréquemment à des arbitrages sur les actions à maintenir et celles qu'il faut atermoyer[640]. Néanmoins, il y a lieu de souligner, qu'afin d'éviter des sanctions, les États qui décident d'épurer leurs dettes, le font le plus souvent qu'à la veille des sommets[641]. Ces graves dysfonctionnements sont de nature à saper la mise en œuvre cohérente du budget communautaire, ainsi que les politiques communes. Si en UEMOA, la viabilité de la coopération interétatique, repose sur le principe de « solidarité financière entre les États membres[642] », il faut dire qu'au niveau CEMAC, la coopération interétatique repose sur la contribution égalitaire de chaque État[643]. Selon l'article 50 al 2 du Traité révisé CEMAC « en cas d'insuffisance du produit de la TCI d'un État membre pour couvrir sa contribution au budget de fonctionnement de la communauté, le trésor public de cet État effectue des paiements directs complémentaires ». Autrement dit, les États enclavés de la CEMAC qui sont dans l'impossibilité d'honorer leurs obligations par le biais uniquement de la TCI, sont obligés de recourir à leurs budgets nationaux. Malheureusement, en substance, les pays non enclavés, dont le poids économique et le vaste tissu industriel tels que le Cameroun, et le Gabon imposent comme premier contributeur CEMAC, font partie des mauvaises élèves en matière de contribution[644]. Dès lors, l'accumulation d'arriérés de paiement résultant pour les pays enclavés du maintien de cette clé égalitaire remet à l'ordre du jour les faiblesses structurelles du système classique des contributions sur budgets nationaux, et

---

[638]Communiqué final de la 36e Session du CM-UEAC, 27 janvier 2021, p.5.

[639] Performances Management Consulting-ECDPM, *Diagnostic institutionnel, fonctionnel et organisationnel de la CEMAC*, tome 1, février 2006, page 29.

[640] À cet effet, aux regards des lourdes manœuvres engagées par le secrétaire exécutif qui s'avèrent souvent infructueuses auprès des trésors nationaux, le Président de la Commission a sommé l'agent comptable central de lancer une opération de recensement de cette dette, afin d'en cerner l'ampleur, et de s'accorder avec les créanciers sur des échéances soutenables.

[641] Article 52 du Traité révisé CEMAC

[642] Article 49 du Traité constitutif UEMOA

[643] Article 50 du Traité révisé CEMAC

[644] En effet, le Cameroun et le Gabon dont la contribution devait représenter 80% du budget de la CEMAC en 2003 et 2004 n'ont versé que 23% de ce qu'ils durent en 2003 et 32% pour 2004. Au point, où en 2020 les arriérés du Cameroun se sont élevés à 24 690 045 999 milliards de FCFA.

amplifie les rétentions des recettes par les autres États au motif de leur insatisfaction de l'utilisation qui en est faite.

308. Ainsi, il est urgent pour la CEMAC « de finaliser la réflexion sur les sources additionnelles de financement de la Communauté afin de réduire l'impact négatif de l'insuffisance de recouvrement de la TCI [645]». Bien que, pour l'heure, les effets du réaménagement de la TCI dans le sens de la sanctuarisation des ressources, restent attendus, il revient néanmoins à chaque État de jouer sa partition en reversant totalement et dans les temps, la TCI qui constitue désormais une recette affectée à la Communauté[646]. Car, tant que les dispositions pertinentes de la collecte de la TCI, ne seront pas appliquées, la CEMAC continuera à être un tonneau des danaïdes.

2 / Les difficultés de fonctionnement liées à l'errance des services

309. En l'état de son fonctionnement actuel, la CEMAC apparaît, non pas comme une organisation d'intégration supranationale à même d'impulser le processus d'intégration régionale, mais davantage, comme une organisation intergouvernementale marquée, par l'égoïsme et l'emprise des États membres sur ses institutions. Ainsi, en dépit des efforts consentis depuis 1964 pour la construction de l'intégration en zone CEMAC, la libre circulation des biens reste entravée, par l'accroissement des tracasseries administratives le long des corridors intérieurs et aux frontières de tous les États membres. En effet, les transporteurs routiers des pays enclavés de la CEMAC sont confrontés à des barrages routiers fréquemment érigés de manière intempestive[647]. Il convient de préciser que ces pratiques douanières couvrent toutes les routines administratives, telles que l'utilisation de la technologie de l'information, le degré de dépendance des importations et exportations des entreprises, les structures bureaucratiques, etc. [648]

310. Concernant le schéma de la libéralisation des échanges intracommunautaires, il convient de noter que l'existence de règles d'origine suggère des conditionnalités pour la circulation des marchandises originaires. L'analyse, les critères d'origine et notamment les seuils de valeur ajoutée exigés pour obtenir le statut de marchandises originaires et l'existence de mesures de restriction en zone CEMAC sont de 30% ex-usine. Cependant, force est de constater que non seulement, ces taux sont restrictifs

---

[645] Discours d'ouverture des travaux de la 36e session ordinaire du Conseil de ministre de l'UEAC, du Président de la Commission de la CEMAC.

[646] En effet, la persistance des distorsions introduites dans le mécanisme de la TCI, est à l'origine des tensions de trésorerie préoccupantes, de l'accumulation de lourds arriérés de paiement et de sérieuses difficultés à exécuter les activités des institutions communautaires.

[647] Commission économique pour l'Afrique, *Les processus de création du marché commun africain : une vue d'ensemble*, Juin 2004, p.8.

[648] MKIMER-BENGELOUNE (L), *Modélisation des barrières non tarifaires et leur impact sur les échanges internationaux : une application aux pays méditerranéens*, Thèse Economies et finances, Université de Toulon, 2013. p.166.

et limitent de fait le commerce intracommunautaire, mais que l'application du schéma de libéralisation des échanges intracommunautaires se fait également, de manière parcimonieuse par les administrations nationales. Les administrations refusent d'accorder le régime préférentiel réservé aux marchandises originaires, soit par méconnaissance des règles y relatives ou pour des impératifs d'ordre budgétaire. Dans ce cas, il s'agit de barrières tarifaires résiduelles.

311. Ainsi, les difficultés spécifiques liées à l'application des règles d'origine communautaire tiennent préalablement, aux critères de valorisation retenus qui sont délicats à mesurer et à certifier par les administrations compétentes des États. Puis, à la procédure de vérification des certificats de circulation émis dans certains États, qui mettent en cause leurs conditions de délivrance. Mais surtout, à l'absence d'échange d'informations entre les administrations douanières.

B / Dévoiement du plan d'action du Programme économique régional (PER)

312. Malgré ses nombreuses richesses, l'analyse des performances des économies de la CEMAC montre que depuis une décennie la croissance de la zone CEMAC a eu peu d'impact sur la pauvreté et repose sur un nombre limité de matières premières. À cela, s'ajoutent les défis critiques auxquels la CEMAC doit faire face, dont la gestion d'une profonde crise économique, la préservation de la sécurité et de la protection de son précieux écosystème. Ainsi, afin de donner une impulsion nouvelle et décisive au processus d'intégration, les États décidèrent de lancer la vision CEMAC 2025 (**1**). Seulement, les pesanteurs conjoncturelles et structurelles mettent à mal la volonté politique affichée par les États de la CEMAC (**2**).

1 / Schéma directeur du Programme économique régional (2010-2025)

313. Il est coutume de dire qu'on ne peut pas progresser, lorsqu'on ignore où on va. Faisant sienne cette vérité, les plus hautes autorités de la CEMAC ont adopté un vaste programme dénommé PER, à l'issue de la conférence des chefs d'État de janvier 2010 à Bangui. À cet égard, non seulement, le PER devrait être le principal cadre d'action de mise en cohérence des programmes sectoriels communautaires, mais toutes les activités de la communauté devaient également, s'inscrire dans cette dynamique de valorisation du potentiel de développement de la sous-région et d'édification d'un espace économique plus performant et plus résilient aux chocs externes[649]. À ce titre, pour la réalisation de l'émergence de la CEMAC, le

[649] Rapport final CEMAC 2025 : *Vers une économie régionale intégrée et émergente*, Programme économique régional 2010-2015, volume1, octobre 2009, p.9

PER présente un agenda d'émergence (2010-2025), en trois phases quinquennales. Comme pour tout programme, la construction du plan d'action CEMAC 2025, supposait au démarrage de sa première phase (2011-2015) de mettre en place les fondements institutionnels[650]. La deuxième phase (2016-2020) visait l'encrage des piliers de la diversification économique de la communauté. Quant à la dernière phase (2021-2025), elle a pour but de consolider les phases précédentes[651].

314. Étant une vision globale, le PER prend en compte les programmes sectoriels des États membres, afin d'assurer d'une part, une bonne articulation entre l'agenda de la CEMAC, de ses États membres, du secteur privé et celui des partenaires au développement de la communauté. Et de fournir d'autre part, des possibilités de complémentarité entre les interventions des différents bailleurs de fonds au niveau de la communauté. Le deuxième objectif stratégique, vise à assurer la déclinaison et l'appropriation du PER au niveau de chaque État membre, en apportant la cohésion nécessaire entre le PER CEMAC, et les stratégies de développement nationales. Ce qui permettra, aux États membres et à la communauté de partager un même agenda de développement, et d'agir en synergie et de façon cohérente sous la bannière d'un cadre institutionnel[652].

315. La volonté de promouvoir l'accélération du développement collectif des économies des États membres dans le secteur de l'énergie, s'appuie sur le plan d'Action adopté en 2006, relatif à l'énergie comprenant onze activités, dont deux concernent l'énergie rurale et périurbaine, qui fut complétée en 2010 par le PER. Identifié comme l'un des cinq moteurs de croissance de la stratégie de la CEMAC, le pilier Énergie vise une croissance soutenue des hydrocarbures primaires et raffinés, le développement de la filière gaz naturel liquéfié (GNL), la production d'électricité à partir des ressources renouvelables, surtout l'hydroélectricité et autres ER y compris la biomasse[653].

316. À cet effet, soutenue par certains principes directeurs, la politique énergétique de l'Afrique centrale est mise en œuvre à travers un schéma directeur de la production d'électricité, dont la valorisation du potentiel permettra d'atteindre une production de 25000 MW en 2025, assurant l'autosuffisance de la CEMAC, et l'exportation de l'excédent, essentiellement vers le Nigeria et toute l'Afrique de l'Ouest[654] (voir **Fig.3**).

---

650 En effet, il devait finaliser le plan opérationnel largement discuté au cours des assises communautaires tenue en octobre à Brazzaville, mettre en place le cadre institutionnel du PER, incluant les cellules nationales pour les volets PER-pays, en phase avec le PER CEMAC et convoquer une table ronde des bailleurs de fonds à Brazzaville, avec le concours de la Banque mondiale.

651 Rapport final CEMAC 2025 : *Vers une économie régionale intégrée et émergente*, op.cit., p.9.

652 *Ibid.*

653 *Ibid.*., p.10.

654 Rapport final CEMAC 2025 : *Vers une économie régionale intégrée et émergente*, op.cit., p.10.

Au niveau du raffinage, plutôt que l'extension de raffineries nationales trop petites, obsolètes et souvent coûteuses en subventions étatiques, les États membres de la CEMAC ont opté pour la mise en commun de leurs moyens et la création d'une grande raffinerie régionale moderne, compétitive, ayant la taille requise (capacité de production de 8 à 10 millions de tonnes par an) et adossée à une plateforme de stockage permettant de satisfaire leurs besoins et d'exporter dans la région[655] (voir **Fig.2**).

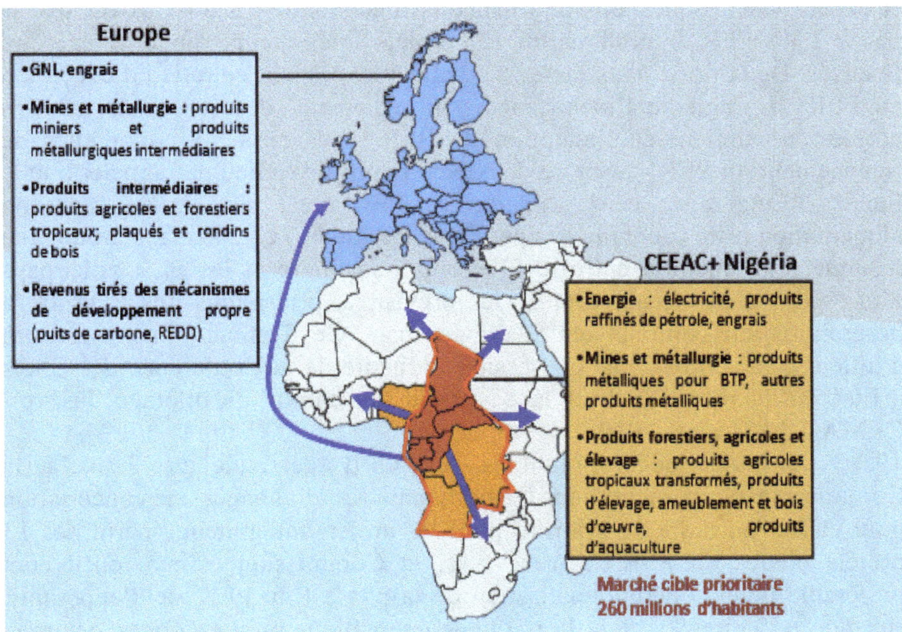

Source : Rapport final PER CEMAC volume 1

Figure 2: *Marché cible de la CEMAC à l'horizon 2025*

317. Quant au gaz, l'usine actuelle de liquéfaction présente en Guinée équatoriale a les moyens de s'imposer comme un acteur visible du marché mondial, si elle s'adosse aux réserves régionales, ce qui permettra dans le court terme de produire une électricité suffisante, le temps que les barrages hydroélectriques se réalisent et entrent en exploitation[656]. Ainsi, à l'horizon 2025, le PER ambitionne de redessiner l'aménagement du territoire CEMAC par l'émergence de six grands pôles économiques régionaux et des pôles nationaux dédiés au potentiel spécifique de chaque État membre[657].

---

[655] *Ibid.*, p.11.
[656] *Ibid.*
[657] Rapport final CEMAC 2025 : *Vers une économie régionale intégrée et émergente*, *op.cit.*, p.16.

Toutefois, le PER a montré ses limites, si bien que, les objectifs ambitieux soient loin d'être atteints.

2 / Latence du Programme économique régional (2010-2025)

318. Lancé il y a vingt et un ans, le PER de la CEMAC peine à se concrétiser. En effet, ce n'est que lors de la réunion tenue à Douala du 5 au 6 juillet 2019, entre les ministres de finance, les partenaires au développement et expert, sur les questions de finance et d'économie de la CEMAC, que la phase I du PER figurait parmi les projets intégrateurs qui devaient être financés. Deux principaux facteurs semblent expliquer, ce retard d'exécution du PER. Il s'agit de l'inexistence non seulement, des études de certains projets au moment de l'adoption du PER, mais aussi, des modalités de financement du PER[658]. Sur ce deuxième point, il y a lieu de rappeler que le Fonds d'Émergence censé financer le PER n'est pas réaliste, car son alimentation reste tributaire des performances de la TCI. À cela, s'ajoutent le manque d'articulation entre le PER communautaire et les PER volet/pays d'une part, et le décalage entre les prévisions prioritaires des États et la programmation communautaire d'autre part. Ce dysfonctionnement était, d'ailleurs, au centre de la 14e session ordinaire de la Conférence des Chefs d'État du 24 mars 2019, et la 8e session du comité de pilotage du Pref-CEMAC du 31 mars 2019.

319. À l'issue de ses réunions, le COPIL demanda aux États, à la Commission et aux institutions Communautaires, d'engager une concertation pour établir un ordre de priorités pour les projets intégrateurs, parmi les 13 projets phares du PER[659]. À ce titre, la Commission estima, qu'il était préférable pour l'opérationnalisation de la phase I du PER, de s'appesantir sur cinq programmes, dont la politique énergétique pour l'Afrique centrale. Au niveau du programme énergie, les projets ont été réalisés sur financement soit des États membres, soit des Partenaires technique et financier (PTF), soit conjointement entre les États membres et le PTF, ce qui fait qu'ils se trouvent à des phases de réalisation différenciées[660] (voir **Tabl.11 ; 12 et 13**).

320. Les observateurs du droit de la CEMAC sont désormais astreints à la réserve, quand il s'agit de faire le point sur sa réalité aujourd'hui car les réformes institutionnelles déclenchées en 2005 et 2006 laissent malgré ses aspects probants un bilan actuel de mise en œuvre, difficilement appréciable quant à sa régularité. De surcroît, comme toute nouvelle initiative, elle doit être partagée et comprise par tous les acteurs (Citoyens Cémaciens,

---

[658] Rapport final CEMAC 2025 : *Vers une économie régionale intégrée et émergente, op.cit.*, p.22.

[659] Communiqué final de la 8e session ordinaire du Comité de Pilotage du programme des réformes économique et financière de la CEMAC (PREF-CEMAC), 31 mars 2019, p.3.

[660] En effet, selon le Rapport final CEMAC 2025, certains programmes énergétiques ont été complétement réalisé, tandis que, d'autre attendent un complément de financement pour être amorcé ou bouclés. Mieux encore, certains projets font l'objets d'un suivie dans le cadre de Comité de Pilotage des États membre avec les bailleurs de fonds.

institutions communautaires, partenaires au développement et investisseurs internationaux), afin de renforcer leur adhésion et de mobiliser toutes les énergies dans la même direction car, si les acteurs ne s'approprient pas le processus d'harmonisation quelle que soit la clairvoyance de son élaboration, il est voué à l'échec.

***Tableau 11**: grands projets d'hydroélectricité*

Filières	Projets	Puissance (MW)	Localisation	Échéance	Effectivité
Électricité	Barrage hydroélectrique Boali 2 et Boali 3_extenssion	20	Centrafrique	2010	Financement acquis en 2018
Électricité	Barrage hydroélectrique de Imboulou	120	Congo	2010	Réalisé
Électricité	Barrage hydroélectrique de Natchigal	300	Cameroun	2015	En cours
Électricité	Barrage de retenue de Lom Pangar	130	Cameroun	2015	Réalisé
Électricité	Barrage hydroélectrique de Dimoli	180	Centrafrique	2015	Phase d'étude
Électricité	Barrage hydroélectrique de Grand Poubara	160	Gabon	2015	Réalisé
Électricité	Barrage hydroélectrique de Djibloho	120	Guinée-Équatoriale	2015	Réalisé
Électricité	Barrage hydroélectrique de Song Mbengue	1000	Cameroun	2017	Pas encore lancé
Électricité	Barrage hydroélectrique de Song Ndong	280	Cameroun	2020	En cours
Électricité	Barrage hydroélectrique de Meme'ele	200	Cameroun	2020	En cours
Électricité	Barrage hydroélectrique de Warak	75	Cameroun	2020	En cours
Électricité	Barrage hydroélectrique de Chollet	600	Congo	2020	Pas encore lancé
Électricité	Barrage hydroélectrique de Liouesso	13	Congo	2020	Réalisé
Électricité	Barrage hydroélectrique de Sounda	1000	Congo	2020	Pas encore lancé
Électricité	Projets hydroélectricité additionnels	11531	CEMAC	2025	

Source : Rapport final volume 1 du PER-CEMAC, et de recherches personnelles

***Tableau 12**: Projets répertoriés d'électricité thermique (centrale gaz)*

Filières	Projets	Puissances (MW)	Localisation	Échéance	Effectivité
Électricité	Centrale de gaz de Kribi	150	Cameroun	2010	Réalisé
Électricité	Centrale de gaz de Pointe Noire	450	Congo	2010	En cours
Électricité	Centrale de gaz de Limbé	400	Cameroun	2010	Non

Source : Rapport final volume 1 du PER-CEMAC et de recherches personnelles

***Tableau 13**: grands projets industriels dans le secteur énergie (hors électricité)*

Filières	**Projets**	**Localisation**	**Échéance**	**Effectivité**
Raffinage du pétrole	Raffinerie régionale et infrastructure de stockage (8 à 10 MT/an)	Congo	2015	Non
GPL	Pôle régional de fabrication de bouteille de gaz et d'emplissage GPL	Congo	2016	Non
Distribution produits pétroliers	Entreprise de stockage, de transport et de distribution de produits pétroliers	Pays CEMAC	2016	Non
GNL	Train de liquéfaction de capacité 8 MT/an	Guinée-Équatoriale	2015	Non

Source : Rapport final volume 1 du PER-CEMAC et de recherches personnelles

321. Pour cette raison, le premier objectif stratégique est d'abord de faire un diagnostic du potentiel énergétique, des infrastructures et de la structure de production par sources et par secteurs, l'analyse du modèle de consommation ainsi que l'accès aux services énergétiques[661]. Puis, d'assurer une large diffusion de la vision CEMAC et du PER, auprès d'acteurs régionaux, nationaux et de partenaires internationaux, à travers, la communication institutionnelle. Toutefois, si le défi majeur pour la CEMAC est la traduction des politiques et programmes en réalisation concrète au profit des populations, ces préalables ne suffiront pas, pour doter la CEMAC d'un environnement propice à l'émergence, si l'électricité est rare, si la circulation n'est pas libre, si les ressources humaines ne sont pas assez formées, si l'environnement des affaires est contraignant, et que le professionnalisme n'est pas une valeur forte. C'est en ce sens que la relecture du PER se justifie. Elle permettra d'évaluer avec précision l'état d'avancement de la phase I et proposera des réorientations stratégiques à l'horizon 2050 en tenant compte du contexte plus récent de la situation économique et des enjeux de développement des États membres[662]. Bien que les mécanismes financiers soient essentiels pour la mise en œuvre du PER, le cadre institutionnel, le renforcement des capacités et le développement des infrastructures sont également cruciaux dans le cadre de cette politique, pour assurer le développement économique et social de l'Afrique centrale.

Paragraphe II : Persistance des logiques de disparités

322. Dans la construction d'une union douanière, la mise en place d'une zone de libre-échange est indispensable. Ainsi, lors de la création de la CEMAC, l'un des soucis majeurs était de créer un territoire sur lequel aucun obstacle ne s'oppose à la libre circulation des biens. Or, à l'heure actuelle, la CEMAC ne constitue pas à proprement parler, une zone de libre-échange

661 Livre blanc CEEAC-CEMAC, *op.cit.*, p. 24

662 Rapport final CEMAC 2025 : *Vers une économie régionale intégrée et émergente*, op.cit., p. 22.

(**A**), mais encore elle n'a pas atteint le stade de zone commerciale unique (**B**).

A / Distorsion en matière de politiques douanières

323. L'Union douanière est une zone commerciale régionale unique qui requiert une liberté totale de circulation des marchandises. Ainsi, avec la zone de libre-échange, la libéralisation consiste en la suppression des obstacles tarifaires et non tarifaires. Entamé depuis 1965 par l'UDEAC et repris en 1994 par la CEMAC, le processus de libéralisation aurait dû déjà aboutir à un désarmement tarifaire intégral. Cependant, force est de constater que demeure une survivance de barrières tarifaires (**1**) et une persistance de barrières non tarifaires (**2**).

1 / La survivance des barrières tarifaires

324. Les barrières tarifaires se manifestent toujours par des prélèvements de droits de douane sur des produits originaires communautaires, et des Taxes d'Effet équivalant. Pourtant, à la lecture de l'article 14 a) de la Convention de l'UEAC tout droit de douane et taxes d'effet équivalent sont prohibés dans les échanges entre pays membres de l'Union. En effet, depuis le désarmement tarifaire, aucun produit originaire respectant les modalités d'application de la taxation préférentielle des échanges au sein de la CEMAC[663], ne doit en principe, supporter de droits de douane, lors de son entrée dans l'un des États membres de l'Union. Toutefois, en pratique, les États membres continuent d'appliquer ces droits, aussi bien sur les produits du cru que sur les produits industriels agréés originaires de l'Union. De surcroit, les États qui entendent faire obstacle à la libre circulation des marchandises appliquent, à défaut des droits de douane, des taxes d'Effet équivalant[664]. Notons aussi que ce sont des confusions entre produits du cru et produits industriels qui se trouvent parfois, être à la base de la perception indue de droits. Car, certains produits du cru, compte tenu de leur texture, sont assimilés aux produits industriels par certains États.

325. En outre, étant donné que les unités industrielles communautaires produisent quasiment les mêmes produits, les États ont tendance à protéger la production nationale en les soumettant au droit commun des produits originaires. À cela, s'ajoute l'existence de redevances perçues, sur des

---

663 Voir Règlement n°21/07-UEAC-1505-U-CM-16 du 18 septembre 2007 portant modification de l'article 10 de l'Acte n° 1/98-UDEAC-1505-CD-61 du 28 juin 1998 portant modification des article 9 et 10 de l'annexe à l'Acte n° 1/93-UDEAC-556-CD-SE1 du 21 juin 1993. Voir aussi, le Règlement n°7/08-UEAC-193-CM17 portant institution du comité de l'origine.

664 Cela montre bien la persistance des taxes d'Effet équivalant à des droits de douane dans la zone CEMAC. Cette notion recouvre aussi bien les redevances, les taxes que les autres prélèvements illicites qui existent au sein de la CEMAC. La persistance des taxes d'effet équivalent entrave la libre circulation des marchandises.

produits communautaires importés d'États membres, alors, que les produits équivalents fabriqués localement en sont exemptés.

326. Pour ce qui est du transit douanier, vers les deux États membres enclavés (Centrafrique et Tchad), il se trouve qu'il est long et coûteux. En effet, l'analyse des systèmes nationaux des autres États membres montre une absence d'harmonisation, permettant une nouvelle répartition des prélèvements à l'importation, lorsque des marchandises sont introduites dans la communauté. Ce manque de volonté politique se justifie par le fait, que les droits douaniers aient une grande importance pour les budgets nationaux, si bien qu'en attendant la mise en place d'un système de compensation ou de distribution des recettes efficace, les États appliquent un arsenal de droit et taxes à chaque frontière[665]. Ce qui, non seulement, complique les politiques d'intégration commerciales, mais aggrave également, les coûts d'importations et encourage le commerce informel.

327. Il faut noter, enfin, que l'un des freins majeurs au développement des échanges interétatiques des produits CEMAC est la multiplicité des postes de contrôle. Ceux-ci constituent les supports naturels des barrages de divers services administratifs (douanes, police, gendarmerie, eaux et forêt, ainsi que phytosanitaire) et des frais de toutes sortes (taxes officielles, redevances, cotisations, prélèvements illicites, etc.). Il ressort à cet effet, du Rapport 2018 de la Banque mondiale sur les obstacles au commerce agricole en Afrique centrale que les procédures de passage aux frontières des produits agricoles communautaires, varient considérablement d'un poste frontalier à un autre[666]. Ce qui non seulement, impact négativement la compétitivité des produits CEMAC (en termes de coûts de transport, de la quantité et de délais de livraison), mais entrave également, les échanges entre les États membres de la CEMAC[667]. Outre, ces distorsions qu'on peut qualifier d'entraves fiscales, il existe des obstacles non tarifaires qu'il convient d'examiner.

2 / La persistance des barrières non tarifaires

328. Au vu des barrières non tarifaires toujours en place, il n'est pas étonnant de constater que la zone de libre-échange de la CEMAC peine à se concrétiser. Il faut dire que les multiples entraves à la libre circulation des marchandises et de l'admission à la libre circulation des marchandises en tant que mesure exceptionnelle prévue par le traité CEMAC, ne sont pas de nature à promouvoir les échanges intrarégionaux. Au sein de l'Union, les

---

665 Rapport world Bank Group, *Briser les obstacles au commerce agricole régionale en Afrique centrale*, août 2018, p.7.

666 Rapport world Bank Group, *Briser les obstacles au commerce agricole régionale en Afrique centrale*, op.cit., p.23.

667 MBOUKOU MAYANGUI (G-M), *Les principaux obstacles aux échanges commerciaux intrarégionaux en Afrique centrale : cas de la Communauté économique et monétaire de l'Afrique centrale (CEMAC),* Mémoire, École nationale d'administration publique, octobre 2019, p.68.

taxes d'effet équivalent se conjuguent aux procédures administratives et techniques imposées aux produits communautaires, pour entraver la libre circulation des marchandises[668]. En ce qui concerne les restrictions quantitatives, la Commission a eu connaissance des cas de contingentement[669]. S'agissant des obstacles administratifs, il a été relevé, en particulier, des procédures douanières longues, itératives et opaques, surtout au passage des frontières entre les États membres. Il est fait cas, aussi, de difficultés d'obtention de documents administratifs autorisant l'importation des marchandises.

329. Notons que le Rapport 2018 de la Banque mondiale, cité précédemment, précise qu'il existe de nombreux coûts non tarifaires, souvent perçu par les autorités douanières elles-mêmes qui limitent les échanges de la même manière que les taxes[670]. À cet effet, l'étude montre que les coûts de l'intermédiation le long des corridors de commerce à destination et notamment les coûts d'accès au marché constituent le plus important, car il représente 42% du prix final à la consommation, les tracasseries et les frais de transport représentent environ un tiers du prix final, alors que les coûts de production ne sont que de 20%[671]. À ce propos, W.T. OSHIKOYA et NURELDIN HUSSAIN soulignent que « les coûts élevés de transport de marchandises entre pays traduisent la présence d'obstacles naturels de taille au commerce au sein de la région et montrent que les prix de biens similaires peuvent varier considérablement d'un pays à l'autre, même après la suppression des taxes à l'importation sur le commerce infrarégional[672] ». La culture de la tracasserie est tellement admise, démocratisée et institutionnalisée, que les acteurs du marché internalisent ces paiements dans les coûts de transport (voir **Tabl.14**). Ces postes de contrôle engendrent des retards dans l'acheminement des produits vers les marchés de consommation.

330. La multiplicité des entraves à la libre circulation des marchandises dans l'Union demeure une réalité, mais en plus de cela, le Traité UEAC prévoit l'admission d'obstacles à la libre circulation des marchandises dans certaines situations exceptionnelles, si et seulement si, elles sont justifiées par des raisons « de moralité publique, d'ordre public, de sécurité publique,

---

[668] Ce sont entre autres : les formalités d'inspection avant embarquement, l'imposition de quantités minimal à importer, la subordination de l'importation de produits originaires à l'achat de produits nationaux, les barrages le long des corridors de l'Union la rétention de déclaration préalable d'importation, les escortes et les prélèvements indus.

[669] Mesure administrative, qui consiste à conditionner l'importation d'une marchandise à l'achat préalable d'une quantité donnée de la production locale.

[670] Rapport world Bank Group, *Briser les obstacles au commerce agricole régionale en Afrique centrale*, op.cit., p.23.

[671] *Ibid.*, p.21.

[672] OSHIKOYA (W-T), NURELDIN HUSSAIN (M), « l'infrastructure au service du développement en Afrique », in *Séminaire du Centre de Développement : l'intégration régionale en Afrique*, Édition OCDE/BAD, 2002, p.88.

de protection de la santé ou de vie des personnes et des animaux, de préservation des végétaux, de protection de patrimoine culturel, historique ou archéologique, de protection de la propriété intellectuelle[673] ». De surcroit, il ne fixe pas le régime juridique de ses justifications, si ce n'est que les interdictions ou restrictions ne doivent constituer ni un moyen de discrimination arbitraire ni une restriction déguisée au commerce entre les États[674].

Tableau 14: *Composition du prix pour quelques produits sur le corridor Cameroun-Gabon (pourcentage du prix final à la consommation)*

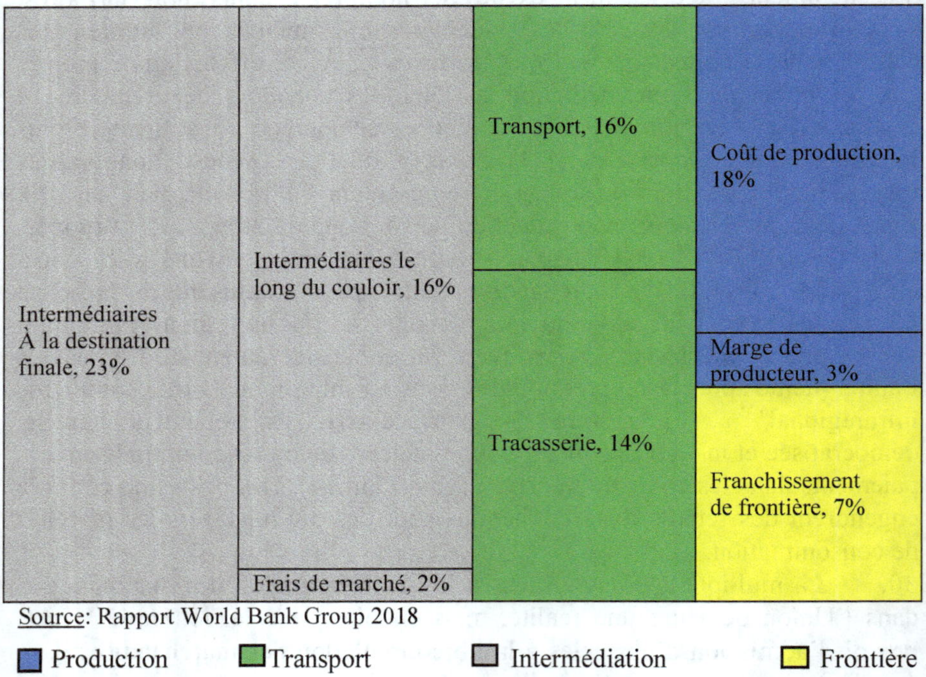

Source: Rapport World Bank Group 2018

331. À cette possibilité émise par l'Article 16 de la Convention de l'UEAC, le Code des Douanes CEMAC ajoute celle selon laquelle, les gouvernements peuvent réglementer ou suspendre l'importation de certaines marchandises en cas de mobilisation, d'agression manifeste ou en période de tension extérieure[675]. Cette situation amène certains États à commettre des

---

673 Article 16 du Traité UEAC

674 Cette possibilité de restrictions ou d'interdiction reconnu aux États membres de la CEMAC converge avec les exceptions générales de l'Article XX du GATT de 1994, qui permet au membre de l'OMC d'enfreindre, sous réserve de certaines conditions, le principe de la non-discrimination.

675 Article 14 du Code des Douanes de la CEMAC

abus injustifiés pour entraver la libre circulation des marchandises dans l'espace communautaire. Il serait donc judicieux que les États membres définissent la procédure d'adoption de ces mesures restrictives.

332. Pour pallier ces difficultés et fournir des informations régulières sur les entraves au commerce régional, il est urgent que les États mènent une action coordonnée, en collectant les données sur les flux commerciaux le long des corridors, en recueillant des informations sur les tracasseries routières, auprès des commerçants, des conducteurs et des agents publics. Ainsi, les données d'enquête recueillies serviront à produire des rapports mensuels qui feront l'objet de large diffusion, notamment à l'attention des décideurs, lors des réunions nationales sur les tracasseries routières réunissant les puissances publiques, les opérateurs économiques, la société civile et les médias. L'information ainsi diffusée constituerait un outil précieux à la disposition des acteurs des chaînes de valeurs, des communicateurs et des acteurs de la société civile, pour mener des plaidoyers en vue de la réduction, voire la suppression des obstacles. Cela permettrait de réduire considérablement les prix des marchandises, et augmenter les exportations. Toutefois, en plus de l'inexistence d'un véritable espace douanier, la CEMAC ne constitue pas une véritable zone commerciale unique.

B / <u>L'inexistence d'une zone commerciale unique</u>

333. L'un des aspects les plus délicats dans la construction d'une union douanière est sans conteste l'adoption d'un TEC. Toutefois, dans les faits, des difficultés sont perçues dans l'application du TEC (**1**). En outre, la constitution de la zone commerciale unique déroge au principe très important de la libre pratique (**2**).

1 / L'application non uniforme du TEC par les États membres

334. Dans un territoire douanier comme la CEMAC, l'application d'un TEC est nécessaire pour éviter les détournements de trafic d'une entrée vers une autre[676]. C'est du moins ce que les États de la CEMAC ont compris en prévoyant que les marchandises des pays tiers qui entrent sur le territoire douanier de la CEMAC, sont, passibles des droits d'importation inscrits aux tarifs des douanes et celles qui en sortent sont passibles des droits de sortie[677]. Toutefois, sous réserve de l'application des accords internationaux, l'importation des marchandises, de toute nature et de toute origine qui ne satisfont pas aux obligations législatives ou réglementaires imposées, en

676 KAM YAGO (E-D), « Le droit matériel de la Communauté économique et monétaire de l'Afrique Centrale à l'épreuve des règles de l'Organisation mondiale du Commerce », in *Revue québécoise de droit international*, 2009, p.42.

677 Article 3 et 20 du Code des douanes de la CEMAC.

matière de commercialisation ou de vente, de marchandises des États membres, peut être prohibée ou réglementée par le Conseil des ministres[678]. Dès lors, est-il possible qu'un État membre puisse suspendre ou réviser unilatéralement les droits de douane applicables à une marchandise ? C'est du moins la question qu'avait soulevée la décision prise en 2008 par le Cameroun, de suspendre les droits et taxes de douane à l'importation de certains produits de première nécessité d'une part[679], et de réviser le taux du TEC applicable à l'importation du ciment d'autre part[680]. Au-delà, du problème de la conformité au droit communautaire que posent ses deux ordonnances, il convient de souligner que ces textes camerounais montrent des incohérences du territoire douanier de la CEMAC[681]. Ces difficultés d'application uniforme du TEC, sont liées principalement aux mesures dérogatoires d'application du TEC, à la non-conformité des tarifs nationaux au tableau des droits et taxes du TEC, ainsi que de mesures de suspensions.

335. En effet, l'article 12 du Code des douanes communautaire stipule que les marchandises, qui causent ou menacent de causer un préjudice important à la production nationale d'une marchandise identique ou directement concurrente d'un État membre de la CÉMAC, peuvent être soumises à l'entrée dans le territoire douanier à un droit compensateur[682] ou un droit antidumping[683] dans certaines conditions. Par ailleurs, l'article 22 de la Convention de l'UEAC précise qu'à la demande d'un État membre, le Conseil des ministres statuant à la majorité qualifiée, peut autoriser cet État, à prendre pour une durée limitée et par dérogation aux règles générales de l'Union et de la politique commerciale commune, des mesures de

---

678 Article 15 du Code des douanes de la CEMAC.

679 Ordonnance n°2008/001 du 7 mars 2008, portant suspension des droits et taxes de douanes à l'importation de certains produits de première nécessité.

680 Ordonnance n°2008/001 du 7 mars 2008, portant révision du taux du tarif extérieur commun applicable à l'importation du ciment. Cette ordonnance fixe le taux du TEC à 10% pour le ciment.

681 KAM YAGO (E-D), *op. cit.*, p.43.

682 Sont soumis à un droit compensateur, les marchandises taxées ou non qui bénéficient à l'étranger d'une prime ou d'une subvention directe ou indirecte, quels qu'en soient la nature, l'origine ou le mode d'attribution. C'est un mécanisme communautaire d'application nationale qui ne vaut que dans les États où un besoin de protection complémentaire se fait sentir. Ce qui sous-entend que tous les pays ne l'appliquent pas.

683 Sont soumis au droit antidumping, les marchandises taxées ou non, dont le prix payé ou à payer est : 1) Inférieur au prix comparable pratiqué au cours d'opérations commerciales effectuées pour des marchandises similaires destinées à la consommation dans le pays d'origine ou dans l'un des pays de transit ou dans le pays de provenance, déduction faite des droits et taxes applicables aux ventes réalisées dans ces pays dont les marchandises en cause auraient été exonérées ou dont le montant fait ou serait destiné à faire l'objet de remboursement du fait de leur exportation ; 2) ou, en l'absence d'un tel prix, inférieur au prix comparable le plus élevé pratiqué au cours d'opérations commerciales effectuées pour une marchandise similaire exportée vers un pays tiers, ou inférieur au coût de production réel ou estimatif de cette marchandise dans le pays d'origine augmenté d'un supplément raisonnable pour les frais de vente et le bénéfice.

sauvegarde destinées à faire face à des difficultés graves, dans un ou plusieurs secteurs économiques. Si et seulement si, elles n'excèdent pas six mois et ne provoquent qu'un minimum de perturbations sur le fonctionnement du marché commun[684].

336. À cela, s'ajoutent la contribution communautaire d'intégration (CCI) de la CEEAC de 0.4% applicable aux importations originaires des pays tiers de la CEEAC et le prélèvement au bénéfice de l'OHADA de 0,05%[685]. Ainsi que, l'application de taxes sur les marchandises en transit. Perçue uniquement sur les produits importés des pays tiers, la TCI contribue à élever le seuil du TEC pouvant ainsi décourager les importateurs des produits énergétiques. Elle vise aussi à inciter les entreprises de l'Union à être plus compétitives. Cependant, les missions de vérification ont révélé que tous les États membres de l'Union accordent indument des exonérations sur des marchandises importées, malgré l'importance que représente la TCI pour le fonctionnement de l'Union[686].

337. En principe les États membres doivent rendre leurs tarifs nationaux conformes au TEC. Or, la pratique des exonérations douanières accordées à certains importateurs permet aux différents États de déroger au TEC en toute légalité puisque celle-ci n'est pas harmonisée. À ce titre, il ressort des rapports de la Commission que le TEC est appliqué globalement, mais il y a des États membres qui ne l'appliquent pas scrupuleusement. De même, certains tarifs nationaux laissent subsister des droits d'entrée qui ne relèvent pas du TEC, alors, que d'autres États ont adopté une catégorisation des produits différente de celle du TEC. À cet effet, la Commission a pu constater par exemple, que le Gabon applique le TEC avec toutefois, 163 lignes tarifaires pour les lesquels les taux appliqués diffèrent du TEC de la CEMAC (voir **Tab.15**).

Tableau 15: *Nombre de lignes tarifaires avec les taux différents de ceux du TEC CEMAC 2013*

Pays	**Cameroun**	**Congo**	**Gabon**	**RCA**	**Tchad**
Nombre	107	125	163	193	45
En pourcentage de nombre total de lignes	1,9%	2,3%	3,0%	3,5%	0,8%
Chapitre 1à 24					
Taux supérieur au TEC	105	0	1	45	2
Taux inférieur au TEC	0	57	36	51	1
Chapitre 25 à 97					
Taux supérieur au TEC	2	49	21	79	24
Taux inférieur au TEC	0	19	105	18	18

Source : Rapport du Secrétariat AT CEMAC

684 Article 22 de la Convention de l'UEAC

685 Annexe WT/TPR/S/285, *op.cit.*, p.283.

686 Annexe WT/TPR/S/285, Rapport du Secrétariat AT CEMAC : *Examen des politiques commerciales*, 24 juin 2013 p.290.

338. Par ailleurs, en rendant effective la suppression des barrières commerciales tarifaires sur ses importations en provenance de l'UE, le 25 juillet 2014, sans attendre la conclusion d'un accord régional avec l'UE, ni même demander l'autorisation, le Cameroun a traduit par cet acte un respect de ses engagements internationaux à géométrie variable[687]. En effet, cet accord prévoit une suppression de 80% des droits de douane pour les produits européens sur une période de quinze ans. De ce fait, pour honorer son accord de libre-échange avec l'UE, le Cameroun a préféré transgresser la convention régissant l'UEAC, qui oblige tout État membre qui souhaite déroger aux règles de l'Union économique et de la politique commerciale commune à solliciter une autorisation du Conseil des ministres[688].

339. Bien qu'une harmonisation des pratiques d'exonérations douanières soit politiquement difficile à réaliser, il n'en demeure pas moins qu'un texte communautaire sur ce sujet est souhaitable. Comme point de départ, la CEMAC pourrait harmoniser la catégorisation des exonérations douanières utilisées par les différentes administrations douanières, afin d'apporter plus de transparence à cette pratique et un suivi plus rigoureux. En outre, dans la perspective de faire de l'Afrique centrale une union douanière unique, les États doivent accélérer le projet consolidé de TEC CEMAC/CEEAC[689].

340. Le TEC étant l'un des éléments constitutifs essentiels dans la réalisation d'une Union douanière, il devrait faire l'objet d'application stricte par tous les États membres de l'Union et strictement retranscrit dans les systèmes informatiques douaniers (SYDONIA) des pays membres. Malheureusement, la mauvaise application du TEC est aussi accompagnée de la dérogation au principe de la libre pratique.

2 / La mise en échec de la libre pratique

341. La dérogation au principe de la libre pratique dans la zone CEMAC résulte des complications engendrées par le système de transit et de réexportation prévue dans le Code des douanes communautaires de la CEMAC. À cet égard, le droit européen fournit une définition de la libre pratique résultant de l'article 29 du TFUE qui dispose que « Sont considérés comme étant en libre pratique dans un État membre les produits en provenance de pays tiers pour lesquels les formalités d'importation ont été

---

687 APE intérimaire UE-Afrique centrale, entré en vigueur en août 2014.

688 Article 20 de la Convention de l'UEAC

689 Présenté le 28 juin 2019 à Yaoundé, aux États membres de la CEEAC, pour examen qui mènerait à l'adoption et la mise en œuvre du TEC CEMAC/CEEAC. Présentation qui eut lieu à la suite des travaux des 4e et 5e sessions, sur les questions économiques et commerciales, du Comité de Pilotage de la rationalisation des deux Communauté économiques Régionales en Afrique centrale (COPIL/CER) au Cameroun. De surcroit, la nomenclature commune ainsi que, la codification a été révisées et adoptés sur le plan technique par l'ensemble des administrations douanières de la CEMAC, dans le cadre des séminaires de rencontre FMI/JSA.

accomplies et les droits de douane et taxes d'effet équivalent exigibles ont été perçus dans cet État membre, et qui n'ont pas bénéficié d'une ristourne totale ou partielle de ces droits et taxes [690]». Autrement dit, les marchandises des pays tiers, une fois acquittées des mesures tarifaires communautaires et de politique commerciale à l'importation auxquels elles sont soumises, acquièrent le caractère communautaire. Ainsi, l'effet juridique de la mise en libre pratique vise à placer les produits importés d'un pays tiers dans une position identique à celle des produits originaires de l'État membre d'importation. Toutefois, une marchandise mise en libre pratique a un caractère spécifiquement communautaire qui diffère de celui d'un produit originaire. En ce sens, qu'elle peut circuler librement dans le territoire douanier au même titre que les marchandises qui y sont produites, sans toutefois, être commercialisées.

342. En dépit du fait que le traité CEMAC et la Convention de l'UEAC, prévoient l'union douanière comme indispensable à la construction du marché commun[691], il n'est nulle part fait mention, du principe de la libre pratique dans le droit communautaire Cémacien. Pourtant, la libre pratique constitue un élément essentiel à la constitution d'une union douanière, et son absence dans le code des douanes communautaires de la CEMAC est une véritable entrave à la libre circulation des marchandises entre les États membres de l'Union. Néanmoins, il est prévu un régime de transit[692] et d'admission temporelle normale permettant l'importation en suspension des droits et taxes de certaines marchandises dans un but défini et destinées à être réexportées dans un délai déterminé, sans avoir subi de modifications, exception faite de leur dépréciation normale par suite de l'usage qui en est fait[693].

343. S'agissant, des droits de douane qui doivent être restitués dans l'État de recouvrement, l'article 139 du code des douanes communautaires de la CEMAC stipule que « le remboursement des droits et taxes est subordonné à la réexportation des marchandises à destination ou pour le compte du fournisseur étranger ». Autrement dit, l'État de recouvrement a le devoir de rembourser à l'importateur établi sur son territoire la totalité des droits perçus sur ces marchandises. Par conséquent, l'État de consommation impose et perçoit à ce titre les droits payables sur ces marchandises. Malheureusement dans la pratique, ce principe n'est pas mis en œuvre uniformément par les États membres, voir le plus souvent déroger. En effet, pour des raisons d'ordre financier entre les États de la CEMAC et du fait, de la différence de normes entre les pays membres. Les marchandises importées des pays membres de la CEMAC sont de nouveau taxées lorsqu'elles sont

[690] Cette disposition reprend les mêmes termes que l'ex-article 24 TCE.
[691] Préambule du Traité CEMAC et Article 13 de la Convention de l'UEAC
[692] Article 156 du Code des douanes de la CEMAC
[693] *Ibid.*, Article 166.

introduites dans d'autres pays de la CEMAC. Conséquence, les marchandises non originaires de la CEMAC supportent le TEC à chaque réexportation. Plusieurs raisons expliquent cette hérésie, mais la principale est le non-reversement des droits de douane des États côtiers aux États enclavés.

344. Face, à cette problématique du traitement des produits en libre pratique et des produits de réexportation dans l'espace CEMAC-CEEAC, la CEA/BSR-AC a présenté un second document de travail relatif à la problématique de la double taxation des produits mis à la consommation dans un État membre et réexpédié dans un autre État membre. Ledit rapport, après une analyse comparative du dispositif, mis en place par la CEEAC en matière de traitement des produits en « libre pratique » avec les normes d'autres organisations d'intégration économique (UE et CEDEAO), formule deux propositions de solution au problème posé : une première solution qui consisterait dans le remboursement à l'État de destination finale des droits et taxes par l'État de prime abord, déduction faite d'une redevance administrative ; cette formule exclut la mise en relation État-opérateur économique pour ce qui concerne le remboursement desdits droits ; une deuxième proposition consistant dans le remboursement des droits qui se ferait par le Secrétariat général de la CEEAC ou la Commission de la CEMAC par extension du champ d'action du fonds de compensation CEEAC(CCI) ou du Guichet II du FODEC/CEMAC(TCI)[694]. À ce jour, ni le Traité de la CEMAC ni la convention de l'UEAC ne contiennent aucune disposition visant à éviter la double imposition des produits commerciaux, ce qui semble être un recul par rapport aux dispositions de l'UDEAC.

---

694 SAMBIA (C) ; Forum conjoint Commission européenne- Commission de l'Union africaine sur : « la facilitation des échanges- une stratégie douanière pour la Zone de Libre Echange Continentale (ZLEC) ». Bruxelles, du 11 au 13 décembre 2012, P.22.

CONCLUSION DU CHAPITRE II

345. Il existe plusieurs cas de dysfonctionnement à plusieurs niveaux qui compromettent le processus d'harmonisation fiscale. Qu'ils soient liés à l'infertilité des instruments d'intégration, aux distorsions en matière de politiques douanières, à l'égoïsme des États membres, ainsi, qu'à l'exercice de la souveraineté fiscale des États membres. À ce titre, on a pu s'apercevoir que le processus d'harmonisation fiscale impacte la souveraineté fiscale des États, en ce que la mise en commun des moyens d'action, à travers les organes communautaires. Le sujet de la politique fiscale en CEMAC amène donc par construction celui de l'évolution politique et institutionnelle.

CONCLUSION DU TITRE II

346. L'analyse du dispositif d'harmonisation fiscale en matière énergétique montre que la CEMAC est résolument tournée vers une véritable intégration économique visant à terme, la construction d'un marché régional de l'électricité, dont les obstacles seront successivement levés. Cependant, au regard des différents dysfonctionnements, l'état des lieux du processus d'harmonisation fiscale laisse un goût d'inachevé. Au regard du bilan mitigé des divers programmes de développement régional de la CEMAC, notamment le PRI, le PER-CEMAC et le Livre blanc CEEAC/CEMAC, le résultat escompté est loin d'être perceptible. En effet, alors que tous ces différents programmes auraient pu mettre les pays de la CEMAC sur la voie du développement économique, malheureusement, la politique énergétique régionale n'est toujours pas adaptée aux finalités du développement. Car, la plupart des dysfonctionnements identifiés continuent de gangrener le niveau de mobilisation de recettes fiscales. Dès lors, il faudrait que la CEMAC se décide à donner un souffle nouveau à l'harmonisation fiscale énergétique en posant les bases d'une politique énergétique commune.

CONCLUSION DE LA PARTIE I

347. Au terme de cette étude rétrospective, il faut retenir l'influence du déterminant historique sur l'édification du processus d'intégration économique de la CEMAC. En effet, l'expérience douanière difficile, menée sous la houlette de l'UDEAC, construite en cascade au gré des circonstances, manquait de cohérence, et ce malgré quelques retouches pour l'adapter au mieux aux réalités de l'époque. C'est dans cette optique qu'il faut apprécier l'avènement de la CEMAC, jugée plus moderne et plus apte à porter les nouvelles ambitions intégrationnistes des États. En effet, au vu des nombreuses réformes institutionnelles et douanières, la CEMAC semble opposer une réelle volonté de création d'un espace douanier entre les États membres. la mise en place de règles pour organiser la nomenclature tarifaire communautaire, l'implémentation du PRI et du PER-CEMAC se positionne aujourd'hui comme le soubassement essentiel de la construction du marché intérieur CEMAC. Toutefois, l'analyse du nouveau dispositif communautaire de la CEMAC montre à suffisance qu'il ne suffit pas de consacrer des règles modernes destinées à régir les relations économiques, commerciales et sociales entre les États, encore faudrait-il qu'elles soient respectées par tous les acteurs intervenant dans le processus. En effet, l'analyse montre que le processus d'harmonisation des politiques énergétiques se heurte aux particularismes nationaux et à la résistance des États défendant leurs propres intérêts. Toutefois, il ne serait pas tout à fait juste de penser que dans les pays de la CEMAC, les problèmes se posent au seul stade d'élaboration de la politique fiscale.

<u>PARTIE II</u> : LA NÉCESSITÉ D'UNE HARMONISATION DES POLITIQUES ÉNERGÉTIQUES

348. Le développement de l'Afrique centrale dépend de la volonté des pays de la région de mettre en commun leurs capacités respectives. L'objectif ici, n'est pas de demander aux pays de renoncer à leurs intérêts propres, mais qu'ils se servent de la coopération sous régionale comme tremplin pour une indépendance stratégique, politique, économique et énergétique plus stable. La coopération énergétique peut jouer un rôle essentiel dans le projet d'émergence des États de l'Afrique centrale car elle permet une plus grande sécurisation de la fourniture, une meilleure efficacité économique, une qualité environnementale accrue et un déploiement plus large des sources d'énergie renouvelable.

349. Dès lors, au regard du dynamisme que connait actuellement le secteur de l'énergie en Afrique centrale, de la valeur hautement stratégique des ressources énergétiques, et de la capacité qu'elles ont de servir de capital initial à la diversification économique, une coopération énergétique constitue donc, pour les États de l'Afrique centrale, une chance indéniable de développement durable. Si l'importance de ce secteur n'est plus à démontrer, son rôle en tant que moteur de coopération en Afrique centrale reste à mettre en œuvre **(Titre I)**. De plus, une volonté politique en faveur de la construction de capacité, axée sur la coopération énergétique, permettra, à coup sûr, aux pays de cette région de tirer leur épingle du jeu pétrolier qui a cours dans le golfe de guinée (**Titre II**).

TITRE I : L'HARMONISATION FISCALE ÉNERGÉTIQUE, UN IMPÉRATIF DE DÉVELOPPEMENT SOCIO-ÉCONOMIQUE

350. Bien que les pays de l'Afrique centrale figurent souvent au rang des pays les plus riches en ressources énergétiques, ils présentent les niveaux de précarité énergétique les plus élevés. C'est en ce sens que plusieurs raisons imposent au pays de l'Afrique centrale, une approche régionale dans l'offre d'énergie en général et d'électricité en particulier : « l'important lien entre la consommation d'énergie et la croissance économique, l'inégale dotation en ressources de base pour la production d'énergie, l'écart entre l'offre et la demande, l'importance du coût d'installation[695] ». À ces raisons, s'ajoutent les contraintes liées au changement climatique, qui non seulement, pèsent sur la croissance économique, mais amplifient également de manière disproportionnée la crise de l'eau, la dégradation des sols, la sécurité énergétique[696]. À cet égard, il devient urgent pour les États d'harmoniser les réglementations et normes (Chapitre **I**), de manière à libérer le potentiel énergétique des pays membres, en soutenant les efforts qu'ils déploient pour supprimer les barrières faisant obstacle au marché régional de l'électricité (Chapitre **II**).

---

[695] OCHOZIAS GBAGUIDI (A-K), « l'intégration par l'énergie : quels progrès 50 ans après le Traité d'Abuja ? » in *Revue intervention économique* [en ligne], hors-série transformations 2017, consulté le 18 septembre 2020, pp.78-88.

[696] Document de travail des services de la Commission de l'énergie pour le développement : *mise en œuvre du nouveau consensus européen pour le développement dans le domaine de la coopération énergétique*, décembre 2017, p.7.

CHAPITRE I : L'URGENCE DU RÉAMÉNAGEMENT FISCAL EN ZONE CEMAC

351. On serait tenté de dire que dans le domaine de l'énergie, tout devrait pousser les États de la CEMAC à coopérer, ne serait-ce que pour combattre la pauvreté, créer des emplois, garantir une éducation de qualité, réduire la pollution, améliorer la santé humaine et la conservation des écosystèmes. Et ce, en contribuant à l'atténuation des changements climatiques[697]. Pourtant, malgré les énormes potentialités en ressources naturelles, des contraintes sociopolitiques et économiques continuent de freiner le processus d'intégration régionale en zone CEMAC (Section **I**). De plus, l'absence d'une meilleure gouvernance politique et économique de la part des États ne semble pas arranger les choses (Section **II**).

SECTION I : ABSENCE DE CONDITIONS VIABLES DE L'ENVIRONNEMENT SOCIO-ÉCONOMIQUE

352. Le cheminement vers l'intégration régionale implique la prise en compte des problèmes internes de chaque pays. Or, en Afrique centrale, la contrainte principale de coopération énergétique est la marginalisation des réalités inhérentes aux États de la CEMAC. Il s'agit entre autres d'un environnement économique inadapté (Paragraphe **I**), et d'une situation d'instabilité politique peu favorable au prélèvement fiscal (Paragraphe **II**).

Paragraphe I : Un environnement économique inadapté

353. L'actualité a prouvé que face aux nouveaux enjeux énergétiques, les systèmes fiscaux des États de la CEMAC ont montré leurs limites. D'autant plus que, par défaut de mesures politiques décisives, les multinationales, et les lobbys du secteur pétrolier ont tendance à exploiter les failles du système, au détriment du bien-être des populations. Dès lors, existe-t-il un lien de cause à effet entre les facteurs économiques, qui entravent l'harmonisation et les disparités entre les pays (**A**) ? Ou faut-il tout simplement conclure à un cadre d'exercice « peu propice » à des actions de rapprochement fiscal (**B**) ?

A / L'incidence des disparités économiques

354. Bien avant la Covid-19, la coopération et l'intégration énergétique entre les pays de la région laissaient à désirer, pour des raisons d'ordre économique. Étant donné que les ressources naturelles constituent un capital national souverain, l'absence de politique énergétique régionale est due à

[697] Document de travail des services de la Commission de l'énergie pour le développement, *op.cit*, p.6.

l'inégale dotation des pays en ressources énergétiques (**1**) et au taux d'accès à l'électricité entre les États (**2**).

1 / L'inégale dotation des pays en ressources énergétiques

355. Deux réalités économiques majeures caractérisent la CEMAC : son appartenance au bassin du Congo qui abrite la seconde réserve forestière et hydraulique mondiale, et un potentiel minier, minéral considérable. Avec 57 % du potentiel hydroélectrique de l'Afrique[698], 15 % des réserves africaines prouvées de pétrole[699], et 2 % des réserves africaines de gaz, soit 302 milliards de m^3 de gaz[700], l'Afrique centrale offre un gisement considérable de ressources énergétiques. Cependant, cette potentialité trompeuse masque une très grande disparité de ressources et de sérieuses difficultés d'approvisionnement. Les pays de la CEMAC ne forment pas un ensemble homogène. Parmi, les facteurs de différenciation, il y a particulièrement, l'inégale dotation des pays en ressources énergétiques.

356. Le potentiel hydroélectrique est évalué à 33 Giga Watt (GW) [701], faisant de la CEMAC, le troisième potentiel en Afrique après celui de la RDC (100 GW) et de l'Éthiopie 40 (GW). Ce potentiel hydroélectrique se répartit entre le Cameroun avec près de deux tiers du potentiel (20 GW), le Gabon (6 GW), la RCA (2,8 GW), le Congo (2,5 GW) et la Guinée-Équatoriale[702]. S'agissant du Gaz naturel, l'Afrique détenait 7,7 % des réserves prouvées mondiales en 2012, soit 14 264 milliards de m^3, dont les deux tiers concentrés dans deux pays, Algérie et Nigeria[703]. Les réserves gazières de la CEEAC, en 2012 ne représentaient que 6,3% des réserves africaines[704]. Parmi, les pays de l'Afrique centrale, l'Angola, le Cameroun et le Congo détiennent les réserves les plus importantes. Le Gabon et la Guinée-Équatoriale sont les deux autres pays détenant des réserves significatives, quoique beaucoup moins importantes que les trois autres[705] (voir **Graph.4**). Notons qu'en raison de la faiblesse d'exploration spécifique des ressources gazières, le potentiel est certainement sous-estimé. En effet, il est composé des gisements répertoriés de gaz naturel et de gaz associé au gisement de pétrole jusqu'ici brulé en torchères[706]. Bien que la CEMAC

---

698 Livre blanc CEEAC/CEMAC, *op.cit.*, p.31

699 *Ibid.*, p.35

700 Les réserves mondiales de gaz naturel ont plus que doublé au cours des vingt dernières années, et s'élevaient à 177, 36 milliards de m3 fin 2007. L'Afrique détient seulement 8,2% des réserves mondiales soit 14, 58 milliers de milliards de m3 et occupe donc une place périphérique dans le potentiel gazier mondial. 2% des réserves africaines se trouvent en zone CEMAC soit 302. Cf. PER-CEMAC, *op.cit.*, p.28.

701 PER-CEMAC, *op.cit.*, p.21

702 *PER-CEMAC, op.cit., p.21*

703 Livre blanc CEEAC/CEMAC, *Ibid.*, p.35.

704 *Ibid.*, p.36

705 *Ibid.*, p.35

706 PER-CEMAC, *op.cit.*, p.21.

dispose de ressources conséquentes en gaz, elles ne sont que faiblement consommées localement, excepté l'alimentation de quelques turbines à gaz pour la production d'électricité. Il n'existe pas de marchés de consommation du gaz[707].

<u>Graphique 4</u>: *Réserves prouvées gazières de la CEEAC au 1-1-2012*

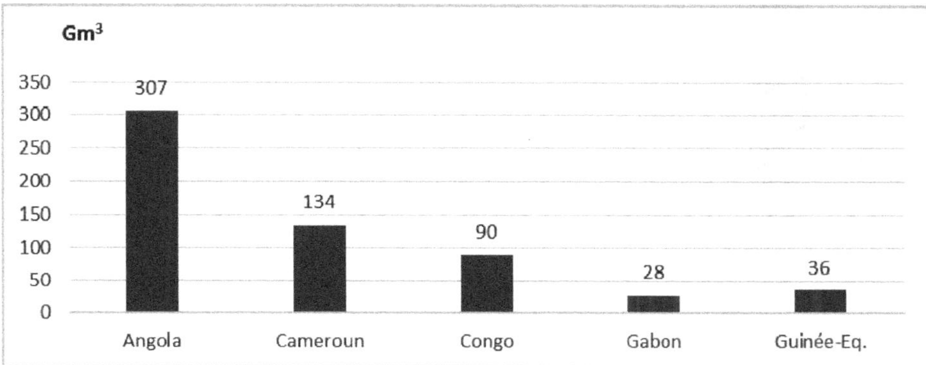

<u>Source</u> : Livre CEEAC/CEMAC 2014-2030

357. Comparativement au gaz naturel, les réserves pétrolifères des pays de l'Afrique centrale sont moins modestes. Bien, qu'il faille noter que les réserves pétrolières ont considérablement augmenté au cours de ces dernières années, depuis 2007, les réserves de pétrole prouvées en CEMAC sont restées inchangées[708]. Selon British petrolium, en 2012, l'Afrique détenait 7,8 % des réserves prouvées mondiales, soit 130,3 milliards de barils, dont 65 % concentrées dans deux pays, c'est-à-dire la Libye et le Nigeria[709]. Parmi les pays de l'Afrique centrale, l'Angola, le Gabon, Guinée-Équatoriale, le Congo et le Tchad détiennent les réserves les plus importantes représentants environ 15% des réserves totales de l'Afrique[710]. Toutefois, les réserves du Cameroun ont substantiellement baissé depuis le début des années 2000, et ne représentent désormais qu'une part marginale par rapport aux réserves africaines[711] (**Graph.5**). Si, la pluralité des producteurs de pétrole de l'Afrique centrale peut être considérée comme un avantage, elle a plutôt un impact négatif sur la volonté de coopérer. En effet, le caractère stratégique du pétrole pousse les pays pétroliers à exporter leur production, vers les principaux partenaires économiques de la CEMAC qui,

[707] *Ibid.*, p.28
[708] Rapport de la banque de France sur la zone franc, octobre 2018, p.65.
[709] Livre blanc CEEAC/CEMAC, *op.cit.*, p.32
[710] *Ibid.*, p.35
[711] Selon le Rapport 2011 de l'institut national de la statistique du Cameroun, le ratio réserve production en 2010 n'était que de 7 ans.

en plus de leur garantir des bénéfices relativement importants, peuvent leur servir d'alliés de revers en cas de crise.

Graphique 5: *Réserves de pétrole brut des pays de la CEEAC en 2012*

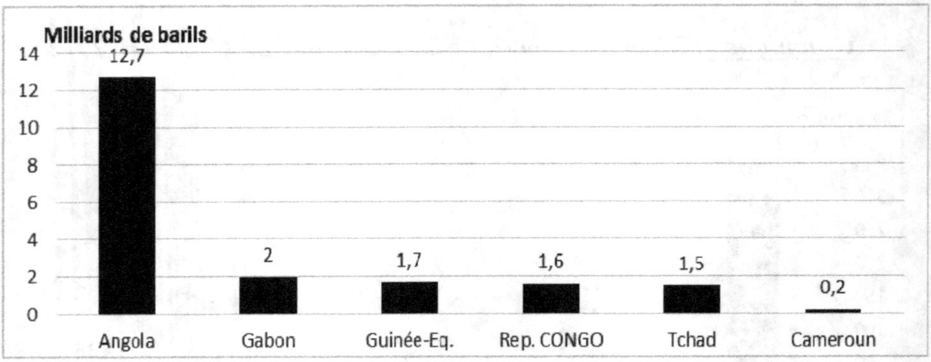

Source: BP Statistical Review of World Energy de juin 2018

358. Dès lors, l'extraversion de l'industrie pétrolière de la CEMAC a, pour principale conséquence, une économie de rente incapable de soutenir le développement et une indépendance énergétique, dévolue à l'exploitation du pétrole. De surcroît, elle ne permet pas un renforcement de la coopération pétrolière entre les pays de la CEMAC qui pour la plupart, privilégient leur statut dans le projet géopolitique des grands consommateurs, au détriment de toute véritable coopération sud-sud. Par ailleurs, les stratégies de développement ne tiennent pas compte des caractéristiques propres aux systèmes socio-économiques nationaux[712]. À cela, s'ajoute la rivalité de leadership dans la région qui limite les projets de coopération.

359. Ainsi, étant donné qu'il est difficile pour ces pays de soutenir des initiatives susceptibles de remettre en question leur statut, le manque de coopération pétrolière au sein de la CEMAC continue d'accentuer d'une part, le déficit énergétique qui le caractérise et d'autre part, le développement du commerce frauduleux de pétrole ainsi que la perte d'importante quantité de brut par torchage. Certes, il est vrai que l'inégale répartition des ressources énergétiques entre les pays peut, constituer une contrainte au niveau de la sécurité énergétique d'un pays pris isolément. Cependant, en matière de politique d'intégration régionale et d'optimisation de mix énergétique, sur la base de complémentarité, des ressources mobilisables et rentables entre les différents pays, il constitue certainement un atout[713]. Le déséquilibre noté dans la dotation en ressources énergétiques

[712]BERAUD (P), JABLANCZY (A), « Crise et variable d'ajustement des États pétroliers méditerranéens », *in Management & Avenir*, n° 35, 2010, p.95-117.
[713] Livre blanc CEEAC/ CEMAC, *op.cit.*, p.30.

et dans l'offre s'observe également, au niveau de la demande et de la consommation.

2 / Forte disparité du taux d'accès à l'électricité inter- États

360. En dépit des investissements considérables réalisés au cours des trois dernières décennies, les pays exportateurs d'hydrocarbures de la CEMAC, n'ont pas réussi à trouver, dans la manne pétrolière, une issue au sous-développement. Si l'on retient les critères de la banque mondiale, « la combinaison entre un taux élevé d'accumulation et une croissance faible du revenu par tête classe la majorité des pays producteurs à forte capacité d'absorption dans le groupe des pays à performances médiocres[714]». À cet égard, les pays de la CEMAC illustrent bien cette difficulté à assurer la construction de capacité domestique susceptible de couvrir les besoins des populations[715]. Dans les pays de la CEMAC, l'abondance d'énergie et de matières premières énergétiques d'un côté, l'étroitesse des marchés intérieurs, l'absence d'intégration régionale et la pénurie de main-d'œuvre de l'autre, « conditionnent un choix d'accumulation privilégiant la mise en valeur des avantages comparatifs dans les hydrocarbures et les industries connexes[716] ».

361. Un aspect important qui appuie, l'approche régionale est la question du marché. Avec 12 % de la population mondiale, l'Afrique consomme en moyenne 3 % de l'électricité mondiale[717]. Les trois-quarts, de la consommation continentale ont lieu en Afrique du Nord (33%) et en Afrique du Sud (45 %)[718], les 20 % restant sont répartis entre les autres pays d'Afrique subsaharienne. Actuellement, l'offre électrique de la CEMAC est très faible et se situe à 1513 Mégawatts (MW), dont 1009 MW d'origine hydroélectrique[719]. Avec moins de 17% de la population de la CEMAC[720], qui a accès à l'électricité, on observe de grandes disparités entre les pays de la CEMAC[721]. À titre illustratif, le **(Graph.6)** montre qu'en 2000 le taux d'accès à l'électricité au Tchad et en RCA était inférieur à 3%, alors que ce taux était supérieur à 70% au Gabon[722]. Malgré, les efforts fournis par les

---

[714] BERAUD (P), JABLANCZY (A), op.cit., p.95-117.
[715] *Ibid.*
[716] *Ibid.*
[717] En 2018, l'Afrique comptait pour un cinquième de la population mondiale, mais sa consommation ne représentait que 6% de la consommation mondiale d'énergie primaire et à peine plus de 3% de la consommation mondiale d'électricité. Cf, Rapport annuel de l'agence internationale de l'énergie, novembre 2019.
[718] Rapport annuel de l'agence internationale de l'énergie, Africa Energy outlook février 2020.
[719] PER CEMAC, *op.cit.*, p.19.
[720] En 2010, l'Afrique centrale comptait plus de 104 millions de personnes n'ayant pas accès à l'électricité dont 56 millions en RDC. La consommation d'énergie électrique stagnait autour de 124 kWh par habitant alors qu'elle est de 1617 kWh en Afrique australe. Cf. livre blanc CEEAC-CEMAC, *op.cit.*, p.43.
[721] PER CEMAC, *ibid.*, p.19.
[722] Indicateur du développement dans le monde, Cf. www.databank.banquemondiale.org

États, les marchés de l'électricité sont globalement peu développés, avec de fortes disparités géographiques dans les taux d'électrification des ménages. En effet, la lecture du (**Graph.6**) montre qu'en 2018 le taux d'accès à l'électricité au Tchad est de 11,75%, en RCA à 32,42%, au Cameroun, en Guinée-Équatoriale, et au Congo ce taux est respectivement à 62,7%, 67,3% et 68,5%, alors qu'au Gabon ce taux est à 93,3%. De plus, les consommations des combustibles non solides, notamment le GPL est plus important dans les pays pétroliers. En effet, en 2012 il était inférieur à 5% en RCA alors, qu'il était de l'ordre de 74% au Gabon[723].

362. Bien que ce fossé entre la production et la consommation soit préjudiciable à la construction d'une action collective en matière de politique énergétique, ces taux d'accès très faibles sont loin de refléter les fortes disparités entre les zones urbaine et rurale. En effet, le (**Graph.7**) montre qu'en milieu rural, hormis le Gabon, qui à un taux d'électrification supérieur à 60%, le Cameroun et le Congo, ont un taux d'électrification supérieur à 20%, la RCA à 16,3%. Seuls, la Guinée-Équatoriale et le Tchad ont un taux d'électrification inférieur à 10 %. En outre, même si le taux d'électrification en milieu urbain est relativement élevé, les villes sont marquées par des délestages fréquents, des coupures d'électricité et par des connexions illégales.

363. À tel point, qu'il est difficile de séjourner dans l'une des capitales de la sous-région, sans devoir faire face à des délestages électriques intempestifs ou des coupures de courant[724]. Cette récurrence révèle une vérité simple : depuis la crise, les pays de la CEMAC ont rarement consenti à investir dans les infrastructures de fournitures d'énergie, car très coûteux, à cause de leur dimension. Rien que l'aménagement de la Centrale hydroélectrique de TSENGUE-LÉLÉDI et BOUÉ (1160 MW/1560 MW) au Gabon et l'interconnexion avec le Cameroun, le Congo et la Guinée-Équatoriale, coûte 1,38 million d'euros[725], un coût prohibitif auquel très peu de pays de la CEMAC peuvent faire face. Conséquence, du fait, de la vétusté des infrastructures existantes, tous connaissent des crises énergétiques, qui non seulement, causent des désagréments aux ménages, mais freine également, la croissance. Si bien, qu'aujourd'hui certains investisseurs rechignent à s'installer sans un net accroissement de la production. Il faut dire, qu'avec 400 Kilowattheures (kWh) par an, de consommation électrique en moyenne par habitant, la CEMAC est encore en dessous de la norme de

---

[723] Livre blanc CEEAC-CEMAC, *op.cit.*, p.25

[724]Avec un taux de production annuelle d'environ 4%, contre 60% en Afrique australe ; un niveau de consommation par habitant qui se situent aux alentours de 109 Kwh/hab/an contre 740 en Afrique du Nord et 1600 en Afrique australe, l'Afrique centrale demeure la partie, la moins électrifié de toutes les sous-régions. En effet, elle a un taux de 13% d'électrification contre 90% en Afrique du Nord. Cf. www.peac-ac.org

[725] 1er Session ordinaire du Comité technique Spécialisé de l'Union africaine sur les infrastructures : projet d'électrification de l'Afrique centrale, Lomé 13 mars 2017, par Jean KOUTELE, p.11.

500 kWh par an, définie par le Conseil Mondial de l'Énergie (CME), pour prétendre à un niveau de vie décent[726].

Graphique 6: *Taux d'accès à l'électricité de la CEMAC 1990-2018*

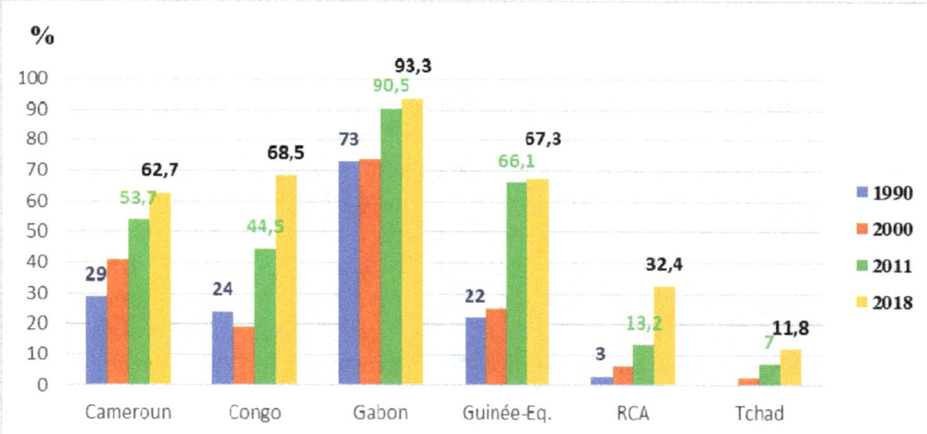

Source : Données adaptées à partir de (**world Bank, Sustainable Energy for all, 2020**).

Graphique 7: *Disparité des taux d'accès à l'électricité urbain rural dans la CEMAC 2018*

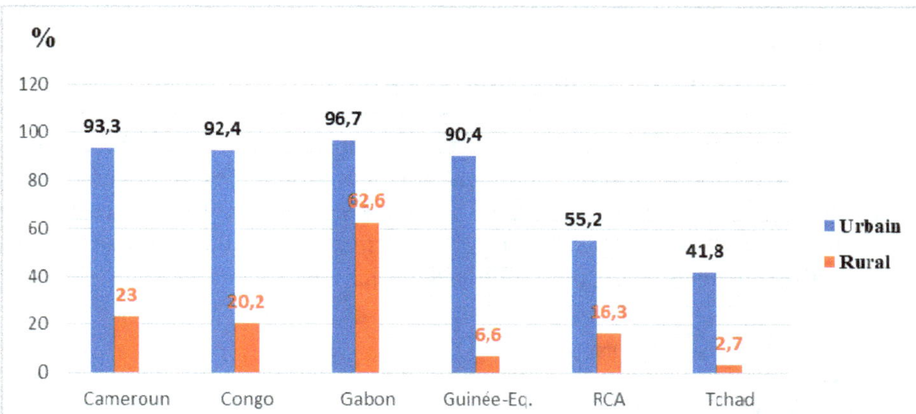

Source : Données adaptées à partir de (**World Bank, Sustainable Energy for all, 2020**).

364. Ainsi, en l'absence de politique volontariste dans les pays de l'Afrique centrale, ce faible taux d'accès des ménages aux formes d'énergie moderne va s'accentuer, comparativement aux autres régions. De plus, la

[726] PER-CEMAC, *op.cit.*, p.19.

situation actuelle des pays de la CEMAC se caractérise par des crises d'intensité variable, dont la rente constitue simultanément la cause et, en l'occurrence, la solution[727]. Puisque le niveau de vie des populations subit un repli trop marqué en raison de la baisse des cours du brut, même les plus stables d'entre eux connaissent des troubles[728]. Si bien, que la société civile, y voit alors, « la consécration d'inégalité flagrante face à l'impôt[729] ».

B / <u>Un cadre d'exercice peu propice à des actions d'harmonisation fiscale</u>

365. La crise de l'État a été largement incriminée parmi les causes d'échec du processus d'harmonisation en Afrique centrale. En effet, les récessions économiques successives, la baisse des cours du pétrole, la crise sanitaire de Covid-19 et la prévalence des conflits armés ont fragilisé les fondamentaux économiques et sociaux, et révèlent la nécessité pour les États de la CEMAC à s'engager dans de profondes réformes structurelles. À cet égard, le processus d'harmonisation fiscale reste un défi d'une grande acuité dans un contexte régional profondément marqué par des crises économiques (**1**) et sécuritaires (**2**).

1 / Les pays de la CEMAC pris en tenaille entre la crise pétrolière et la crise du Covid-19

366. À en croire, la santé économique de la CEMAC, les États de la zone n'ont pas tiré suffisamment de leçons des expériences des précédentes crises, pour mettre en œuvre des politiques efficientes, afin de surmonter les effets induits par la chute des cours du brut[730]. De plus, la crise sanitaire du Covid-19 qui continue d'infliger des coûts humains élevés enlise l'économie mondiale dans une crise sans précédent[731]. Car au-delà de ses effets directs sur la santé des populations, cette pandémie a provoqué des bouleversements majeurs sur les marchés mondiaux de matière première, en particulier, le pétrole[732]. La situation est d'autant plus alarmante, vu que la plupart de ces pays subissent encore de plein fouet des récessions économiques du choc

[727] GREGGIO (R), MAFFEI (B), « Rente pétrolière et crise économique : le paradoxe des cours élevés du pétrole en période d'abondance productive et crise économique », in *Géoéconomie*, n° 68, 2014, p.111-126.
[728] *Ibid.*
[729] Colloque, *la fiscalité du futur,* n°1 Alliance centriste 1er édition, présenté par LAPORTE (M) et GRAU (R), 13 octobre 2018, p.3
[730] BERAUD (P), JABLANCZY (A), op.cit., p.95-117.
[731] BERAHAB (R), *Les pays pétroliers Africain sous la menace du Covid-19 : enjeux économiques et piste pour sortir de l'impasse,* Édition Policy Brief, 20-39 avril 2020, p.2.
[732] Rapport Nations Unis Gabon ; Covid-19 : cadre de riposte socio-économique des Nations-Unies au Gabon, version 1,0, août 2020, p.13

pétrolier de 2014[733]. Pour rappel, confronté à l'effondrement vertigineux des cours du brut, les membres de l'OPEP décident en 2016, avec dix autres pays pétroliers[734], de créer une alliance de producteur, en élargissant les contours d'un cartel aux frontières informelles « OPEP+ » [735], qui est parvenu, tant bien que mal à stabiliser le baril de Brent dans un intervalle de 50 à 70 dollars entre 2017 et 2020[736]. Si bien qu'en 2019, la situation économique de l'Afrique centrale se stabilise[737].

367. Malheureusement, à peine sorti de l'ornière, les pays de la CEMAC ne cessent de se heurter à un contexte macroéconomique de plus en plus difficile, caractérisé par les incertitudes liées aux tensions politiques et militaires récurrentes au Moyen-Orient, aux tensions commerciales sino-américaines, aux guerres et désorganisation de la production en Iraq ou en Libye, aux luttes intestines entre puissances de l'OPEP[738] et plus récemment à la pandémie du Covid-19. En effet, les importantes réductions de production des raffineries chinoises, dues à la propagation rapide du Covid-19, conjuguées à des répercussions majeures, dans les transports et sur le commerce international, ont pesé sur la demande de pétrole, qui a fortement reculé[739]. De surcroît, le 6 mars 2020, l'échec de l'« OPEP+ », sur la répartition d'ajustement des quantités à la baisse, entre l'Arabie saoudite et la Russie a fait l'effet d'un « coup de tabac » [740]. En refusant de contracter sa production au motif, que cette politique servait unilatéralement, l'intérêt des producteurs états-uniens de schistes, la Russie a suscité les représailles de

[733] Justement, les cours du pétrole avaient chuté en 2014, de façon significative, en raison de la surabondance de la production américaine, dopée par une hausse de la production de pétrole de schiste, et de la production russe. En réponse à cela, l'Arabie Saoudite, à son tour, augmenta sa production, inondant ainsi le marché, afin de faire face à cette concurrence. Ce choc eu de graves répercussions sur les économies d'Afrique centrale dépendantes du pétrole, qui connurent un ralentissement de la croissance économique et resserrement des recettes publiques

[734] Dont la Russie, le Mexique, le Kazakhstan, la Malaisie, l'Azerbaïdjan, le Bahreïn, le Brunei, l'Oman, le Soudan, et Soudan du sud.

[735] L'organisation compte désormais 14 membres dont 7 pays africain, y compris les trois États de la CEMAC : Congo (2018), Gabon (1975-1996 ; puis 2016) et Guinée-Équatoriale (2017), avec respectivement 32%, 22% et 18% du volume de la production communautaire cf. Rapport FERDI ; *op. cit.*, p.14

[736] RAPPORT FERDI, *La CEMAC face aux impacts du coronavirus COVID-19*, avril 2020, p.14

[737] La zone avait alors réalisé une croissance économique modérée estimé à 2,5%, bien en dessous des 3,2% projeté en début d'année 2019. Cf ; Communiqué officiel de la dernière session du comité de politique monétaire (CPM) de la BEAC.

[738] Communiqué officiel de la dernière session du comité de politique monétaire (CPM) de la BEAC.

[739] BERAHAB (R), *op.cit.*, p.3.

[740] En effet, avec un nombre plus étendu de membre, l'OPEP est tiraillée sur la marche à suivre. Non seulement, les décisions internes au cartel sont plus difficiles à prendre et à faire respecter, mais paradoxalement, l'accroissement du nombre a été de pair avec une perte d'influence significative sur le fonctionnement du marché des hydrocarbures. Il existe en effet, un nombre important de producteur hors OPEP, qui représentent une part significative de l'offre mondiale. En CEMAC, le Tchad et le Cameroun font partie de ces pays qui contribuent à la formation du volume de la production mondiale sans être tenu par les décisions collectives de l'OPEP. Cf. Rapport FERDI, *La CEMAC face aux impacts du coronavirus COVID-19*, *op. cit.*, p.14-15.

l'Arabie saoudite[741]. Conséquence, le 20 avril 2020, le prix du baril chute à – 37 dollars, soit leur niveau le plus bas depuis 1999[742]. Toutefois, le déroulement de la crise actuelle frappe à des degrés divers les États de la CEMAC. Ce sont les économies exportatrices des hydrocarbures les moins diversifiés, qui sont les plus fortement touchées, en particulier celle de la Guinée équatoriale et du Gabon, où les produits énergétiques représentent respectivement 97%[743] et 66%[744] des recettes d'exportation.

368. Alors, que la croissance économique atteint des abîmes, les budgets des États de la CEMAC sont sous tension, sous l'effet notamment, des mesures décidées, pour faire face à la crise et de la diminution des recettes issues de l'exportation du pétrole[745]. Les pertes des revenus des combustibles sont telles que la CEA les a évalués à environ 65 milliards de dollars, dont une grande partie sera supportée par le Nigeria[746]. En outre, avec le resserrement des conditions financières mondiales, les flux d'investissement vers les États de la sous-région risquent de se réduire[747]. C'est dire qu'il serait imprudent pour les États de la CEMAC de compter uniquement sur la manne pétrolière pour réduire leurs fragilités. Des fragilités que les illusions du pétrole ont contribué à créer : absence de diversification économique, mauvaise gouvernance, sombre climat des affaires, faible système bancaire, développement humain médiocre et pauvreté persistante.

369. Même si les problèmes de développement des pays de la CEMAC découlent plus, d'une mauvaise gestion des ressources, que de la ressource elle-même, la croissance de ces pays s'avère inversement proportionnelle au poids des ressources naturelles dans leur économie[748]. En effet, la rente pétrolière qui était considérable, a rendu non compétitives toutes les autres activités économiques. Si bien, que les investissements qui devaient

---

741 Ryad avait en effet, immédiatement annoncé son intention d'augmenter sa production dans les semaines à venir en portant ses exportations au-delà de 10 millions de barils par jour. Les cours se sont instantanément divisés pour s'établir, le 18 mars 2020 à 20 dollars le baril de WTI à New York, 26 dollars celui de Brent à Paris, soit le niveau de janvier 2000. Cf. Rapport FERDI, *La CEMAC face aux impacts du coronavirus COVID-19*, *Ibid.*, p.15.

742 À l'échelle mondiale, c'est bien entendu la situation intérieure de l'Arabie saoudite qui détermine dorénavant la fourchette qui encadre l'évolution des cours. Sans qu'il soit possible d'arguer d'une quelconque concertation préalable, voire d'une harmonisation tacite des positions, le prix du pétrole semble dépendre *in fine* des stratégies de productions décidées par les deux *swing producers*, Riyad et Moscou. Cf. GREGGIO (R), MAFFEI (B), *op.cit.*, pp.111-126.

743 RAPPORT Nation-unis, *Bilan macroéconomique rapide des effets du Covid-19 en Guinée-Équatoriale*, Data-Pop Alliance en collaboration avec ADE, version V2, vendredi 3 juillet 2020, p.11.

744 Ibid., p.13.

745 En effet, le choc du Covid-19 a entrainé la réduction des recettes d'exportation du pétrole, ce qui a contribué à creuser davantage les déficits de la balance courante et du budget des États tributaires de ces ressources.

746 *Ibid.*, p.5.

747 *Ibid.*, p.2.

748 Rapport du secours catholique, Congo-Brazzaville : *Le pétrole ne coule pas pour les pauvres*, p.6

permettre le développement d'une activité économique locale diversifiée ont progressivement été abandonnés, au profit de l'exploitation exclusive du pétrole, plus lucrative à court terme. Cette situation a eu des effets d'autant plus pervers. On note que l'industrie pétrolière est une enclave économique, générant peu d'emplois, ayant peu de retombées sur les autres secteurs productifs et favorisant une économie de rente[749].

370. Ce sont ces expériences qui devraient désormais faire réfléchir les gouvernements des pays de la CEMAC et les inciter à éviter de s'engager vers une nouvelle dépendance de sentier, à l'aune notamment, des brusques fluctuations du prix du brut sur le marché mondial[750]. À la lumière de ces évolutions mondiales, il devient donc, urgent plus que jamais, de compter sur l'efficience des décisions et orientations édictées par la Communauté pour favoriser la croissance économique de la région. Seulement, tout processus de rapprochement fiscal harmonieux s'accommode mal des troubles sociaux et de l'instabilité politique.

2 / Une insécurité patente

371. À l'échelle du continent, les pays de l'Afrique centrale ont souvent été considérés comme « les pays les plus bouleversés et les plus touchés, par des conflits et des crises internes profondes[751] ». Malheureusement, ce qu'on croyait être un point d'orgue de l'horreur, les guerres génocidaires au Rwanda[752] et au Burundi[753], la série de coups d'État et les tensions conflictuelles au Congo-Brazzaville[754], ainsi que les guerres civiles en Angola[755] et en République démocratique du Congo[756], n'étaient qu'un moment d'une tragédie, qui refuse opiniâtrement de quitter la scène. Chaque jour, le bilan macabre ne cesse de s'accroitre, si bien que la plupart des pays de la CEMAC connaissent actuellement, une situation intérieure tendue, voire périodiquement marquée par des troubles de grande ampleur. La guerre civile en Centrafrique[757], laquelle évolue au fil des années, en conflit international, et la percée djihadiste sans précédents, notamment de Boko

---

[749] *Ibid.*

[750] BERAUD (P), JABLANCZY (A), *op.cit.*, pp.95-117.

[751] MAYER (A), *L'intégration régionale et son influence sur la structure, la sécurité et la stabilité d'États fiables : l'exemple de quatre États centrafricains*, Thèse, institut d'Études politiques de Paris, 2006, p.50.

[752] Le génocide des Tutsis au Rwanda de déroule du 7 avril au 17 juillet 1994

[753] Cette guerre débute le 21 octobre 1993 jusqu'au 15 mai 2005

[754] Conflit à la fois ethnique et politique débute en juillet 1993 à octobre 1997

[755] Cette guerre s'est étalée sur vingt-sept années. Ce conflit important qui a frappé l'Angola peut être divisé en trois période (1975 -1991 ; 1992-1994 ; et 1998-2002)

[756] Le conflit en République démocratique du Congo trouve ses origines dans le génocide des tutsi au Rwanda de 1994, ainsi que les évènements liés au Burundi. A ce tire la première guerre débute en fin 1996 à 1997. La deuxième guerre quant à elle débute le 2 août 1998 au 30 juin 2003

[757] La première guerre civile débute en 2004 et prend fin en 2007. La deuxième guerre civile débute le 10 décembre 2012 et prend fin le 24 mars 2013. Quant à la troisième guerre civile elle débute le 6 septembre 2013 et prend fin le 23 août 2014.

HARAM, qui endeuillent régulièrement l'actualité internationale et malmènent les appareils sécuritaires du Cameroun et du Tchad, sont autant de manifestations qui mettent en évidence les problèmes d'instabilité auxquels l'Afrique centrale est confrontée depuis des décennies. Et à en juger par le renforcement des effectifs de la Mission multidimensionnelle intégrée des Nations unies pour la stabilisation en Centrafrique (MUNISCA), le 25 décembre 2020, la situation est loin d'être stabilisée.

372. Dès lors, la corrélation entre les conflits et le processus d'harmonisation fiscale est double. En effet, la première est qu'une guerre civile qui perdure conduit à limiter le mouvement des personnes, des biens, des services et des capitaux intrarégionaux. La preuve en est que, les tensions sécuritaires dans le bassin du lac Tchad, au Sahel et en Centrafrique, entraînent la réduction des échanges commerciaux entre les États, la diminution du recouvrement des recettes fiscales et douanières, et la hausse des dépenses sécuritaires. De plus, il crée un afflux plus important de réfugiés, de déplacés et de rapatriés. De surcroît, un pays dans lequel sévit une guerre civile ou en conflit avec un pays voisin concentre ses efforts politiques ailleurs, au détriment du processus de rapprochement fiscal. Ce qui, non seulement, n'encourage pas l'émergence de ces pays, mais frêne également le développement de la sous-région.

373. La seconde corrélation, est que les tensions civiles à l'intérieur d'un État peuvent, si elles se prolongent, aboutir à des prises de position partisane des autres États de la communauté, au pire déboucher sur une intervention directe dans le conflit, de nature à hypothéquer la cohésion régionale. En effet, la tentative de coup d'État en Guinée-Équatoriale, détournée par l'arrestation le 28 décembre 2017, sur le territoire camerounais, d'une trentaine de mercenaires, originaires pour la plupart du Tchad, du Cameroun et de Centrafrique, a un peu plus empoisonné les relations entre le Président équato-guinéen Téodoro OBIANG NGUEMA et le Président centrafricain, Faustin Archange TOUADERA. Un climat de méfiance s'est installé, amplifiant par la même occasion, ce sentiment d'insécurité, sujet aux réflexes de repli sur soi, préjudiciables au processus d'intégration.

374. La situation actuelle de la démocratie dans la région rend compte aussi, des déficiences dans le système démocratique et des tensions politiques en rapport avec l'enjeu de renouvellement du leadership politique au niveau de l'État, qui sont dans certains cas, concomitantes à la contre-performance économique. En effet, le caractère acariâtre de certains Présidents qui rejettent avec souplesse le chemin des élections présidentielles accroît le ressentiment des populations. De nouvelles turbulences génératrices de confrontations armées ont ainsi, fait leur apparition sur le plan sociopolitique, en rapport avec des tiraillements préélectoraux, remettant en cause le processus électoral ou du fait, des contentieux électoraux mal résolus. Au point de disloquer et fragiliser les forces de défense et de sécurité de certains États.

375. Malgré les efforts déployés par les États, pour l'instauration, le maintien de la préservation de la paix, les forces de l'Afrique centrale souffrent globalement d'un déficit capacitaire et d'un manque de dispositifs de coordination. En effet, en raison de différence linguistique et de l'hétérogénéité du matériel, des armes, ainsi, que des niveaux très inégaux de formation et des différences de procédures, la coordination entre les forces sécuritaires, s'avère très difficile sur le terrain. Par conséquent, non seulement les interventions ne sont pas toujours, couronnées de succès, mais ne contribuent pas aussi, au maintien et à la consolidation de la paix. Tout compte fait, il semble que la solidarité et la relation des États sont cruciales dans la résolution des conflits. En effet, selon les circonstances de la diplomatie coercitive, la CEMAC doit consolider la paix dans la zone, à travers, la prévention et la gestion efficiente des conflits. D'autant plus, que les questions de paix, sécurité intérieure et piraterie ne devraient pas souffrir d'un blocage ou d'un règlement unilatéral et contreproductif par un petit nombre d'États. Si, depuis la fin déclarée des périodes de conflits, l'Afrique centrale connait incontestablement, une importante dynamique de sortie de crise, il est toutefois, nécessaire que les États restent vigilants, sur la résurgence de la crise centrafricaine et la crise anglophone du Cameroun, qui se complexifient et se transforment, avec le développement de lien et les risques d'hybridation, entre certaines rébellions politiques, des trafics (humains, de marchandise et de drogue), et de réseaux liés au développement du terrorisme.

376. Au regard de ceci, il est évident que l'avènement d'une Afrique politiquement stable passe par la construction d'ensemble sous régional. Seulement, les conditions idoines de l'harmonisation fiscale ne peuvent se réaliser dans un contexte trouble, instable où s'enchevêtrent des conflits inter-États ou des guerres civiles. Il revient donc à la CEMAC non seulement, de susciter une prise de conscience des États Cémaciens sur les enjeux de paix et la sécurité, mais d'en faire également, des priorités et de se donner les moyens de les promouvoir et de les préserver. Les États Cémaciens doivent ainsi, créer des conditions politiques, économiques et sociales adéquates, en impulsant des actions concrètes, pour éradiquer les conflits armés. Cela passe par : l'intensification des processus démocratiques ; les formations d'un corps de négociateurs au sein du comité consultatif de la CEMAC, et le renforcement des mécanismes et structures destinées à assurer la résolution des conflits en Afrique centrale. D'autant plus, que dans un contexte d'instabilité politique, la légitimité de l'harmonisation fiscale est fortement remise en cause par les contribuables.

Paragraphe II : Un environnement politique défavorable à la légitimation du prélèvement fiscal

377. Au-delà des techniques qui masquent sa réalité fondamentale, l'harmonisation fiscale doit être comprise d'abord, comme un fait politique. En effet, l'étude des institutions des pays développés montre que « l'impôt a été historiquement générateur du régime politique, et il conserve toujours ce pouvoir d'action ou d'influence sur le régime politique parce que chaque conception de l'impôt induit certaines orientations politiques[758] ». Ainsi, le succès de l'harmonisation fiscale énergétique dans la zone CEMAC apparaît désormais comme un défi politique et institutionnel. D'où la nécessité de légitimer l'harmonisation fiscale d'une part (**B**) et de procéder à un réaménagement institutionnel susceptible de renforcer sa cohérence et son poids, d'autre part (**A**).

A / L'instabilité des gouvernements

378. Selon GEST et TIXIER, « le pouvoir fiscal et le pouvoir politique vont de pair [759]». Cette interdépendance est capitale si l'on veut « relever le défi de l'harmonisation des systèmes fiscaux nationaux, sans céder à l'idéologie du moins-disant fiscal [760]» en CEMAC. Dès lors, les États Cémaciens doivent disposer d'une source de légitimité suffisante, pour aboutir à une harmonisation idéale. D'où la nécessité de mettre en place des conditions fiables de légitimation de l'harmonisation fiscale dans la zone CEMAC (**1**). Toutefois, le problème de l'implémentation d'une harmonisation idéale se pose également au niveau parlementaire (**2**).

1 / L'instabilité des politiques fiscales

379. Le souci de rapprocher les systèmes nationaux, afin de leur donner une légitimité, est une préoccupation constante en CEMAC. La crise du civisme fiscal dont souffre la CEMAC est d'abord une crise de légitimité du pouvoir, du simple fait qu'il est difficile d'isoler le système fiscal du système social. MEYONG ABATH en vient à ce même raisonnement lorsqu'il affirme que : « derrière la crise de légitimité de l'impôt apparaît, en filigrane, la crise de l'État [761]». Depuis des décennies, la perpétuelle instabilité fiscale due à l'instabilité des gouvernements est l'un des fléaux des économies des États d'Afrique centrales. En effet, l'instabilité fiscale en Afrique centrale résulte le plus souvent de l'instrumentalisation à outrance de la fiscalité par les politiciens et ceux à des fins purement électoralistes. De plus, cette

---

[758] TROTABAS (L), COTTERET (J-M), *Droit fiscal*, Paris, 8e éd, Edition Dalloz-Sirey, 1987, p.6.
[759] GEST(G), TIXIER (G), *Manuel de droit Fiscal*, op.cit., p.32.
[760] Editorial, « Quelle fiscalité pour quels objectifs », in *Regards croisés sur l'économie*, vol. 1, N°1, Edition la Découverte, 2007, pp. 8-11.
[761] MEYONG ABATH (R), *op.cit.*, p.265.

inconstance fiscale se traduit par des remaniements fiscaux à chaque alternance politique. D'ailleurs, ces chambardements fiscaux surviennent parfois, au sein d'un même mandat présidentiel, par les incessants changements de gouvernements. De surcroît, des mesures fiscales sont introduites dans des lois diverses et variées.

380. Ce manque de visibilité du régime fiscal est l'une des raisons qui freinent la croissance, l'emploi et la compétitivité des États de la CEMAC. Or, pour créer la croissance et des emplois, les entreprises doivent avant tout bénéficier d'environnements fiscaux stables et attractifs. Les États doivent donc afficher leur volonté de juguler l'instabilité fiscale. L'idée ici n'est pas d'empêcher l'adaptation régulière et nécessaire de la législation fiscale, mais, plutôt, de limiter le pouvoir absolu de la classe politique en matière de fiscalité. Par conséquent, pour endiguer le fléau de l'instabilité fiscale, les États doivent mettre en place une loi de programmation fiscale détaillant sur plusieurs années, les mesures fiscales et leur calendrier d'application.

381. De plus, il faudrait que les États introduisent dans leur constitution, l'impossibilité pour le parlement de modifier plus d'une fois un même impôt, sauf dans le cas où, il s'agirait d'en diminuer le taux ou l'assiette. En vue, de prévenir l'adoption inopinée et non souhaitée de réformes fiscales en dehors des lois de finances. Par ailleurs, pour introduire plus de rigueur juridique et économique dans l'élaboration de la politique fiscale, les États doivent instaurer des autorités nationales de la stabilité fiscale, totalement indépendante, qui auront pour mission de veiller à la stabilité fiscale, afin d'instituer un réel contre-pouvoir institutionnel[762]. En outre, l'organe aurait également, un rôle de contrôle à postériori des mesures adoptées, afin de vérifier leurs efficiences et valider leurs maintiens[763].

2 / Une compétence parlementaire laminée par un exécutif omniprésent

382. En Afrique centrale, il existe un grand fossé entre les pouvoirs formels et le rôle effectif des parlementaires dans le processus d'élaboration des textes fiscaux[764]. Les décisions fiscales sont généralement une émanation de la présidence de la République. En effet, étant le plus souvent à la fois chef d'État et chef du gouvernement, c'est sous sa bannière qu'est déterminée et conduite la politique fiscale de la nation. Cette influence manifeste de la présidence de la République dans la prise de décisions

---

[762] En substance, cet organe aurait principalement un rôle consultatif en amont de chaque projet de modification de la politique fiscale. À ce titre, chaque projet de modification de la politique fiscale devrait lui être préalablement soumis, afin que ce dernier puisse examiner exhaustivement la cohérence et les coûts de chaque projet. Cela, inclurait les projets de lois de finances, les amendements fiscaux.

[763] À cet égard, les aides fiscales s'inscrivent comme une illustration, parmi bien d'autre de l'absence de cohérence et d'efficience du système fiscale des États de la CEMAC.

[764] BANGO (A), *op.cit.*, p.70.

fiscales peut s'expliquer par une survivance de l'esprit politique précolonial[765]. En effet, dans les institutions précoloniales, il n'existait pas à proprement parler, une distinction entre le pouvoir exécutif et le pouvoir législatif[766]. De ce fait, le Chef était considéré comme le pivot autour duquel le pouvoir s'organisait et s'équilibrait. À ce propos, Guy-Adjété KOUASSIGAN relève que « le Chef est, en Afrique noire, l'élément fondamental sur lequel repose tout l'édifice politico-social [767]». Toutefois, étant donné que le pouvoir fiscal du Chef comportait des limitations, certains travaux ont montré que l'autoritarisme politique en Afrique notamment en matière fiscale trouve son origine dans la pratique coloniale[768].

383. À ce propos, Jean-François BAYART précise que « les pratiques autoritaires, l'échec de la greffe de la démocratie libérale en Afrique noire ne revoie pas à la persistance d'une culture traditionnelle dont la définition est au demeurant impossible, mais bel et bien au moment colonial et à la reproduction de son héritage au lendemain de son indépendance[769] ». C'est dans cette ligne de pensée que s'inscrit le Pr Alain Serge MESCHERIAKOFF lorsqu'il affirme qu'en Afrique « contrairement à une idée superficielle trop répandue », l'autoritarisme politique « repose moins sur les anciennes traditions africaines, que sur leur confrontation avec la modernité européenne[770] ». Catherine COQUERY-VIDROVITCH en vient également, à une analyse similaire en affirmant que « le modèle du pouvoir absolu d'un certain nombre de dictateurs africains récents ou actuels doit beaucoup plus à l'héritage colonial qu'au pouvoir somme toute modérateur du Chef précolonial [771]» car, en Afrique, le rôle du chef n'était pas d'exercer

---

765 OWONA (J), « Le pouvoir exécutif », in *Encyclopédie juridique de l'Afrique*, Dakar, NEA, 1982, Tome 1, p. 98. Voir aussi MILHAT (C), « Les modes traditionnels dans l'exercice du pouvoir par le Chef de l'État en Afrique », in BLANC (François-Paul), GAUDUSSON (Jean Du Bois de), FALL (Alioune), FERAL (Francis) (dir.), Le Chef de l'État en Afrique : Entre juridictions, État de droit et transition démocratique, *Cahiers du CERJEMAF*, N° 9, Perpignan, Presses Universitaires de Perpignan, 2001, p. 133.

766 BANGO (A), *op.cit.*, p.72.

767 KOUASSIGAN (G-A), L'homme et la terre : droits fonciers coutumiers et droit de propriété en Afrique occidentale, coll ORSTOM nouvelle série N°8, Édition Berger-Levrault, 1966, Paris, p.80.

768 BANGO (A), *Ibid.*, p.73.

769 BAYART (J-F), « La problématique de la démocratie en Afrique noire : "La Baule, et puis après ?" », in *Politique africaine*, n° 43, octobre 1991, p.6.

770 En effet, l'auteur explique que le pouvoir politique dans les sociétés africaines traditionnelles était plus ou moins limité et que la solidité du groupe était dans la plupart du temps, garant de cette limitation. Or, « *le choc colonial, en minant la cohésion des groupes devait rompre l'équilibre traditionnel du pouvoir politique* ». Par conséquent, « *Privées de leur contexte signifiant, les relations entre le groupe et son Chef se simplifient et se schématisent jusqu'à ne laisser subsister que le rapport dominant dominé* ». Voir MESCHERIAKOFF (A-S), « L'ordre patrimonial : Essai d'interprétation du fonctionnement de l'administration d'Afrique francophone subsaharienne », in *RFAP*, n° 42, 1987, p.128.

771 COQUERY-VIDROVITCH (C), « Histoire et historiographie du politique en Afrique : la nécessité d'une relecture critique (à propos de la démocratie) », in *Politique africaine*, vol. 46, juin 1992, p. 34-35. Voir aussi RAYNAL (M), *Justice traditionnelle, Justice moderne : le devin, le juge, le sorcier*, Paris, Édition L'Harmattan, 2000, p. 45-46.

une volonté personnelle, mais plutôt « de maintenir l'équilibre entre les différents groupes sociaux qu'il régentait[772] ».

384. Au regard de ce qui précède, on peut donc en déduire comme Ange BANGO que « c'est cette conception précoloniale et coloniale du Chef qui va largement inspirer par un phénomène de symbiose, les dirigeants africains actuels[773] ». Cette concentration des pouvoirs aux seules mains du chef de l'État, a dépossédé le Parlement de ses attributions de délibération authentique et privilégiée[774], notamment en matière fiscale. Dès lors, le Président devient « en quelque sorte, un pontife fiscal[775] », c'est-à-dire le personnage faisant autorité dans la formulation de la politique fiscale. En dépit des progrès enregistrés depuis les années 1990, la pratique actuelle conforte cette hégémonie présidentielle. Si au niveau technique, le ministre des Finances est la cheville ouvrière de la conception de la fiscalité du droit commun, il n'en demeure pas moins que l'élaboration de la fiscalité spécifique résulte de plusieurs ministères[776]. En effet, les CGI des États de la CEMAC sont assez évasifs sur la fiscalité applicable au secteur pétrolier et énergétique. C'est dans les codes des hydrocarbures, codes pétroliers et codes de l'eau et de l'énergie que cette fiscalité est définie. Les règles fiscales qu'on y trouve sont l'œuvre d'une action conjointe entre le ministère des hydrocarbures et celui des finances. C'est dire que, même si ces conventions sont généralement ratifiées par le Parlement, par ce biais, les ministères en charge des mines, des hydrocarbures ou du pétrole contribuent significativement à l'élaboration de la fiscalité pétrolière.

385. Si, la prédominance de l'exécutif dans l'élaboration des textes fiscaux apparaît manifeste, plusieurs raisons en sont à l'origine. En Afrique centrale, face à un exécutif prédominant, le Parlement souffre d'un grave discrédit. En effet, « apparaît presque partout comme un sous-pouvoir, une simple autorité déléguée à la fonction législative face à un chef d'exécutif omniprésent [777]». Par conséquent, « l'Assemblée nationale n'est ni un lieu, ni même un instrument du pouvoir, elle est plutôt un élément du décor et du décorum [778]».

---

[772] *Ibid.*, pp. 35

[773] BANGO (A), *op.cit.*, p.79.

[774] DESOUCHES (C), « Les Assemblées », in *Encyclopédie juridique de l'Afrique*, tome I, Abidjan, Dakar, Lomé, NEA, 1982, p. 57.

[775] BANGO (A), *Ibid.*, p.80.

[776] En effet, les textes relatifs à la fiscalité de droit commun sont rédigés par les services techniques (Impôt et Douanes) du ministère des finances, chargés de fournir aux gouvernements de sa politique fiscale. Ce travail collectif des différents experts des différentes Directions du ministère des finances exerce une influence considérable sur la conception des textes fiscaux.

[777] OWONA (J), *op.cit.*, p. 265.

[778] MEDARD (J-F), « L'État sous-développé au Cameroun », in *Année africaine*, 1977, p. 43.

B / L'inadéquation entre harmonisation fiscale et volonté de renforcer l'indépendance politique

386. Les développements politiques récents dans la zone CEMAC montrent que la volonté d'harmonisation fiscale s'accompagne d'une volonté politique et que la légitimité de l'harmonisation fiscale dépend étroitement de celle que l'on accorde à l'impôt. Or, la CEMAC fait face à une crise de la légitimité de l'impôt (**1**), ainsi qu'une crise de lisibilité et de compréhension de la norme fiscale (**2**).

1 / La crise de la légitimité de l'impôt au sein de la CEMAC

387. Le temps semble loin, où sous l'égide de l'État-providence, les prélèvements obligatoires étaient posés, comme instrument de la solidarité du groupe social, participant à la réalisation de l'intérêt général[779]. D'ailleurs, c'est sur ce fondement même que l'impôt a pu tirer les éléments les plus forts de sa légitimité[780]. Cependant, au fil des années, cette alliance du contribuable citoyen s'est effritée et l'attitude envers la fiscalité a changé radicalement, celle-ci étant dénoncée comme mère nourricière d'un État tentaculaire. Une observation attentive des États de la CEMAC laisse en effet deviner qu'au-delà des apparences, l'idée selon laquelle, l'impôt contribue à la réalisation de l'intérêt général est devenue évanescente, au profit d'une fonction essentiellement budgétaire. Loin des dédales techniques, la persistance de discours sur la légitimité de l'impôt en Afrique centrale est étroitement liée à la légitimité du pouvoir politique. En effet, le consentement à l'impôt se fonde sur la confiance que les citoyens accordent à la représentation nationale, sur l'usage des ressources collectives, et la confiance qu'ils accordent à l'État d'utiliser l'argent public à bon escient.

388. Il faut dire qu'en Afrique centrale la crise de la légitimité de l'impôt se manifeste, par une attitude de défiance des populations vis-à-vis de l'administration et de ses projets, dans les cas les plus extrêmes par le rejet de tout ce qui symbolise la soumission à l'État. Il faut dire que depuis les indépendances, les États Cémaciens apparaissent, aux yeux d'une frange de la population, comme des lieux d'usurpation du pouvoir, à tel point que la résistance à l'impôt se confond avec la résistance au pouvoir. Il est tout à fait évident qu'un individu qui voit une fraction de ses ressources ponctionnées par une autorité, qui ne repose sur aucune autre légitimité que la force brutale, perçoive le prélèvement fiscal comme une spoliation. De ce fait, comme le souligne le Pr Michel BOUVIER, « plus que d'une simple résistance à l'impôt, il faut y voir le germe d'une opposition qui tend à

---

[779] BOUVIER (M), « Sens et légitimité de l'impôt », in *Le Seuil pouvoir* n°151, 2014/4, p 27.

[780] En effet, même si certains contribuables ne s'acquittaient pas de leur dette fiscale de bon gré, ce n'est pas pour autant, qu'elle ne paraissait pas légitime aux yeux du plus grand nombre. Dans la mesure où, malgré les inconvénients qu'il présente, l'impôt est perçu comme la contribution de tous au financement des services publics, pour la réalisation du bien être globale.

s'étendre par capillarité, faisant l'économie du fracas des révoltes fiscales [781]».

389. En principe le consentement à l'impôt se concrétise par le vote de la loi, responsabilité qui incombe aux représentants des citoyens, car à travers le consentement de l'impôt exprimé par représentation c'est son propre consentement qui s'exprime. Or, la zone CEMAC se caractérise non seulement, par une faible production législative, mais également, par une jurisprudence quasi inexistante. Dans ce contexte de législation lacunaire, le consentement de l'impôt ne se joue plus uniquement au niveau du parlement, mais aussi sur le plan de confiance que les citoyens accordent à l'administration pour collecter l'argent public. En effet, l'administration fiscale, jadis conçue pour être une administration de contrôle s'efforce tant bien que mal de se présenter aujourd'hui comme une administration de service. Malgré, les efforts entrepris par l'administration fiscale pour aller vers une administration de service, force est de constater que les recommandations réitérées dans les différents rapports issus de la CEMAC et du FMI, dans le sens d'une stabilité de la norme fiscale n'ont pas été suivies d'effets et que le modus operandi de l'administration fiscale, lors des contrôles fiscaux ne contribue pas à légitimer le pouvoir fiscal[782]. De surcroît, la majorité des contentieux fiscaux trouve une solution après un *modus vivendi* entre le contribuable et l'administration. Ce mécanisme informel de règlement de litiges fiscaux à géométrie variable conduit à réduire l'intérêt de la procédure contentieuse[783].

390. Corrélativement, le contribuable, plus soucieux qu'autrefois quant à l'utilisation de l'argent public perçoit de plus en plus l'impôt comme le prix d'un service rendu, plutôt que comme l'expression d'un devoir social. L'importance des revenus procurés par la vente des hydrocarbures ne parvient plus à masquer les crises structurelles qui frappent tous les pays exportateurs de la CEMAC[784]. En effet, le lancement de projets pharaoniques et le mode de vie dispendieux de la partie favorisée de leur population entraînent les pays dans une faillite économique abyssale. De plus, vu le fort taux de croissance démographique et faute de stratégie adéquate de diversification, les États font face à un chômage structurel de masse[785]. Si bien que bon nombre de contribuables, remettent non seulement, en cause l'organisation des impôts et taxes, mais doutent également, de la conception,

---

[781]BOUVIER (M), « Sens et légitimité de l'impôt », in *Le Seuil pouvoir* n°151, 2014/4, p 31.

[782] En effet, bien que, les législations nationales consacrent les garanties du contribuable vérifié, elles ne sont toutefois, pas respectées. Entre autres, l'interdiction des vérifications successive, l'obligation faite à l'administration de remettre au contribuable vérifier une charte lui informant de ses droits, le fait de lui accorder un délai lui permettant de se préparer à la vérification.

[783] En effet, les redevables Cémaciens ressentent parfois les redressements fiscaux effectués par l'administration fiscale comme des injustices. Ce qui, ne contribue pas à légitimer le prélèvement fiscal dans la zone CEMAC.

[784] GREGGIO (R), MAFFEI (B), *op.cit.*, p.111-126.

[785]*Ibid.*

de la solidarité et de la redistribution sur laquelle repose la légitimité de l'impôt. Pour la simple et bonne raison, que les inégalités de revenus et de patrimoines ne font que croître, tandis que dans le même temps prospèrent des pratiques d'évitement et d'évasion, par ceux-là même à qui les politiques fiscales, semblent accorder de plus en plus d'avantages de diminution des impôts. Ce tohu-bohu enfante une nouvelle conception de l'impôt qui se résume par la sempiternelle question « où vont nos impôts ? ».

391. Le caractère crucial de cette question s'observe aujourd'hui à travers la perte de sens du devoir fiscal, s'exprimant à travers l'incivisme fiscal[786]. D'un autre côté la mondialisation des échanges, les délocalisations et la relocalisation des entreprises, le commerce électronique, ainsi que l'instabilité croissante des circuits économiques et financiers, qui en découle rendent la matière imposable de plus en plus inappréhendable, que ce soit d'un point de vue, matériel ou conceptuel. Ce nouveau contexte est à l'origine du désarroi fiscal, qui s'observe dans chaque État de la CEMAC. En effet, la fiscalité vacille, entre les niches fiscales qui pullulent, l'évasion fiscale, la prolifération d'impôt informel et les détournements des deniers publics, qui indignent le contribuable, tout périclite. De quoi accroitre les inégalités, l'injustice et refroidir un civisme fiscal naissant. Toutefois, l'illégitimité de l'impôt dans la CEMAC tient également, à la qualité de la norme fiscale.

2 / Une législation abondante et confuse

392. De nos jours, nul ne peut nier les changements notables intervenus dans les législations fiscales des pays de la CEMAC. Toutefois, examinées dans leur succession, les différentes réformes fiscales mises en œuvre produisent généralement un ensemble d'effets néfastes[787]. En effet, sous l'impulsion des besoins budgétaires du moment et face à différentes revendications nationalistes, les gouvernements multiplient les textes fiscaux sans prendre en compte la situation socio-économique du pays. Si bien qu'il arrive parfois, qu'une réforme vienne contredire la précédente, obscurcissant ainsi, un peu plus le fonctionnement de l'administration fiscale. Il en résulte « des politiques fiscales incertaines qui se traduisent par une hausse des taux d'imposition et des accumulations des prélèvements obligatoires formant une structure complexe, car construite par strates successives, au coup par coup, sans logique d'ensemble [788]». Cela s'explique par le fait, que dans les pays de la CEMAC, il n'existe pas de cadre institutionnel adéquat pour définir la politique fiscale. En effet, le Rapport du FMI n°19/2 de mars 2019, sur la CEMAC affirme que : « l'élaboration de la politique fiscale est le plus souvent menée sur une base ponctuelle par les responsables de

---

[786] BOUVIER (M), ESCLASSAN (M-C) et LASSALE (J-P), *op.cit.*, p.672.

[787] BANGO (A), *op.cit.,* p.248.

[788] BOUVIER (M), « Sens et légitimité de l'impôt », *op.cit.*, p 31.

l'administration fiscale/ou douanières au lieu d'être formulé par une unité distincte dont la mission serait de conseiller le ministre des Finances sur la conception appropriée du système fiscal [789]». Autrement dit, aux lieux que les décisions relatives aux questions fiscales soient prises, dans le cadre d'une politique à long terme, dans les aspects économiques, techniques et administratifs, elles sont le plus souvent prises d'une manière fragmentaire.

393. Par conséquent, comme l'affirment Henri NONORGUES et Jean LABORDE, « de ces études trop hâtives naissent inéluctablement des textes imprécis et incomplets et, plus mal adaptés aux besoins du pays, parce qu'ils ne sont pas intégrés dans un plan de développement qu'ils devraient précéder et soutenir[790]». En effet, comme l'illustre Ange BANGO, les réformes fiscales s'empilent « dans un système mal maîtrisé, de sorte que ni les cadres supérieurs du fisc, ni les experts internationaux et encore moins les agents du fisc de base et les contribuables ne peuvent préciser les contours des administrations fiscales[791] ». L'analyse des directives communautaires et des CGI des États Cémaciens laisse apparaître une rédaction obscure, des dispositions inadaptées à la réalité des affaires et un système de renvoi complexe[792]. De surcroit, la doctrine administrative qui comporte de nombreuses insuffisances est réservée au seul professionnel. Cette inaccessibilité et inintelligibilité, de la norme fiscale, laissent souvent le contribuable Cémaciens, dans des situations incertaines, insécurisées et imprévisibles.

394. En outre, il arrive que l'administration fiscale infléchisse les règles fiscales édictées par le législateur[793]. De plus, il arrive que l'administration fiscale affecte la pérennité du système fiscal en modifiant la taxation, la classification de remplacement des restrictions quantitatives par des décrets ou de simples notes de service, qui pour ces dernières peut, soit être réversible, par une autre note de service, en vertu du principe de parallélisme des compétences et des formes, soit, être considérées comme inconnue par la majorité des acteurs de la réforme[794]. Cependant, il faut noter que la multiplicité des textes fiscaux des États de la CEMAC résulte, également, de nombreux arrangements avec certaines entreprises. En effet, les négociations au cas par cas, les relations entre États, l'administration et l'entreprise

[789] Rapport du FMI N°19/2 de mars 2019, sur la CEMAC, p.52.

[790] NONORGUES (H), LABORDE (J), *La fiscalité et le développement des pays du tiers monde*, Édition Antananarivo (MG), 1970, p. 37-38.

[791] BANGO (A), *op.cit.*, p.246.

[792] Les dispositions fiscales issues des lois de finances ne sont pas directement codifiées dans les CGI, car les conditions d'élaboration des normes fiscales nationale et communautaire ne sont pas favorables : délais court, évaluation impossible, contradiction entre droit communautaire et législation nationale.

[793]BANGO (A), *op.cit.*, p.246

[794] HIBOU (B), *L'Afrique est-elle protectionniste ? Les chemins buissonniers de la libéralisation extérieure*, Paris, Édition Karthala, 1996, p.103.

finissent par former un système où seuls les intéressés se retrouvent[795]. Cette multiplication mimétique des textes fiscaux s'explique aussi par l'obsolescence des outils fiscaux. En effet, au fur et à mesure des progrès de la technologie en la matière, les outils fiscaux se périment et, à peine institués dans une législation, il faut les compléter ou les changer[796]. C'est dire qu'actuellement, les États de la CEMAC apparaissent comme des pays dont le système fiscal est « *un tonneau des Danaïdes* ».

395. Par conséquent, les politiques publiques de façon générale restent invisibles, peu lisibles, incohérentes et inefficaces aux yeux des citoyens. De surcroît, les échos d'actes de détournement de fonds publics, ou même des réalisations approximatives de projets publics, alimentent, encore plus cette faible perception de l'impact des politiques publiques et cette méfiance des usagers vis-à-vis des services publics. Pourtant, face à la complexité du droit fiscal, l'administration fiscale est le « fil d'Ariane » de la compréhension de ce labyrinthe, ainsi que le fondement éthique sur lequel le citoyen contribuable peut se fonder. Or, en Afrique centrale, la mise en œuvre de la fiscalité est non seulement, une application des principes arrêtés par les autorités publiques et de règle formelle de droit, mais également, un *modus operandi* bureaucratique[797], sous forme « d'un marchandage fiscal[798] ». Si bien, que parfois, l'administration fiscale déforme et rend difforme la fiscalité[799]. Ce, qui peut expliquer en partie la prégnance du secteur informel et la tendance souvent à vouloir frauder le fisc[800].

SECTION II : DES CONDITIONS DE MISE EN ŒUVRE ANTINOMIQUE DES OBJECTIFS DU PROCESSUS D'HARMONISATION

396. Les conditions requises pour la mise en œuvre de l'harmonisation fiscale dépendent principalement des caractéristiques de l'administration fiscale et du juge fiscal, avec pour partenaire inévitable le citoyen

---

795 BANGO (A), *Ibid.*, p.247.

796 MARTINEZ (J-C), *Le statut du contribuable*, Tome I l'élaboration du statut du contribuable, 1980, cité dans MARTINEZ (J-C), DI MALTA (P), *Droit fiscal contemporain*, Tome 2, Paris, Édition Litec, 1986, p. 416.

797 Sur le phénomène bureaucratique en Afrique, voir MIRANDA SANCHEZ (S), *La bureaucratie dans les pays en voie de développement*, Thèse de 3e cycle en droit public, Paris 2, 1975, 231 p. ; SCHWARZ (A), « Mythe et réalité des bureaucraties africaines », in *Revue canadienne d'Études africaines*, vol. 8 n°2, 1974, pp. 255-284.

798 Sur le marchandage fiscal en Afrique (notamment en Mauritanie), voir LEROY (M), *La sociologie de l'impôt*, Edition PUF, coll. « Que sais-je ? », juillet 2002, p.42-49.

799 NGAOSYVATHN (P), *Le rôle de l'impôt dans les pays en voie de développement*, Tome 1, Édition LGDJ, 1980, p.113.

800 AWOUMOU (J-A-B), *La communication comme outil d'optimisation des performances dans les administrations publiques camerounaises : le cas de la Direction générale des Impôts*, Master professionnel 2e année, Université Paris Sorbonne-ENA, p.76.

contribuable[801]. Or, en Afrique centrale, les comportements de ces acteurs sont généralement en décalage avec la rigueur des textes qu'ils sont chargés de mettre en œuvre. De surcroît, ce sont parfois des manipulations bureaucratiques qui vident les textes de leur substance renforçant leur difficulté d'application. Si bien, que le hiatus entre les principes et la pratique y est considérable[802]. Cette situation semble s'expliquer, notamment, par l'inefficacité des régies financières (**Paragraphe I**) et par le dysfonctionnement en matière d'assiette et de recouvrement (**Paragraphe II**).

Paragraphe I : L'inefficacité des régies financières

397. Il est communément admis que les administrations fiscales et douanières ont une emprise sur la mise en œuvre de la fiscalité[803]. Toutefois, peu d'États de la CEMAC peuvent se targuer d'avoir une administration efficace, efficiente et moralement respectable. En effet, en Afrique centrale, les régies financières « fonctionnent dans des conditions insatisfaisantes et ne sont pas plus performantes aujourd'hui qu'elles ne l'étaient dans la période postérieure aux indépendances[804] ». Bien que, les causes et l'ampleur de cette déperdition des valeurs de référence, varient d'un État à l'autre, toutefois, la situation aléatoire des agents des régies financières (**A**) et l'insuffisance des moyens d'action de l'administration fiscale (**B**), semblent expliquer l'ampleur du phénomène.

A / La situation aléatoire des agents des régies financières

398. La quasi-totalité des régies financières des États Cémaciens sont caractérisées par une organisation imparfaite et une insuffisance structurelle, qui les empêchent d'assurer efficacement leur rôle. La crise des administrations fiscales et douanières des pays de la CEMAC, semble trouver son explication par les méfaits de « l'hydrocéphalie » administrative (**1**) et par des moyens matériels insuffisants (**2**).

---

[801] BANGO (A), *op.cit.*, p.203.

[802] Parlant des conditions concrètes d'application des politiques fiscales dans les pays en voie de développement, Alan A. TAIT résume la situation en ces termes : « *Les impôts qui sont édictés ne sont pas nécessairement ceux qui sont appliqués en pratique* ». Cf. TAIT (Alan A.), « *IMF advice on fiscal policy, Public finance and steady economic growth* », IIFP, Congrès de Buenos Aires, 1989, Foundation Journal of public Finance, La Hague, 1990, p.42-43. Cité par BELTRAME (P), MEHL (L), *technique, politique et instituions fiscales comparées*, Paris, Edition PUF, coll. Thémis, 2e éditions 1987. p.15.

[803] En effet, elles participent à la conception et à l'élaboration des textes législatifs et réglementaires en matières fiscales, domaniale et foncière, ainsi que des instructions générales nécessaires à leur application. Cf. BANGO (A), *op.cit.*, p.204

[804] RAMBOURG (M), « L'échec des réformes en Afrique. Le cas des pays francophones au sud du Sahara », in *Revue française d'Administration publique*, juillet-septembre 1998, p.405.

1 / Les méfaits de l'hydrocéphalie administrative

399. La structuration des administrations fiscales des États de la CEMAC est fondée sur système administratif centralisé hypertrophié. En effet, dans les pays de la CEMAC, l'essentiel du pouvoir fiscal s'exerce au niveau de la capitale, les provinces ou les villages ne sont que des zones d'application des Directives fiscales[805]. D'ailleurs, M. Jacques ROUSSEAU avait, dans une étude publiée en 1963, qualifié ce phénomène « d'hydrocéphalie administrative » [806]. Cette expression illustre bien la situation des régies financières des États de l'Union, c'est-à-dire une administration présentant d'une part des services centraux démesurés et, d'autre part, des services extérieurs sous-administrés[807]. Malgré son caractère fastidieux, l'exposé des structures fiscales centrales la fait clairement apparaître. S'agissant des services centraux des impôts, les modèles camerounais et tchadien peuvent servir d'illustrations.

400. En effet, conformément au Décret N° 2008/365 du 08 novembre 2008, portant organisation du ministère des Finances au Cameroun, les services centraux des impôts comprennent, entre autres, trois Directions, une inspection, une Sous-Direction, six divisions, six Centres, trois Cellules et un service[808]. Au terme de l'Arrêté n°263/MEF/SG/DGI/04 du 19 juillet 2004 portant organisation et attribution de la Direction générale des impôts, outre une légion d'organes qui sont directement rattachés au Directeur général[809], la DGI tchadienne regorge d'une myriade de services[810]. S'agissant des services des douanes, le modèle congolais est révélateur de leur démesure. En effet, dirigé et animé par un directeur général, outre, le secrétariat de direction et le service de la communication, la Direction générale des douanes comprend sept services centraux[811].

401. Face à une telle centralisation structurelle des régies financières, on ne peut que s'attendre à une répartition déséquilibrée des agents, si bien que

---

[805] BANGO (A), *op.cit.*, p.208.

[806] ROUSSEAU (J), « Administration et sous-développement », in *Revue Tiers Monde*, 1963, p. 634.

[807] BANGO (A), *Ibid.*, p.209.

[808] Article 127 du Décret n° 2008/365 du 08 novembre 2008, portant organisation du ministère des Finances.

[809] Il s'agit du conseiller technique ; de l'Inspection Principale des Services ; de la Cellule de Coordination du Contrôle Fiscal ; de la Division des Statistiques et Informatique ; du Service de la Fiscalité Foncière ; de la Division des Affaires Administratives, Financières et du Matériel ; du Service des Relations publiques et de la Messagerie ; de la Cellule de Formation).

[810] Il s'agit de : la Direction de Recherches et Vérifications ; la Direction des Études, de la Législation et du Contentieux ; la Direction des Grandes Entreprises ; la Direction de l'Enregistrement, des Domaines, du Timbre et de la Conservation Foncière ; la Direction des Impôts et Taxes. Voir, le Décret N° 076/PR/MF/2002 portant organisation et attribution du ministère des Finances et le Décret N° 141/PR/PMMEF/2003 du 08 mai 2003 portant organisation du ministère de l'Économie et des Finances.

[811] Décret N°2010-565 du 3 août 2010, portant attribution et organisation de la direction générale des douanes et des droits indirects

les capitales politiques et économiques servent de refuge à la majorité des agents, qui refusent leur affection dans les chefs-lieux de province pour diverses raisons. En effet, les affectations dans les chefs-lieux de province ou des petites villes sont perçues pour la plupart des agents comme des sanctions disciplinaires. Par conséquent, ce sont quelques natifs de ces régions qui acceptent ces affectations. En outre, à l'insuffisance de la ressource humaine que connaissent certaines administrations fiscales, s'ajoute une allocation géographique inégale et déséquilibrée des agents. Dans ce « paysage administratif dichotomique »[812], on peut distinguer une « zone d'action directe de l'administration » opposée à une « zone d'action amortie » [813].

402. En effet, il y a pléthore d'agents dans certains centres fiscaux et pénurie dans d'autres. L'imprécision avec laquelle sont connus les effectifs de l'administration fiscale dans les pays Cémaciens, ne permet d'aboutir qu'à des ordres de grandeur. À ce titre, le rapport 2019, du ministère de l'Économie et des Finances du Gabon est révélateur de cette démesure humaine des services centraux. En effet, le rapport révèle que « les effectifs de la main-d'œuvre non permanente ont augmenté de 332 agents, soit 2,4% sur la période sous-revue [814]». De surcroît, le recensement biométrique achevé en 2019 avait mis en évidence un surplus de 11 638 agents au Gabon[815]. Si bien que, les agents des administrations fiscales en surnombre dans la capitale sont livrés à l'oisiveté, passant une bonne partie de leur temps à l'étranger. Conséquence, à force de centraliser les services fiscaux, on assiste à une atrophie des services extérieurs des régies financières. C'est-à-dire des structures anormalement sous-administrées.

403. Au Gabon sur les dix bureaux de douane existants, Libreville comporte à lui seul quatre de ces bureaux, Port-Gentil en comporte pour sa part deux bureaux centraux[816]. Au Cameroun la ville de Douala couvre 90% des activités de la douane[817]. En Guinée-Équatoriale, les principaux bureaux de douane sont implantés sur l'île de Bioko. S'agissant des services extérieurs du Trésor, leur implantation en milieu rural a été plus

812 NGAOSYVATHN (P), *Le rôle de l'impôt dans les pays en voie de développement*, Thèse Université Paris 2, 1973, p.151.

813 LAMBERT (Denis), *Amérique Latine. Structures sociales et institutions politiques*, Paris, Edition PUF, 1968, pp. 176 à 178.

814 Rapport 2019, du ministère de l'Économie et des Finances du Gabon, p.12.

815 En effet, sur les 103723 fonctionnaires figurant sur le fichier de versement des soldes, seul 92 085 étaient en droit de percevoir un salaire.

816 Mayumba, Mouanda, Oyem et Bitam, comptent chacune un bureau central de douane. Voir MENGUE ME ENGOUANG (F), *Contribution à l'étude de la fiscalité du Gabon*, Thèse pour le Doctorat d'État en Droit, 1979, Tome 3, p.392. Voir aussi PNUD et ministère de la Planification, de la Programmation du développement et de l'Aménagement du territoire, Rapport national sur le développement humain, Libreville, PNUD, juillet 1999, pp. 43-45.

817 En effet, les services opérationnels de la Direction générale des douanes sont répartis en 11 secteurs de douane. Ce sont les secteurs douanes Littoral I et Littoral II situé à Douala qui couvrent 90% des activité de la douane.

significative[818]. En revanche, cette atrophie est plus caractérisée au niveau des services extérieurs des impôts que ceux des douanes et du trésor. En effet, au Gabon, on dénote six Directions provinciales des impôts d'inégale importance, pour neuf provinces[819].

404. Le phénomène de l'hydrocéphalie administrative ainsi étudié, a pour conséquence indéniable une faible capacité administrative dans l'évaluation et la collecte des impôts. Une situation aggravée, par la quasi-absence d'une coordination entre les services extérieurs et les services centraux[820]. Tout compte fait, à force de centralisation, les services extérieurs deviennent chemin faisant, des coquilles vides. De surcroît, la précarité des moyens d'action à la disposition de l'administration fiscale et douanière ne fait qu'aggraver la situation.

2 / L'insuffisance et l'inadéquation des outils de travail

405. Dans n'importe quel État, la mise en œuvre de la fiscalité exige que soit mis à la disposition des administrations compétentes un ensemble de moyens nécessaires à l'exécution des tâches concrètes qui leur incombent[821]. Or, en la matière, la plupart des pays de la CEMAC brillent par un outillage juridique inadapté, mais surtout par le problème récurrent de sous-équipement du fisc. En effet, un survol de la fiscalité des pays de la CEMAC laisse penser que la législation fiscale ne subit « que des modifications purement formelles destinées à tenir compte des nouvelles structures politiques[822] » des pays, tout en conservant l'ensemble des dispositions fiscales inspirées par le système fiscal français. Ce mimétisme fiscal favorisé par la colonisation perdure, « sous forme non seulement, de relations privilégiées et de dispositifs de coopération, mais aussi, de manière plus diffuse, à travers la référence à des valeurs communes » [823]. Dès lors, les textes fiscaux des pays de la CEMAC tendent, par effet d'imprégnation, à imiter ceux de la France sans tenir compte des réalités économiques de leurs pays.

406. À ce titre, après l'avènement à l'indépendance, le gouvernement tchadien demanda à l'assemblée nationale de légitimer et de reconduire

---

[818] Au Gabon ces services comprennent les trésoreries provinciales (situé dans les chefs-lieux de province et les communes de plein exercice), les recettes-perceptions (implanté dans les chefs-lieux des circonscriptions administratives secondaire ou dans les agglomérations les plus importantes), et des perceptions (implanté dans les chefs-lieux de département). Voir Accueil - Trésor Public du Gabon (tresorpublic.ga)

[819] Direction Générale des Impôts (dgi.ga)

[820] BANGO (A), *op.cit.*, p.216.

[821] BANGO (A), *op.cit.*, p.243.

[822] AFANTCHAWO (Lucas Kodge), *La fiscalité de l'entreprise dans les pays en voie de développement*, Thèse 3e cycle, Paris, 1969, p. 94.

[823] KERLAN (P), *L'interaction du système fiscal français et des pays en voie de développement*, Nations Unies, Département des affaires économiques et sociales, New York, 1971, p.20.

purement et simplement la législation fiscale coloniale en vigueur[824]. Au Congo-Brazzaville, le nouveau code des impôts reprend fidèlement la législation coloniale en vigueur dans le cadre de l'ex-AEF[825]. Au Gabon, en 1963, la Cour d'Appel se prononçait clairement pour le principe de la continuité juridique en ce sens : « l'indépendance du Gabon n'a pas eu pour conséquence de remettre en cause les textes promulgués lors de la souveraineté française, mais de les nationaliser eut des sens gabonais[826]». Bien que, le Cameroun a refondu son code des impôts de 1960[827] en 1973[828], la fiscalité française en est, toutefois, la source. C'est dire, combien Pierre KERLANT a eu raison d'évoquer, en 1971, l'existence d'une « interaction du système fiscal français et des pays en voie de développement [829]».

407. Cette reconduction abusive de la législation fiscale française, « dont les buts et les supports tant humains que matériels, diffère de ceux poursuivis et possédés »[830] par les États de la CEMAC, peut trouver à s'expliquer, entre autres, par ce que M. Paul Marie GAUDEMET qualifiait de « l'inertie du système fiscale ». En effet, selon l'auteur, « les systèmes fiscaux sont dotés d'une sorte d'inertie qui en rend toute modification difficile [...] » Et « rends la survivance des traditions historiques particulièrement remarquable en matière de fiscalité [831] ». Face à cette difficulté d'innover le système fiscal, les pays de la CEMAC se trouvent, en quelque sorte, dans une situation d'« éternelle réforme fiscale [832] ». Néanmoins, il faut admettre que l'inadéquation de l'outillage juridique n'explique pas à elle seule les déficiences des régies financières des pays de la CEMAC. Il y a également l'itératif problème du sous-équipement. En effet, les administrations fiscales et douanières des pays de la CEMAC voient leur fonctionnement entravé, par les mauvaises conditions de travail, l'insuffisance et l'inadéquation des

---

[824] Ce qui fut fait par la loi du 2 février 1961 portant codification des dispositions législatives et réglementaires pour les impôts directs et taxes assimilées, JORT du 15 février 1961. Et la loi n° 2/61 du 2 mars 1961 portant codification des dispositions législatives et réglementaires instituant le régime des licences, de l'impôt sur le revenu des valeurs mobilières et des droits d'enregistrement, JORT du 15 mars 1961.

[825] Décret n° 60-308 du 12 novembre 1960. Même la Loi N° 39-62 du 28 décembre 1962 instituant un nouveau Code Général des impôts, demeure entièrement inspirée du système fiscal français

[826] Cour d'Appel du Gabon, 8 janvier 1963, Isourey c/Bikè, Penant, 1963, p. 548.

[827] Décret du 11 juillet 1960 portant refonte du Code général des Impôts directs, J.O. du 3 août 1960, p. 105.

[828] Code général des Impôts du Cameroun, J.O. du Cameroun du 30 août 1973, pp. 522 et ss.

[829] KERLAN (P), *op.cit.*, p.20.

[830] NGAOSYVATHN (P), *op.cit.*, p.115.

[831] GAUDEMET (P-M), MOLINIER (J), *Finances publiques*, tome II, 5e éd, Édition Montchrestien, 1992, p. 64 (voir aussi les pages 65 à 66).

[832] Dans un chapitre intitulé « L'éternelle réforme fiscale » de son livre Vive l'impôt, Jean RIVOLI écrit : « Depuis qu'il existe des systèmes fiscaux, les contribuables en ont demandé la réforme. La réforme fiscale est comme une sorte de mythe. Tels les alchimistes à la recherche de la pierre philosophale, les partis politiques, les groupes de pression, les chercheurs isolés, les illuminés sont en quête, depuis des siècles, d'un système d'impôt idéal...bien entendu sans jamais le trouver ». Cf. RIVOLI (J), *Vive l'impôt*, Paris, Edition Seuil, 1965, p.45.

moyens matériels[833]. Depuis, plusieurs années, la révolution numérique transforme des secteurs entiers de l'économie traditionnelle, apportant son lot de nouveaux acteurs, de nouveaux modèles et de nouveaux habitués[834]. Or, malgré les efforts consentis par les États de la CEMAC, nombreuses sont les administrations fiscales et douanières qui manquent d'équipements adaptés aux exigences des missions qui leur sont confiées[835]. Bien entendu, ces insuffisances diffèrent selon les pays.

408. Dans certains États, à l'heure où les nouvelles technologies dominent le monde, certains agents effectuent encore des opérations manuellement. À effet, il ressort du rapport du FMI n°19/2 de mars 2019 sur la CEMAC, que certains problèmes communs, tels que, la nécessité d'actualiser les systèmes informatiques, des procédures comptables déficientes contribuent beaucoup au bas niveau des recettes non pétrolières[836]. Dans les pays en proie à des conflits armés, il faut noter lancinant le problème de sécurité auquel se trouvent exposés la plupart des agents, sur les lieux du travail. De surcroit, certains agents manquent de moyens de déplacements ou de crédits d'indemnisation des frais de mission, pour mener à bien des opérations de vérification, ils sont le plus souvent obligés d'utiliser leur propre véhicule, pour ceux qui ont en, ou les transports en commun pour le moins nantis. Pire, les quelques rares voitures affectées aux besoins des services deviennent, la propriété de leurs responsables. Ce qui a pour corollaire, la lenteur et l'improductivité de l'administration fiscale. De surcroit, la dépréciation patente de la qualité du capital humain ne fait qu'aggraver la situation.

B / <u>La dépréciation du capital humain</u>

409. La qualité des agents des régies financières doit être appréciée tant au regard de leur compétence qu'à celui de leur intégrité. Or, en Afrique centrale, la fiscalité est mise en œuvre par des agents recrutés parfois selon des critères partiaux et non méritocratiques (**1**). Si bien que, l'administration fiscale est confrontée au problème de corruption (**2**).

---

[833] Une gestion rigoureuse et efficace des impôts est conditionnée par l'existence d'un équipement administratif adéquat.

[834] RAPPORT N°691 de la Commission des finances du Sénat, *le e-commerce : proposition pour une TVA payée à la source,* par MM. Michel BOUVARD, Thierry CARCENAC, Jacques CHIRON, Philippe DALLIER, Jacques GENEST, Bernard LALANDE et Albéric de MONTGOLFIER, 2015, p.7.

[835] YONABA (S), « Le recouvrement des recettes publiques dans les États africains : un état des lieux préoccupant », in *Revue française d'administration publique*, 2012/4, n°144, p.1043-1051.

[836] Rapport du FMI n°19/2 de mars 2019 sur la CEMAC p.51.

1 / Clientélisme et ethnicisassions dans le recrutement des agents des régies financières

410. L'un des engagements des gouvernements des États de la CEMAC consiste à assurer l'égalité de chance des citoyens quant aux emplois publics, et mettre un terme à la précarité du marché de l'emploi. Malheureusement, en dépit des efforts réalisés ces dernières années par les États membres, à travers, la mise en place d'un Institut de l'économie et des finances- Pôle régional de formation des régies financières de l'Afrique centrale (IEF-PR), d'une École Inter États Douanes (EIED), certains agents sont bien loin de répondre aux attentes des régies financières. En effet, dès leur prise de fonction, certains responsables administratifs, excelle dans des recrutements précipités et inconsidérés des agents issus de leur groupe ethnique au détriment de la compétence[837]. Ce qui est contraire à tous les slogans politiques largement médiatisés « *égalité des chances* ». Par conséquent, les moyens de recrutement des agents ont pour corollaire une politisation et une ethnicisation assez marquée de l'administration.

411. Dès 1964, Fred Warren RIGGS avait démontré comment les relations individuelles occupent une place de choix dans les administrations publiques des pays en voie de développement[838]. Sans risque de dénégation, on peut affirmer que cinq décennies plus tard, ce constat demeure une réalité en Afrique centrale, en ce qui concerne le recrutement et la nomination de certains agents des régies financières. Schématiquement, dans les pays de la CEMAC, il faut distinguer trois voies d'accès aux régis financières : le recrutement sur Titre[839], le recrutement par voie de concours, et le recrutement par « l'usage des passerelles entre administrations »[840]. Bien que les États de la CEMAC aient adopté une structure administrative moderne, présupposant le sens de l'intérêt général, dans les faits, c'est la désillusion totale. Le mode de recrutement et la nomination de certains agents des régies financières se font par népotisme ou par clientélisme politique[841].

412. À ce titre, au Gabon plusieurs citoyens dont le péché est de ne pas être membre du parti au pouvoir ou de la famille des Directeurs des régies

---

[837] RAPPORT ACAJSUR LA GOUVERNANCE DE LA COALITION FCC-CACH janvier 2019-janvier 2020, *Alternance politique en RDC : « De la lueur au leurre d'une coalition FCC-CACH contre nature »*, janvier 2020, p.8.

[838] RIGGS (F-W), *Administration in the Developing Countries : The theory of prismatic society*, Boston, Houghton Mifflin, 1964.

[839] Le candidat doit déposer au préalable une demande d'intégration auprès du ministère de la fonction publique.

[840] Il s'agit en générale des fonctionnaires ayant déjà évolué dans d'autre département, qui veulent à tout prix intégrer les services des impôts ou ceux des douanes. Cf. BOMBA MATONGO (A), *La fiscalité du Congo*, Thèse pour le doctorat en droit, Université Paris 2, 21 octobre 1994, p.121.

[841] Le clientélisme politique repose sur un ensemble de pratiques qui instrumentalise politiquement certains types de relations personnelle. À cet effet, la question de corruption ne se pose que lorsque la relation de clientèle, échange social, de nature privé interfère avec le domaine du public. C'est-à-dire, du politique et de l'administrative Cf. MEDARD (J-F), *op.cit.*, pp. 75-87.

financières, à défaut de monnayer leur recrutement auprès des responsables politique ou administratif, par le biais des « intermédiaires », sont renvoyés au chômage au profit des personnes recommandées par les politiciens ou les dits directeurs. En Centrafrique, le diagnostic dressé par Elio LIMBIO est le même : « la nomination des fonctionnaires n'est pas fondée sur des critères techniques [...]. Au contraire, elle fonctionne sur des critères subjectif et surtout politique à tous les niveaux de l'administration [...] [842]». En effet, selon l'auteur, par le clientélisme, le pouvoir recherche une domination de tous les rouages de l'État, afin de déstabiliser ou démembrer certaines organisations politiques et syndicales[843]. Au Congo-Brazzaville, selon les enquêtes de terrain d'Ange BANGO les recrutements de certains agents du fisc sont également pratiqués sur la base de l'appartenance politique, de la parenté ou de l'appartenance régionale ou ethnique avec les dirigeants politiques ou les chefs de service[844]. Au Tchad, « l'administration est fortement politisée. Les nominations dans l'administration ne tiennent pas compte du mérite ni de la compétence, mais simplement de l'appartenance politique. Très souvent les nominations à des postes de responsabilités sont claniques [845]». Comme on peut aisément le deviner, étant obligés à travers des actes de loyauté, de ne recruter que les militants imposés par leurs hiérarchies politiques respectives, la compétence n'est nullement le maître-mot de ces dirigeants.

413. Face à ce primat du népotisme et du clientélisme politique, la conséquence évidente est que les agents recrutés dans de telles conditions sont désignés au sein des régies financières à des postes qui sont souvent des sinécures. Si bien que, l'administration fiscale, perd nécessairement ses valeurs pivot qui sont l'éthique et le professionnalisme des agents.

2 / Le problème de l'intégrité des régies financières

414. En Afrique centrale, la corruption des fonctionnaires est devenue un mal endémique, avec des conséquences néfastes sur le développement des États. Il est actuellement difficile de donner un sens sans équivoque au mot « corruption », dans la mesure où, la difficulté résulte d'une part, du fait que dans l'entendement général, la corruption englobe divers types de comportements anormaux, tels que la concussion, le détournement de deniers publics, l'extorsion, le trafic d'influence, etc. et d'autre part, à la

---

[842] LIMBIO (E), « *La maladministration centrafricaine : Conséquence de la situation économique, politique et sociale* », in *RJPIC*, n° 1, janvier-avril 2001, p. 101.

[843] *Ibid.*

[844] BANGO (A), *op.cit.*, p.223.

[845] RAPPORT Évaluation des capacités nationales, *Diagnostic et stratégies de renforcement*, 1997, p.15 et s. Dans le même sens, voir MADJADOUM (L), *Administration publique et développement : analyse de l'exemple tchadien*, Thèse pour le Doctorat d'État en Droit, Nantes, 1988, p. 405.

classification doctrinale[846]. L'administration fiscale des États de la CEMAC est caractérisée par un formalisme excessif et une incessante expansion des bureaux qui paralysent le bon fonctionnement des services[847]. Si bien que la complexité des formalités rebute le public. Ainsi, afin de raccourcir la procédure, certains usagers des régies financières versent des commissions occultes pour obtenir un service, par nature gratuit. En conséquence, aux autres taxes légitimes que doit payer le contribuable s'ajoute une taxe illégitime perçue par l'agent des régies financières. En substance, au niveau de l'administration douanière, cela consiste à brandir la menace d'appliquer certaines dispositions de leur arsenal réglementaire. Conscients que ce formalisme excessif (escortes, déchargements, fouilles systématiques) entraine de lourdes pertes économiques aux commerçants, ils n'hésitent pas à abuser de leur autorité pour les obliger à donner des pots-de-vin. Par ailleurs, la multiplication des exonérations fiscales a offert aux agents des régies financières des occasions d'utiliser leur pouvoir sous différentes formes, pour obtenir des commissions occultes, de ceux qui tireraient profit d'un traitement préférentiel.

415. Le pouvoir politique a toujours joué un rôle clé dans la constitution et la consolidation des réseaux d'affaires. En ce sens, que la corruption dans les États de la CEMAC émane le plus souvent de certains membres du gouvernement et des hautes sphères des régies financières. C'est ainsi que les États de la CEMAC ont toujours fermé les yeux sur de nombreuses irrégularités commerciales, fiscales et douanières. Quant à la politique anticorruption prônée ci et là par les gouvernements des États de la CEMAC, il semble qu'elle serve surtout à dépouiller un groupuscule d'opposant, des parts de rente illégalement acquises. Dès lors, afin de bénéficier des privilèges fiscaux, certaines grandes entreprises corrompent aussi bien le pouvoir exécutif que les régies financières. En effet, certaines entreprises minières et pétrolières ont compris très tôt qu'en Afrique centrale les

---

[846] En effet, James SCOTT distingue la marquet corruption (corruption marchande) et la parochial corruption (corruption de proximité). Jean PADIOLEAU quant à lui distingue la corruption-échange social et la corruption-échange troc. Jean François MEDARD préfère pour sa part établir une distinction entre la corruption échange-social et la corruption-échange économique ; cette dernière se subdivisant en corruption-échange marchand et corruption échange-troc Enfin, Arnold HEIDENHEIMER suggère pour sa part de distinguer les corruptions noires, grises et blanches selon la conscience qu'en ont l'opinion et les élites. Voir [SCOTT (J-C.), « An essay on the Political Functions of Corruption », in *Asian Studies*, vol. 5, n° 3, 1967, pp. 501-522 ; SCOTT (J-C.), « The analysis of corruption in developing nations », Comparative Studies in *Society and History*, vol. 11, n° 3, juin 1969, pp. 315-341.]. [Voir, PADIOLEAU (J-G.), « De la corruption dans les régimes pluralistes », in *Revue française de Sociologie*, vol. XVI, n° 1, janvier-mars 1975, pp. 33-58.] [Voir, MEDARD (J-F), « *Clientélisme politique et corruption* », in *Revue Tier Monde*, 2000, pp.75-87. [Voir aussi, HEIDENHEIMER (A), « Perspectives on the perception of corruption », in HEIDENHEIMER (Arnold) JOHNSTON (Michael) and LEVINE (Victor T.) (Eds), Political corruption, a handbook, *New Brunswick, Transaction Publishers*, 1989, pp. 149-163.]

[847] En effet, à l'occasion d'une seule décision, le citoyen-contribuable doit fournir un nombre impressionnant de document, suivre le dossier par des multitudes déplacements, et des délais de procédure long.

contrats d'exploitation des ressources naturelles sont souvent attribués aux entreprises les plus généreuses. La classe dirigeante ne craint pas « d'organiser une surenchère entre exploitants potentiels afin de mesurer les générosités respectives [848]».

416. Devant l'ampleur de la corruption politique, il est donc courant que face à la précarité de leurs conditions de vie et l'absence d'exemplarité de leurs supérieurs, les agents des régies financières cherchent, par le biais de la corruption, à améliorer leurs conditions de vie et s'enrichir. Vivant dans des sociétés kleptocrates, ils savent que la probabilité de se faire prendre par la justice est mince, surtout si leur supérieur hiérarchique est de connivence. En effet, faute d'être en contact direct avec les usagers, les chefs hiérarchiques ordonnent à leurs subalternes d'être aimables avec leurs amis, pour avoir la chance d'obtenir une promotion, sans quoi, ils seront mutés dans un bureau provincial des impôts très éloigné. Ainsi, pour aider les contribuables à éluder l'impôt, certains agents des régies financières acceptent des commissions occultes des contribuables et le partagent souvent soit avec leur supérieur hiérarchique soit avec des collègues complices.

417. Le système devient synonyme d'un « passe-droit » généralisé[849]. En effet, comme le résume bien Ange BANGO, dans les États de la CEMAC « L'adhésion aux normes d'origine exogène prônant la nécessité d'une éthique de l'intérêt général et l'impartialité de l'État coexiste pacifiquement avec un comportement tout aussi répondu qui se soumet à des normes sociales favorisant la prééminence des intérêts personnels [850]». Autrement, dit, bien que, chaque acteur soit réellement en accord avec le respect de la chose publique et le fait que, la bureaucratie fiscale soit au service des citoyens contribuables, il n'en demeure pas moins, que chacun participe également, par ses pratiques quotidiennes au calque du système qu'il dénonce. Ce tableau sombre, qui vient d'être dressé, se trouve plus obscurci, par les dysfonctionnements observés en matière d'assiette et de recouvrement.

<u>Paragraphe II :</u> Dysfonctionnement en matière d'assiette et de recouvrement

418. L'analyse du dysfonctionnement des régies financières a démontré que la crise des finances publiques des États de la CEMAC, n'est pas le seul fait, du sous-développement économique, encore moins de la chute des prix du pétrole et de la crise sanitaire Covid-19, c'est avant tout une crise de l'État fiscal. En effet, au sein des régies financières règne corruption, trafics

---

848 ALIBERT (J), « *Transparency International et l'évaluation de la corruption en Afrique* », in *Afrique contemporaine,* n° 196, 4e trimestre 2000, p. 87.

849 BANGO (A), *op.cit.,* p.239.

850 *Ibid.*, p.242.

d'influence de toute sorte, avec pour conséquence logique l'inadaptation du mode d'administration de l'impôt. Notamment, au niveau des bases d'imposition de certains secteurs (**A**) et du recouvrement de certains impôts (**B**).

A / L'insuffisante appréhension des bases d'imposition

419. Toute politique visant à mobiliser les ressources publiques passe par une prise en compte du potentiel fiscal des activités non enregistrées (**1**) et frauduleuses (**2**). Or, en Afrique centrale, les dysfonctionnements des régies financières, examinés précédemment ne facilitent pas l'appréhension des bases d'imposition de ces deux secteurs.

1 / Le cas des activités non enregistrées

420. Depuis maintenant plus de quarante années, le concept de secteur informel[851] est graduellement parvenu à s'infiltrer dans les réflexions économiques et politiques sur le développement et la transition, malgré les polémiques qu'il suscite[852]. L'économie de l'informel prend aujourd'hui une nouvelle ampleur, au point de devenir tantôt un levier de gouvernance et de solidarité communautaire, tantôt un motif de contestation. À ce titre, l'analyse que fait le FMI, sur le rôle de ce secteur dans l'économie africaine, dans son Rapport de 2017, sur les perspectives économiques régionales pour l'Afrique subsaharienne, traduit un véritable changement de paradigme pour l'institution. En effet, selon le FMI « en l'absence d'opportunités dans le secteur formel, les activités informelles constituent un filet de sécurité en fournissant du travail et un revenu à un grand nombre de personnes qui vivraient sinon dans la pauvreté[853] ».

421. Définir le terme « secteur informel » c'est se heurter d'emblée à un problème de terminologie[854] et de critères, tant ils sont légion et leur pertinence varie d'un auteur à un autre. En effet, pour les uns, est définie comme informelle toute activité qui occupe à plein temps (ou à temps partiel) des personnes qui ne figurent pas dans les statistiques de l'emploi, car leurs entreprises ne respectent pas le cadre réglementaire[855]. Comme le note D. TURHAN « l'essence du secteur informel réside dans l'absence de

---

[851] Le terme « secteur informel » a fait sa première apparition dans un document officiel dans un rapport d'une mission générale sur l'emploi au Kenya entreprise par le Bureau international du Travail (BIT) en 1972.

[852] CHARMES (J), « Le secteur informel nouvel enjeu des politiques de développement ? » in *L'homme et la société*, N°105-106, 1992. Vers quel désordre mondial ? pp.63-77.

[853] Rapport FMI sur les perspectives économiques régionales pour l'Afrique subsaharienne, 2017, p.58.

[854] Le terme « secteur informel » est connu sous différentes appellations telles que l'économie parallèle, l'économie souterraine, l'économie de subsistance, le secteur non structuré, la micro-économie, le travail autonome, etc.

[855] MORRISSON (C), MEAD (D), « Pour une nouvelle définition du secteur informel », In *Revue d'économie du développement* 4e année N°3,1996, pp. 3-26.

conformité [856] ». D'autres retiennent le critère de la taille et la faible intensité capitalistique pour définir le secteur informel. Toutefois, au-delà des divergences entre les auteurs, certains points sont désormais acquis. Selon la résolution de la 15e Conférence internationale du travail, le secteur informel est défini comme « un ensemble d'unité de production des biens et de services en vue particulièrement de créer des emplois et des revenus pour les personnes concernées. Ces unités, ayant un faible niveau d'organisation, opèrent à petite échelle et de manière spécifique, avec peu ou pas de division entre le travail et le capital en tant que facteur de production. Les relations d'emploi lorsqu'elles existent sont surtout fondées sur l'emploi occasionnel, les liens de parenté ou les relations personnelles et sociales, plutôt que sur les accords contractuels comportant des garanties et dues formes [857]». Autrement dit, le secteur informel est l'ensemble des petites activités indépendantes dissimulées, non conformes au cadre réglementaire, exercées typiquement avec un faible niveau d'organisation, avec ou sans travailleurs rémunérés, en vue de créer principalement des emplois et des revenus à ceux qui y participent.

422. Difficile à quantifier par nature, l'économie informelle est une composante essentielle de la plupart des économies des pays de la CEMAC. Bien que ce secteur soit difficile à mesurer, parce qu'il échappe à toute statistique, son ampleur peut toutefois, être estimée. À cet effet, le Rapport 2019 de l'Organisation internationale du Travail (OIT) sur le secteur informel, stipule que l'emploie informel représente 91% de l'emploi global, tous secteurs confondus et 78,8% hors agriculture en Afrique centrale[858] . Le non-enregistrement de certaines activités économiques informelles constitue donc un signe de l'incapacité de l'administration à étendre ses prérogatives ou à faire appliquer ses règlements à l'ensemble des citoyens contribuables[859]. Ceci est d'autant plus vrai, que selon le Rapport 2017 du FMI, sur le rôle du secteur informel dans l'économie africaine, « le non-respect du cadre réglementaire par les activités informelles diffère d'une entreprise informelle à l'autre[860] ». En effet, le non-respect du cadre réglementaire peut être la résultante soit de la méconnaissance de la législation en vigueur, soit que les personnes physiques ou morales, se sachant en dessous du seuil d'imposition, ne s'enregistrent pas auprès de l'administration fiscale. Ce qui représente un fort potentiel inexploité de recettes fiscales directes (IS et Patente) et indirectes (TVA). Du fait qu'une

---

[856] TURNHAM (D), SALOMÉ (B) et SCHWARTZ (A), *Nouvelles approches du secteur informel*, Paris, Centre de développement de l'OCDE, 1990, p.13.

[857] Résolution concernant les statistiques de l'emploi dans le secteur informel adopté par la quinzième Conférence internationale des statisticiens du travail, janvier 1993, p.2.

[858] Rapport OIT, *Femmes et hommes dans l'économie informelle : un panorama statistique*, Troisième édition, 2019, p.29.

[859] BANGO (A), *op.cit.*, p.255.

[860] Rapport FMI sur les perspectives économiques régionales pour l'Afrique subsaharienne, *op.cit.*, p.61.

partie de l'économie des États de la CEMAC soit fiscalisée, seules les grandes sociétés nationales et étrangères sont imposées, et même lorsque ces activités informelles sont passablement contrôlées, cela ne s'arrête qu'au niveau de la capitale. La raison évidente, est qu'au lieu de s'intéresser davantage aux raisons de non-conformité des entreprises, les États de la CEMAC considèrent comme objectif essentiel de leur politique fiscale, la mobilisation accrue des recettes intérieures produite par l'économie informelle[861]. Dans le même temps, certaines grandes entreprises décident délibérément de frauder le fisc.

2 / Le cas de fraude constaté sur la vente des produits pétroliers

423. Bien que les caractères communs des activités frauduleuses avec le secteur informel soient le fait, d'enfreindre la loi en vue d'échapper aux impôts, ou d'en déduire le montant. Toutefois, une distinction doit être faite selon, que ces activités relèvent de l'informel ou de la fraude. Précisons qu'en parlant des activités frauduleuses, il faut inclure celles résultant de la fraude fiscale ou douanière proprement dite et celles découlant de la contrebande (introduction clandestine de marchandises sur le territoire) ainsi, que de la contrefaçon. Ainsi, les activités frauduleuses peuvent être aussi bien le fait du secteur formel, que le secteur informel[862]. À cet effet, le magazine de décembre 2019 de la société nationale des hydrocarbures (SHN) du Cameroun révèle que la fraude des produits pétroliers se présente sous différentes facettes. À en croire la publication, la première forme de fraude concerne les importations de contrebande. Au Cameroun, la pratique consiste à faire entrer illégalement « des carburants des pays voisins, où les prix sont inférieurs à ceux en vigueur sur le territoire national. Certains de ces produits proviennent du vol de produits issus du circuit légal, d'autres de raffineries artisanales illégales. Ils sont revendus sur le marché local sans droits de douane ni taxes[863] ». Tel est le cas de flux frauduleux d'essence nigériane qui fait subir à l'État camerounais d'énormes pertes sur la taxe spéciale sur les produits pétroliers (TSPP) [864]. Au Tchad, l'importation

---

[861] Rapport FMI sur les perspectives économiques régionales pour l'Afrique subsaharienne, *Ibid.*, p.61.

[862] En effet, selon le Rapport 2019 de l'OIT sur le secteur informel, la part de l'emploi informel non agricole dans le secteur formel est passée de 6,9% à 14,5% en Afrique centrale. Cf ; Rapport OIT, *op.cit.*, p.29.

[863] Magazine d'information de la Société nationale des hydrocarbures, N°64 de décembre 2019, p.21.

[864] Rappelons, qu'au point le plus haut de ce trafic frauduleux (1988-1991), l'État camerounais avait enregistré un manque à gagner équivalant à environ 56% des recettes perçue au titre de la TSPP sur l'essence (soit un dixième du total des recettes des taxes sur les biens et services et près de 3% des recettes totales de l'État) Pire encore, ces flux illégaux d'essence nigériane avaient provoqué une baisse significative des ventes de la Société Nationale de Raffinage (SONARA), entre les années fiscales 1987-1988 et 1990-1991. Cf; HERRERA (J), « Les échanges transfrontaliers entre le Cameroun et le Nigeria depuis la dévaluation. Estimation des flux

frauduleuse de produits pétroliers a atteint en 2017 un seuil critique, provoquant une mévente des produits de la raffinerie de Djarmaya. À cet effet, le ministre du Pétrole, M. Béchir Madet, déclarait que « des individus possédant des dépôts et des stations-service s'adonnent à la fraude transfrontalière des produits pétroliers ».

424. Le deuxième cas de fraude est le détournement des essences exonérées de certaines taxes[865], destinées à des administrations précises. Au Cameroun, le magazine de la SHN fait mention des fausses exportations et des soutages fictifs. Il s'agit « des produits déclarés pour l'exportation ou destinés aux soutes des navires, mais qui sont reversés dans les stations-service ou vendus aux grands consommateurs [866]». Par conséquent, ces produits qui sont exonérés de certaines taxes, du fait de la destination déclarée, et dont les coûts sont entièrement supportés par l'État, au lieu de se retrouver au sein des administrations concernées, se retrouvent malheureusement en stations-service, ou chez les grands consommateurs[867]. En 2008, cette fraude pouvait représenter jusqu'à 10% de la consommation réelle, entraînant ainsi, une perte de près de 30 milliards de FCFA (soit environ 45,7 Millions d'Euros) pour l'assiette fiscale[868]. Au Gabon, la Caisse de Stabilisation et de Péréquation (CAISTAB) a dénoncé « les cas de détournement de destination finale des cargaisons (livraison aux industriels à partir de stations-service) ». D'ailleurs, il n'est pas rare d'identifier sur certains axes routiers des points de vente illicites entretenus par certains chauffeurs des sociétés de transports agréées.

425. Le troisième cas de fraude est le frelatage des carburants ou du gasoil avec le pétrole lampant. Au Cameroun, le mode opératoire des fraudeurs consiste à « mélanger du super ou du gasoil avec une quantité de pétrole lampant allant jusqu'à 50% du volume. Ce mélange est ensuite vendu au prix du gasoil ou du super, ce qui entraîne des gains énormes pour les fraudeurs, en raison de la différence de prix entre ces produits et le pétrole lampant fortement subventionné par l'État, parce que destiné aux populations peu nanties [869]». Au Gabon, la CAISTAB dénonçait que « le frelatage des carburants livrés aux usagers en vue de l'augmentation des marges bénéficiaires » est une situation qui porte des dommages à l'État, du fait de l'alourdissement de la stabilisation, et la subvention allouée pour maintenir les prix des produits pétroliers à un niveau artificiellement bas,

---

frauduleux d'essence nigériane et de leur impact au Cameroun et au Nigeria », in *DIAL, Document de Travail* n° 1997-04-T, p.56 et 188.

865 Étude du Système d'information énergétique du Cameroun (SIE), *Ibid.*, p.45.

866 Magazine d'information de la Société nationale des hydrocarbures, *op.cit.*, p.21.

867 *Ibid.*, p.21.

868 Rapport 2009 du SIE-Cameroun, p.15.

869 Magazine d'information de la Société nationale des hydrocarbures, *Ibid.*, p.21.

afin de protéger le pouvoir d'achat des ménages[870]. D'autres procédés de fraude existent. Elles incluent, notamment, l'usage du pétrole comme carburant pour les machines dans certaines industries. Il doit être déclaré comme tel et les taxes supplémentaires dues doivent être payées ce qui est rarement le cas[871]. Il y a aussi des mélanges de produits de qualité douteuse avec le carburant. « Ces mélanges augmentent la pollution environnementale par le rejet de substances toxiques et exposent les populations à des problèmes de santé [872]».

426. Au-delà du fait que l'intensification des activités frauduleuses des produits pétroliers soit responsable de l'augmentation de la pollution environnementale, de risques pour la santé et pour la sécurité des personnes, elle prive aussi les États de recettes fiscales escomptées[873]. Cette intensification des activités frauduleuses semble s'expliquer par l'incapacité des services douaniers de faire appliquer les réglementations nationales et sous régionales en vigueur si bien qu'une grande partie des exportations échappe à l'enregistrement comptable et aux droits de douanes. Mais l'explication la plus pertinente de cette intensification est qu'en Afrique centrale, il n'est pas rare de voir que derrière une activité frauduleuse de grande ampleur, se cache parfois un responsable des régies financières, voir même un homme politique influent. À la suite d'une mission effectuée en 2001, les experts du FMI dénonçaient la fraude opérée par les agents de douanes à Pointe-Noire et qui représenterait 75% des recettes douanières. Dans une correspondance adressée aux ministres des Finances et des hydrocarbures en 2019, l'Association congolaise pour l'Accès à la justice (ACAJ) révèle que la mafia des sociétés pétrolières étrangères, exerçant leurs activités en République Démocratique du Congo, en complicité avec les agents de la Direction générale des Douanes et Accises (DGDA)[874]. En Guinée-Équatoriale, le ministre des Finances avait introduit un recours en justices contre le groupe pétrolier français TOTAL qu'il a accusé de vente frauduleuse de carburant, réalisée entre 2010 et 2012 et réclamait 73 millions d'Euros[875]. Grâce à la complicité de certains responsables politiques et

---

870 Autant d'irrégularité ayant contraint la CAISTAB à adopter des mesures drastiques pour réduire les pertes financières de l'État sur ces produits sensibles, assurer la sécurité des consommateurs et des usagers, améliorer la qualité des produits pétroliers vendus en stations-service.

871 Magazine d'information de la Société nationale des hydrocarbures, *Ibid.*, p.21

872 *Ibid.*

873 En effet, selon les experts du ministère de l'eau et de l'énergie de l'État camerounais, l'estimation du manque à gagner du fait de ce trafic frauduleux des produits pétroliers s'établirait à environs 50 milliards francs CFA soit (76 millions d'Euro). Cf ; Magazine d'information de la Société nationale des hydrocarbures, *op.cit.*, p.21.

874 Selon l'ACAJ, 136 barges de produits pétroliers, déclarées en transit pour le Congo-Brazzaville, ont été retournées frauduleusement et revendus sur le sol de la RDC, sans payer les impôts et taxes, avec la complicité de certains agents de la DGDA et les sociétés d'entreposage congolaise.

875 En effet, après une enquête, le ministre des Finances de la Guinée-Équatoriale, Miguel ENGONGA OBIANG déclarait que « *nous avons découvert une opération suspecte et frauduleuse de la part de TOTAL* ».

militaires, certains produits importés entrent frauduleusement dans les États de la CEMAC au détriment des finances publiques.

427. À la réflexion, le développement des activités frauduleuses de grande envergure « résulte souvent de collusion entre les États et les fraudeurs[876]». S'il est vrai que l'existence de stratégies de plus en plus sophistiquées constitue l'une des causes qui expliquent l'échappement de ces activités au fisc, il n'en demeure pas moins que la faiblesse des administrations en est une autre[877]. En ce sens, Michael KLEIN souligne que si le secteur non structuré se développe autant en Afrique c'est « parce que le fonctionnement du secteur formel est trop restrictif et que le respect des engagements dépend plus du bon vouloir de l'administration que de l'application des règles [878]». Autrement dit, l'existence des activités frauduleuses est une résultante d'une absence de mobilisation politique et administrative d'extraction de la matière fiscale. Face à une matière imposable évaluée approximativement, il est très difficile de recouvrer l'impôt.

B / Les effets pernicieux du dysfonctionnement des régies financières sur l'action du fisc

428. De toutes les conséquences possibles, de l'inadaptation du mode d'administration de l'impôt, celle ayant trait à la faible mobilisation des rentrées fiscale est la plus évidente[879]. Entre autres : l'inefficacité du recouvrement de certains impôts (**1**), et une négligence au niveau des vérifications fiscales (**2**).

1 / L'inefficacité du recouvrement de certains impôts

429. Considéré comme l'ensemble des procédures qui ont pour objets d'obtenir le versement des impôts dans les caisses du Trésor public par le contribuable dans les caisses du trésor public, le recouvrement, constitue « l'aboutissement de tout mécanisme fiscal[880] ». Il « met fin à l'application de la loi fiscale »[881] par l'administration. Ainsi, en matière fiscale, le recouvrement de la créance s'organise autour de deux étapes distinctes : le

---

876 CHAMBAS (G), *Afrique au sud du Sahara : Mobiliser des ressources fiscales pour le développement*, Édition Economica, 2005, p.56-57.
877 BANGO (A) ; *op.cit.*, p.258.
878 KLEIN (M), « Simplifier la vie des entreprises », in *Finances et Développement*, décembre 2006, p.31.
879YONABA (S), *op.cit.*, p.1043-1051
880 BENAZET (J), *La perception de l'impôt par stoppage à la source : les principales applications du stoppage à la source à l'impôt sur le revenu*, Édition LGDJ, 1951, p. 11.
881 TROTABAS (L), COTTERET (J-M), *Droit fiscal*, Paris, Édition Dalloz, 8e édition, 1997, p.55.

recouvrement amiable et le recouvrement forcé[882]. Cependant, en Afrique centrale, « les phénomènes de sous-administration et maladministration »[883] rendent l'État fiscal incapable de recouvrer convenablement les impôts. Cette situation est d'autant plus déplorable que « les défaillances de recouvrement amiable et la difficulté de mise en œuvre du recouvrement forcé en constituent les principales manifestations » [884]. Or, sans un recouvrement efficace de l'impôt, la politique fiscale n'est que pure utopie.

430. Il faut dire, qu'en matière de recouvrement amiable, les administrations fiscales des pays de la CEMAC, peinent à mettre en œuvre le recouvrement par voie de rôle[885]. Bien que la solennité et le formalisme de la procédure d'homologation[886], fassent de lui un titre exécutoire, comportant clairement une injonction de payer[887], l'excessive centralisation du fisc et l'absence des moyens matériels adéquats, alourdissent considérablement la procédure de recouvrement. Certes, cette centralisation permet un meilleur suivi de la procédure d'imposition, seulement, le respect de l'orthodoxie du principe peut occasionner des blocages, notamment en matière de mobilisation des recettes fiscales. De surcroît, bien que la technique fiscale révèle que seuls les impôts indirects doivent être perçus sans établissement de rôle, la pratique fiscale montre qu'étant confrontées à des contribuables peu respectueux des procédures fiscales en vigueur, la tendance des administrations fiscales est à la généralisation du recouvrement sans émission préalable de rôle.

431. Mis à part les différents écueils que l'on rencontre dans la phase amiable, l'analyse de la pratique des différents ordres de poursuite du recouvrement forcé permet de démontrer l'incertitude qui règne sur leur application dans les États de la CEMAC. Au Gabon, en matière de saisie[888],

---

[882] Sur cette distinction, voir notamment : GEST (Guy), TIXIER (Gilbert), *op.cit.*, p.276 et s. ; GROSCLAUDE (Jacques), MARCHESSOU (Philippe), *Procédures fiscales*, Édition Dalloz, 10e éd coll. Cours, 2020, p.81.

[883]BANGO (A), *op.cit.*, p.262.

[884] *Ibid.*

[885] Les législations des pays de la CEMAC utilisent l'expression « avis de mise en recouvrement » en lieu et place de celle de « rôle », parfois les deux). Par « rôle », *il faut entendre « une sorte de répertoire des contribuables assujettis pour une année donnée à des impôts* [...], *avec indication du montant de leur imposition individuelle ».* Cf. Lexique des termes juridiques, 28e éd, Édition Dalloz, 2020-2021, par DEBARD (T), GUINCHARD (S), p.556. Sur la définition du « rôle », voir également MONTAGNIER (G), *Le Trésorier payeur général*, Paris, Edition LGDJ, 1966, p.75.

[886] Afin, d'éviter aux particulier la charge et les risques liées à l'autoliquidation, l'Avis de mise en recouvrement est émis unilatéralement par une autorité administrative compétente et doit non seulement être nominatif, mais mentionner expressément aussi, certain critère matériel. Cf ; Article P-913. Nouveau du CGI du Gabon

[887] FRIER (P-L), « L'ordre de recette, acte charnière », in *RFDA*, janvier-février 1987, p.134. Voir aussi JÈZE (G), « Nature et régime juridique de la créance d'impôt », in *RSF*, 1936, p.199.

[888] Selon l'Acte Uniforme OHADA sur le recouvrement des procédures simplifiées et voies d'exécution, les saisies opérantes en matière de poursuite fiscales sont : 1/la saisie conservatoire portant exclusivement sur les biens mobiliers corporels ou incorporels, ayant pour but non pas de poursuivre l'exécution et la réalisation de la vente du bien saisi, mais de rendre le bien indisponible afin d'en assurer la conservation ; 2/la saisie vente par laquelle, un créancier muni d'un titre

bien que le CGI précise qu'elles doivent être opérées avec mise en demeure du contribuable[889], il arrive parfois, qu'elles soient opérées sans mise en demeure du contribuable[890]. De surcroit, certains grands contribuables indélicats font rarement l'objet de procédure de saisie de biens, « certainement grâce aux appuis politico-administratifs dont ils bénéficient »[891]. Ces dysfonctionnements du fisc s'observent également en matière d'avis à tiers détenteur[892]. Si l'avis à tiers détenteurs constitue pour l'administration fiscale, un moyen d'action simple et rapide, d'une extrême efficacité et peu onéreux[893], il n'en demeure pas moins qu'acclimaté au contexte de l'Afrique centrale, il se révèle parfois inefficace. En effet, l'existence de relation opaque et l'absence d'un adressage urbain rendent souvent la localisation des tiers détenteurs impossible. D'où « de nombreuses erreurs sur le véritable destinataire de l'avis, avec pour corollaire l'impossible recouvrement des créances fiscales »[894]. De plus, étant donné qu'aucun CGI des pays de la CEMAC n'oblige le contribuable d'indiquer à l'administration fiscale le tiers détenteur, c'est donc à cette dernière que revient l'obligation de procéder à des enquêtes. Là encore, le sous-équipement des services et l'inadéquation des outils de travail rendent

---

exécutoire, place sous-main de justice et fait vendre un meuble corporel se trouvant dans le patrimoine de son débiteur, détenu soit par ce dernier, soit par un tiers ; 3/ la saisie attribution ne portant que sur la saisie de sommes d'argent entre les mains d'un tiers, afin de les rendre indisponibles. Sur les deux derniers types de saisies, voir NDOUMBE (D), *La saisie attribution des créances dans le cadre de l'OHADA*, Mémoire Auditeur de justice, ENAM, Yaoundé, juillet 1999 ; ONANA ETOUNDI (F), « La protection des intérêts des parties dans la saisie attribution des comptes bancaires en droit OHADA », in *Actualités juridiques*, n° 48/2005, p.117 ; ONANA ETOUNDI (F), « La pratique de saisie-attribution des créances à la lumière de la jurisprudence de la Cour Commune de Justice et d'Arbitrage (CCJA) OHADA », Abidjan (Côte-d'Ivoire), *Presses NUMERIX.com*, 2006.

889 Article P.924 du CGI du Gabon

890 Étant donné que les mesures conservatoires de recouvrement et d'exécution forcée prévues par les législations fiscales des pays de la CEMAC sont celles déterminées par l'Acte Uniforme OHADA, il y a nécessité de la procédure fiscale interne de se conformer aux dispositions de cet Acte Uniforme. Cf. Cour Commune de Justice et d'Arbitrage (CCJA), Avis du 30 avril 2001 (Avis rendus sur demande de la République de Côte d'Ivoire, enregistrée au greffe sous le n° 002/2000/EP). Dès lors, l'article 54 de l'Acte Uniforme OHADA sur les voies d'exécution, précise que « Toute personne dont la créance paraît fondée en son principe peut, par requête, solliciter de la juridiction compétente du domicile ou du lieu où demeure le débiteur, l'autorisation de pratiquer une mesure conservatoire sur tous les biens mobiliers corporels ou incorporels de son débiteur, sans commandement préalable, si elle justifie de circonstances de nature à en menacer le recouvrement. »

891 BANGO (A), *op.cit.*, p.272.

892 C'est une « sorte de saisie-attribution ou de saisie des rémunérations en forme très simplifiée, permettant aux comptables publics de demander à tous tiers, détenant (ou devant) des sommes appartenant à un redevable d'impôts assortis du privilège du Trésor, de leur verser en l'acquit du redevable le montant de ces impôts jusqu'à concurrence de la somme qu'ils détiennent à peine pour ces tiers d'en devenir personnellement débiteur ». Cf. Lexique des termes juridiques, op.cit., p. 69.

893 COZIAN (M), « L'avis à tiers détenteur en matière de privilège du Trésor », in *RTD com.*, 1967, p.61-102.

894 GATSI (J), « L'avis à tiers détenteur et le nouveau droit des affaires OHADA », in *Ohadata* D-05-24, p. 11.

la tâche ardue. Quand bien même le tiers détenteur est connu, il ne communique pas toutes les informations nécessaires au fisc conforment à la législation en vigueur[895]. Il faut dire, que dans ces pays où la crise de légitimité des pouvoirs publics est souvent pointée du doigt, cet arsenal juridique « présente une faible crédibilité, car il prend beaucoup de temps, suppose un grand nombre d'opérations qui laisse la possibilité au contribuable de fuir, ou à l'administration de s'enliser dans de multiples phases de la procédure[896] ».

432. De surcroît, l'Acte uniforme du 10 avril 1998 portant organisation des procédures de recouvrement et des voies d'exécution, semble « fragiliser les droits du trésor, mis en œuvre dans le cadre de l'avis à tiers détenteurs [897] ». Avant la réforme OHADA instituant la saisie attribution, seule l'administration fiscale bénéficiait de l'effet translatif, les créanciers ne pouvaient en bénéficier que « lorsque le jugement de validité était passé en forme de chose jugée [898] ». Or, avec la réforme OHADA, le fisc y compris, tous les créanciers bénéficient immédiatement de l'effet translatif ; à la seule différence qu'il n'y a plus de formalisme attaché à l'avis à tiers détenteurs. De ce fait, le recouvrement forcé se trouve vidé de sa nature. Ces conséquences du dysfonctionnement du fisc se manifestent également en matière de vérification fiscale.

2 / Une négligence des suites à donner aux vérifications fiscales

433. De l'avis de Gabriel ARDANT, « l'efficacité du contrôle ne dépend pas seulement de la qualité des inspections. Une des lacunes les plus graves de l'administration, c'est l'insuffisance des suites données aux rapports de contrôles[899] ». En effet, en Afrique centrale, la difficulté de mettre en œuvre une véritable procédure de redressement contradictoire, et l'impact limité de la taxation d'office, sont deux faits révélateurs des lacunes des administrations fiscales. À cet effet, la taxation d'office[900] est une procédure d'imposition qui s'applique dans les cas de défaut de déclaration dans le

---

[895] Voir article. 204 du CGI de la République du Tchad (voir également l'art. R 156 du Livre des Procédures Fiscales du Tchad) ; art. 397 du CGI de la République du Congo ; art. L 42 et L 43 du CGI camerounais ; art. 30 et 31 du CGI de la Guinée Équatoriale. Article P.880 et P.881 du CGI du Gabon

[896] CHAMBAS (G), *Fiscalité et développement en Afrique subsaharienne, ministère de la Coopération*, Édition Economica, 1994, p. 81.

[897] GATSI (J), *op.cit.*, p.16.

[898] DONNIER (Marc) et DONNIER (Jean-Baptiste), *Voies d'exécution et procédures de distribution*, Édition Litec, 6e éd, 2001, n° 1027.

[899] ARDANT (G), *Technique de l'État*, Paris, Edition PUF, 1952, p. 114.

[900] Toutefois, il faut la distinguer la taxation d'office de l'évaluation d'office ou de la rectification d'office. En effet, la première est une procédure d'imposition du revenu global, alors, que les deux dernières concernent les cédules du revenu. Mais, aucun CGI de ces pays n'en donne une définition.

délai légal[901] et en cas de défaut de réponse à une demande d'éclaircissement ou de justifications[902] dans les délais de l'opposition au contrôle fiscal[903]. Toutefois dans les faits, la taxation d'office des entreprises ne respectant pas leurs obligations déclaratives, est très négligeable. En effet, certaines taxations d'office régulièrement prononcées sont simplement annulées parce que l'entreprise appartient soit à un homme politique influent, soit à un membre de la famille, voire un ami. Pire, quand bien même ces taxations ont lieu, elles résultent le plus souvent de l'arbitraire. En clair, les classes dirigeantes utilisent parfois des moyens fiscaux tels que la taxation d'office, pour atteindre des objectifs politiques[904].

434. En revanche, la procédure de redressement contradictoire, s'applique dans les cas où le contribuable s'étant conformé aux obligations déclaratives qui lui incombent, l'administration constate une insuffisance, une inexactitude ou une omission dans les éléments servant de base au calcul des impôts, droit et taxe ou sommes quelconques dues en vertu de la législation fiscale[905]. À ce titre, après réception d'une notification de redressement motivé et chiffré, le contribuable dispose d'un délai légal[906], pour faire

---

901 Bien que, le contribuable a la possibilité de régulariser sa situation, suivant la réception d'une lettre de relance valant mise en demeure, de déposer la déclaration dans un délai précis, ce délai n'est pas le même selon les pays. Il est de quinze jours ouvrables au Cameroun (art. L29 al. 2 du CGI) ; sept jours au Tchad (art. R. 28 dernier alinéa du LPF). Voir aussi, art. L29 du CGI du Cameroun ; art. R 28 alinéa 1 du LPF Tchadien ; art. 86.1) et 516-b du CGI Congolais (Tome 1) ; art. 163.-1) a) et 250.-1) du CGI de la Guinée-Équatoriale.

902 Dans le cadre des demandes d'éclaircissement, le contribuable doit exposer explicitement certains faits contenus dans la déclaration, sans avoir à apporter des preuves. En revanche, les demandes de justifications exigent du contribuable un commencement de preuve. Cf. CASIMIR (J-P), *Contrôle fiscal : droits, garanties et procédures*, 8e éd, Édition Groupe Revue Fiduciaire, 2002, p.60 et 62.

903 Ce délai est de huit jours au Congo et en Centrafrique (art. 516.-b) du CGI Congolais ; art. 137 (LF 2007) du CGI Centrafricain). Au Cameroun et au Tchad, il est respectivement de quinze et sept jours.

904 En effet, il semblerait que certaines entreprises soient parfois taxées d'office parce que leurs dirigeants seraient accusés d'être proche de l'opposition. Cf ; BANGO (A), op.cit., p.285.

905 Contrairement, à la procédure de taxation d'office, dans la procédure de redressement contradictoire la charge de la preuve incombe à l'administration (art. P-846 du CGI du Gabon, article L 23 du CGI du Cameroun). Qui plus est, le suivi de cette procédure suppose le respect, par l'administration de diverses garanties de procédures consacrées par les CGI des pays de la CEMAC, entre autres : droit à un débat oral et contradictoire avec le vérificateur dans les locaux de l'entreprise (article P.834 du CGI du Gabon) ; de l'impossibilité pour l'administration de procéder à un nouveau contrôle sur une période déjà vérifiée ; la remise en main propre au contribuable d'un exemplaire de la charte du contribuable vérifié (article L 15 du CGI du Cameroun et article R 13 du LPF du Tchad). Même dans les pays où il n'existe pas de charte du contribuable vérifié, l'administration est tenue, sous peine de nullité, de mentionner que le contribuable a la faculté de se faire assister par un conseil de son choix pour discuter ou pour répondre une proposition de rehaussement d'impositions formulée à l'occasion d'un contrôle fiscal (Cf. art. 390 bis-C du CGI Congolais ; art. 327 alinéa 4 du CGI Centrafricain ; article P.835 du CGI du Gabon).

906 Ce délai est de 30 jours au Congo (art. 390 bis-A du CGI) au Cameroun (art. L 24 du CGI) ; En revanche, il est seulement de 20 jours au Gabon (article P.847 du CGI) au Tchad (art. R 24 du Livre des Procédures Fiscales) et en Centrafrique (art. 328 al. 4 du CGI).

parvenir ses observations ou de faire connaitre son acceptation[907]. Cependant, comme l'a jugé la Cambre administrative de la Cour suprême du Cameroun, « un contribuable, qui, après notification des résultats de contrôle, dans le cadre du redressement contradictoire, n'y a apporté aucune observation, est réputé acquiescer aux impositions notifiées, par l'administration fiscale »[908]. Toutefois, la pratique fiscale de la plupart des États de la CEMAC contraste de loin avec les textes fiscaux. Les administrations fiscales des États de la CEMAC ont tendance à user, de la technique, de la collaboration défaillante. Comme l'explique M. Jean-Claude RICCI le principe est que « l'administration refuse d'appliquer une disposition légale et adopte une attitude moins stricte que la loi. Les particuliers qui en bénéficient n'iront pas déférer la mesure plus douce à un juge[909] ». Par conséquent, par la seule volonté d'un agent du fisc, deux contribuables placés dans la même situation peuvent faire l'objet de deux procédures opposées[910]. Ce qui pose la question de la violation du principe d'égalité des contribuables devant l'application de la loi fiscale. En outre, il arrive parfois que l'acceptation des redressements par le contribuable soit donnée sous la menace, ce qui enlève à la procédure son caractère contradictoire. Or, comme son nom l'indique, cette procédure permet, « un dialogue entre l'administration et le contribuable qui fait l'objet d'un redressement »[911]. Ainsi, les éclaircissements qui se dégagent de cet échange permettent, « le plus souvent, de dédramatiser le contrôle et de le faire accepter au contribuable, comme procédure administrative[912] ».

435. Aussi paradoxal que cela puisse paraître, dans la mise en œuvre de la procédure du redressement contradictoire, les administrations fiscales des États de la CEMAC se trouvent souvent court-circuitées, par le délai de reprise, qui est la période au-delà de laquelle l'administration fiscale ne peut plus rectifier les déclarations de revenus à un redressement fiscal[913]. Ce qui fait dire au Pr Guy GEST que : « la prescription constitue la limitation la

---

[907] Dès lors, en cas d'observations formulées l'administration peut soit abandonner totalement ou partiellement les redressements notifiés, soit maintenir les redressements initiaux. Dans tous les cas elle l'en informe dans une lettre de « réponse aux observations du contribuable » adressé avec accusé de réception ou remise en main propre avec bordereau de décharge, tout en informant à ce dernier qu'il a la possibilité de déposer des réclamations contentieuses en vertu des dispositions des articles bien précis des CGI des pays de la CEMAC. (Article P.849 et P.1033 du CGI du Gabon ; article L 26 et L 116 du CGI du Cameroun),

[908] Cf. CS/CA, jugement n° 51/82-83, du 7 avril 1983, Affaire NOMENY NGUISSI Émile c/ État du Cameroun, MANDESSI BELL (Evelyne), op. cit., n° 8, pp. 96-99. Et voir aussi, article P.848 du CGI du Gabon

[909] RICCI (J-C), *Le pouvoir discrétionnaire de l'administration fiscale*, Thèse Presses Universitaires d'Aix-Marseille, 1977, p.134.

[910] AYRAULT (Ludovic), *Le contrôle juridictionnel de la régularité de la procédure d'imposition,* Édition L'Harmattan, Coll. Finances publiques, 2004, p.102.

[911] CASIMIR (J-P), *op.cit.*, p.135.

[912] LAMBERT (T), *Contrôle fiscal : Droit et pratique*, Édition PUF, 2e éd, 1998, p. 107.

[913] Ce délai est généralement de de 3ans (article L 48 du CGI du Tchad, article L 176 du CGI du Cameroun), à l'exception du Gabon où il est de 5ans (article P.872 du CGI du Gabon).

plus générale et la plus importante qui soit apportée, dans le temps, à l'exercice des compétences de l'administration fiscale [914]», et connaissant la lenteur des administrations fiscales des États de la CEMAC, de nombreuses recettes fiscales deviennent irrécouvrables pour faits de prescription[915]. Par ailleurs, l'autre pratique limitant la procédure de redressement contradictoire est la menace de délocalisation que réitèrent inlassablement certaines entreprises stratégiques, lorsqu'elles sont asphyxiées par les redressements fiscaux[916]. Dès lors, on ne peut s'empêcher de déplorer le fait qu'en Afrique centrale, tout comme la justice, la politique fiscale est menée suivant l'équation de deux poids, deux mesures.

---

[914]GEST (G), « De la nature du moyen tiré de la prescription du droit de reprise de l'administration », in *Mélanges Paul Marie Gaudemet*, Paris, Édition Economica, 1984, p.965.

[915] Cf. Cour Supreme de la République du Tchad (Chambre des Comptes), Rapport sur l'exécution de la loi de finances en vue du règlement du Budget de l'exercice 2002, décembre 2003, pp. 32 et 33.

[916] On se souviendra de l'Affaire Total-Gabon qui sous le coup d'une menace de redressement fiscal du ministère de l'Économie gabonais d'un montant de 805 millions de dollars, laissa entendre que le Gabon pourrait s'attendre à des représailles de la France, si le redressement fiscal, allait à son terme.

CONCLUSION DU CHAPITRE I

436. Au regard, de l'absence de conditions viables dans l'environnement socio-économique et politique, le réaménagement fiscal en zone CEMAC devient urgent. En effet, l'Afrique centrale est depuis des décennies ; le théâtre de graves crises politico-militaire, qui a entrainé des conséquences dramatiques sur le plan sécuritaire et humanitaire. À cela, s'ajoutent : l'incidence de disparités économiques dont l'inégale dotation des pays en ressources énergétiques, de graves problèmes de gouvernance, l'instabilité des politiques fiscales récurrente. Et tout récemment, la crise sanitaire Covid-19, et la chute brutale des prix du pétrole, qui ont entrainé l'effondrement des ressources publiques, mettant à mal le fonctionnement des États, apparaissent comme les causes principales de contre-performances des politiques régionales. Alors que des changements majeurs dans le domaine de la fiscalité énergétique sont nécessaires, les régies financières des États membres fonctionnent de manière médiocre avec, pour certains pays, des outils de travail inadéquats. De surcroît, le clientélisme et l'ethnicisassions dans le recrutement des agents des administrations douanières et fiscales, rendent difficiles des changements radicaux dans le mode de gestion de l'impôt et l'application des bonnes pratiques. Cette absence de conditions viables de mise en œuvre du processus d'harmonisation invite à procéder à un bilan détaillé.

CHAPITRE II : L'HARMONISATION FISCALE, UNE ÉTAPE NÉCESSAIRE À LA RÉALISATION DES OBJECTIFS DU MARCHÉ COMMUN

437. Les chutes successives des prix du brut, conjuguées à la pandémie du Covid-19, ont contraint les États de la CEMAC à reconnaître la coopération énergétique, comme un objectif stratégique majeur pour la consolidation du développement des économies de la sous-région, renforcer leur résilience face aux chocs externes et faciliter leur insertion au sein du système mondial. Seulement, certains goulots d'étranglement de toute nature, venant de manière épidémique, freinent l'évolution des programmes et laissent sous-entendre que la CEMAC n'est autre qu'un vaste marché incapable de répondre aux attentes des citoyens en termes de sécurité énergétique et d'accessibilité à une énergie moderne. Ainsi, étant donné que l'ouverture des frontières rend les politiques fiscales des pays de l'Afrique centrale interdépendantes, la CEMAC doit définir une approche ambitieuse dans le secteur énergie, en choisissant « une organisation commune de la fiscalité, afin d'éviter les phénomènes de concurrence[917] », réduire la disette énergétique et favoriser un commerce régional des services énergétiques. L'harmonisation de la fiscalité énergétique pose certes, la question des règles d'assiette et de la définition de normes communes, mais ce qui apparaît d'emblée comme plus grand obstacle, c'est son cadre institutionnel et décisionnel en quête de renforcement (**Section I**), de même son dispositif de contrôle de politiques fiscales peu convaincant (**Section II**).

SECTION I : UN CADRE INSTITUTIONNEL ET DÉCISIONNEL EN QUÊTE DE RENFORCEMENT

438. La mise en œuvre d'une réforme communautaire doit être fondée sur la subsidiarité de la prise de décision et une gouvernance imbriquée permettant la prise de décision, la mieux appropriée pour les États, avec le soutien d'une gouvernance efficace et efficiente des Institutions. Or, en Afrique centrale, les États sont non seulement, confrontés à l'inadaptation du cadre institutionnel (Paragraphe **I**), mais doivent également, rechercher un cadre de conformité des politiques communautaires avec les politiques du FMI (Paragraphe **II**).

[917] NAVARRO (M), « Plaidoyer pour une harmonisation fiscale en Europe », in *Regards croisés sur l'économie*, vol. 1, N°1, 2007, pp. 250-251.

Paragraphe I : L'inadaptation du cadre institutionnel de la CEMAC

439. Le continent africain est le lieu où la prolifération des organisations internationales est la plus forte. Pour preuve, rien qu'en Afrique centrale on dénombre neuf OIG[918]. De ce point de vue, l'intégration régionale ne peut s'accomplir pleinement, tant que l'interétatisme reste prédominant (**A**) au détriment d'une véritable autonomie et d'une indépendance des organes intégrés (**B**).

A / Le rôle prépondérant de l'interétatisme

440. Selon une théorie fonctionnelle de l'intégration, la procédure de décision est une variable déterminante. Pour certains analystes, l'échec des organisations d'intégration en Afrique est même intimement lié à la prédominance de l'interétatisme dans la prise de décision collective. Certes, l'armature institutionnelle et normative de la CEMAC, tirée des échecs de l'UDEAC, laisse penser qu'une avancée significative a été réalisée, mais à voir de plus près, on y perçoit seulement un progrès virtuel, car les organes politiques détiennent le monopole du pouvoir au détriment des organes intégrés. Ce monopole se traduit non seulement dans la prise de décision (**1**), mais aussi dans la production des normes (**2**).

1 / La prédominance organique et institutionnelle

441. La question fondamentale qui se pose sur le système institutionnel de la CEMAC est de savoir si la relation entre les buts que se sont assignés les États membres, leur contenu et les problèmes à résoudre s'arriment avec la forme, la capacité et l'efficacité des institutions chargées principalement de bâtir l'intégration. Ainsi, en établissant une typologie des formes d'intégration, François BORELLA a décelé deux modèles économiques en corrélation avec le droit. Il s'agit, entre autres, du modèle de libre-échange et du modèle de l'espace organisé[919]. À cet effet, il estime que le modèle libre-échange est éminemment interétatique et repose ainsi, sur des organes interétatiques et un appareil administratif commun[920]. À l'opposé, le modèle communautaire de l'espace organisé peut connaitre deux variantes dans son application au plan décisionnel/institutionnel. En effet, il est soit à tendance fédératrice, soit à tendance interétatique. Il semble cependant, selon les analyses que les associations d'État fondées sur le premier modèle soient en crise ou aient disparu, tandis que d'autres ont évolué vers un modèle

---

[918] CEEAC, CEN-SAD, CEMAC, CEPGL, COPAX, FOMAC, FOMUC, MARAC, MICOPAX.

[919] BORELLA (F), « Modèles européens et organisations économiques internationales », in *SFDI*, L'Europe dans les relations internationales-unités et diversités, Colloque de Nancy, Paris Pedone, 1982, pp.34-35.

[920] *Ibid.*

communautaire fédératif, dont l'UE est le prototype. Cela s'est avéré plus fructueux que le modèle interétatique, plus courant en Afrique[921]. La CEMAC, en se substituant à l'UDEAC, a bien voulu afficher sa volonté d'aller à l'intégration régionale à travers l'article 2 du Traité CEMAC, considéré comme solution aux problèmes des conflits armés qui gangrènent la zone, de sécurité et de développement.

442. Malheureusement, malgré toute la bonne volonté affichée dans les textes, force est de constater, que la CEMAC est actuellement confrontée à des contraintes dirimantes, dont la plus fondamentale est sans doute, le manque d'appropriation du processus d'intégration des États membres. En effet, derrière la création formelle de structures d'intégration, la présence remarquée, des Chefs d'État aux réunions et sessions de l'Institution, leurs déclarations d'intention et discours engagés, se profile une implacable réalité : l'inaction récurrente de la majorité des États membres, en ce qui concerne leurs obligations envers la CEMAC. Cela s'explique par le fait que chaque État, ancré dans une conception absolue de la souveraineté étatique, préfère adapter le droit communautaire à ses propres aspirations et besoins, au lieu de s'inscrire dans la logique du Traité.

443. Selon Sylvain OUEDRAOGUO, l'interétatisme « traduit la manifestation de l'emprise des États sur l'organisation, tant en ce qui concerne son organisation que son fonctionnement, par le biais des représentants[922] ». Au sein de l'Afrique centrale, l'interétatisme est selon l'expression de LUABA LUMU « congénitale[923] ». En effet, le Traité constitutif de l'UDEAC était loin d'être un véritable Traité constituant le fondement d'un système politico-juridique spécifique et autonome. De surcroît, le transfert de compétences n'était pas totalement réalisé[924]. Cette situation n'a pas connu d'évolution, eu égard à la naissance de la CEMAC. Du simple fait, que l'interétatisme s'illustre au sein de la CEMAC, par l'hégémonie des organes politiques dans la sphère des décisions communautaires. Pour Yarga LARBA, de « toutes les organisations créées depuis les indépendances des États africains, l'organe suprême de décision a été, pendant longtemps, la Conférence des chefs d'États et de gouvernement[925] ». L'examen des dispositions du Traité constitutif de la CEMAC permet de percevoir que la Conférence des Chefs d'État est

[921] *Ibid.*

[922] OUEDRAOGUO (S), *op.cit.*, p.490.

[923] LUABA LUMU (N), *op.cit.*, p.339.

[924] Car, les États refusaient délibérément de céder un pan de leur souveraineté fraîchement acquise, en exerçant de façon exclusive, la plénitude des pouvoirs publics, sans une intervention extérieure et supérieure. Si bien, que cette conception absolutisme a conduit, à une limitation des pouvoirs des organes communautaires de l'UDEAC.

[925] LARBA (Y), « Les Parlement régionaux, acteurs et facteurs d'intégration en Afrique » in *le partenariat Europe-Afrique et les intégrations régionales*, Bruxelles, Édition Bruylant, 2012, p.29.

l'autorité suprême[926], qui oriente l'action du Conseil des ministres de l'UEAC et du Comité ministériel de l'UMAC[927].

444. De ce fait, la Conférence des chefs d'État apparaît comme l'instance toute puissante dans les relations internationales Cémaciennes et jouissant des pouvoirs de légiférer et bien souvent de trancher les litiges[928]. La hiérarchisation du système est telle, que la Commission se cantonne à n'exécuter que les directives données par la Conférence des Chefs d'État. Ce qui, a tendance à gripper, le processus d'intégration lorsque la Conférence des Chefs d'État connait des difficultés de fonctionnement. À ce propos, Maurice-Ahanhanzo GLÉLE, notait que « la Conférence des Chefs d'État s'avère être l'institution par excellence ; elle est l'organisation elle-même[929] ». Par ailleurs, l'interétatisme est également lié à l'excessive prépondérance des souverainetés étatiques nationales dans les instances décisionnelles. En effet, la CEMAC reste toujours dans un mutisme, lorsque les Présidents des États membres entreprennent de modifier leur constitution pour se maintenir au pouvoir.

445. Au-delà des textes bien écrits, l'intégration institutionnelle et juridique au sein de la CEMAC demeure une entreprise formelle, qui reste marquée par le sceau de l'interétatisme. Par conséquent, le processus d'intégration de la CEMAC n'est réalisable, que si, et seulement si, il existe un minimum de supranationalité, concrétisé par la CEMAC, dans la mesure où, l'interétatisme peut avoir pour conséquence de reléguer au second plan l'intérêt communautaire. L'hégémonie des organes politiques, loin de se limiter au cadre institutionnel, s'entend également à la production normative.

2 / La prédominance dans la production normative

446. Pour la bonne réussite du processus d'intégration en Afrique centrale, les États membres doivent céder un pan de leur souveraineté pour être subordonnés à une autorité supranationale dans des domaines spécifiques d'intervention afin, de renforcer le pouvoir des principales institutions (Commission, Cour de justice, Parlement communautaire), favoriser la mise en œuvre des mécanismes d'action communautaire (Règlements, Directives, Décisions, etc.) et l'institution d'un ordre juridique communautaire prépondérant et distinct des ordres juridiques nationaux.

---

[926] Article 40 du Traité CEMAC

[927] *Ibid.*, article 12

[928] Sommet extraordinaire de la Conférence des Chefs d'Etats de la CEMAC du 31 octobre 2017 à Ndjamena au Tchad, où la Conférence des Chefs d'Etats a décidé du transfert dans la capitale économique du Cameroun, de la Bourse régionale, jusqu'alors logée à la capitale du Gabon. En effet cette décision vient sonner la fin de la bataille que se livraient les deux places boursières.

[929] GLÉLE (M-A), *Introduction à l'organisation de l'unité africaine et aux organisations régionales africaines,* Paris, Tome XL, Edition LGDJ, 1986, p.45. Voir aussi KAMTO (M), PONDI (E) et ZANG (L), *L'OUA : rétrospective et perspectives africaines,* Paris, Édition Economica, 1990, p. 19-26.

Cette vision est d'autant plus vraie, qu'Omoniyi ADEWOYE à travers son analyse sur le succès de l'intégration régionale en Europe occidentale par rapport au Traité d'Abuja a soutenu que « le succès de l'intégration régionale a été facilité par le constitutionnalisme, en consacrant dans chaque pays la notion d'un État limité dont la volonté pourrait être assujettie à une autorité supranationale dans des domaines spécifiques d'intervention. Cela explique fondamentalement le succès de la Communauté économique européenne[930]». Par analogie, le manque de constitutionnalisme reposant sur des valeurs juridiques, semble être la cause majeure, qui fait languir le processus d'intégration au sein de la zone CEMAC. La liberté est la clé du développement de la région et l'épanouissement des populations Cémaciennes, qu'il s'agisse « d'édifier des économies nationales dynamiques et forte ou d'intégrer les marchés de la sous-région[931] ».

447. Bien, qu'il faille reconnaître au Traité constitutif de la CEMAC une dimension constitutionnaliste, tant il est vrai qu'au plan matériel, le Traité est en soi une constitution pour les États membres. Il n'en demeure pas moins, qu'au point formel il demeure un Traité[932]. Étant donné que, la Conférence des Chefs d'État et le Conseil des ministres de l'UEAC jouissent d'un quasi-monopole dans la production normative, à la lumière du droit communautaire CEMAC, il apparaît que, c'est à la Conférence des Chefs d'État que revient le soin de déterminer les domaines prioritaires dans lesquels un rapprochement des législations est nécessaire, de même que les buts à atteindre[933], à travers des actes additionnels et des décisions[934]. Au terme de l'article 16 du traité CEMAC « la Conférence des Chefs d'État adopte ses décisions par consensus ». Le Conseil des ministres de l'UEAC est quant à lui, chargé d'assurer la mise en œuvre des orientations générales définies par la Conférence des Chefs d'État[935], à travers des règlements, règlement-cadre, des directives, prend des décisions et formule des recommandations[936]. Il apparaît donc que la Commission est un exécutif sans compétence législative, dépourvu de pouvoir réglementaire autonome[937]. Certes, la Commission arrête des règlements d'application, mais en exécution de ceux adoptés par le Conseil des Chefs d'État et sur délégation

---

930 ADEWOYE (O), « Constitutionnalisme et intégration économique », in Réal LAVERGNE, *Intégration et coopération régionale en Afrique de l'Ouest*, Édition KARTHALA et CERDI, 1996, p.375.

931 ADEWOYE (O), *op.cit.*, p.382.

932 SARR (B), « Le traité de l'UEMOA : un pacte constitutionnel fédératif », in *Revue EDJA*, 4è trimestre 1999, p.78. Voir également, TERPAN (F), « Le constitutionnalisme européen : penser la Constitution au-delà de l'État » in *Mélanges offerts en l'honneur du professeur Henri OBERDOFF*, Paris, Édition LGDJ, 2015, p.186 et svts.

933 Article 12 du Traité CEMAC.

934 *Ibid.*, article 16.

935 *Ibid.*, article 17.

936 *Ibid.*, article 40.

937 *Ibid.*, article 35.

expresse de celui-ci[938]. Certes, la Commission peut prendre des décisions et formuler des recommandations et des avis, mais en connaissant la valeur juridique de moindre portée que revêtent ces types d'actes dans l'ordonnancement juridique communautaire[939], il est juste de considérer que la Conférence des Chefs d'État et le Conseil des ministres de l'UEAC détiennent le monopole du pouvoir normatif communautaire.

B / L'inertie des Organes communautaires

448. Le Traité constitutif de la CEMAC a institué un système institutionnel, afin de promouvoir et sauvegarder les intérêts de la communauté. À cet effet, le système institutionnel de la CEMAC se regroupe en deux ensembles : les institutions et les organes communautaires[940], qui sont soit, dotés de fonctions exécutives ou administratives comme la Commission, soit exercent la fonction de contrôle telle que la Cour de justice. Cependant, le poids de l'interétatisme dans la CEMAC, se ressent sur le rôle des Organes communautaires, à tel point, que la Commission, censée être l'organe exécutif par excellence, a un pouvoir limité (**A**). De même, la Cour de justice et le Parlement communautaire qui sont pourtant des Instituions, peinent à remplir leur mission (**B**).

1 / L'atrophie de la marge de manœuvre de la Commission

449. Concrètement, au regard des ambitions fixées, et ce malgré la volonté affichée du législateur Cémacien, de doter la Commission de pouvoirs étendus, lui permettant d'acquérir une certaine indépendance, vis-à-vis des organes politiques, elle est dépourvue de tout pouvoir de contrainte[941]. En effet, en recensant quelques écueils du système institutionnel, il apparaît que les États occupent encore une place trop centrale dans le système institutionnel, au détriment de la Commission, dont le pouvoir de contrôle et de sanction est restreint. S'il est vrai que le Traité de la CEMAC prévoit que les membres de la Commission exercent leurs fonctions en toute indépendance[942] et ne peuvent être révoqués que pour faute grave ou incapacité constatée par la Cour de justice sur saisine de Conseil des ministres[943], la réalité est tout autre.

450. Un autre trait caractéristique de l'atrophie de la Commission est le pouvoir normatif qui est le sien. À ce niveau, même si la Commission intervient en amont et en aval dans la production des Actes des autres

---

[938]Article 40 du Traité CEMAC.

[939] *Ibid.*, article 41.

[940] *Ibid.*, article 10

[941] Article 14 de la Convention régissant la cour de justice de la CEMAC, adopté à Libreville le 5 juillet 1996

[942] *Ibid.*, article 31.

[943] *Ibid.*, article 29.

instances communautaires, le pouvoir normatif que lui confère l'article 35 du traité CEMAC est en réalité un pouvoir subordonné. En effet, le Traité prévoit que la Commission se contente d'arrêter des règlements d'applications, de prendre des décisions et de formuler des avis[944]. D'ailleurs, il s'avère qu'en dépit de son objectif déclaré de construction d'un marché communautaire de l'électricité, la CEMAC fonctionne encore avec un instrument de coopération. La commission est dépouillée d'un réel pouvoir fiscal au profit du Conseil des chefs d'État et du Conseil des ministres de l'UEAC[945]. Seules ces deux instances sont habilitées à prendre des décisions au nom de la CEMAC[946]. En outre, le pouvoir de contrainte des organes de contrôle s'avère également limité en pratique.

2 / L'impuissance des organes de contrôle

451. Un des reproches liés à une question substantielle et relative au degré de démocratisation des institutions Cémaciennes, c'est l'implication des populations dans les décisions communautaires, à travers l'organe représentatif qu'est le Parlement communautaire. D'ailleurs, à ce propos, Kwan KOUASSI soulignait qu'un « des vices originaux de l'OUA, partagés du reste par toutes les OIA, a été de s'en remettre aux seuls appareils gouvernementaux des États membres (Chefs d'État et de gouvernement, ministres, appareils gouvernementaux, diplomates, etc.), pour les problèmes de l'Unité africaine, sans associer les Africains[947] ». L'article 5 de la convention régissant le Parlement communautaire de la CEMAC, laisse transparaître une audace inspirée du parlement national. En effet, la convention prévoit que les députés sont élus au suffrage universel direct pour un mandat de cinq ans, selon les procédures électorales fixées par acte additionnel de la Conférence des Chefs d'État, après consultation du parlement. À cet effet, les députés du parlement de la CEMAC jouissent d'une immunité parlementaire sur le territoire de chaque État membre et exercent le mandat en toute indépendance[948]. Par conséquent, tout mandat impératif est nul[949].

452. Cependant, dans les faits, la situation n'est guère reluisante, les députés sont élus au suffrage universel indirect. Pour preuve, dans son projet de réforme du Parlement communautaire, la Commission est restée conforme à la Décision de la Conférence des chefs d'État, réunie en sa 14e session ordinaire, le 24 mars 2019 à Ndjamena (Tchad), en maintenant

---

944 Article 40 du Traité CEMAC

945 *Ibid.*, article 12.

946 *Ibid.*, article 19.

947 KOUASSI (K), Les rapports entre l'Organisation des Nations Unies et l'Organisation de l'Unité africaine : contribution à la théorie institutionnelle dans les rapports internationaux, Bruxelles, Édition Bruylant, 1978, p.107.

948 Article 11 de la Convention régissant le Parlement communautaire.

949 *Ibid.*, article 5.

comme mode de désignation du scrutin universel indirect. Cette situation fait des membres des assemblées nationales des grands électeurs, ce qui est contraire aux dispositions pertinentes de l'article 5 de la convention régissant le parlement communautaire et l'article 4 du règlement intérieur du parlement, adoptés le 1er mars 2014. Pour justifier ce choix, la Commission invoque la conjoncture économique, car ce système indirect a pour avantage, non seulement, une simplicité de procédure et un très faible coût, mais de circonscrire également le corps électoral aux élus nationaux[950].

453. Le renvoi aux calendes grecques de l'élection d'un Parlement communautaire, qui est l'émanation directe de l'expression des citoyens Cémaciens, renforce l'exclusion des populations du processus d'intégration au sein de la communauté. Cet éloignement perpétuel de l'implication du citoyen Cémacien au processus d'intégration tend à agrandir le fossé qui se creuse, entre les politiques, les programmes d'intégration régionale et les populations. De surcroît, en Afrique centrale, les réflexions et la rencontre de négociation au niveau sous régional ne disposent pas d'ancrage normatif qui implique les populations au niveau des organisations de la société civile. Ce qui conduit la population à mésestimer le travail accompli par la communauté. À l'image des parlements nationaux, le Parlement communautaire doit assurer la pleine participation du citoyen Cémacien au développement et à l'intégration économique de la zone. Or, comme l'a bien exprimé le Professeur Jean-Pierre DUPRAT, « l'expérience parlementaire doit d'abord être vécue pour qu'ensuite la représentation du pouvoir puisse atteindre un degré d'abstraction plus élevé, débouchant ainsi sur le phénomène de l'institutionnalisation[951] ». Par conséquent, la démocratisation du processus d'intégration en CEMAC passe nécessairement par une libéralisation politique et économique, mettant à contribution toutes les forces politiques et socio-économiques.

<u>Paragraphe II :</u> La recherche d'un cadre de conformité des politiques du FMI avec les politiques communautaires

454. À l'aube des indépendances, les États de l'Afrique centrale se sont lancés dans une vague d'emprunt pour financer les infrastructures et des moyens de communication modernes. Cet endettement plaça leur économie, sous la tutelle des institutions financières internationales, telles que la Banque mondiale (BM) et le FMI. Cependant, en dépit de l'intervention de ces institutions financières internationales, les pays de la CEMAC ayant

---

[950] Note de présentation du dossier du projet de réforme du parlement communautaire.

[951] DUPRAT (J-P), « La formation et l'évolution du droit financier en Afrique francophone subsaharienne » in Dominique DARBON et (J.) du Bois DE GAUDUSSON, *La création du droit en Afrique*, Paris, Édition Karthala, coll. Hommes et Société, 1997, p. 466.

appliqué le plus activement leurs politiques, n'ont pas connu jusque-là, une réduction de la pauvreté, mais ont plutôt constaté une augmentation de leur dette extérieure. De ce fait, la plupart des États de la sous-région soumis à un traitement prolongé des politiques recommandées par ces institutions financières, se retrouvent dans un rapport de dépendance (**A**). De surcroît, l'endettement extérieur est utilisé par les principaux créanciers comme instrument de subordination des États débiteurs qui dégrade les conditions de vie d'une partie de la population (**B**).

A / L'immixtion du FMI dans les politiques budgétaires des États de la CEMAC

455. Depuis un certain nombre d'années, le FMI est la cible de critiques incisives. Il lui est reproché, d'être un instrument de vassalisation des pays en développement à ceux de l'Occident, de freiner leur développement, et de les aliéner politiquement et économiquement. Précisons toutefois que toutes ces critiques dérivent rarement d'une analyse de fond, mais font plutôt preuve d'un raisonnement par intuition. À cet effet, pour savoir ce qui justifie l'intervention du FMI dans les politiques budgétaires des États de la CEMAC, un bref historique s'impose (**1**). Cela permettra de déterminer si oui ou non la dépendance politique et économique des États de la CEMAC provient de la mauvaise orientation des politiques en vigueur du FMI (**2**).

1 / L'origine du pouvoir d'intervention du FMI dans la politique économique des États de la CEMAC

456. Après que le traité de Versailles a imposé à l'Allemagne, en 1919, de payer les réparations de la Première Guerre mondiale, les États adoptèrent une politique d'« égoïsme sacré [952]». Au vu du montant astronomique des réparations,[953] l'Allemagne fit imprimer frénétiquement des quantités massives de billets, ce qui conduisit en 1923 à l'hyperinflation[954]. De plus, le 24 octobre 1929 survint une crise initiée par l'effondrement de la bourse de New York, dont l'ampleur, étrangla progressivement les trésoreries publiques des pays européens[955]. Ce qui, en 1930, eut un effet de contagion sur l'ensemble du capitalisme mondial, avec des effets ruineux sur

---

952 Notamment, Dépréciation concurrentielle des changes ; Accroissement la protection des agriculteurs contre les importations agricoles aux États-Unis par la loi SmootHawley dans les années 20.

953 Le 27 avril 1921 les alliés réunis à Londres fixèrent la facture de compensation à 132 milliards de marks-or

954 Finances & Développement septembre 2004, p.14.

955 Le Grand krach de Wall-Street : les banques qui étaient impliqué dans une forte spéculation tombèrent en faillite et ne pouvaient plus accorder des prêts aux industriels. De ce fait, en récupérant les capitaux qu'ils avaient placé, pour financer la reconstruction après la première guerre mondiale, a eu pour conséquence, d'étendre la crise en Europe.

l'économie, sous la forme d'une grande dépression[956]. Malheureusement, en 1939 éclate la Seconde Guerre mondiale. De ce fait, pour éviter une nouvelle crise comme celles de 1929 et de 1930, les puissances occidentales mettent sur pied le FMI et la BM, le 1er juillet 1944 à la Conférence de Bretton Woods, à New Hampshire aux États-Unis[957]. Le FMI reçut la mission de promouvoir la coopération monétaire, la stabilité financière et la croissance mondiale en réglementant la circulation des capitaux[958].

457. Par la suite, pour la reconstruction de l'Europe, George C. MARSHALL, secrétaire d'État des États-Unis, mis en place de façon unilatérale en 1947, le programme de rétablissement européen (Européan Recovery Program ERP), plus connu sous le vocable de plan Marshall. Ce plan permit aux États-Unis d'investir massivement dans l'économie européenne, avec un double objectif : aider les pays européens à se relever, afin qu'ils puissent redevenir des partenaires commerciaux solides, mais éviter surtout qu'une situation économique détériorée, les conduit à basculer dans le bloc soviétique[959]. Pour ce faire, les États-Unis appliquèrent une politique différenciée à l'égard de l'Europe occidentale, de la Turquie et de la Corée du Sud, alors que l'Afrique, l'Amérique latine et la majeure partie de l'Asie ont été poussés à s'endetter sous prétexte de les aider à financer leur développement[960]. Or, en réalité, la raison évidente de ces prêts était de donner le pouvoir d'achat au pays du Sud, afin de les inciter à racheter les marchandises des pays du Nord, qui étaient touchés en 1973-1975 par une importante récession généralisée. Jusqu'à la fin des années 1970, l'endettement des pays du Sud est resté supportable (70 milliards de dollars)[961] car les taux d'intérêt étaient faibles ; ce qui leur permettait de produire davantage, donc d'exporter plus, et de récupérer des devises pour rembourser et investir. Seulement, le séisme de la décision de Paul VOLCKER Président de la Banque centrale des États-Unis d'accroitre le 6 octobre 1979, les taux d'intérêts américains, pour mettre fin à l'inflation,

---

956 Durement touché par la grande déprécions, les États-Unis, la France et le Royaume-Uni signèrent en 1936, un accord triparti, dont l'objet était d'éviter les dépréciations concurrentielles des changes pour faire face à l'effondrement du commerce.

957 TOUSSAINT (E), *Enjeux politiques de l'action de la Banque Internationale pour la Reconstruction et le Développement et du Fonds Monétaire International envers le tiers monde : Analyse de l'influence des logiques financières mondiales impulsées par le FMI et la BIRD sur les pratiques politiques des pays en développement, suivie de propositions d'alternatives*, Thèse en Sciences politiques, Université de Liège-Université de Paris 8, 2004. p.76.

958 Selon leurs fondateurs, le FMI devait garantir la stabilité des monnaies en établissant « l'étalon or » (contre lequel toutes les devises peuvent être échangées) et en plaçant le dollar au cœur du système monétaire international (article 1 des statuts du FMI 2011). Mais, ce n'est qu'au sortit de la seconde guerre mondiale, le 27 décembre 1945, que le FMI a exercé officiellement ses activités, avec la France pour premier emprunteur (25 millions de dollars).

959 MILLET (D), TOUSSAINT (E), *65 Questions / 65 Réponses sur la dette, le FMI et la Banque Mondiale*, Édition CADTM, Belgique, 2011, p.37.

960 Voir l'explication d'Éric TOUSSAINT dans Banque mondiale : le Coup d'État permanent, 2006, chapitres 4 et 11.

961 *Ibid.*, p.46

conjuguée à la baisse des cours des matières premières, provoqua une grave crise de la dette des pays en développement (PED).

Encadré 2: *Caractéristique de la dette des pays de la CEMAC*

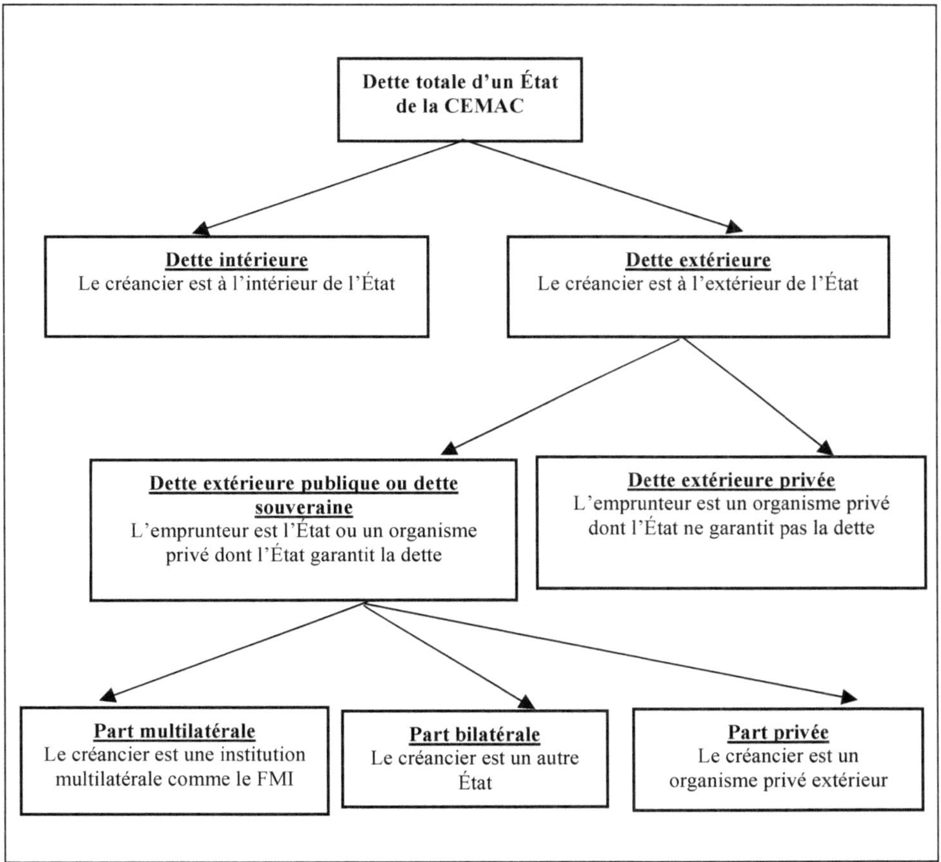

Source : D'après l'illustration d'Éric TOUSSAINT dans Banque mondiale : le coup d'état permanent 2006.

458. Dès lors, la dette extérieure des PED a été exponentielle au point d'atteindre 540 milliards de dollars en 1980[962]. Une nouvelle mission de fait est alors attribuée au FMI. Il s'agit de gérer la crise de la dette et de

[962] En effet, proche de zéro au début des années 1960, la part privée de cette dette a atteint 36 milliards de dollars en 1970 et 380 milliards de dollars en 1980. S'agissant de la part bilatérale, très faible au début des années 1960, cette part bilatérale atteint 26 milliards de dollars en 1970, puis 103 milliards de dollars en 1980. Cf. MILLET (D), TOUSSAINT (E), *op.cit.*, p.38-46.

contribuer à la réduction de la pauvreté dans le monde[963]. Ainsi, pour atteindre ses objectifs, le FMI exerce trois activités principales : la surveillance, l'assistance technique et les prêts. C'est dans ce contexte que le FMI revient sur le devant de la scène pour venir en aide aux pays endettés. Si bien que, dans la foulée de la crise financière de 2007-2008, il s'allie en Europe avec la Banque centrale européenne (BCE) et la Commission européenne, pour former une « troïka [964]», afin de superviser les plans de sauvetage et ses implications dans les États membres de l'UE. C'est ainsi que les États de la CEMAC, bien souvent sous la pression des principaux créanciers, font appel aux services du FMI, pour trouver une solution à leur problème de balance de paiement. Pour ce faire, le FMI leur recommande un paquet de mesures à mettre en œuvre connu sous le vocable : Programmes d'ajustements structurels (PAS) [965].

2 / La non-prise en compte préalable de la législation fiscale communautaire par le FMI

459. Le PAS contient un important chapitre de réformes structurelles qui poursuivent différents objectifs. Les prêts d'ajustement trouvent leur quintessence dans l'article 1 de la charte du FMI, où l'on peut lire « faciliter l'expansion et l'accroissement harmonieux du commerce international [966]». En ce sens, les pays qui importent toujours plus qu'ils n'exportent ont besoin d'être soutenus financièrement pour ne pas être exclus des échanges internationaux. Selon l'explication donnée par le FMI, ces programmes d'ajustement permettent non seulement à ces pays de continuer à participer aux échanges internationaux, mais les amènent également à accroître cette participation. Accusant une lourde dette héritée des erreurs passées et fragilisée, non seulement, par la chute prolongée des cours du pétrole, mais également, par la pandémie du Covid-19, les États de la CEMAC sont contraints par le FMI, de réorienter leurs politiques macroéconomiques conformément aux intérêts des créditeurs internationaux, sans tenir compte, non seulement, de la législation fiscale communautaire, mais aussi, des différences notables entre les pays qui doivent s'ajuster.

460. À cet effet, dans le livre « the debt trap : the International Monetary Fund and the Third World » édité en 1974, l'économiste américaine Cheryl PAYER, critique du FMI, résume bien les mesures que celui-ci exige des PED : « 1) *Abolition or liberalization of foreign exchange and imports control's ;* 2) *Devaluation of the exchange rate ;* 3) *Domestic anti-*

[963] Ce qui, a placé le FMI sur le même terrain que la BM et des banques de développement régionales tels que la Banque africaine de développement (BAD). Cf. TOUSSAINT (E), *op.cit.*, p.78.
[964] Ensemble regroupant le FMI, la Commission européenne et la BCE, qui imposent au travers des prêts des mesures d'austérité au pays en difficulté.
[965] TOUSSAINT (E), *op.cit.*, p.182.
[966] Article 1 de la charte du FMI.

inflationary programmes including : (a) Control of bank credit; higher interest rate and the perhaps higher reserve requirement ; (b) Control of government deficit: curbs on spending; increases in taxes and in prices charged by public enterprises; abolition of consumer subsides ; (c) Control of wage rises, so far was within the government's power ; (d) Dismantling of price controls. 5) *Greater hospitality to foreign investment.* [967] ». En Afrique, les conditions qui accompagnent systématiquement ces prêts reflètent l'étendue du contrôle que cherche à exercer le FMI sur les gouvernements des pays de la CEMAC. L'objectif est d'imposer une relation de légitimation du service de la dette tout en maintenant les nations débitrices dans un carcan qui les empêche de s'embarquer dans une politique économique nationale indépendante[968]. Tout ce travail de pression politique est donc sous-jacent à ces changements d'orientation. C'est en ce sens que le FMI endosse le rôle de gestionnaire de la dette des États de la CEMAC. À cet effet, pour accroître les exportations et réduire les importations, c'est la dévaluation initiale du taux de change qui est préconisée. Or, dans les faits, elle tend à réduire le pouvoir d'achat du revenu national sur les marchés extérieurs et donc à comprimer la demande interne. Comme autre mesure, on note la libéralisation de prix. Bien qu'en éliminant les subsides sur les prix des matières premières, cette mesure stimule l'offre, elle a néanmoins des effets négatifs sur la demande[969].

461. Cependant, un passage fondamental du deuxième alinéa de l'article 1 est systématiquement mis de côté : « [...] contribuer ainsi à l'instauration et au maintien de niveaux élevés d'emploi et de revenus réels et au développement des ressources productives de tous les États membres, objectifs premiers de la politique économique [970]». Les statuts du FMI stipulent encore qu'il doit « [...] donner confiance aux États membres en mettant les ressources générales du Fonds temporairement à leur disposition moyennant des garanties adéquates, leur fournissant ainsi la possibilité de corriger les déséquilibres de leurs balances des paiements sans recourir à des

---

[967] « 1) Abolition ou libéralisation du contrôle sur les échanges et sur les importations ; 2) Dévaluation de la monnaie ;3) Des politiques restrictives du point de vue monétaire pour contrôler l'inflation qui se déclinent de la manière suivante : (a) Contrôle du crédit bancaire ; hausse des taux d'intérêt et, dans certains cas, augmentation des réserves de change ; (b) Contrôle du déficit public : réduction des dépenses ; augmentation des taxes et des prix pratiqués par les entreprises publiques ; suppression des subventions à aux produits de consommation ; (c) Limitation de l'augmentation des salaires dans la fonction publique ; (d)Démantèlement du contrôle des prix. 4) Une plus grande hospitalité pour les investissements étrangers. », Cf. PAYER (C), The debt trap: the International Monetary Fund and the Third World, published by *Monthly review press*, New york and London, 1974, p.33.

[968] TOUSSAINT (E), *op.cit.*, p.185.

[969] N° 2801 Assemblée nationale ; Constitution du 4 octobre 1958 onzième législature, enregistré à la présidence de l'Assemblée nationale le 13 décembre 2000, Rapport d'information déposé en application de l'article 145 du règlement par la commission des finances, de l'économie générale et du plan sur *les activités et le contrôle du fonds monétaire international et de la banque mondiale,* présenté par M. Yves TAVERNIER. p.43

[970] Article 1 des statuts du FMI

mesures préjudiciables à la prospérité nationale ou internationale. [971]». Malheureusement, force est de constater que le FMI recommande et impose des politiques qui vont exactement dans le sens inverse.

B / <u>Les conséquences assassines de l'intervention du FMI dans la détermination des politiques économiques des États Cémaciens</u>

462. Une des principales formes contemporaines de contrainte économique exercées par les États industriels à l'égard des pays de la CEMAC est le PAS. Bien qu'en théorie dans le cadre des PAS, les missions d'assistance technique effectuées par le FMI aient pour objet l'amélioration du cadre juridique et l'efficacité des institutions, afin de financer les dépenses publiques, en pratique, ces audits visent plutôt à renforcer la solvabilité financière des États, à des fins, de remboursement des crédits mis à leurs dispositions[972]. Ce qui entraîne l'hémorragie des capitaux liés au remboursement de la dette (**1**) avec des effets néfastes sur le plan économique des États (**2**).

1 / L'hémorragie des capitaux liée au remboursement de la dette

463. Les États de la CEMAC se caractérisent, par une forte dépendance vis-à-vis des financements extérieurs et par une grande sensibilité vis-à-vis des chocs macroéconomiques[973]. Dès lors, les prêts basés sur la nouvelle politique d'ajustement, accordés par le FMI pour rembourser les anciennes dettes, ont contribué plus en l'augmentation du stock de la dette et son service qu'à sa baisse. Dans son rapport sur les perspectives de l'Afrique centrale 2020, la BAD précise que la dette extérieure des États de la CEMAC est passée de 29,4 % du PIB en 2018 à 30,1 % en 2019[974].

464. À ce titre, le (**Graph.8**) montre qu'en 2013 la dette du Congo s'élevait à 37%, elle a grimpé à 87 % en 2016, pour s'établir à 67% du PIB en 2018. La dette du Gabon est passée de 15 % du PIB en 2011 à 25 % en 2015 et 41 % en 2017, pour retomber à 37 % en 2018. Pour les autres pays, les ratios de la dette extérieure ont généralement fluctué entre 20 % et 30 %, sauf en Guinée-Équatoriale, où ils se situent à 10 %[975].

---

[971] *Ibid.*

[972] MEYONG ABATH (R), *op.cit.,* p.483.

[973] En effet, du fait de la fragilité de leurs économies une diminution des cours mondiaux de leurs produits d'exportations affectent leur situation d'endettement : en raison de la diminution, des recettes fiscales résultant de la baisse des revenus des exportateurs. N° 2801 Assemblée nationale, *op.cit*., p.40

[974] Rapport de la Banque africaine de Développement, *Perspective de l'Afrique centrale 2020 : faire face à la pandémie de covid-19*, du 16 juillet 2020, p.17.

[975] Rapport de la Banque africaine de développement sur les Perspectives économiques en Afrique centrale : *Performances macroéconomiques et perspectives, Intégration régionale en Afrique centrale*, 2019, p.13.

Graphique 8: *Évolution de la dette extérieure en Afrique 2008-2018*

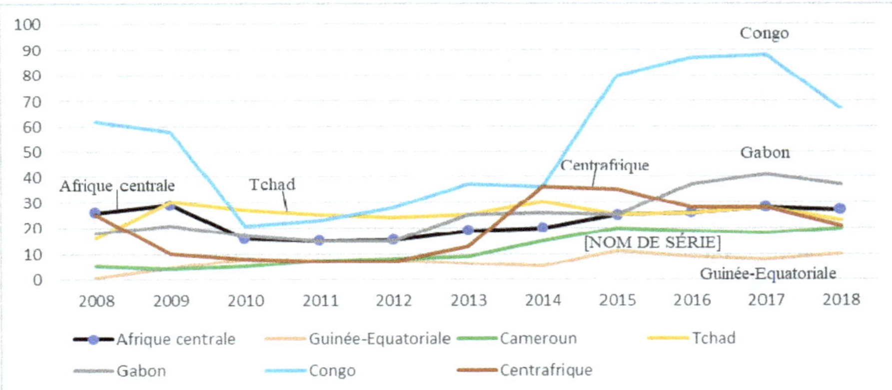

Source : *Statistiques de la Banque africaine de développement 2019.*

Graphique 9: *Dette extérieure totale par pays en (%PIB)*

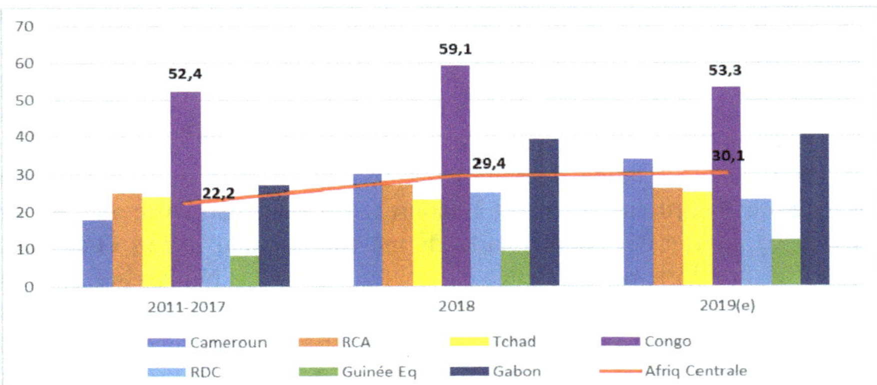

Source : Statistiques de la Banque africaine de développement 2020.

465. Rien qu'entre 2016 et 2019, les États de la CEMAC se sont vus octroyer au titre de la facilité élargie de crédit (FEC) un montant de 2,256 milliards de dollars. En effet, le 20 juillet 2016, le conseil d'administration du FMI approuve un accord triennal d'un montant de 189,0 millions de dollars dans le cadre de FEC à la Centrafrique[976]. Le 19 juin 2017, il approuve un accord triennal au Gabon, de 642 millions de dollars dans le cadre de la FEC[977]. Ensuite, le 26 juin 2017, le même Conseil approuve un accord triennal au titre de la FEC, en faveur du Cameroun d'un montant de

[976] Communiqué de presse N° 16/352, du Conseil d'administration du FMI
[977] Communiqué de presse N° 17/233, du Conseil d'administration du FMI

666,2 millions de dollars, pour accompagner le programme de réformes économiques et financières du pays[978]. Le 30 juin de la même année, il approuve un accord triennal du FEC en faveur du Tchad pour un montant de 310,8 millions de dollars, afin de l'aider à rétablir la stabilité macroéconomique[979]. Le 11 juillet 2019, le conseil d'administration du FMI approuve, en faveur du Congo, un accord triennal au titre de sa FEC pour un montant de 448,6 millions de dollars à l'appui du programme de réformes économiques et financières du pays[980].

466. Ainsi, à en croire l'analyse dynamique de la BAD sur la dette des pays de la sous-région 2020, le Cameroun et le Gabon présentent des niveaux d'endettement relativement élevés, respectivement 38,8% du PIB et 40,5% du PIB en 2019. Mais, c'est le Congo qui a le taux d'endettement extérieur le plus élevé de la région avec 53,3% du PIB en 2019[981]. Seule la Guinée-Équatoriale présente le plus faible taux d'endettement extérieur de la région en 2019, avec un niveau de 12,3% du PIB, toutefois, en augmentation par rapport à son niveau de 2018 qui était de 9,2%[982] (voir **Graph.9**).

467. Il ressort du (**Tabl.16**), que les mesures de consolidation budgétaire inscrites dans les programmes financiers signés avec le FMI et la mobilisation plus importante des ressources internes non pétrolières, n'ont pas amélioré le ratio du service de la dette publique, sur les recettes budgétaires qui tournait autour de 19,8 % en 2019, contre 15,0 % en 2018, et celui du service de la dette publique rapporté aux exportations de biens et services est remonté à 10,2 % en 2019, contre + 7,5 % en 2018[983].

468. Vu la libéralisation du commerce et la destruction de la production intérieure, on accorde des prêts à très court terme pour permettre au pays de continuer à importer des biens à partir du marché mondial[984]. Les États de la CEMAC se sont fortement endettés en émettant des bons publics sous forme d'émission de bons publics d'emprunts sur les marchés financiers des principales puissances industrielles. Ce qui augmente la facture globale des importations. Les difficultés rencontrées pour rembourser les dettes contractées ont mis progressivement les États de la CEMAC sous tutelle étrangère.

---

[978] Communiqué de presse N° 17/248, du Conseil d'administration du FMI

[979] Communiqué de presse N° 17/257, du Conseil d'administration du FMI

[980] Communiqué de presse N° 19/274, du Conseil d'administration du FMI

[981] Il s'agit toutefois d'une baisse de taux d'endettement en comparaison 59,1% du PIB de 2018. Cela s'explique, par les difficultés de paiement de service de la dette, les arriérés se sont alors accrus à 21% du PIB en 2019 contre 8% en 2018.

[982] Rapport de la Banque africaine de Développement, *Perspective de l'Afrique centrale 2020 : faire face à la pandémie de covid-19*, *op.cit.*, p.18.

[983] Bulletin économique et statistique de la Banque des États de l'Afrique centrale, BES N°06 mars 2020, p.32

[984] TOUSSAINT (E), *op.cit.*, p.194.

Tableau 16: *Évolution de la dette publique extérieure des pays de la CEMAC (en % du PIB)*

	Encours de la dette extérieure (en % du PIB)			Service de la dette extérieure (en % des Xbsnf)			Service de la dette extérieure (en % des recettes budgétaires)		
	2018	**2019**	**2020***	**2018**	**2019**	**2020***	**2018**	**2019**	**2020***
Cameroun	26,6	28,1	30,2	9,1	11,6	13,9	10,8	14,6	15,4
Centrafrique	25,2	23,8	27,6	3,6	3,4	3,9	7.4	6,9	7,3
Congo	60,2	58,2	82,2	12,2	18,7	29,0	35,4	53,0	66,2
Gabon	40,8	36,0	51,3	8,4	14,1	15,0	19,2	26,1	22,2
Guinée-Équatoriale	10,4	10,5	18,8	3,0	3,8	17,2	6,9	8,7	29,8
Tchad	25,2	25,0	28,8	7,5	6,8	20,3	18,8	18,0	32,8
CEMAC	**31,7**	**31,3**	**38,3**	**7,5**	**10,2**	**18,5**	**15,0**	**19,8**	**26,9**

Source : *Administration nationale et BEAC 2020*
**Prévision*
Xbsnf : Exportation des biens et services.

2 / Les effets néfastes des PAS sur le plan économique et politique des États de la CEMAC

469. Alors que, les mesures du FMI sont en théorie censées aider les pays à restructurer leurs économies, en vue d'engendrer un surplus de leur balance commerciale, qui permettrait de démarrer un processus de reconstruction économique et par la même occasion, rembourser la dette, force est de constater que c'est l'inverse qui se produit : orthodoxie financière, privatisations massives, coupes budgétaires, promotion des exportations au détriment des besoins locaux. Au niveau économique, le processus d'austérité mine la capacité de redressement et empêche la diminution du poids de la dette[985]. La production pour le marché intérieur est fortement déprimée, par la compression des salaires réels. Cela, est dû à la désindexation des salaires et la libéralisation du marché du travail, qui exigent l'élimination dans les conventions collectives des clauses d'ajustement au coût de la vie. De surcroit, la renégociation de la dette extérieure des pays entraîne, le plus souvent, la privatisation des entreprises étatiques. Dès lors, celles qui font le plus de bénéfices sont reprises par le capital étranger ou par des consortiums, sans toutefois, faire un investissement réel[986].

470. Le FMI a également, le pouvoir de déstabiliser sérieusement l'économie nationale en bloquant le crédit à court terme. Il peut refuser de verser l'argent promis à un pays membre sous prétexte que le programme de réforme n'a pas suffisamment avancé. L'argument donné par le FMI pour justifier son immixtion flagrante, dans la détermination des politiques

---

[985] TOUSSAINT (E), *op.cit.*, p.194.
[986] *Ibid.*

économiques des pays emprunteurs, est que concernant la dette, un PAS est la meilleure garantie existante qu'un pays pourra continuer à rembourser. Il est donc évident que la priorité de ces PAS, ce sont les recettes d'exportation. Or, une forte proportion de ces recettes reprend immédiatement le chemin du FMI et de la BM, premier créancier à recouvrer les sommes prêtées, et ensuite les banques privées (réunis dans le Club de Londres) ou les États regroupés dans le Club de Paris. Les effets politiques sont tels que les États de la CEMAC perdent tout ou partie de leur souveraineté politique ainsi que le contrôle des politiques économiques et monétaires : les ministères des Finances sont réorganisés, certaines institutions étatiques se délitent et une « tutelle économique » est instaurée[987].

471. De surcroît, les missions du FMI constituent un gouvernement parallèle qui court-circuite, le plus souvent, les politiques communautaires et les parlements nationaux. Par conséquent, les pays qui ne se conforment pas aux « buts de performance » du FMI sont placés sur liste noire[988]. À ce titre, en 2002, le FMI avait contraint le Cameroun à instaurer l'imposition individuelle en matière d'IR, alors même que le système prévu par législation communautaire appliquée dans chaque État membre était celui de l'imposition par foyer. Par suite, la Directive CEMAC relative à l'IR a dû être modifiée pour tenir compte de cette évolution. En 2020, le FMI proposa au Gabon de renforcer la surveillance des entités publiques par la fermeture des principales entreprises publiques déficitaires et/ou par l'établissement des plans de restructuration de celles-ci, notamment la raffinerie nationale[989]. Ce qui va à l'encontre des objectifs du PER-CEMAC.

472. Le constat est sans appel, les PED qui ont appliqué le plus activement les politiques des institutions financières internationales n'ont pas connu pour l'heure une réduction de pauvreté et des inégalités. Les conditions de vie d'une grande partie de leurs populations se sont encore dégradées davantage. Les pays de la CEMAC ont connu d'importants bouleversements qui ont détérioré progressivement les conditions de vie de la majorité des populations : chômage massif, accroissement des inégalités de la répartition des richesses. Ce qui a entraîné une baisse des revenus des classes populaires, si bien que le profond désespoir des populations appauvries par l'économie de marché, engendre des émeutes contre les PAS et des soulèvements populaires, voire l'augmentation des conflits armés. Toutefois, une des raisons de l'échec des PAS est probablement le fait qu'ils reposent sur des estimations qui ne sont pas totalement fiables. C'est donc,

---

[987] TOUSSAINT (E), *op.cit.*, p.194.

[988] *Ibid.*

[989] Rapport du FMI n° 19/389, Consultations de 2019 au titre de l'article IV, quatrième et cinquième revue de l'accord élargi au titre de la facilité élargie de crédit, demande de dérogation pour non-observation de critères de réalisation, et demande de rééchelonnement des achats restants, janvier 2019, p.13.

sans surprise, que le résultat de cet important resserrement budgétaire entraîne l'économie des États de la CEMAC dans la récession.

SECTION II : UN DISPOSITIF DE CONTRÔLE DES POLITIQUES FISCALES SUJET À CAUTION

473. La mobilisation des recettes fiscales constitue le premier enjeu de la mise en place d'une fiscalité de développement[990]. À cet égard, bien que la CEMAC ait mis en place un dispositif de surveillance multilatérale, qui assure la convergence des politiques économiques et des performances[991], on observe les distorsions en matière de performances et de politiques économiques, ce qui entraîne des déséquilibres pour certains États. Dès lors, il convient d'examiner les mécanismes de suivi du dispositif (**Paragraphe I**), puis d'examiner les organes chargés du suivi de la mise en œuvre de ce dispositif (**Paragraphe II**), pour comprendre l'origine de cette absence de conformité et de cohérence.

Paragraphe I : Une politique d'évaluation à efficacité incertaine

474. La quête de la transparence et de la performance est devenue, sous la pression des bailleurs de fonds, une norme financière. C'est en ce sens que le système de suivi et d'évaluation des politiques économiques a été mis en place, afin de s'assurer que le comportement des États ne constitue pas un frein aux objectifs de développement[992]. De ce fait, l'examen de ces instruments de surveillance des critères de convergence qui pour beaucoup manque de pertinence est nécessaire (**A**), de même que les défis auxquels ce dispositif doit faire face pour être efficace (**B**).

A / Un dispositif de contrôle de performance non pertinent

475. Dans une union comme la CEMAC où la politique monétaire est commune, et les politiques budgétaires demeurent nationales, la convergence des politiques budgétaires à travers la mise en place d'une procédure de surveillance multilatérale est clairement apparue comme l'une des voies à suivre, en vue de créer un environnement macroéconomique sain[993]. Cependant, les critères sur lesquels elle se fonde sont jugés imprécis et perçus comme un mimétisme de la démarche européenne en matière de

---

990 OUEDRAOGO (S), *op.cit.*, p.428.

991 Article 49 de la Convention de l'UEAC.

992 Cette surveillance consiste à vérifier d'une part la conformité des politiques économiques à ces grandes orientations et, d'autres part, la cohérence des politiques budgétaires nationales avec la politique monétaire commune. Cf. article 2 alinéa b. de la Convention de l'UEAC

993 AVOM (D), GBETNKOM (D), « La surveillance multilatérale des politiques budgétaires dans la zone CEMAC : bilan et perspectives », in *Mondes en développement*, vol. n° 123, N°3, 2003, pp. 107-125.

convergence (**1**)[994]. Leur application pose des difficultés d'une surveillance commune appliquée à des États hétérogènes (**2**).

1 / Une multitude de critères et d'indicateurs d'évaluation

476. La surveillance multilatérale au sein de la CEMAC est un processus ancien[995]. Mais c'est à partir de 1994 dans un contexte de crise[996] qu'un réel effort en matière de coordination des politiques budgétaires est apparu, avec la mise en place des mécanismes de surveillance multilatérale suivie par la BEAC. C'est ainsi qu'en 1999, le pacte de convergence et de stabilité[997], « fixant des critères de convergence budgétaire est adopté, afin de mieux aligner les politiques budgétaires avec les objectifs monétaires de l'Union[998] ». À l'origine, les critères adoptés à l'occasion du transfert de la responsabilité de la surveillance multilatérale à la Commission étaient identiques à ceux de l'UEMOA[999]. Mais, compte tenu du fait que la situation les économies des deux Unions sont très différentes, la CEMAC a dû les contextualiser[1000], pour améliorer l'efficacité et la crédibilité de la surveillance au sein des États membres. Pour ce faire, la CEMAC a défini un ensemble de « variables macroéconomiques qui permettent d'apprécier l'état de convergence économique dans la communauté [1001]». À ce titre, la Directive N° 02/16-UEAC-093-CM-30, du 3 février 2016 modifiant et complétant la Directive N°01/01-UEAC-094-CM-06 du 3 aout 2001 fixant les critères et les indicateurs macroéconomiques de la surveillance multilatérale, les regroupe par rubrique normée (voir **Tab.17**).

477. Ainsi, par solde budgétaire de référence (SBR), on entend la différence entre le solde budgétaire global (SBG), dons compris et les ressources pétrolières à épargne sous forme financière (RPEF). Le critère SBR actuel intègre une règle d'épargne financière des ressources pétrolières correspondant à 20% des recettes pétrolières de l'année sous revue, et

---

994 *Ibid.*

995 La signature des premiers accords économiques remonte au début des années 1960, par la signature des règles de fonctionnement de la zone franc, qui sera complétée en 1972 par les accords monétaires.

996 En effet, cette démarche s'est effectuée sous recommandation des institutions Bretton Woods, dans un contexte où la quasi-totalité des pays de la zone avaient d'importants déficits ; Cf. Rapport BEAC, BWP N° 07/15, Règles de surveillance multilatérales et pro cyclicité de la politique budgétaire dans la zone CEMAC, BIKAI J. Landry, juin 2015, p.6.

997 Le Traité a été signé en 1994, mais il est entré en vigueur en 1999.

998 LAFFITEAU (E), EDI (S-J), « Les pays de la CEMAC convergent-ils ? » in *STATECO* N°108, 2014, p.32

999 Il visait ainsi, principalement la maîtrise des finances publiques des pays membres et la convergence de leurs politiques budgétaires.

1000 C'est à la suite de la Décision du Conseil des ministres de l'UMAC du 14 juillet 2001, que le dossier de la surveillance multilatérale a été transmis à la Commission de la CEMAC en janvier 2001. Ainsi, pour organiser la surveillance multilatérale, le Conseil de ministre de l'UEAC adopte le 3 août 2001 de nouveau critère de surveillance, lors, de sa 6e session ordinaire à Douala au Cameroun.

1001 Article 1 de la Directive N° 02/16-UEAC-093-CM-30, du 3 février 2016 modifiant et complétant la Directive N°01/01-UEAC-094-CM-06 du 3 aout 2001 fixant les critères et les indicateurs macroéconomiques de la surveillance multilatérale.

introduit la contracyclicité dans la gestion budgétaire[1002]. Cette épargne est ajustée en fonction de la variation moyenne sur trois ans du ratio des recettes pétrolières avec un coefficient de 80%.

$$\mathbf{SBR/PIB = SBG/PIB - RPEF/PIB}$$

$$\text{Avec } RPEF/PIB = 0{,}2*RP/PIB + 0{,}8*\Delta\left(\frac{RP}{PIB}\right)$$

Tableau 17: *Critères de surveillance multilatérale en zone CEMAC*

Critères	Seuil
1. Solde budgétaire de référence (en % du PIB)	**≤ -1,5%**
2. Taux d'inflation annuel*	**≤ 3%**
3. Encours de la dette publique (en % du PIB)*	**≤ 70%**
4. Accumulation des arriérés (extérieurs et antérieurs)	**= 0**

Source : Directive N° 02/16-UEAC-093-CM-30, du 3 février 2016.

* **Le taux d'inflation :** en moyenne annuelle est mesuré par la variation de l'indice des prix à la consommation finale des ménages. **Le taux d'endettement public :** est le rapport entre la dette publique du PIB nominal. La dette publique comprend l'ensemble des dettes contractées ou garanties par l'État.

478. Ainsi, au lieu de dépendre du cours du baril de pétrole de l'année en cours, ou du niveau de la production pétrolière de l'année en cours, la gestion budgétaire en zone CEMAC dépend dorénavant des niveaux des recettes pétrolières obtenues au cours des trois dernières années. Par ailleurs, afin de mesurer les performances des États membres dans le respect des critères de convergence, tel qu'institués par l'Union, la CEMAC a également adopté, un ensemble d'indicateurs de surveillance « permettant de porter un diagnostic plus complet sur l'évolution économique et financière d'un État membre[1003] ». Contrairement aux critères de surveillance, les normes fixées par les indicateurs de surveillance multilatérale sont des minimas de performance que les États membres se doivent de respecter (voir **Tab.18**). Malgré le fait que chaque État membre dispose de la latitude de mener une politique économique dans ses intérêts, ils doivent désormais, tenir compte de ces critères et indicateurs de surveillance multilatérale afin de respecter la discipline préconisée par l'Union.

2 / Diagnostic du dispositif de surveillance multilatérale actuel

479. Le diagnostic du rapport intérimaire de surveillances multilatérales 2019 et perspectives pour 2020 et 2021 de la CEMAC, fait ressortir que depuis sa mise en place aucun État n'est arrivé à remplir tous les critères

[1002] Directive N° 02/16-UEAC-093-CM-30, *op.cit.*, article 2
[1003] Directive N° 02/16-UEAC-093-CM-30, *op.cit.*, article 6

fixés[1004]. En effet, le (**Tabl.19**) montre que la Centrafrique, le Gabon et la Guinée-Équatoriale ont respecté trois critères sur quatre, à l'exception de celui portant sur l'absence d'arriérés de paiement. Les autres États membres ont respecté deux critères sur quatre, ceux relatifs à l'endettement et à l'inflation pour le Cameroun et le Tchad, ainsi que ceux afférents au SBR et à l'inflation pour le Congo[1005]. Cet état de conformité a été porté en majeure partie pour le Congo, le Gabon et la Guinée équatoriale par l'embellie dans le secteur pétrolier en 2018, ayant entraîné une augmentation des recettes pétrolières, mais aussi par les mesures de consolidation budgétaire ayant induit une progression en 2019 des recettes hors pétrole au Congo et au Gabon et la baisse des dépenses budgétaires en Guinée équatoriale[1006]. En Centrafrique, la conformité a été portée essentiellement par les nouvelles mesures fiscales inscrites dans la loi de Finances rectificative 2019[1007] si bien qu'en 2019, le déficit du SBR s'est résorbé au Congo, au Gabon, et en Guinée-Équatoriale.

480. En revanche, au Tchad et au Cameroun[1008], en dépit d'une progression substantielle des recettes pétrolières, le SBR s'est détérioré (voir **Tabl.20**).

481. Concernant le taux d'inflation annuel moyen, en 2019, tous les États ont respecté le seuil communautaire. Il a toutefois, légèrement baissé pour la Communauté, porté principalement par une baisse des pressions inflationnistes au Gabon et au Tchad[1009] (**Tabl.21**). S'agissant des deux critères se rapportant à l'endettement des États, il existe un contraste marqué entre le taux d'endettement public et la non-accumulation des arriérés de paiement. En effet, à l'exception du Congo, tous les autres États membres ont respecté le seuil communautaire, en lien principalement avec la poursuite de la reprise de l'activité économique dans la plupart des pays de la Sous-Région (voir **Tabl.22**). En revanche, aucun pays de la CEMAC n'a respecté le critère de non-accumulation des arriérés de paiement (voir **Tabl.19**).

[1004] Rapport définitif de surveillances multilatérales 2019 et perspectives pour 2020 et 2021 de la CEMAC, 39 éditions octobre 2020, p.59

[1005] Commission de la CEMAC, Résultat définitif de la surveillance multilatérale de la CEMAC au 31 décembre 2019, p.15.

[1006] Rapport définitif de surveillance multilatérale 2019., *op.cit.*, p.59.

[1007] Favorisant une progression des recettes fiscales de 1,9% en 2018. Cf. Rapport définitif de surveillance multilatérale 2019., *Ibid.*, p.60.

[1008] Dû respectivement, à une augmentation des dépenses budgétaires de 13,2% et 8,3%. Et une baisse des recettes hors pétrole de 0,4% du PIB du Cameroun, en relation avec une hausse substantielle des dépenses en transferts et subventions ainsi que les difficultés de la SONARA à assurer ses obligations fiscales et douanières à la suite de l'incendie survenue dans cette unité en fin mai 2019.

[1009] En relation au Gabon, avec la baisse des prix des hydrocarbures à la pompe et le rééquilibrage progressif de l'offre et de la demande nationale dans certaines branches. Au Tchad marqué par une nouvelle déflation, en lien avec : la baisse des prix des produits alimentaires et de l'énergie résultant de l'Arrêté pris par le Gouvernement en mai 2019 exonérant les Droits de Douane et la TVA sur le riz, la farine, l'huile et les pâtes alimentaires, et de la campagne lancée par la Chambre de Commerce en mai 2019 en vue de promouvoir le juste prix, ainsi que de la bonne campagne agricole, mais surtout d'une nouvelle grille tarifaire de l'eau ayant conduit à la baisse du prix du mètre cube de ce produit. Cf. Rapport intérimaire 2019., *op.cit.*, p.60

Tableau 18: *Indicateurs de surveillance multilatérale de la CEMAC*

Rubriques	Indicateurs	Normes	Définition
Croissance	Taux de croissance du PIB réel.	**≥ 7%**	Taux d'augmentation au cours d'une année ou de plusieurs périodes de la somme des valeurs ajoutées aux termes réels.
	Taux d'investissement (% PIB)	**≥ 20%**	Dépenses d'investissement rapporté au PIB. Il permet le suivi des investissements de développement.
Monnaie et prix	Taux de couverture extérieure de la monnaie (avoir extérieur/engagement à vue de la BEAC)	**≥ 20%**	Le rapport entre, d'une part, les avoirs extérieurs officiels bruts et, d'autre part, les engagements officiels à vue.
	Taux d'inflation en moyenne triennale.	**≤ 3%**	Il permet d'apprécier les perspectives de croissance des prix à moyen terme.
Finances publiques	Solde budgétaire primaire hors recettes pétrolières (% du PIB hors pétrole)		Différence entre les recettes budgétaires hors recettes pétrolières et les dépenses budgétaires totales hors charge d'intérêts (intérieurs et extérieurs).
	Le taux de pression fiscale hors recettes pétrolières (à moduler en fonction du développement du pays [PIB/tête])	**≥ 17%**	Recette hors pétrole rapporté au PIB non pétrolier.
	Service de la dette/recettes fiscales		Il permet de tenir compte des préoccupations relatives à la soutenabilité de l'endettement public.
	Masse salariale/ recette fiscale hors pétrole	**≤ 35%**	Il permet le suivi de la politique budgétaire.
	Dépenses de fonctionnement/recettes fiscales		Dépenses courantes (salaires, biens et service, transferts, intérêts de la dette) rapportées aux recettes fiscales.
	Dépenses en capital (% du PIB)		Dépenses en capital/PIB.
Équilibre extérieur	Solde du compte courant de la BdP (%PIB)	**≥ -5%**	Il indique le besoin de financement de l'économie résultant des transactions courantes avec l'extérieur. Plus il est élevé, plus le pays risque d'accumuler la dette extérieure.
	Service de la dette extérieure (en % des exportations)		Il permet de tenir compte des préoccupations relatives à la soutenabilité de l'endettement public.
	Rythmes d'endettement des États		C'est une évolution de croissance de la dette publique son suivi est proposé par fixation d'un horizon d'atteinte du plafond au plus tôt (25 ans) dont découle une vitesse maximale d'endettement de chaque État (en % du PIB) repartit sur la période.
Systèmes financiers (indicateur de solidité financière)	Adéquation des fonds propres	**≥ 8%**	Fonds propre réglementaire/ actif pondéré en fonction des risques.
	Qualité des actifs		Créances improductives/totales des crédits bruts.
	Rentabilité des actifs		Résultat total des actifs
	Liquidité	**≥ 100%**	Actifs liquides/passif à court terme

Source : Directive N° 02/16-UEAC-093-CM-30, du 3 février 2016

482. Outre l'évaluation des critères de convergence, une attention est portée sur l'évolution de certains indicateurs servant principalement dans la formulation de recommandations de mesures de politique économique, visant l'amélioration des performances budgétaires et économiques des États membres, ainsi que le respect des critères de convergence. Notamment, le taux de couverture extérieure de la monnaie, le solde budgétaire primaire hors pétrole, le taux de pression fiscale et le ratio masse salariale rapportée aux recettes fiscales totales. Ainsi, le **taux de couverture extérieure de la monnaie** de la Communauté a rompu en 2018 avec sa tendance baissière pour s'établir à 67,1% en 2019[1010].

483. En effet, à l'exception de la Guinée-Équatoriale qui en raison du déclin de la production pétrolière, couplé d'une faiblesse substantielle et prolongé des cours du pétrole, a enregistré, depuis le choc pétrolier de 2016, un taux inférieur au seuil communautaire ; tous les pays ont respecté le seuil communautaire (**Tabl.23**).

Tableau 19: *Résultat définitif de la surveillance multilatérale de la CEMAC*

Résultat définitif de la surveillance multilatérale de la CEMAC au 31 décembre 2019								**Nbr de pays respectant le critère**
Pays / **Critères de convergences**	Cameroun	Centrafrique	Congo	Gabon	Guinée-Eq.	Tchad	**CEMAC**	**2019**
Solde budgétaire de référence en % du PIB (norme ≥ -1,5%)	**-4,1**	2,9	-1,1	-1,4	-0,7	**-2,7**	**-2,4**	**4**
Taux d'inflation annuel moyen (norme ≤ 3%)	2,5	2,8	2,3	2,0	1,2	-1,0	**2,0**	**6**
Stock de la dette publique totale rapporté au PIB nominal (norme ≤70%)	40,2	40,9	**76,8**	57,4	45,0	44,6	**48,2**	**5**
Accumulation des arriérés (extérieurs et antérieurs)								**0**
Nbr de critères respectés par pays	**2**	**3**	**2**	**3**	**3**	**2**	**2**	

Source : Commission de la CEMAC 2020

[1010] Cette dynamique est restée soutenue par l'amélioration de la valeur des exportations pétrolières, la poursuite du resserrement monétaire, et le renforcement du contrôle des transferts sortants, avec l'entrée en vigueur le 1er mars 2019 de la nouvelle Réglementation des changes. Cf. Rapport définitif de surveillances multilatérales 2019., *op.cit.*, p.71

Tableau 20: *Évolution du solde budgétaire de référence 2012-2021*

Libellé / Année	2017	2018	2019	2020 Estim.	2021 Prév.
Solde budgétaire de référence (en % du PIB ; critères ≥ -1,5)					
CEMAC	-2,4	-2,5	-2,4	-2,2	-2,0
Cameroun	-4,5	-2,8	-4,1	-2,8	-2,3
Centrafrique	-1,1	0,4	2,9	-0,3	-3,3
Congo	-2,7	-3,2	-1,1	-1,1	0,0
Gabon	-3,1	-2,8	-1,4	-1,7	-4,2
Guinée-Équatoriale	-1,3	-2,7	-0,7	-2,9	-0,4
Tchad	0,1	-1,2	-2,7	-4,5	-3,4
Nbre de pays ayant respecté le critère	**3**	**2**	**4**	**3**	**2**

Source : Commission de la CEMAC 2020.

Tableau 21: *Évolution du taux d'inflation 2012-2021*

Libellé / Année	2012	2013	2014	2015	2016	2017	2018	2019	2020 Estim.	2021 Prév.
Taux d'inflation (en % ; critère ≤ 3)										
CEMAC	3,8	2,0	3,2	2,5	1,1	0,9	2,3	2,0	2,6	2,7
Cameroun	2,4	2,1	1,8	2,7	0,9	0,6	1,1	2,5	5,4	2,5
Centrafrique	5,9	4,0	17,8	2,0	2,7	4,2	1,7	2,8	3,1	3,0
Congo	5,0	4,7	0,9	2,7	4,6	0,7	1,2	2,3	2,8	2,8
Gabon	2,7	0,5	4,7	-0,3	2,1	2,7	4,8	2,0	1,7	2,6
Guinée-Équatoriale	3,6	3,0	4,3	1,7	1,4	0,8	1,3	1,2	4,0	2,9
Tchad	7,5	0,2	1,7	3,7	-1,6	-1,1	4,0	-1,0	3,0	3,0
Nbre de pays ayant respecté le critère	**2**	**4**	**3**	**5**	**5**	**5**	**4**	**6**	**4**	**6**

Source : Commission de la CEMAC 2019.

Tableau 22: *Évolution du stock de la dette 2012-2021*

Libellé / Année	2012	2013	2014	2015	2016	2017	2018	2019	2020 Estim.	2021 Prév.
Taux d'endettement public (en % du PIB ; ≤ 70%)										
CEMAC	*	*	35,3	43,2	54,2	54,2	50,8	48,2	50,1	45,9
Cameroun	18,5	20,3	20,9	24,9	27,5	33,2	36,6	40,2	38,4	37,2
Centrafrique	3,1	59,1	43,7	59,3	50,8	49,2	48,1	40,9	35,5	32,2
Congo	*	*	46,2	76,8	120,8	106,6	82,6	76,8	100,7	89,2
Gabon	16,3	24,4	46,1	58,7	67,6	66,5	64,1	57,4	61,4	56,5
Guinée-Équatoriale	*	*	28,4	32,5	51,3	48,7	45,2	45,0	34,8	27,9
Tchad	19,8	23,4	49,6	43,2	49,6	50,3	46,4	44,6	45,7	45,7
Nbre de pays ayant respecté le critère	**6**	**6**	**6**	**5**	**5**	**5**	**5**	**5**	**5**	**5**

Source : Commission de la CEMAC 2019

(*) donnée indisponible pour l'année concernée.

484. Par ailleurs, **le déficit budgétaire primaire hors pétrole** : critère de réalisation quantitatif clé dans le cadre du suivi des programmes des États membres avec le FMI, a poursuivi en 2019 pour la CEMAC sa tendance

baissière enclenchée depuis l'avènement du choc pétrolier, grâce aux mesures de consolidation budgétaire mises en place dans l'ensemble des États membres[1011]. En revanche, il s'est détérioré au Cameroun, au Tchad et en Centrafrique, due à une augmentation des dépenses budgétaires primaires[1012](**Tabl.24**). En outre, à l'exception du Gabon[1013], en 2019, **le taux de pression fiscale** de l'ensemble des États membres est resté inférieur au seuil communautaire (**Tabl.25**).

Tableau 23: *Évolution du taux de couverture extérieur de la monnaie 2012-2021*

Année / Libellé	2012	2013	2014	2015	2016	2017	2018	2019	2020 Estim	2021 Prev
Taux de couverture extérieur de la monnaie en % (avoir extérieur sur engament à vue ; norme : ≥ 20)										
CEMAC	3,8	2,0	89,8	77,1	59,1	57,5	61,4	67,1	70,1	75,5
Cameroun	2,4	2,1	93,1	86,8	73,6	71,0	75,8	78,7	78,4	81,8
Centrafrique	5,9	4,0	78,7	76,8	80,2	83,2	81,4	81,3	80,3	84,3
Congo	5,0	4,7	88,9	71,2	43,9	27,6	32,6	54,3	52,3	62,3
Gabon	2,7	0,5	89,1	75,5	55,7	58,8	71,6	73,9	74,9	75,5
Guinée-Équatoriale	3,6	3,0	80,6	55,9	8,4	7,1	7,1	7,3	13,0	30,8
Tchad	7,5	0,2	73,2	32,5	5,3	5,2	16,8	29,4	41,7	54,5

Source : Commission de la CEMAC 2020

Tableau 24: *Évolution du solde budgétaire primaire hors pétrole 2012-2021*

Année / Libellé	2012	2013	2014	2015	2016	2017	2018	2019	2020 Estim	2021 Prev
Solde budgétaire primaire hors pétrole (en % du PIB hors pétrole)										
CEMAC			-23,4	-17,1	-13,8	-10,5	-8,6	-8,1	-8,5	-7,8
Cameroun	18,5	20,3	-6,8	-4,7	-7,9	-6,5	-4,3	-5,5	-4,3	-3,6
Centrafrique	3,1	59,1	-6,4	-7,0	-5,7	-5,8	-7,2	-8,5	-13,9	-14,4
Congo			-59,5	-33,1	-29,4	-19,2	-16,3	-14,9	-18,0	-16,5
Gabon	16,3	24,4	-12,1	-9,0	-10,2	-9,3	-7,7	-5,8	-5,4	-8,5
Guinée-Équatoriale			-72,2	-69,4	-40,2	-27,2	-26,6	-18,4	-18,5	-13,7
Tchad	19,8	23,4	-12,6	-11,1	-6,0	-6,5	-6,2	-6,7	-12,2	-11,2

Source : Commission de la CEMAC 2020

[1011] À la faveur, d'un renforcement de l'apurement des restes à recouvrer, ainsi que la rationalisation des dépenses fiscales au Gabon ; d'une première hausse des recettes hors pétrole en ce qui concerne le Congo, quant à la Guinée-Équatoriale, c'est grâce à une baisse plus prononcée des dépenses budgétaires primaire. Cf. Rapport de surveillance multilatérale 2019, *op.cit.*, p.66.

[1012] De 8,2% au Cameroun, et de 14,8% pour le Tchad. Pour ce qui est de la Centrafrique, pays n'exploitant pas encore le pétrole, ce solde n'est autre que le solde budgétaire primaire, qui est en détérioration continue depuis 2016 Cf., Rapport de surveillance multilatérale 2019, op.cit., p.66 et 67

[1013] Grâce à la poursuite des actions identifiées au sortir du Séminaire gouvernemental de mai 2018, visant le renforcement de l'apurement des restes à recouvrer et la rationalisation des exonérations fiscales et douanières, le taux de pression fiscale a connu en 2019 un saut quantitatif. Cf., Rapport de surveillance multilatérale 2019, *Ibid.*, p.67.

Tableau 25: *Évolution du taux de pression fiscale 2012-2021*

Année / Libellé	2012	2013	2014	2015	2016	2017	2018	2019	2020 Estim	2021 Prev
Taux de pression fiscale (en % ; norme : ≥ 17%)										
CEMAC	15,0	14,9	12,5	12,3	11,3	11,1	11,5	12,2	10,9	12,2
Cameroun	12,0	12,3	12,6	12,6	12,0	12,9	13,3	12,6	11,6	12,8
Centrafrique	7,6	4,8	4,0	6,1	4,9	7,0	8,3	8,0	7,7	7,9
Congo	27,5	27,4	14,7	15,2	15,4	14,1	13,1	14,5	13,1	22,0
Gabon	21,9	22,5	20,8	18,3	15,1	12,3	14,0	18,4	16,7	15,5
Guinée-Équatoriale	5,5	3,7	6,4	6,9	5,7	3,7	4,1	4,0	3,3	4,5
Tchad	6,1	7,4	7,4	7,0	5,9	6,8	6,6	8,1	6,4	6,9

Source : Commission de la CEMAC 2020.

485. Enfin en 2019, à l'exception du Cameroun,[1014] le **ratio masse salariale rapportée aux recettes fiscales totales** s'est situé au-dessus du seuil communautaire dans l'ensemble des États. Bien que depuis 2013, ce ratio enregistre ses plus grandes valeurs dans la quasi-totalité des pays de la zone, il est depuis 2018 en nette diminution grâce aux mesures prises visant la maîtrise de la masse salariale[1015] (voir **Tabl.26**).

Tableau 26: *Évolution de la masse salariale rapportée aux recettes fiscales totales 2012-2021*

Année / Libellé	2012	2013	2014	2015	2016	2017	2018	2019	2020 Estim	2021 Prev
Masse salariale/recette fiscales hors pétrole (en % ; norme : ≤ 35 %)										
CEMAC	46,2	46,6	51,3	51,8	57,5	57,7	48,3	43,5	52,1	43,5
Cameroun	42,8	43,2	41,6	40,9	42,3	38,4	35,6	35,0	39,4	33,8
Centrafrique	44,1	134,9	146,1	92,6	105,6	67,4	60,0	62,5	67,1	63,9
Congo	39,3	35,8	38,0	39,8	47,1	53,9	62,6	53,4	71,4	48,5
Gabon	49,1	45,6	58,0	68,5	81,4	95,1	73,3	50,7	55,7	56,7
Guinée-Équatoriale	47,0	80,4	47,4	48,6	64,8	97,2	42,1	44,5	40,3	33,9
Tchad	66,3	62,4	98,6	90,6	107,7	105,5	57,9	62,5	61,8	46,5

Source : Commission de la CEMAC 2020

[1014] En effet, ce ratio a poursuivi sa baisse grâce à l'opération de recensement et de comptage physique des fonctionnaires et agents de l'État réalisée en 2018. Cf., Rapport de surveillance multilatérale 2019, *op.cit.*, p.70.

[1015] Notamment, la mise en retraite systématique des agents ayant atteint la limite d'âge, ainsi que la réduction du train de vie de l'État (au Gabon) ; à l'assainissement du fichier solde, et le gel des effets financiers des avancements et reclassements (au Tchad). Cf. Rapport de surveillance multilatérale 2019, *Ibid.*, p.68 et 69.

B / Un système d'évaluation soumis à des défis

486. Si le diagnostic précédemment brossé montre qu'à ce jour, aucun État membre n'a pu respecter tous les critères de convergence à la fois, quand en est-il du mécanisme de sanction prévu en cas de non-respect par les États membres ? Pour y répondre, une analyse de ce mécanisme est nécessaire pour en déceler les limites (**1**) afin d'explorer des perspectives d'évolution (**2**).

1 / Les difficultés d'une surveillance commune appliquée à des États hétérogènes

487. Bien qu'il faille noter que, les critères et indicateurs de surveillance multilatérale traduisent, la volonté des États de maintenir un cadre macroéconomique stable, toutefois, l'hétérogénéité et les caractéristiques intrinsèques des économies de la CEMAC ne facilitent pas la mise en place d'une politique monétaire efficace. La première difficulté tient à l'hétérogénéité macroéconomique des États. En effet, les pays de la CEMAC ont des niveaux de PIB par tête et des rythmes de croissance très différents. Comme en témoigne, le (**Graph.10**) et le (**Tabl.27**).

488. De la diversité des taux de croissance économique résulte une faible convergence réelle des économies qui est une source de frustration pour celles qui sont en retard[1016]. Cette faible synchronisation résulte de l'hétérogénéité de la dépendance des budgets aux ressources pétrolières, ainsi que de causes spécifiques aux pays, notamment des effets de crises sociopolitiques. Ainsi, au regard des difficultés qu'ont les pays à respecter la plupart des normes et de maintenir un véritable cadre de stabilité macroéconomique, l'on est en droit de se questionner sur la pertinence de ces critères de convergence. Ce questionnement est d'autant plus pertinent que le respect de ces critères n'est pas toujours le fait de l'efficacité des politiques des États, mais beaucoup plus le fait de la bonne tenue des cours des matières premières sur les marchés internationaux[1017].

489. En effet, le diagnostic des critères de convergence fait apparaître leur inadéquation aux objectifs définis précédemment. Il apparaît d'abord que, le critère du SBR, qui est le critère clé, est respecté par les pays producteurs de pétrole, principalement lorsque les revenus issus de l'exploitation du pétrole sont importants. Pour éviter une accumulation excessive des déficits, les politiques budgétaires des États ont tendance à être procycliques[1018]. Ce qui

---

[1016] RAPPORT FERDI, Viabilité budgétaire et renforcement du dispositif de surveillance multilatérale au sein de la CEMAC, *op.cit.*, p.23.

[1017] Rapport BEAC BWP N° 07/15, op.cit., p.7

[1018] Autrement dit, les États de la CEMAC adoptent généralement des politiques budgétaires expansionnistes durant les phases de bonne conjoncture, et des politiques restrictives durant les phases de récession.

renforce la volatilité des cycles économiques et nuit à la bonne conduite de la politique monétaire[1019].

<u>Graphique 10</u>: *PIB/habitant (en dollars courants des pays de la CEMAC)*

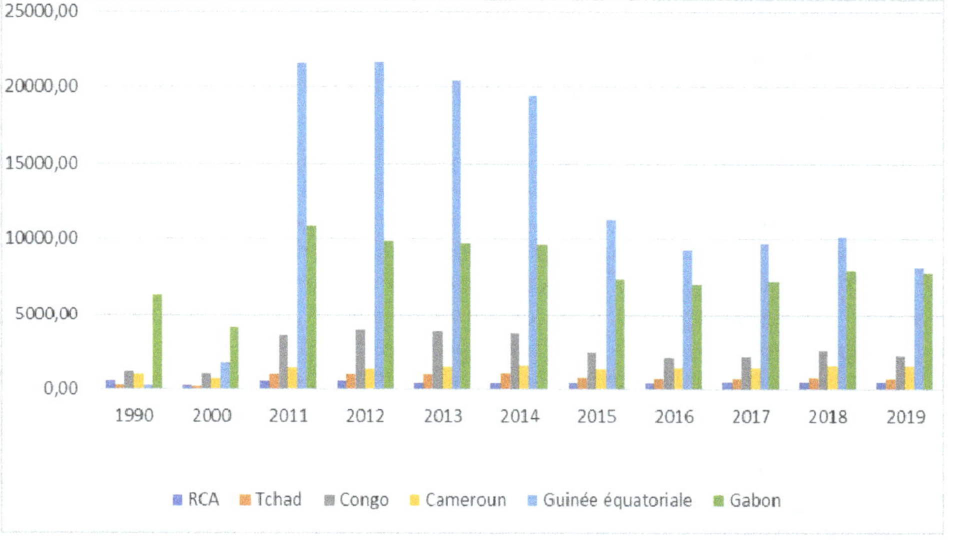

Source : à partir des données des comptes nationaux de la Banque mondiale 2021

<u>Tableau 27</u>: *Taux de croissance des pays de la CEMAC 2018-2020*

Pays	Taux de croissance nominal (en %)			Taux de croissance réelle (en %)			Taux de croissance du PIB réel hors pétrole (en %)		
	2018	2019	2020 Estim.	2018	2019	2020 Estim.	2018	2019	2020 Estim.
Cameroun	5,7	6,3	-2,0	4,1	3,7	-2,0	4,4	3,5	-2,2
Centrafrique	2,5	6,4	2,6	3,8	2,8	-0,6	3,8	2,8	0,6
Congo	8,8	1,7	-26,1	1,1	-0,6	-8,7	-2,5	-2,3	-11,1
Gabon	4,3	7,8	-11,0	0,4	3,9	-2,5	2,8	1,8	-0,4
Guinée-Eq.	8,3	-4,1	-10,9	-3,1	-4,5	-4,2	4,2	0,8	-4,9
Tchad	6,5	0,9	-0,1	1,9	2,6	-0,6	0,4	1,3	0,5
CEMAC	6,3	3,9	-7,9	1,8	2,0	-2,9	1,9	1,9	1,7

Source : Administration nationale et BEAC décembre 2020

Croissance **<0**	
Croissance **0-5%**	
Croissance > **5%**	

[1019] RAPPORT BEAC, BWP N° 07/15, *op.cit.*, p.3.

490. De plus, le passage à la monnaie unique entraîne pour chaque État membre, la perte de la politique monétaire. Cette perte serait sans conséquence si les États membres avaient simultanément les mêmes besoins en matière de politique monétaire et si la gestion de la BEAC satisfaisait chacun de ces besoins. Malheureusement, dans les faits, seule la politique budgétaire est utilisée pour amortir les différentes situations conjoncturelles spécifiques à chaque État membre, soumis à des chocs idiosyncratiques. Ensuite, bien que le critère de l'inflation ait été respecté par tous les États en 2019, toutefois, compte tenu des facteurs exogènes de nature conjoncturelle, il est parfois difficile à respecter[1020]. Enfin, le critère du taux maximum d'endettement, bien qu'il n'exerce plus de contrainte après les annulations et les restructurations de dette, dont les États ont bénéficié, institué sous la forme d'un plafond, autorise des rythmes de réendettement excessif[1021]. Or, une croissance rapide de l'endettement public est une source d'inflation.

491. Quant aux indicateurs de surveillance, si le nombre et la pertinence des indicateurs sont des données importantes dans la réussite du diagnostic de la situation macroéconomique d'un pays toujours, est-il qu'ils sont mal définis et insuffisamment structurés pour contribuer efficacement à résoudre le problème[1022]. C'est d'ailleurs, à cette conclusion qu'est arrivé Jean René BRUNETIERE, quand il estime « qu'un des pièges des indicateurs de performance et du système des objectifs est la surrégulation des processus de mise en œuvre ; ce qui peut conduire à entacher la qualité du pilotage de performance puisque, généralement, les indicateurs retenus sont inconnus des fonctionnaires qui sont censés participer à leur réalisation [1023] ». À ce titre, la pertinence de certains indicateurs de surveillance multilatérale avait été remise en cause lors de la 5e session de la Cellule de suivi du Programme des Réformes économiques et Financières de la CEMAC (PREF-CEMAC) tenue à Douala au Cameroun le 20 et 21 juillet 2018, et de nombreuses voix se sont levées pour une révision des normes. En effet, l'analyse du dispositif de surveillance multilatérale de la CEMAC révèle l'utilisation de dix-sept indicateurs, ce qui est excessif et non pertinent. Ainsi, pour, plus d'efficacité dans la surveillance multilatérale des politiques budgétaires des États, les indicateurs doivent être suffisamment précis, hiérarchiser et avoir pour but de mesurer une seule variable[1024], car une multiplicité des indicateurs peut trahir l'objectif visé[1025]. Pour ce faire, il convient de bien les définir, afin que

---

[1020] RAPPORT FERDI, *viabilité budgétaire et renforcement du dispositif de surveillance multilatérale au sein de la CEMAC* juillet 2015, *Ibid..*, p.37

[1021] *Ibid.*, p.8

[1022] *Ibid.*, p.9

[1023] BRUNETIERE (J-R), « À quoi servent les politiques publiques ? », in TROSA (S), *Evaluer les politiques publiques pour améliorer l'action publique : une perspective internationale*, Édition IGPDE, 2009, p.203-220.

[1024] CHEVALLIER (J), « Performance et gestion publique » in *Réformes des finances publiques et modernisation de l'Administration*, Mélanges en l'honneur de Robert HERTZOG, Paris, Édition Economica, 2010, pp.83-93.

[1025] Circulaire du ministre du Budget du 23 avril 2009 pour la préparation du budget-gestion 2010.

leur suivi permette d'apprécier la viabilité à long terme des finances publiques et leur impact sur la situation conjoncturelle[1026].

2 / Un accompagnement nécessaire du contrôle par des sanctions

492. Dans le but, de faciliter la mise en œuvre du mécanisme, la Convention de l'UEAC a prévu une gamme de mesures relatives à l'exécution de la surveillance multilatérale. Ces mesures peuvent être positives ou négatives. Ainsi, pour assurer l'efficacité de la surveillance multilatérale dans le choix des orientations, les mesures positives prévues par la Convention de l'UEAC, constituent, une sorte de récompense pécuniaire aux États membres de la CEMAC, qui mènent des politiques économiques conformément aux grandes orientations du mécanisme de surveillance multilatérale. À ce titre, lorsqu'en raison d'évènement exceptionnel, un État membre connaît des difficultés ou une menace sérieuse de graves difficultés, il peut bénéficier d'un programme d'ajustement conjoncturel, lui permettant de régler ponctuellement ses difficultés du moment avant de revenir aux exigences de l'Union[1027]. En outre, le Conseil des ministres peut prendre d'autres mesures positives à l'égard d'un État membre qui dans le cadre de sanction négative aurait satisfait à la directive qui lui est adressée. Entre autres : « le soutien de l'Union dans la mobilisation des ressources additionnelles nécessaires au financement des mesures d'ajustement préconisées[1028] ; la publication d'un communiqué du Président de la Commission[1029] ».

493. Bien qu'en zone CEMAC il n'existe pas de hiérarchie parmi les critères, comme dans l'UEMOA, leur non-respect entraîne toutefois, des sanctions négatives décidées par le Conseil des ministres. Entre autres, l'adoption d'une directive à l'encontre de l'État membre concerné, afin qu'il élabore dans un délai de 45 jours un programme d'ajustement approprié[1030]. Par contre, si l'État concerné n'a pu élaborer dans le délai imparti, un programme d'ajustement approprié, si le Président de la Commission constate la non-conformité du dit programme avec la Directive du Conseil de ministre et la politique économique de l'Union, ou qu'il constate l'inexécution du programme rectificatif, le Conseil des ministres peut, sous

---

1026 RAPPORT FERDI, Viabilité budgétaire et renforcement du dispositif de surveillance multilatérale au sein de la CEMAC, *op.cit.*, p.28.

1027 À cet effet, le Conseil des ministres, statuant à l'unanimité, sur proposition du président de la Commission, peut exempter, pour une durée maximum de six mois, cet État membre du respect de tout ou partie de prescriptions énoncées dans le cadre de la procédure de Surveillance Multilatérale. Cf. Article 60 al 1 de la Convention de l'UEAC

1028 À ce titre, le Président de la Commission met en place un cadre de négociation avec la Communauté financière internationale, et utilise l'ensemble des moyens dont il dispose pour appuyer l'État membre concerné dans les consultations et négociation qui sont entreprises.

1029 Article 62 de la Convention de l'UEAC

1030 Article 1 de la Directive N° 02/16-UEAC-093-CM-30, op.cit.

proposition de la Commission[1031] ,annoncer publiquement le retrait du soutien dont bénéficiait éventuellement l'État membre, ou publier « un communiqué, éventuellement assorti d'information sur la situation de l'État membre concerné [1032]».

494. En revanche, le non-respect des indicateurs ne fait pas l'objet de recommandations explicites pour la mise en œuvre d'un programme de mesure corrective. Ils peuvent servir dans la formulation des recommandations de politique économique, visant à améliorer les performances économiques de l'État membre concerné, et le respect des critères de convergence dans la communauté[1033].

495. L'analyse qui vient d'être faite, montre un dispositif de sanction peu efficace, dans la mesure où, celle-ci ne semble pas produire d'incitation suffisante au respect des critères. De plus, la gamme de sanctions positives ou négatives pouvant servir d'incitation n'est pas clairement définie pour être incitative. Par ailleurs, la procédure de sanction est difficile d'application, car son déclenchement requiert un quasi-consensus entre les États membres. A ce jour, la Commission n'a jamais sanctionné un État pour non-respect de ses engagements. Au contraire, tout est fait pour ménager la souveraineté des États. En effet, les mesures négatives ne sont rien d'autre qu'un rappel à l'ordre, mais de façon très souple, pour contraindre les États membres au respect de la procédure de surveillance multilatérale. L'ensemble de ces avancées a juste créé au sein de la CEMAC une culture de la surveillance multilatérale entre les différents acteurs de l'intégration régionale, dont les Cellules nationales, la Cellule communautaire et le Collège de surveillance[1034].

<u>Paragraphe II :</u> Un dispositif institutionnel de contrôle restreint

496. L'efficacité des critères de convergence est conditionnée par celle portant sur le dispositif institutionnel. À cet effet, afin de veiller au succès et à l'opérationnalisation des critères de convergence, le dispositif institutionnel s'articule autour de quatre organes : la Cellule communautaire, les Cellules nationales, le Collège de surveillance et le Conseil des ministres[1035]. Malheureusement, le dispositif institutionnel actuel est entravé par des dysfonctionnements portant sur les différentes composantes du

---

[1031] En effet le Président de la Commission doit soumettre des propositions de sanctions au Conseil des ministres dans un délai maximum de trente jours.
[1032] Article 63 de la Convention de l'UEAC.
[1033] Article 6 de la Directive N° 02/16-UEAC-093-CM-30, du 3 février 2016, *op.cit.*
[1034] RAPPORT FERDI, Viabilité budgétaire et renforcement du dispositif de surveillance multilatérale au sein de la CEMAC, *op.cit.*, p.7.
[1035] Article 2 de la Directive n°01/16-UEAC-093-CM-30 du 14 janvier 2016, *op.cit.*

dispositif de surveillance multilatérale, tant en ce qui concerne la Cellule communautaire (**A**), que les Cellules nationales (**B**).

A / Le dispositif communautaire de surveillance

497. La Commission est principalement concernée en tant qu'organe de décision, chargé de veiller au respect et à l'application par les États membres, des critères de convergence communautaire[1036]. À ce propos, il faut souligner le rôle central qu'elle joue, en tant qu'organe exécutif de la CEMAC (**1**), sans oublier la mise en place du dispositif de surveillance (**2**).

1 / Des pouvoirs étendus formellement reconnus à la Commission

498. Composée de six commissaires désignés à raison d'un commissaire par État membres[1037], dont un Président et un Vice-président[1038], la Commission est un organe indépendant, régi par le principe de la collégialité[1039], qui ne sollicite ni n'accepte d'instruction d'aucun gouvernement, ni d'aucune autre personne physique ou morale[1040]. Étant le moteur de la politique communautaire de la CEMAC, elle fait, à ce titre, des propositions à la Conférence des chefs d'État et au Conseil des ministres qui leur permet de se prononcer sur les grandes orientations des politiques économiques des États membres. En dehors des actes additionnels qui sont juridiquement autonomes, presque tous les actes produits par les organes communautaires font intervenir les services de la Commission en amont ou en aval. Ce schéma d'intégration, retenu par le Traité, explique l'étendue des pouvoirs accordés à la Commission.

499. En effet, la Commission s'est vu reconnaître, par l'article 35 du Traité CEMAC, de larges pouvoirs sur lesquels elle doit s'appuyer, pour réaliser les objectifs de la CEMAC, en vue du bon fonctionnement et de l'intérêt général de la communauté. Entre autres : conclure au nom de la

---

1036 Article 34 du Traité CEMAC

1037 Les quatre Commissaires sont chacun à la tête des départements technique suivant : Département du Marché commun (DMC) ; Département des Infrastructures et Développement durable (DIDD) ; Département des Politiques Economique, Monétaire et Financières (DPEMF) ; et Département de l'Education de la Recherche et du Développement Social chargé des Droits de l'Homme et de la Bonne Gouvernance (DERDSDHBG). Voir http://www.cemac.int/Qui_sommes_nous

1038 Article 26 du Traité CEMAC.

1039 L'idée de fond, est d'éviter à la Commission une gestion solitaire, et trop indépendante des contingences nationales des États membres. Bien que, ces décisions soient prises à la majorité de ses membres, en cas d'égalité, la voix du Président est prépondérante. Cf. article 28 du Traité CEMAC.

1040 Pour garantir son indépendance, ses membres sont nommés, par la Conférence des Chefs d'Etats, sur la base des critères de compétence, d'objectivité et d'indépendance. De plus, l'indépendance des membres est renforcée, par l'irrévocabilité dont ils jouissent durant le mandat, sauf en cas de faute lourde ou d'incapacité constaté par la Cour de justice sur saine du Conseil des ministres. Cf. article 27, 29 et 31 du Traité CEMAC.

CEMAC des accords de coopération avec d'autres organisations ou États, dans les relations internationales de l'Union ; exécuter le budget de la communauté, mobiliser les ressources et élaborer les stratégies d'autofinancement[1041]. De surcroît, elle assure la mission de gardienne des Traités de la CEMAC[1042]. À ce titre, elle veille au respect et à l'application, par les États membres, des dispositions du dispositif de surveillance multilatérale[1043]. Malheureusement ce dispositif est entravé par des lacunes portant sur les différentes composantes du dispositif de surveillance multilatérale.

2 / Une Cellule communautaire critiquée

500. Bras technique de la Commission dans la mise en œuvre du dispositif de surveillance multilatérale, la Cellule communautaire en concertation avec le gouverneur de la BEAC veille à la mise en œuvre et au respect de la procédure de surveillance multilatérale[1044]. À ce titre, elle est chargée de préparer les travaux du Collège de surveillance ; de rassembler les données de l'environnement international et d'intérêt communautaire pertinents pour l'exercice de la surveillance, de les transmettre aux Cellules nationales, dans les formes et les fréquences fixées par le Collège de surveillance[1045] ; et de proposer au Collège de surveillance, les grandes orientations de politique économique de la Communauté pour validation[1046]. Par ailleurs, elle se doit de rédiger périodiquement un rapport d'exécution de la surveillance sur l'état de convergence dans l'union économique. Ce rapport fait d'une part, l'analyse des économies et des politiques des États membres de l'Union économique du point de vue de la convergence et de leur conformité aux grandes orientations et la discipline communautaire, et d'autre part, tient compte des programmes d'ajustement éventuellement en vigueur dans chaque État membre de la CEMAC[1047].

501. Seulement, dès sa mise en place, des critiques et des réserves avaient été émises dont celui, d'un déficit démocratique dans sa composition, en ce qu'elle reste largement composée de représentants des Institutions. En effet, elle se compose d'un représentant de la BEAC ; de l'UEAC ; de la BDEAC ; de la COBAC ; de la COSUMAF ; et des Instituts Nationaux de la

---

[1041] Article 35 du Traité CEMAC

[1042] *Ibid.*, Article 34.

[1043] En effet, le président de la Commission préside non seulement le Conseille communautaire, mais aussi le Collège de surveillance Article 14 de la Directive n°01/16-UEAC-093-CM-30 du 14 janvier 2016, *op.cit.*

[1044] Article 52 de la Convention de l'UEAC.

[1045] *Ibid.,* article 53.

[1046] Article 10 de la Directive n°01/16-UEAC-093-CM-30 du 14 janvier 2016, *op.cit.*

[1047] Il est soumis pour validation aux membres du Collège de surveillance pour la préparation du Conseil de ministres. En principe la Cellule communautaire se réunit au moins deux fois par ans sur convocation du président de la Commission de la CEMAC pour préparer la réunion du Collège de surveillance.

Statistique (INS) du pays qui assurent la présidence tournante de l'UEAC[1048]. De plus, étant présidé par le Président de la Commission de la CEMAC, le processus de surveillance multilatérale exige que la Commission en soit le moteur. Or, à ce jour, la Commission peine à assurer le leadership nécessaire au bon fonctionnement du dispositif. En effet, du fait d'un manque de ressources humaines suffisantes et qualifiées, il lui est impossible de s'assurer que les orientations prises en termes de politiques macroéconomiques cadrent avec les objectifs en termes de politiques macroéconomiques, cadre avec les objectifs de la surveillance multilatérale[1049]. En outre, le leadership implique une mobilisation de ressources humaines suffisante. Or, du fait de son manque d'attractivité en termes de carrière, la Commission a des difficultés à recruter du personnel compétent et en quantité suffisante pour fournir l'aide technique nécessaire aux États[1050]. De plus, malgré la tentative d'élaborer des Programmes triennaux de Convergence, elle n'est pas parvenue à rendre opérationnelle la gestion prospective de la surveillance multilatérale[1051].

502. En somme, en raison d'un manque de moyens humains, financiers et de soutien politique, ainsi qu'un manque d'articulation avec les autres instances nationales en charge du cadrage macroéconomique, elle ne parvient que difficilement à réaliser ses missions. Il est utile de noter que ce manque d'implication n'est pas propre à la Cellule communautaire, mais se retrouve également au sein des Cellules nationales.

B / <u>Un dispositif national de surveillance incertain</u>

503. Tout comme la Cellule communautaire, la composition des Cellules nationales tient compte des secteurs stratégiques clés ayant vocation à interférer dans la mobilisation efficiente des ressources fiscales. Toutefois, le dispositif n'est pas exempt de critique, puisqu'il ressort des points faibles apparents. Notamment au niveau de leur rôle (**1**), et de leur efficacité (**2**).

1 / Des Cellules nationales au rôle imprécis

504. Premier rouage de la surveillance nationale, la Cellule nationale est le point focal du dispositif de surveillance multilatérale. Présente dans chaque pays membre, elle trouve son fondement dans l'article 52 de la Convention de l'UEAC qui dispose que : « la documentation et les analyses destinées pour l'exercice de la surveillance multilatérale par le Conseil des ministres sont préparées par les Cellules nationales et la Cellule

---

1048 Directive n°01/16-UEAC-093-CM-30 du 14 janvier 2016, *Ibid.*, article 11

1049 RAPPORT FERDI, *Viabilité budgétaire et renforcement du dispositif de surveillance multilatérale au sein de la CEMAC*, *op.cit.*, p.73.

1050 *Ibid.*, p.13.

1051 RAPPORT FERDI, *Viabilité budgétaire et renforcement du dispositif de surveillance multilatérale au sein de la CEMAC*, *op.cit.*, p.73.

communautaire[1052] ». À ce titre, la lecture de la Directive n°01/16-UEAC-093-CM-30 du 14 janvier 2016, relative à la mise en surveillance multilatérale des politiques macroéconomiques au sein des États de la CEMAC, montre qu'elles assurent une fonction d'interface entre la Commission de la CEMAC et les instances nationales, pour la collecte et la mise en cohérence des données statistiques nationales en rapport avec la surveillance multilatérale, le traitement, l'analyse des informations relatives à leurs pays [1053]. En effet, l'exposé sur sa composition et ses attributions montre que les membres des Cellules nationales sont de hauts fonctionnaires impliqués dans la formulation des politiques macroéconomiques au sein de diverses instances nationales[1054].

505. Aussi, dans le cadre de ses activités, elle doit: gérer une base de données statistique ; confectionner un tableau de bord macroéconomique et des indicateurs nationaux en rapport avec la surveillance multilatérale ; faire le suivi de la politique économique en recensant les décisions récentes et en évaluant leur impact sur le pays ; produire un programme triennal de convergence (TPC) et le suivi de sa mise en œuvre ; rédiger un rapport intérimaire de surveillance multilatérale sur l'évolution de la situation économique du pays ; et rédiger d'un rapport d'exécution de la surveillance multilatérale sur l'évolution de la situation économique du pays [1055]. Dès lors, le contenu des rapports de la surveillance multilatérale doit présenter des analyses sur les données les plus récentes concernant : les finances publiques ; la dette publique ; le prix et les coûts ; la monnaie, le crédit et système financier ; le commerce extérieur et la balance de paiement ; les revenus et les emplois ; les comptes nationaux ; et la situation sociale[1056].

2 / Des cellules nationales à efficacité douteuse

506. Composées de hauts fonctionnaires impliqués dans la formulation de la politique macroéconomique, les Cellules nationales peuvent faire appel à toutes personnes jugées compétentes. Si cette configuration permet d'impliquer fortement les administrations concernées au premier plan par le dispositif de surveillance multilatérale, dans le choix des orientations et des recommandations au niveau régional, malheureusement, elles ne sont pas fonctionnelles, voire inexistantes dans certains pays. De plus, les critères de désignation des membres des Cellules nationales, qui devraient être fondés

---

[1052] Article 52 de la Convention de l'UEAC

[1053] Article 3 de la Directive n°01/16-UEAC-093-CM-30 du 14 janvier 2016, *op.cit.*

[1054] Dont : la Direction générale du Budget ; la Direction générale du Trésor public ; la Direction de la prévision ; la Direction de la Dette ou de la Caisse Autonome d'Amortissement ; la Direction de la Planification ou de la Programmation des investissements ; la Direction générale de l'Économie ; l'Institut Nationale de la Statistique ; l'Agence nationale de la BEAC ; la Commission de la CEMAC. Cf. Article 6 de la Directive n°01/16-UEAC-093-CM-30 du 14 janvier 2016, *op.cit.*

[1055] Article 6 de la Directive n°01/16-UEAC-093-CM-30 du 14 janvier 2016, *op.cit, a*rticle 3.

[1056] *Ibid.,* Article 5.

sur la compétence, ne sont pas connus. En effet, le pouvoir de désignation est laissé à la discrétion de l'autorité administrative et, par conséquent, est fondé sur des considérations d'ordre subjectif. Ce qui pourrait remettre en question la qualité du travail, qui est accompli, étant donné que le mode de recrutement des fonctionnaires dans les administrations de l'Afrique centrale, est empreint de clientélisme politique et d'ethnicisation.

507. En outre, les Cellules nationales font face à plusieurs difficultés dans l'exercice de leurs missions. Le premier obstacle tient à la difficulté de mobilisation des moyens humains. Provenant de diverses instances en charge de la politique économique et financière, les membres des Cellules nationales, consacrent leurs activités principales à leur administration d'origine et relèguent, leur rôle dans la Cellule nationale à une activité secondaire. Cette mobilisation difficile entraîne des réunions irrégulières avec parfois des membres absents ou représentés par un subordonné[1057]. Bien qu'une des clés du succès de la mobilisation des membres soit le leadership du président de la cellule nationale, il est, toutefois, difficile de faire reposer son fonctionnement pérenne sur des contingences individuelles. De surcroît, l'hétéroclisme de l'effectif des Cellules nationales comporte en apparence des faiblesses liées notamment à la mobilité des cadres au sein des administrations visées. En effet, le changement perpétuel des membres des Cellules nationales, du fait des mouvements de personnel au sein des administrations, crée un perpétuel recommencement dans la mise en œuvre des activités des Cellules nationales. Ce qui affecte le suivi et le traitement des informations relatives au dispositif de surveillance multilatérale.

508. Le deuxième obstacle est d'ordre financier. Conformément à l'article 8 de la directive n°01/16-UEAC-093-CM-30, les charges de fonctionnement des Cellules nationales doivent être assurées par les budgets des États. Or, les ressources allouées au fonctionnement des Cellules nationales, décidées par les États, sont le plus souvent faibles, pour permettre un fonctionnement efficace. Au-delà de leur montant, la coupe budgétaire aveugle, leur volatilité et l'irrégularité de leur date d'exécution sont des contraintes supplémentaires. Par conséquent, avec un financement faible et incertain, les Cellules nationales font face à un manque de ressources humaines qualifiées et subissent divers aléas, tels que la limitation des moyens techniques et l'absence de gratification pour la rédaction des rapports. En outre, chaque étape du processus de la surveillance multilatérale requiert un respect strict du calendrier[1058]. Or, du fait de l'absence de mise à jour des outils

---

[1057] RAPPORT FERDI, *Viabilité budgétaire et renforcement du dispositif de surveillance multilatérale au sein de la CEMAC, op.cit.*, p.76.

[1058] En effet, la transmission des rapports intérimaires et d'exécution de la surveillance multilatérale doivent être respectivement transmis par chaque Cellule nationale à la Commission avant la fin du mois de septembre et de juin de l'année en cours. De plus, les TPC une fois élaboré par chaque Etats membres est transmis au plus tard le 31 mars de l'année en cours à la Commission Cf. article 6 et 4 de la Directive n°01/16-UEAC-093-CM-30 du 14 janvier 2016, *op.cit.*

statistiques, voire l'obsolescence des logiciels, on constate un non-respect du calendrier à diverses étapes de la chaîne du processus de la surveillance multilatérale. Ce qui compromet une production rapide et continue de données financières et économiques. Il est toutefois, difficile d'identifier une cause unique aux retards observés. Si pour certains pays, les retards sont dus à la production des données, pour d'autres, le blocage se situe au niveau de la rédaction des programmes triennaux par les Cellules nationales.

509. Tout compte fait, toutes ces difficultés mettent en lumière l'absence de volonté politique et le manque d'articulation avec les autres instances nationales chargées du cadre macroéconomique[1059]. Face à ce manque récurent de compétences humaines et de moyens financiers, les Cellules nationales sont forcées d'opérer un choix dans les informations produites. Si, la plupart des indicateurs utiles à la surveillance continuent d'être produits, il s'agit fréquemment de données provisoires, en particulier pour les comptes nationaux[1060]. Ce qui rend la surveillance problématique.

[1059] À ce titre, il arrive que certaines missions circulaires de la Commission ne soient pas accueillies par les ministres en charge des questions relatives à la surveillance multilatérale Voir, RAPPORT FERDI, *Viabilité budgétaire et renforcement du dispositif de surveillance multilatérale au sein de la CEMAC, op.cit.*, p.77.

[1060] RAPPORT FERDI, *Viabilité budgétaire et renforcement du dispositif de surveillance multilatérale au sein de la CEMAC, op.cit.*, p.83.

CONCLUSION DU CHAPITRE II

510. Le diagnostic relatif à l'élaboration et à la mise en œuvre d'une politique énergétique dans les pays de la CEMAC est négatif et appelle nécessairement, eu égard aux évolutions en cours, à une harmonisation pour la réalisation des objectifs du marché commun. Malheureusement, les institutions concernées ne disposent pas d'un réel pouvoir d'investigation important, d'un système juridictionnel indépendant et des organes de contrôle efficaces. Faute de parlement disposant de pleins pouvoirs, ces dysfonctionnements ne sont pas dénoncés par les parlementaires. En outre, les réformes fiscales sont souvent faites sous la pression des circonstances. Ce qui peut entraîner des contradictions et obscurcir des textes déjà complexes surtout, pour ceux qui doivent assurer l'application des textes. En effet, même lorsque les textes fiscaux sont bien élaborés, il est fréquent de constater que le *modus operandi* des administrations est contraire à celui édicté par les textes. Ainsi, des lacunes laissent leur place aux abus. Ceci, dans un contexte d'impunité dû à la faiblesse des instances communautaires. De surcroît, leurs actions très critiquées ne sont malheureusement pas souvent soumises à la censure du juge fiscal. Par ailleurs, il faut noter l'élaboration des PAS livrés clé en main, sans tenir compte des réalités nationales et de la législation communautaire. Ainsi, au regard de ceci, il est possible d'affirmer que la problématique du droit dans la CEMAC continue à se poser en termes non pas de marginalisation, mais plutôt d'inefficacité et d'inadaptabilité[1061].

[1061] Or, l'appréciation de ces faits relève deux choses : Premièrement, si la contribution du droit au développement économique des pays sous-développés est une idée largement admise ainsi que nous avons essayé de montrer dans les développements récents, il faut dire que l'inadaptation des règles adoptées, par rapport au contexte social auquel elles sont destinées, joue un rôle important dans l'échec de l'ensemble du dispositif juridique ; Deuxièmement, le recours au droit dans ces sociétés pose inévitablement la question de l'inadéquation entre le système économique en place et le mode de régulation juridique appelé à le régir. On ne peut donc légitimement prétendre créer et appliquer un droit (le moyen) sans tenir compte de l'environnement et de l'objet qu'il vise (la finalité).

CONCLUSION DU TITRE I

511. L'évaluation des difficultés que rencontre le processus d'harmonisation fiscale dégage deux constantes : la première est que l'harmonisation fiscale en zone CEMAC éprouve encore de réelles difficultés à réaliser ses objectifs clairement définis, afin de garantir le carré des libertés communautaires. La seconde, qui n'est pas moins liée à la première, dénonce un cadre normatif lacunaire. À ce titre, on constate que le dispositif institutionnel de la CEMAC est constitué d'une toile d'organes, dont les actes ne sont pas toujours bien définis ni réglés par la multitude des textes. Si l'adoption des règles organisant la réalisation du PER-CEMAC constitue un des leviers essentiels du régionalisme énergétique, elles ne sauraient suffire pour bâtir un espace communautaire unique, cohérent. La disparition définitive des barrières tarifaires et non tarifaires au sein de la CEMAC s'avère un processus complexe qui dépasse les aspects économiques et juridiques. Par conséquent, le processus d'harmonisation fiscale ne peut véritablement prendre corps, que dans un contexte de stabilité sociopolitique institutionnelle. De ce fait, pour parvenir au rapprochement fiscal intégré souhaité et réaliser les objectifs communautaires en matière d'énergie, les États doivent transcender les écueils identifiés, pour atteindre une croissance à deux chiffres et le développement économique adéquat.

<u>TITRE II :</u> L'HARMONISATION FISCALE, ÉLÉMENT DÉTERMINANT D'UN DÉVELOPPEMENT RÉUSSI

512. Le tableau de la dynamique du processus d'harmonisation en Afrique centrale qui vient d'être brossé, montre un cadre normatif lacunaire et l'existence de spécificités fiscales, qui alourdissent le processus d'harmonisation fiscale enclenché. Ainsi, si la CEMAC continue à nager à contre-courant des logiques de regroupement imposé par la mondialisation, et que de telles disparités sont maintenues dans les systèmes, la CEMAC court le risque de continuer à représenter un pôle de pauvreté. Pourtant, en matière de réformes à engager ou de recettes supplémentaires à mobiliser, un système fiscal intégré constitue l'assurance d'une croissance réussie (**Chapitre I**). Néanmoins, les défis de l'harmonisation fiscale énergétique en CEMAC dépassent le cadre des instruments juridiques ou celui de la mobilisation de recettes fiscales, car ils sont aussi d'ordre politique ou institutionnel (**Chapitre II**).

CHAPITRE I : L'ÉNERGIE UN ENJEU DÉCISIF ET UNE PRÉOCCUPATION CROISSANTE POUR LA CEMAC

513. Les complexités de la CEMAC apparaissent particulièrement lorsqu'il est question d'énergie car les économies de la zone y sont fortement concentrées. L'effondrement vertigineux des cours du brut, dû à la progression rapide du Covid-19, a démontré non seulement une forte vulnérabilité face au retournement de la conjoncture mais aussi, la nécessité de repenser les stratégies de développement à court, moyen et long terme. Certes, la démographie croissante en zone CEMAC et les conséquences qui en résultent à moyen et long terme exigent que les pays membres de la CEMAC s'adaptent aux politiques de développement autres que celles basées sur les ressources minières. Toutefois, l'accès aux formes modernes d'énergie est tout aussi indispensable pour sortir l'Afrique centrale de la pauvreté et améliorer les infrastructures de santé et d'éducation[1062]. De ce fait, cette urgence pose la problématique des instruments, outils et divers moyens, qui devraient être privilégiés, afin de créer la dynamique d'un développement économique (**Section I**), et social (**Section II**) en Afrique centrale.

SECTION I : LES ENJEUX ÉCONOMIQUES DE LA CONSTRUCTION FISCALE COMMUNAUTAIRE DE L'ÉNERGIE EN AFRIQUE CENTRALE

514. Dans le sillage de la crise économique et sanitaire mondiale, nombreux sont les pays qui réexaminent l'intégration régionale et les modalités de sa mise en œuvre, « afin qu'elle puisse contribuer à la dynamisation de l'emploi, au renforcement de la stabilité économique et à la réalisation des objectifs du développement[1063] ». Les efforts entrepris en Europe, en vue d'instaurer une politique énergétique commune ont permis d'établir des arguments solides qui démontrent le potentiel prometteur de cette démarche, en matière de développement économique. Il s'agit, entre autres, de la performance visée, par la réduction des distorsions économiques et de construction d'un espace économique commun (**Paragraphe I**). Si l'harmonisation fiscale n'est qu'un moyen permettant d'atteindre les objectifs économiques fixés du marché commun, le rapprochement des

---

1062 CANTONI (R), MUSSO (M), « L'énergie en Afrique : les faits et les chiffres. Introduction », in *Afrique contemporaine*, vol. 261-262, N°1-2, 2017, pp. 9-23.

1063 RAPPORT des Nations-unis, *Intégration régionale et développement humain : une voie pour l'Afrique*, avril 2011, p.13

politiques énergétiques permettra l'essor économique de l'Afrique centrale (**Paragraphe II**).

Paragraphe I : L'harmonisation des politiques énergétiques une étape nécessaire à la réalisation des objectifs du marché commun.

515. L'intégration régionale est particulièrement prometteuse en matière de contribution à la croissance inclusive, à l'accélération des progrès sur le front du développement humain et à la pérennisation des avancées enregistrées[1064]. À ce titre, la plupart des économies s'accordent à penser que l'harmonisation fiscale est prioritairement une option de performance économique (**A**). Mais il faut, pour cela, qu'elle favorise la mise sur pied des conditions communes de fonctionnement (**B**).

A / L'harmonisation, une option de performance économique

516. L'Afrique centrale est une sous-région paradoxale. Bien qu'elle regorge, en effet, d'importantes ressources énergétiques, la majeure partie de sa population souffre de disette énergétique. Avec des objectifs économiques multiples, l'harmonisation des politiques énergétiques au sein de la CEMAC représente, un atout pour optimiser la performance des acteurs économiques (**1**) et éliminer les obstacles aux échanges intracommunautaires (**2**).

1 / L'harmonisation fiscale, une condition de rationalisation du fonctionnement du marché commun de l'électricité

517. L'harmonisation fiscale joue une double fonction dans le processus d'intégration économique, notamment celui d'instauration et de police du marché sous-régional[1065]. En ce sens, qu'elle permet de réduire, voire d'éliminer les éventuels dysfonctionnements du marché intérieur de l'énergie. À cet effet, trois principaux arguments sont régulièrement développés au crédit de l'harmonisation fiscale. Il est d'abord admis, que les disparités fiscales entre États membres, non seulement, ne favorisent pas un fonctionnement optimal du marché régional de l'électricité, mais compromettent aussi, l'efficacité économique des États de la CEMAC. En revanche, du fait que l'harmonisation fiscale impose plus ou moins l'application des règles de jeux identiques à tous les producteurs concurrents, elle élimine les effets pervers d'une concurrence déloyale[1066]. À la condition toutefois, que soit respectée l'équité horizontale (qui veut que deux foyers

---

1064 RAPPORT des Nations-unis, *Intégration régionale et développement humain : une voie pour l'Afrique*, avril 2011, p.13
1065 MEYONG ABATH, *op.cit.*, p.29.
1066 *Ibid.*, p.30.

fiscaux ayant les mêmes unités de consommations supportent une charge fiscale équivalente), et l'équité verticale (qui suppose que les contribuables ayant les consommations le plus élevées soient taxés proportionnellement au titre de leur consommation). Il est ensuite admis que l'absence d'un droit fiscal communautaire peut conduire à des discriminations et au protectionnisme fiscal, qui vont à l'encontre des principes du marché régional. Bien que ces pratiques soient contraires au Traité CEMAC, les États membres dans le souci de protéger les entreprises nationales de telles pratiques octroient des dépenses fiscales aux entreprises nationales, afin de renforcer leur compétitivité au détriment des entreprises étrangères.

518. Enfin, la concurrence fiscale prédatrice, qui correspond à la situation dans laquelle certains acteurs mettent en compétition acharnée les systèmes fiscaux des États membres, constitue le troisième motif de renforcement de la logique de l'harmonisation fiscale. En effet, certains pays membres mettent en place une fiscalité attractive, de façon à attirer sur leur sol les capitaux étrangers et les entreprises multinationales. Conséquence, ils subissent une érosion de leurs recettes fiscales et l'on assiste à une paupérisation, ainsi qu'à la réduction de la marge de manœuvre des autorités publiques[1067]. Toute analyse faite, l'harmonisation fiscale est un préalable pour les économies de la CEMAC car, elle présente la recherche du meilleur compromis possible entre les impératifs économiques dictés par l'intégration des marchés ; la libre circulation et les exigences d'autonomie des États membres en matière de choix fiscaux.

2 / L'harmonisation fiscale, une condition d'optimisation du potentiel économique commun

519. Le Traité de la CEMAC met en œuvre des modèles économiques classiques, qui visent l'intégration des marchés nationaux en un marché commun. L'idée maîtresse de ce processus est sans ambiguïté qu'un marché regroupant les économies sous régionales, majoritairement petites et fragmentées entraînerait des économies d'échelle susceptibles de rendre les pays de la zone CEMAC plus compétitifs. Mais surtout, cela permettrait la croissance économique à laquelle aspire l'Afrique centrale. Un marché plus vaste favorise l'innovation des entreprises et, en raison de la concurrence, et les incite du fait de la concurrence à éliminer leurs déficiences internes et à augmenter leur productivité. Un des buts du marché intérieur est encore de permettre aux entreprises d'opérer dans toute la zone communautaire sans se heurter aux frontières ou à des entraves réglementaires. Par conséquent, l'objectif de l'harmonisation est d'amoindrir les hétérogénéités législatives fiscales qui influent sur la prise de décisions relatives à la localisation des entreprises. L'harmonisation fiscale favorise également, l'investissement

[1067] MEYONG ABATH, *op.cit.*, p.30.

étant donné que les rendements sont bien plus élevés dans les marchés élargis. Ces investissements peuvent, à leur tour, favoriser le transfert du savoir et de la technologie, en plus des effets d'entraînement, et donc améliorer la productivité. Par ailleurs, l'harmonisation fiscale peut encourager les investisseurs étrangers à pratiquer le contournement tarifaire, c'est-à-dire à investir dans l'un des pays membres pour commercer librement avec tous les autres États membres, ce qui aura pour effet d'augmenter les investissements.

520. Pour les consommateurs, l'élargissement des marchés du fait de l'harmonisation fiscale, améliore la qualité de vie. Les économies d'échelle favorisent une baisse des prix, consécutive à la réduction des coûts de production. L'avantage est d'offrir aux populations, l'accroissement du bien-être et des perspectives favorables. Tous les avantages de la constitution d'un marché commun ne sont pas nécessairement visibles. Elle peut, notamment, renforcer la crédibilité et la continuité des réformes politico-économiques dans les pays membres, étant donné, que les organismes régionaux fonctionnent comme des instruments de régulation en offrant des cadres nécessaires pour la négociation, la coordination et la réglementation des politiques. Dans le cadre du marché commun, les pays de la CEMAC sont souvent invités à mettre à jour et à améliorer leurs cadres législatifs et réglementaires. En ce sens, des critères de convergences macroéconomiques précis obligent les pays à créer un climat propice à la concurrence, ce qui favorise les bons résultats économiques, notamment une inflation réduite, de faibles déficits et des taux de change stables. Tous ces avantages ne sauraient être valorisés en l'absence de conditions de fonctionnement communautaire.

521. Toutefois, si l'intégration régionale est aussi ambitieuse du point de vue de sa portée géographique, qu'au niveau de son application en matière d'élaboration de politiques, les avantages d'une politique énergétique commune dépassent le seul cadre de la croissance[1068].

B / L'harmonisation des politiques énergétiques pour une gestion pragmatique des ressources naturelles transfrontalières

522. L'Afrique centrale, dans sa configuration CEEAC, est dotée de ressources naturelles dont la gestion durable reste un défi. Les frontières politiques qui résultent de la fragmentation coloniale ont produit des morcellements anarchiques des ressources naturelles de part et d'autre des pays qu'elles délimitent[1069]. Ce qui a complexifié les modes de gestion des ressources transfrontalières. À ce titre, on note trois modes de gestion : la

---

[1068] RAPPORT des Nations-unis, *Intégration régionale et développement humain : une voie pour l'Afrique*, *op.cit.*, p.13.
[1069] *Ibid.*, p.23.

gestion centralisée, la gestion communautaire et la gestion coopérative[1070]. Les deux premières renvoient d'emblée à une gestion souverainiste, c'est-à-dire, un mode de gestion des ressources périphériques « dominé par l'emmurement des États derrière les frontières[1071] », sans tenir compte des intérêts des États voisins. Dans la gestion coopérative,[1072] les frontières sont appréhendées plus comme des passerelles reliant les États[1073]. Cette dernière renvoie automatiquement à deux autres réalités immanentes : la frontière d'un côté, l'intégration régionale de l'autre. À l'heure où les États de l'Afrique centrale s'engagent progressivement à gérer de manière concertée les ressources transfrontalières, il est donc intéressant de se demander comment l'harmonisation des politiques énergétiques peut améliorer la gestion des ressources hydriques (**1**) et des gisements (**2**) transfrontaliers.

1 / Cas des ressources communes hydriques

523. Les ressources hydriques transfrontalières sont des ressources en eau qui chevauchent les frontières de deux ou plusieurs pays[1074]. À ce titre, parmi les multiples bassins fluviaux transfrontaliers que compte l'Afrique centrale, on note le lac Tchad, le fleuve Logone et le fleuve Congo. Jadis appelé « mer intérieure de l'Afrique ou mer paléothadiènne »[1075], le lac Tchad dont l'ensemble du bassin géographique couvre 2.381.636 km^2 et est partagé entre le Cameroun, le Niger, le Nigeria et le Tchad. S'étalant dans une cuvette endoréique faiblement déprimée, sans relation hydrographique avec la mer[1076], il est alimenté par deux principaux cours d'eau : le Chari et le Logone[1077]. Par ailleurs, avec 4. 700 km de longueur[1078], le fleuve Congo est le deuxième plus long fleuve d'Afrique après le Nil, et détient par son

[1070] NTUDA EBODÉ (J-V), *La gestion coopérative des ressources transfrontalières en Afrique centrale : quelques leçons pour l'intégration régionale*, Colloque, Édition Clé, Yaoundé (Cameroun), 2011, p.13.

[1071] Soucieux de la sauvegarde de leur intégrité territoriale, les États de l'Afrique centrale procèdent après les indépendances à la fortification de leurs frontières et se posent comme les seuls garants et gérant des ressources naturelles issues de leur sol et sous-sol, afin de les protéger des convoitises extérieures. Cf. NTUDA EBODÉ (J-V), *Ibid.*, p.15.

[1072] Il coïncide avec l'avènement de l'ère de la mondialisation, mais en Afrique, il correspond à la construction géoéconomique des frontières au début des année 1990. Aussi en 2007 l'UA va lancer un programme visant à « une nouvelle forme de gestion pragmatique des frontières pour promouvoir la paix, la sécurité et la stabilité, mais également faciliter l'intégration et le développement durable en Afrique ». Cf. NTUDA EBODÉ (J-V), *Ibid.*, p.14

[1073] NTUDA EBODÉ (J-V), *Ibid.*, p.14.

[1074] RAPPORT BAD, *Gestion des ressources naturelles transfrontalières dans un contexte de changement climatique : le cas des bassins versant partagés en Afrique*, 5 décembre 2018, p.1.

[1075] BOUIMON (T), « Les défis d'une exploitation équitable des eaux du lac Tchad et du fleuve Logone », in Colloque sur *la gestion coopérative des ressources transfrontalières en Afrique centrale : quelques leçons pour l'intégration régionale*, *op.cit.*, p.27.

[1076] *Ibid.*

[1077] Long de 1000 km, le Logone prend sa source dans le plateau de l'Adamaoua (Cameroun) à 1200 m d'altitude. En dehors de la Mbéré, de la Pendé ou Logone oriental sur la rive gauche de la Tandjilé, ce fleuve n'a plus aucun affluent jusqu'à sa confluence avec le Chari à N'Djaména.

[1078] NGODI (E), « La gestion concertée des aux transfrontalières du fleuve Congo », in Colloque sur *la gestion coopérative des ressources transfrontalières en Afrique centrale : quelques leçons pour l'intégration régionale*, op.cit., p.50.

débit, le second rang mondial après l'Amazonie[1079]. Avec ses affluents, il irrigue la deuxième plus grande forêt tropicale humide au monde et traverse la Zambie, la RDC, le Congo et l'Angola. Ainsi, le lac Tchad, le fleuve Logone, et le fleuve Congo sont des ressources d'eau douce, vaste et dynamique aux enjeux économiques, sécuritaires, énergétiques, sociaux et géopolitiques.

524. Seulement, en faisant abstraction des frontières qu'elle franchit sans laissez-passer « sous forme de cours d'eau, des lacs ou d'aquifères[1080] », l'eau est la ressource fugitive ultime. Si bien que les enjeux sécuritaires et les modalités de répartition équitables des ressources hydriques transfrontalières entre États souverains constituent un problème délicat[1081], qui est traité partiellement ou de manière inappropriée, peut freiner le développement humain et économique. Ainsi, dans l'optique de traiter dans un cadre de gestion intégrée les problèmes de développement axés sur le lac Tchad, le Cameroun, le Nigeria, le Niger et le Tchad, décident de fonder le 22 mai 1964 à Fort-Lamy (Ndjamena actuelle), la Commission du bassin du lac Tchad (CBLT), appelée « bassin conventionnel »[1082]. Malheureusement, cette convention qui a constitué le premier jalon d'une coopération sous régionale, autour des ressources en terre et en eau, partagées, s'est très tôt confrontée à des défis assortis de conflits ouverts[1083]. Au regard des sécheresses et des inondations récurrentes, le changement climatique a déjà un impact sur le lac[1084]. La modélisation du changement climatique prévoit qu'environ 20 à 30% des espèces végétales et animales évaluées à ce jour sont susceptibles d'être exposées à un risque accru d'extinction, si l'augmentation moyenne de la température mondiale dépasse 1,5 à 2,5°C[1085].

525. Quant au fleuve Congo, il sert de déversoir aux déchets ménagers et industriels ainsi qu'aux sédiments produits par l'érosion des sols résultant de processus naturels et d'activités humaines menées dans les pays riverains. C'est dire que l'absence de coordination des activités politiques dans ces pays a gravement endommagé le fleuve, entraînant des implications à long

---

[1079] En effet, 1/3 du bassin du fleuve se trouve dans l'hémisphère nord et 2/3 dans l'hémisphère Sud. Étant donné, sa position médiane de l'équateur, le débit du fleuve est stable et, est de fait navigable tout au long de l'année et en toute saison. Ce qui représente un phénomène unique au monde.

[1080] NGODI (E), *Ibid.*, p.56

[1081] KOUMOU (M), *pétrole et pauvreté au sud du Sahara*, Yaoundé, Édition Clé en Coédition avec NENA, 2015, p.18

[1082] BOUIMON (T), *op.cit.*, p.27.

[1083] En effet, le Tchad accuse le Cameroun de détourner les eaux du fleuve Logone par une surirrigation de la riziculture (SEMERY) de Maga et, par la construction de barrages de retenue, comme celui de Lagdo au Nord Cameroun. Inversement, le Cameroun accuse le Tchad d'occuper certains de ses îles du lac et de violer ses frontières.

[1084] En 1964, le lac Tchad, avec ses 25 000 km2, était considéré comme le 4e plus grand lac d'Afrique. L'ensemble du bassin géographique du lac Tchad couvre environ 2 381 636 km2 et, se répartit entre 7 pays. Toutefois, le bassin actif ne concerne que 5 pays et occupe une superficie de 966 955 km2. En effet, la réduction drastique de la superficie du lac Tchad constatée au cours des dernières décennies (de 25 000 à 2500 km2 en 45 ans), résulte des déficits pluviométriques et de la sécheresse de la décennie 1966- 1975, et aggravée par les pressions anthropiques. Cf. BOUIMON (T), *Ibid.*, p.29.

[1085] Forest for people 2011, p.1.

terme sur son écosystème, notamment, sa dégradation écologique due à la pollution et à la sédimentation. Qui plus est, dans de nombreux pays, la faiblesse des systèmes institutionnels nationaux tels que les systèmes de gestion intégrée de ressources en eau complique d'autant plus la coordination dans ce domaine à l'échelon régional[1086].

526. Dès lors, l'interconnexion des causes à effet sur le lac Tchad, le fleuve Logone et le fleuve Congo, demande de la part des États d'Afrique centrale une concertation pour élaborer des moyens de gestions cohérents, coordonnés et efficaces du bassin hydrographique. Afin d'en accroître les bénéfices ; d'optimiser l'utilisation de l'eau, pour stimuler et accroître la production d'énergie ; et protéger au mieux l'environnement. Toutefois, qu'en est-il des gisements transfrontaliers ?

2 / La gestion coopérative pour régler les différends maritimes suscités par les gisements transfrontaliers

527. Conscients des ressources en hydrocarbures contenues dans l'espace maritime du golfe de guinée, certains États cherchent sans cesse à y étendre leur souveraineté pour contrôler ces ressources. La mer en tant que voie et environnement, se révèle davantage comme un espace conflictuel et de divergence des intérêts des États. En effet, l'exploitation pétrolière *off-shore* oppose les intérêts des États en raison des enjeux géostratégiques, géopolitiques et économiques, qu'elle représente. Dès lors, à cause du potentiel économique que recèle l'*off-shore*, les différends frontaliers en Afrique centrale se projettent de plus en plus vers la mer. À cet effet, le différend frontalier maritime entre le Gabon et la Guinée équatoriale à propos des îlots *Mbanié*, *Conga* et *Cocotiers*, en est la parfaite illustration. La problématique du règlement du différend comporte deux aspects. La première relève de l'ordre juridique ; il s'agit d'une disposition conventionnelle de droit de la mer qui prescrit la détermination de la frontière maritime, celle-ci étant « une limite juridique entre deux États, et la territorialisation des zones océaniques sous juridiction de l'État, celles-ci étant l'extension juridique d'une superficie de l'État[1087] ». Le second aspect, relève de la volonté de coopération entre deux États engagés ou non dans une entreprise régionale de construction communautaire[1088]. Après moult négociations, les États ont décidé de privilégier le second aspect. Or, amorcer un débat préalable sur la *Joint Development Zone* (JDZ) suppose

[1086] RAPPORT des Nations-unis, *Intégration régionale et développement humain : une voie pour l'Afrique*, *op.cit.* p.23.

[1087] ROPIVIA (M-L), « Gabon-Guinée Équatoriale : les défis d'une gestion concertée des ressources pétrolières offshore », in Colloque sur *la gestion coopérative des ressources transfrontalières en Afrique centrale : quelques leçons pour l'intégration régionale*, *op.cit.*, p.111.

[1088] *Ibid.*

que les deux États acceptent d'entériner *de facto* les tracés de la frontière maritime tels qu'unilatéralement proposés par chacune des parties[1089].

528. Cette proposition de règlement non conforme par rapport au droit international, ne peut s'avérer durable que si « les deux pays décident de subordonner la négociation politique à la déclaration juridique de la Cour Internationale de Justice [1090] » ; décision à partir de laquelle, il serait possible d'envisager une zone maritime d'exploitation commune. Seulement, cet idéal se heurte aux stratégies des compagnies pétrolières, voulant obtenir dans chacun des pays des blocs pétroliers *off-shore*. En effet, en observant la carte des permis pétroliers (**Carte.4**), supposés être accordés par chaque pays, on fait deux constats : le premier est qu'on réalise que la suggestion des États émane de la société pétrolière, la Hamilton Bross Oil Compagny qui du reste, dispose d'un service des frontières. La deuxième est que l'on constate que le tracé de la frontière maritime qu'elle attribue à chacun des États ne coïncide pas avec les limites que chaque État s'est fixées à la suite de son interprétation des principes du droit de la mer.

529. Ainsi, sous la houlette des compagnies pétrolières « devenue traceuses de frontières maritimes, la tentation pour la Guinée-Équatoriale est grande de continuer d'octroyer les permis pétroliers jusqu'au plus proche des côtes gabonaises, sans tenir compte de la possibilité de ce dernier de se doter d'une mer territoriale conventionnelle [1091]». Il faut dire que ce brouillage émanant de l'enjeu pétrolier, rend difficile toute tentative de résolution juridique ou politique du différend ; ce qui est susceptible d'inhiber la coopération régionale de la zone.

530. Face à la recrudescence des différends frontaliers maritimes liés à l'exploitation du pétrole dans le golfe de Guinée, les États membres se sont dotés d'une Commission du Golfe de Guinée (CGG)[1092], « [...] pour la coopération et le développement, ainsi que pour la prévention, la gestion et le règlement des conflits liés à la délimitation des frontières et l'exploitation économique et commerciale des richesses naturelles, situées aux limites territoriales et notamment, en cas de chevauchement des Zones économiques exclusives des États membres[1093] ».

[1089]ROPIVIA (M-L), « Gabon-Guinée Équatoriale : les défis d'une gestion concertée des ressources pétrolières offshore », in Colloque sur *la gestion coopérative des ressources transfrontalières en Afrique centrale : quelques leçons pour l'intégration régionale*, *op.cit.*, p.112.
[1090] *Ibid.*
[1091] *Ibid..*, p.113.
[1092] Crée le 19 novembre 1999 à Libreville au Gabon et institué par le traité du 3 juillet 2001, elle a son siège à Luanda en Angola. Actuellement la CGG regroupe huit États : l'Angola, le Cameroun, le Congo, le Gabon, la Guinée-Équatoriale, le Nigeria, la RDC et Sao-Tomé et Principe.
[1093] Article 2 al 3 du Traite de la CGG du 3 juillet 2001

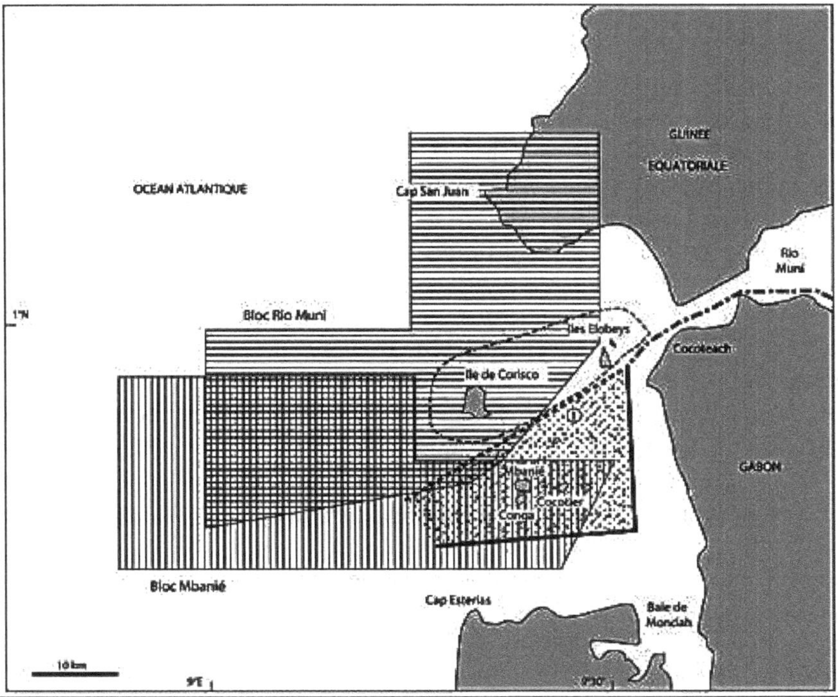

Ligne frontalière médiane mutuellement admise	① Bloc de Corisco
Frontière selon le Gabon	Zone des blocs disputés
Frontière selon la Guinée équatoriale	Permis d'exploitation accordés par le Gabon aux sociétés pétrolières
- - - - Réserve naturelle de Corisco et îles Elobeys	Permis d'exploitation accordés par la Guinéé-Eq aux sociétés pétrolières

***Carte 4:** Contentieux maritime Equato Guinéo-Gabonais*

Sources : Hamilton Bros Oil compagny C O du 31/08/1990 (archive du service des frontières Libreville.

531. Cependant, faute de volonté politique, la CGG est restée lettre morte depuis sa création si bien que, les prolégomènes de ses activités ne permettent pas encore de faire un bilan sur son utilité et sa capacité à insuffler un processus d'intégration régionale porteur de développement[1094]. Par conséquent, c'est en mettant en avant le principe de coopération qui leur est inhérent, que le Gabon et la Guinée équatoriale pourraient régler pacifiquement, leurs différends frontaliers fondés sur la délimitation de leur frontière maritime. En effet, comme l'a constaté, le Pr Philip BIYOYA

[1094] En effet, depuis sa création, aucune mesure n'a été prise en matière d'adoption des politiques communes dans la gestion rigoureuse des ressources naturelles et la promotion du développement économique.

MAKUTU KAHANDJA « ce n'est pas l'abondance ou l'immensité des ressources naturelles qui crée les conditions de l'intégration économique régionale, mais plutôt la rationalisation des politiques économiques des États à vocation de constituer et de servir les marchés régionaux [1095]». De ce point de vue, il semble peu discutable que, la gestion coopérative des ressources transfrontalières, constitue le meilleur gage de gestion pacifique d'une ressource transfrontalière.

532. Tout compte fait, étant donné que les États membres de la CEMAC partagent des objectifs énergétiques communs, si des mécanismes de coordination efficaces au niveau régional ne sont pas pris, les États seront confrontés à des défis majeurs en matière de gestion de ressources communes. Il est donc indispensable pour la CEMAC de renforcer la coopération et la coordination entre les États membres, pour faciliter la réalisation de ces objectifs énergétiques communs.

Paragraphe II : L'harmonisation, facteur d'essor économique

533. L'harmonisation fiscale et énergétique peut entraîner des répercussions notables sur le développement humain (**A**). De plus, il peut inclure des cadres favorables à l'investissement dans les infrastructures transfrontalières (**B**).

A / L'harmonisation des politiques énergétiques, facteurs de développement durable

534. L'harmonisation des politiques énergétiques en Afrique centrale est un vecteur de promotion de la croissance et du développement pour les États de la région. Car non seulement, elle permet d'intensifier et diversifier le commerce intra et extracommunautaire (**1**), elle stimule aussi l'investissement privé (**2**).

1 / L'harmonisation des politiques énergétiques pour faire face aux enjeux de la mondialisation

535. À l'heure de la globalisation des échanges, l'intégration de l'Afrique centrale est un objectif stratégique majeur, pour consolider le développement des économies de la zone et faciliter leur insertion au sein du système mondial. Ainsi, la construction des blocs régionaux semble s'apparenter à un « processus répondant à l'évolution dynamique de la

---

[1095] BIYOYA MAKUTU KAHANDJA (P), « la gestion concertée des ressources minières dans l'espace transfrontalier oriental et occidentale de la RDC (RDC-Rwanda) », in Colloque sur *la gestion coopérative des ressources transfrontalières en Afrique centrale : quelques leçons pour l'intégration régionale*, op.cit., p.113.

mondialisation [1096]». Ceci conduit justement à un débat contradictoire sur l'essence même de la régionalisation face à la mondialisation. Si pour certains, le regain du régionalisme est une réponse alternative à « la dynamique de la mondialisation qui se traduit par une tendance unificatrice et homogénéisant[1097] », pour d'autres, la régionalisation est vue comme une forme de protectionnisme Interblocs[1098]. Même si, pour les États de l'Afrique centrale, la construction d'un bloc régional s'inscrit dans la continuité du processus de la mondialisation et n'entrave en rien son évolution[1099], elle répond par-dessus tout, aux convictions politiques et aux intérêts économiques des États[1100]. En Afrique centrale, le régionalisme a d'abord été une conception volontariste[1101], « visant à une déconnexion vis-à-vis du marché mondial[1102] », avant qu'une prise de conscience ne motive les États à laisser place à une conception libérale de l'intégration par le marché.

536. De ce fait, malgré l'étroitesse de leur marché et les limites structurelles, les économies des pays de l'Afrique centrale sont de plus en plus réformées et ouvertes ; ce qui les incite davantage à renouveler leur intérêt pour la coopération régionale[1103]. Partant de là, l'intégration économique devient pour les économies faibles, une stratégie instrumentale de créer selon leurs moyens une force régionale, afin d'être moins marginalisées sur la scène internationale. Ainsi, à l'heure où la sobriété énergétique représente l'un des volets majeurs permettant de répondre aux enjeux de l'atténuation du réchauffement climatique, l'harmonisation des politiques énergétiques permettrait d'une part, aux pays de l'Afrique centrale, d'internaliser les effets externes positifs comme les effets de « *spillover*[1104] », et d'autre part, de créer des conditions favorables pour le

---

[1096] OPARA OPIMBA (L), *L'impact de la dynamique de l'intégration régionale sur les pays de la SADC : une analyse théorique et empirique*, Thèse Université Montesquieu bordeaux IV, mars 2009, p.92.

[1097] SIROËN (J-M), *Le régionalisme de l'économie mondiale*, Édition La Découverte, 2008, Paris, p.36. Voir également, BOUSSETTA (M), *Intégration régional Sud-Sud, libéralisation commerciale et zone de libre-échange quadripartie : fondement et enjeux,* p.3. www.gate.cnrs.fr/uneca07/communications%20pdf/Boussetta-Rabat-07.pdf>.

[1098] Voir KRUGMAN (P-R), « Regionalism Versus Multilateralism : Analytical Notes », in *DEL MELO (J) et PANAGARIYA (A)*, New Dimensions in *Regional Integration.* Cambridge, New York, Melbourne : Cambridge University Press, 1993.

[1099] Voir BHAGWATI (J), « Réponse aux détracteurs de la mondialisation », in *Bulletin du FMI*, 4/2001, Communication lors du séminaire du FMI du 12 mars 2001.

[1100] OPARA OPIMBA (L), *Ibid.*, p.92.

[1101] Ibid.

[1102] HUGON (P), « les économies en développement au regard des théories de la régionalisation », in *Problèmes économiques*, n°2782, octobre 2002, pp18-24.

[1103] OPARA OPIMBA (L), *Ibid.*, p.92.

[1104] Le spillover représente dans le cas des comportements pro-environnementaux les effets de l'adoption d'une première pratique bénéfique pour l'environnement sur une deuxième pratique. Par exemple, le tri des déchets d'un individu, a-t-il une incidence sur l'usage qu'il fait de sa voiture, si oui, est-elle positive (utilisé moins sa voiture) ou négative (augmenter son empreinte carbone) pour la planète ? Voir, « positive and negative spillover of pro-environmental behavior », an *intégrative review and theoretical framework*, novembre 2004. Voir également, l'étude « Meta-analysis of pro-

décollage économique. Par ailleurs, l'intégration des marchés nationaux stimule le développement des investissements et l'apport des capitaux extérieur au sein de la région intégrée.

2 / Harmonisation et investissements directs étrangers

537. L'impact des IDE sur les économies en voie de développement n'est plus à démontrer : engagés dans de bonnes conditions, ils peuvent aider à « réduire l'écart entre les besoins en capital et l'épargne nationale, élever le niveau des compétences dans l'économie hôte, améliorer l'accès au marché, contribuer aux transferts de la technologie et de la bonne gouvernance [1105]». On peut toutefois, s'interroger sur le lien de causalité entre l'intégration économique régionale et les investissements étrangers, car dans la sphère économique, il n'existe pas de cadre unifié capable d'expliquer le phénomène dans son ensemble. En effet, la plupart des études recensées[1106] expliquent seulement certaines formes d'IDE propres au cadre spatial étudié[1107]. Toutefois, il convient de souligner que c'est P.H. DUNNING[1108] qui est l'un des premiers à recenser les facteurs explicatifs dans un contexte de régionalisation. Dans ce contexte, apparaissent des éléments comme la concurrence imparfaite, les avantages comparatifs ou l'internalisation des coûts de transaction. Mais, les modèles de l'économie géographique et spatiale impulsés entre autres, par Paul Robin KRUGMAN[1109] ou M. FUJITA, PKRUGMAN et A. VENABLES[1110] fournissent une explication théorique « au phénomène de répartition des activités dans un espace régional par le jeu des forces centrifuges et centripètes[1111] ». Dès lors, de ces

---

environmental behavior spillover », avril 2019. Voir aussi, le Rapport d'octobre -novembre 2018 du Programme de Recherche pour une Approche intégrative de la Réduction de l'Impact environnemental (PRAIRIE).

1105 GOLDSTEIN (A), *intégration régionale, IDE et compétitivité en Afrique australe*, centre de développement de l'OCDE, Édition de l'OCDE, 2004, p.7.

1106 Voir KRUGMAN (P-R), « is free trade passé? », in *Economic perspective*, vol.1, n°2, 1991 a, pp131-144. Voir également du même auteur, « is bilatéralism bad ? «, in *HELPMAN (E), RAZIN (A), Edition International trade and trade policy,* Cambridge, MIT press, 1991 b, pp.9-23,

1107 Voir YANNOPOULOS (G-N), « Foreign Direct Investment and European Intégration : the evidence from the formative years of the European community », in *Journal of Common Market Studies*, vol.33, n°28, march 1990, pp.235-259. Voir aussi, MICHAEL (S-M), « International Capital Mobility and the Economic of Intégration, in *International Economic Journal*, vol 7, n°1, 1993, p.61-73. Ainsi que, RIEBER (A), « Les déterminants des investissements directs étranger intra-européen », in LEHMANN (P-J) et MONNIER (L), *Politique économique et Construction communautaire : le choc européen*, Édition L'Harmattan, 2000.

1108 Voir DUNNING (P-H), International Investment: Selected reading, Harmondsworth Midlesex, Penguin books, 1972.

1109 KRUGMAN (P), « Géeography and trade », Cambridge (Mass.) MIT Press, 1991. Cf. OPARA OPIMBA (L), op.cit., p.112.

1110 FUJITA (M), KRUGMAN (P-R), VENABLES (A), « the spatial economy. Cites, region and international trade », Cambridge (Mass), MIT Press, 1999. Cf OPARA OPIMBA (L), *op.cit.*, p.112.

1111 OPARA OPIMBA (L), op.cit., p.112.

modèles on apprend que la localisation des IDE répond à une logique d'attractivité et à des avantages de la zone.

538. C'est dans cette perspective que l'intégration régionale confère une opportunité d'attraction aux IDE grâce notamment, à l'accroissement de la taille du marché régional qui « devient un marché unique, aux effets de la polarisation et à la libre circulation des biens et des personnes au sein de la zone [1112]». D'autres facteurs peuvent également influencer la décision des firmes d'investir dans les régions nouvellement intégrées. Parmi ceux-ci, on peut noter le cadre sécuritaire de l'environnement, la pression fiscale, la qualité des infrastructures nationales et régionales, les coûts des facteurs et l'impact social sur la production (le poids syndical, la fréquence des grèves, la durée du travail légal, etc.), les réformes nécessaires pour favoriser les IDE et les efforts économiques, ainsi que la compétence locale. En outre, le rôle du capital humain est primordial, car il permet la reproductivité des capitaux injectés dans le circuit de la production interne. Il détermine également, la nature et la qualité des investissements entrant dans un pays[1113]. C'est grâce au capital humain qu'un pays sous-développé peut bénéficier des transferts de technologies et, surtout, les reproduire dans le temps. Partant de là, l'intégration régionale a également, des effets dynamiques dès lors qu'elle influe sur le développement du facteur capital humain.

539. Si l'intégration régionale à travers ses effets dynamiques affecte les IDE entrant sous certaines conditions, on peut espérer qu'elle continue à améliorer d'autres aspects relatifs à l'essor économique des pays intégrants.

B / <u>L'harmonisation des politiques énergétiques pour libérer le potentiel économique</u>

540. Une des voies de recherche mettant à l'évidence la nécessité d'harmoniser les politiques énergétiques, concerne le rôle qu'elle peut jouer dans la modernisation des politiques fiscales (**1**) et le développement des infrastructures énergétiques (**2**).

1 / Harmonisation fiscale : facteur de modernisation des politiques fiscales

541. Les récents évènements ont montré l'importance de l'harmonisation des politiques énergétiques au sein de la CEMAC. En effet, la crise du Covid-19, a mis en lumière les vulnérabilités collectives, ainsi que les avantages collectifs « découlant d'un accroissement de la résilience de

---

1112 *Ibid.*, p.113

1113 *Ibid.*

l'ensemble des pays face aux pandémies[1114] ». Étant donné, que l'objectif ultime de l'intégration régionale est d'atteindre la croissance économique des États, et d'améliorer le bien-être des populations, la fiscalité joue un rôle crucial dans le déroulement de la politique énergétique. En effet, la fiscalité est un pilier essentiel de l'intégration régionale. Il n'est donc pas surprenant qu'il s'agisse de la question la plus controversée dans le processus d'harmonisation des politiques énergétiques, car les États craignent la perte des recettes provenant des taxes grevant les produits énergétiques dus à la libéralisation des échanges.

542. Or, l'harmonisation des politiques fiscales est importante pour éliminer les distorsions fiscales, améliorer le climat des investissements et réaliser la croissance économique. Plus important encore l'harmonisation des politiques fiscale offre un grand potentiel pour limiter la concurrence fiscale et les pratiques dommageables de divers pays dans le but d'attirer les IDE. L'harmonisation des politiques fiscales nationales vise notamment la cohérence des systèmes internes de taxations, l'égalité de traitement des opérateurs économiques au sein de la zone et l'amélioration du rendement de la fiscalité indirecte intérieure. Ainsi, la TVA semble la mieux indiquée pour compenser les pertes de recettes issues du désarmement tarifaire et qui s'intégrerait à la dynamique économique, en conservant sa neutralité. Certes, il est important de choisir la structure fiscale adéquate, mais il est également crucial d'optimiser chaque impôt en fonction des objectifs poursuivis. En pratique, le mérite relatif des différents impôts dépendra dans une large mesure de la qualité de leur conception et de leur mise en œuvre ; les éléments réunis par les États de la CEMAC sur le classement des différents impôts en fonction de leur impact sur la croissance doivent être interprétés en tenant compte de la situation moyenne dans les pays de la zone.

2 / L'intégration régionale et l'infrastructure énergétique

543. Les infrastructures conditionnent pratiquement tous les aspects de la croissance économique et de l'interconnexion des économies d'une région. En effet, la compétitivité sur les marchés régionaux et internationaux est particulièrement tributaire de la disponibilité d'une infrastructure suffisante et efficace. En Afrique centrale, le manque d'infrastructure de communication et de transport a des impacts très significatifs sur la formation des prix nationaux et par conséquent, influe sur la compétitivité nationale et régionale à l'échelle mondiale[1115]. Bien que l'impact de l'infrastructure transcende la distinction entre les éléments prix et hors prix de la compétitivité des exportations, on peut toutefois faire quelques généralisations. Si les infrastructures sont considérées comme un facteur

---

[1114] Rapport OCDE, *les réponses de politiques fiscale et budgétaire à la crise du coronavirus : accroitre la confiance et la résilience*, 19 mai 2020, p.7.
[1115] OPARA OPIMBA (L), *op.cit.*, p.130.

intermédiaire, le faible coût et la bonne qualité de toute forme de service d'infrastructure auront tendance à améliorer la compétitivité du point de vue du rapport prix-temps[1116]. De même, la compétitivité hors prix sera rehaussée par l'infrastructure, si l'on améliore la communication entre les agents économiques, et si les biens sont livrés dans les meilleurs délais, en toute sécurité.

544. Ceci revient à montrer d'un côté que l'absence ou la mauvaise qualité des infrastructures peut biaiser l'efficience en termes d'échanges intrarégionaux. Et de l'autre côté que, l'insuffisance des services d'infrastructures en Afrique centrale, avorte en partie le dynamisme industriel, portant est indispensable à la promotion des exportations génératrice de revenus. Ainsi, pour que les effets de polarisation et d'agglomération agissent favorablement, il est impératif que la région soit dotée des services d'infrastructures, facilitant l'interconnexion des pôles d'activités et de consommation. En outre, le développement de l'infrastructure régionale constitue à n'en point douter, la clé de voûte du commerce régional, de la compétitivité de l'Afrique centrale, et élément crucial du désenclavement des pays sans accès à la mer[1117]. De surcroit, en facilitant les échanges intrarégionaux, en facilitant les échanges intrarégionaux, en encourageant la diversification économique, et en réduisant les coûts de transport de l'énergie et des communications, l'infrastructure régionale appuiera, le programme de croissance économique et de réduction de la pauvreté[1118]. C'est en sens que l'harmonisation des politiques énergétiques permet d'élaborer des approches coordonnées des infrastructures régionales, afin de créer des réseaux régionaux pour les transports, l'énergie et les communications.

545. Au-delà, la perspective d'un développement soutenable de la CEMAC nécessite de gérer les principaux enjeux sécuritaires, démographiques, sociaux et environnementaux à l'échelle de la sous-région en assurant une meilleure coordination des politiques énergétiques mises en œuvre par les différents États.

SECTION II : LES ENJEUX SOCIAUX ET ENVIRONNEMENTAUX DE L'HARMONISATION FISCALE DE L'ÉNERGIE DANS LA CEMAC

546. Au vu de la situation actuelle de la planète, la consommation d'énergie et les préoccupations liées à l'environnement occupent une place

1116 *Ibid.*, p.131.

1117 RAPPORT de la BAD sur la politique stratégique d'intégration régionale (PSIR) 2014-2023, *Intégration de l'Afrique : créer le prochain marché global*, 2015, p.15

1118 *Ibid.*

prépondérante dans l'agenda CEMAC/CEEAC. Du fait qu'en Afrique centrale l'énergie est difficilement accessible (**Paragraphe I**). De surcroît, depuis le réchauffement de la planète, la question de l'environnement a connu une attention particulière et d'autres problèmes environnementaux sont devenus de plus en plus cruciaux[1119] (**Paragraphe II**).

<u>Paragraphe I :</u> L'impact de l'harmonisation des politiques énergétiques sur l'amélioration du bien-être des populations

547. Il est actuellement impossible pour l'homme de vivre sans recourir à l'énergie, quelle que soit sa forme. Ainsi, assurer un accès sûr, compétitif et abordable à l'énergie est primordial pour l'Afrique centrale. De ce fait l'harmonisation des politiques énergétiques est pour les États de la CEMAC, l'occasion d'améliorer non seulement, les conditions du développement humain (**A**), mais aussi la coexistence sociale et l'organisation politique pour l'ensemble de l'Afrique centrale (**B**).

A / <u>L'harmonisation favorise l'efficience institutionnelle</u>

548. L'Afrique centrale regorge de ressources énergétiques variées, qui constituent le socle de l'économie des États de la CEMAC. Malheureusement, avec la conjoncture, les progrès sur le plan économique n'ont pas permis des avancées sur le plan social. C'est en cela que l'intégration régionale est un outil de stabilité sociopolitique (**1**), mais améliore aussi le bien-être des populations (**2**).

1 / L'intégration régionale, outil de la stabilité sociopolitique

549. Il est unanimement admis qu'un environnement social et politique stable garantit un bon rendement en termes de croissance, en particulier pour les pays africains[1120]. Bien évidemment, il n'a pas encore été démontré que l'intégration régionale favorise la qualité des Institutions. D'autant plus qu'en Afrique, l'efficacité de l'intégration comme instrument disciplinaire ou contraignant ne fait pas encore l'objet d'un consensus ; on peut émettre des hypothèses en conjecturant que dans le cadre de l'intégration régionale, les pays de la CEMAC projettent d'améliorer et de moderniser leur cadre législatif et réglementaire, en se référant au modèle démocratique. En outre, s'intégrer avec un groupe de pays dont les institutions semblent être

---

[1119] KIJIMA (Y), « An inquiry into constraints on a green revolution in sub-Saharan Africa: The case of NERICA rice in Uganda », *World Development*, Vol. 39, 2011, pp 77-86.

[1120] EASTERLY (W) et LEVINE (R), « Tropics Germs, and Crops: How Endowments Influence Economic Development », Washington, D.C, Center for Global Development. Working paper, 2002, p.15.

relativement plus efficaces peut inciter certains pays de la même région à introduire des réformes[1121]. Partant de là, on peut envisager « des effets de transmission institutionnelle et démocratique, lorsque les États ayant des structures politiques différentes s'intègrent[1122]». À condition que le groupe des pays suffisamment avancés démocratiquement, mette la pression au reste des pays de la zone. La position stratégique du Gabon sur le plan politico-militaire en Afrique centrale peut illustrer cette analyse. En dépit de la taille réduite de son armée, depuis 1997, la troupe gabonaise a constamment été déployée en RCA pour contribuer au retour à la paix dans ce pays en proie à une crise politique et militaire[1123]. Bien qu'il ne soit pas un modèle parfait de la démocratie africaine, le Gabon accompagne la Centrafrique sur la voie de la démocratie, en assistant le pays dans l'organisation des élections.

550. Selon la méthodologie de la nouvelle théorie de la croissance, les facteurs tels que, la situation démocratique, la stabilité politique et sociale sont régulièrement introduits dans les modèles expliquant l'évolution du PIB d'un pays[1124]. De ce fait, si le processus d'intégration régionale agit sur ces facteurs, alors il y a une forte probabilité qu'il affecte directement l'évolution macroéconomique d'un pays faisant partie de l'union et le bien-être des populations.

2 / L'impact de l'harmonisation des politiques énergétiques sur l'amélioration du bien-être des populations

551. En dépit des richesses naturelles immenses, force est de constater que le niveau de vie des populations de l'Afrique centrale n'a guère changé. En effet, les revenus provenant de l'exploitation des matières premières sont redistribués à une base clientéliste et à la classe politique. Par ailleurs, étant donné, que les budgets des États de la CEMAC sont tributaires des rentes et sujets à la volatilité des prix de matières premières, en exportant ses ressources naturelles à l'état brut dans le cadre d'une économie peu diversifiée et industrialisée, la CEMAC adopte une stratégie de croissance sur le court terme, peu profitable à la population qui subit de plein fouet les différentes crises. En outre, la faible diversification sectorielle des IDE

1121 OPARA OPIMBA (L), *op.cit.*, p.115.
1122 *Ibid.*
1123 Depuis 1997, la troupe Gabonaise est déployé en RCA dans la mission interafricaine de surveillance des accords de Bangui (MISAB). En novembre 2002, il s'implique avec d'autre pays de la région (Congo-Brazzaville, Guinée-Équatoriale et Tchad) dans la Force multinationale en Centrafrique (FOMUC), déployé par la CEMAC. En juillet 2008 cette opération est remplacé, par la Mission de consolidation de la Paix en Centrafrique (MICOPAX), cette fois-ci sous le mandat de la CEEAC 500 militaire Gabonais y participent. Enfin à partir de décembre 2013, le pays contribue à la mission internationale de soutien à la Centrafrique sous conduite africaine (MISCA). Le Gabon compte environs 500 soldat déployé à Bangui dans le cadre de la mission multidimensionnelle intégrée de stabilisation de stabilisation des Nations unies pour la Centrafrique (MINUSCA).
1124 OPARA OPIMBA (L), *op.cit.*, p.115.

entrants, cible essentiellement dans certains pays de la CEMAC, les projets à forte rentabilité financière mais peu créateurs d'emplois ; ce qui creuse un peu plus les inégalités de revenus[1125]. Sur le plan environnemental, l'exode rural et l'extension anarchique des villes conduisent à une gestion catastrophique des déchets et des eaux usées. De surcroît, l'exploitation massive des ressources mène à des fléaux tels que la pollution par de trop fréquentes marées noires, la surpêche, etc.

552. Dans ce contexte, il est difficile d'imaginer les conditions d'un développement endogène, respectueux de la planète et des populations. En résonance avec ces préoccupations sociales et environnementales, l'Afrique centrale encore aux prémices de son développement, a l'opportunité d'orienter, dès le départ, sa politique communautaire, vers une croissance verte et durable. C'est également par une diversification économique, notamment à travers un processus d'industrialisation et de modernisation de sa production énergétique, que les États de la CEMAC pourront parvenir à sortir de ce système de dépendance et assurer une croissance pérenne. En outre, étant donné que la transformation des matières premières, en biens de consommation acquiert une valeur stratégique considérable, il est donc nécessaire que les États de l'Afrique centrale forment une Union solide et résiliente, pour limiter les conflits interétatiques et interétatiques nuisibles au commerce intra-CEMAC. Une stratégie basée sur l'alliance plutôt que sur la concurrence.

B / L'harmonisation des politiques énergétiques et services sociaux de base

553. Comme nous l'avons constaté dans nos précédentes analyses, les mesures prises jusqu'à présent sont insuffisantes et ne permettent ni de réduire la dépendance énergétique de la CEMAC (**1**) ni d'endiguer le phénomène de la précarité énergétique qui condamne des milliers de foyers en Afrique centrale (**2**).

1 / L'harmonisation pour endiguer le phénomène de la précarité énergétique

554. L'énergie est un facteur essentiel du développement social et économique de toutes les communautés. Il est, en effet, utilisé pour répondre à des besoins de vie et d'activités en tout temps et en tout lieu. Notamment : chauffage, éclairage, cuisson des aliments, transport et la production de forces motrices pour la création de richesses. Ainsi, pour répondre à ces

---

1125 Document de travail de la banque africaine de développement, *L'investissement direct étranger améliore-t-il le bien-être des populations dans les pays d'Afrique du Nord ? Série sur les notes de politiques en Afrique du Nord*, 2015, p.10.

différents besoins, les hommes ont toujours eu recours aux sources d'énergie existant autour d'eux pour améliorer le cadre de vie et augmenter leur productivité. Seulement, avec un niveau de développement économique et social sans cesse en mutation, les sources d'énergie ont également évolué en passant des énergies primaires ou traditionnelles aux énergies modernes. Actuellement, le type d'énergie utilisé et la quantité consommée constituent des indicateurs de niveau de développement social et économique d'un pays. Malheureusement, depuis plusieurs décennies, les pays de l'Afrique centrale éprouvent de sérieuses difficultés pour satisfaire les besoins énergétiques des populations. Récemment, dans certains pays, les périodes cumulées de délestage dépasseraient parfois douze heures par jour. Cette crise, devenue aujourd'hui structurelle, est aggravée par la conjoncture internationale défavorable pour les pays importateurs de pétrole.

555. De ce fait, afin d'améliorer l'accès des populations urbaines et rurales de la CEMAC aux services énergétiques, les États doivent renforcer le programme énergétique communautaire, pour conforter et compléter les initiatives nationales. En effet, la situation particulière de l'énergie électrique des États membres, doit amener les plus hautes autorités de l'Union à définir une approche ambitieuse dans le secteur, pour rendre l'énergie électrique accessible et acceptable, aussi bien, pour les populations de la zone, que pour le secteur productif, et de favoriser un commerce sous-régional de services énergétiques. Toutefois, l'accès à l'énergie ne devrait pas seulement être abordé dans le cadre d'une simple électrification pour la satisfaction des besoins domestiques, mais plutôt dans le sens, de l'énergétisassions du monde rural qui fait appel autant, aux technologies productrices de puissance, qu'aux énergies renouvelables pour la satisfaction de besoin de base. Tels que l'éducation, l'accès à l'électricité et l'eau.

556. L'articulation entre énergie et éducation peut s'analyser en fonction de deux priorités : l'amélioration de l'accès à l'éducation de base et l'amélioration de la qualité de l'enseignement. En milieu rural, les services énergétiques adéquats sont indispensables à l'amélioration des conditions de travail de l'enseignant et des élèves. En effet, l'intérêt pour l'énergie, notamment pour l'électricité se révèle lorsque dans un contexte de mondialisation avec le développement de bibliothèque virtuelle, l'accès au service d'internet est aussi utile pour l'enseignant qui dispose d'opportunité d'actualisation de ses connaissances que pour les élèves qui, très tôt s'ouvrent à l'extérieur. De plus, le taux d'électrification du milieu rural étant encore faible dans certains pays de la zone, les infrastructures sanitaires localisées sont freinées dans la fourniture de prestation de qualité. De surcroit, l'approvisionnement en eau potable des populations et la maîtrise de l'eau pour le développement agricole sont autant de contraintes majeures, auxquelles les populations rurales de la CEMAC sont confrontées. Par conséquent, une politique communautaire de l'énergie permettrait d'aboutir

à des avancées sociales concrètes en matière d'accès à l'eau potable, aux soins ou encore à l'éducation.

2 / L'harmonisation pour réduire la dépendance énergétique

557. La géopolitique de l'énergie a longtemps eu pour seuls enjeux, la répartition des ressources en énergie fossile, le contrôle de leur production et des routes d'approvisionnement, ainsi que la maîtrise des consommations et l'impact de la dépendance énergétique sur les rapports de force entre les nations. Depuis le XXe siècle, le poids de l'Arabie saoudite et son alliance stratégique avec les États-Unis, la stratégie de l'OPEP, la politique d'exportation du gaz et du pétrole de la Russie, ainsi que, les réponses des pays importateurs[1126], structurent les enjeux géopolitiques et géoéconomiques liés à l'énergie. Plus récemment, la crise de l'OPEP et la crise sanitaire Covid-19, ont attisé la crainte des États de la CEMAC et pointé leur insuffisante capacité de résilience face au risque d'une crise pétrolière.

558. D'ailleurs, la prise de contrôle par General Electric de la branche énergie d'Alstom, les succès de l'exportation de technologie nucléaire russe, l'annonce d'investissement de 200 milliards de dollars pour développer en Arabie saoudite la plus grande centrale solaire au monde, le lancement en Inde du plus grand parc d'énergie renouvelable hybride au monde, ou encore le financement de la transition verte des pays pauvres débattus lors de la COP26, ne doivent pas être considérés comme de simples péripéties. Au contraire ce sont des éléments d'un vaste échiquier où les enjeux énergétiques liés aux hydrocarbures et aux technologies et systèmes énergétiques bas-carbone, bouleversent les équilibres géopolitiques et géoéconomiques puis nourrissent de nouvelles rivalités. C'est dans ce contexte que l'harmonisation des politiques énergétiques en Afrique centrale est une nécessité première, dans la mesure où, la CEMAC peut s'appuyer sur la diversité de ses composantes pour permettre une décarbonisation profonde au moindre coût pour la communauté. En effet, l'intégration régionale faciliterait, non seulement le partage et la réduction des coûts grâce à des économies d'échelle, mais rendrait aussi plus favorable, la construction de chaque pays à l'effort global. De plus, l'importante fracture énergétique entre les pays doit être un puissant élément de motivation pour la création d'un marché régional des énergies en général et de l'électricité en particulier[1127]. En effet, la coopération pétrolière joue un rôle important dans le dynamisme et le renforcement des liens entre les pays de l'Afrique centrale. Les États de la CEMAC doivent donc se pencher sur les moyens de mettre l'énergie au service du rayonnement économique et politique de la

---

1126 Constitution de stocks stratégiques, création de l'AIE, développement du gaz naturel, et du nucléaire civil, politiques d'efficacité énergétique.

1127 Revue des réformes su secteur de l'électricité en Afrique

sous-région. Dans la mesure où la rente pétrolière peut contribuer au rééquilibrage entre des régions inégalement pourvues au sein d'une nation. Mais, c'est surtout à la stabilisation des pays limitrophes des nations qu'elle peut être affectée[1128].

Paragraphe II : L'harmonisation des politiques énergétiques contribue à la préservation de l'environnement

559. L'extraction des ressources naturelles pose de réels problèmes en matière de préservation de la biodiversité. Si bien, que depuis plus d'un siècle la question de la préservation de l'environnement est devenue cruciale. Ce sont ces raisons, qui doivent pousser les pays de la CEMAC de choisir une approche régionale pour l'offre d'énergie (**A**), afin de résoudre les problèmes environnementaux (**B**).

A / L'harmonisation des politiques énergétiques pour assurer la gestion optimale des ressources énergétiques de l'Union.

560. L'importance des besoins des populations, fait de l'énergie, un enjeu majeur de pouvoir dans les affaires internationales de ce début de XXIe siècle1129. De ce fait, la transition énergétique (1) et la sécurité d'approvisionnement (2), sans perte de compétitivité, sont les deux objectifs à long terme de la politique commune de l'Afrique centrale en matière d'énergie.

1 / Transition énergétique

561. La transition énergétique est un changement du modèle économique de la consommation[1130]. À ce titre, il s'agit pour les pays d'Afrique centrale de passer d'une consommation essentiellement fondée sur l'achat des produits pétroliers à bas coûts, à un mix énergétique plus diversifié, faisant la part belle aux énergies renouvelables. Cette exigence de transition a lieu dans un contexte, « de raréfaction des ressources énergétiques

---

[1128] GRGGIO (R) et MAFFEI (B) ; rente pétrolière et crise économique : le paradoxe des cours élevés du pétrole en période d'abondance productive et crise économique, in Géoéconomie, n° 68, 2014, p.111-126

[1129] PAILLARD (C-A), « La sécurité énergétique, enjeu majeur de souveraineté pour les États du XXIe siècle », in *Cahiers de la sécurité, Revue de l'Institut national des hautes études de la sécurité et de la justice*, « La sécurité énergétique Sécurité énergétique et souveraineté Sécurité énergétique : de la théorie à la pratique La sécurité des centrales nucléaires, Les politiques énergétiques régionales de l'Inde et de la Chine », n°21, octobre, 2012, p.9.

[1130] PALLE (A), « Conjuguer sécurité d'approvisionnement et transition énergétique dans l'UE à travers l'intégration régionale : vers une Europe des régions de l'énergie ? », in Alia Gana éd., *La régionalisation du monde. Construction territoriale et articulation global/local.* Karthala, 2014, pp. 129-145.

traditionnelles, mais aussi à une plus grande compétition internationale pour l'accès à celle-ci[1131] ». À cette question économique, vient se greffer une autre plus politique, qui concerne le changement de mentalité africaine. C'est la notion du développement durable, qui est liée à une préoccupation d'ordre environnementale. C'est dans cette perspective que la transition énergétique en Afrique centrale vise un changement de mode de vie de consommation pour les Africains. La transition énergétique à faible empreinte carbone est déjà l'enjeu d'une bataille industrielle car elle porte la promesse de marchés en expansion pour les technologies bas-carbone, qui peuvent avoir une dimension mondiale et ont vocation à devenir les piliers des systèmes énergétiques de demain. Les enjeux géopolitiques, économiques et technologiques qui sont spécifiques à la transition portent sur le contrôle des :

✓ Ressources énergétiques (gaz naturel, métaux critiques et terres rares, les minerais conventionnels type cuivre, fer, uranium, mais aussi le sable et l'eau).

✓ Technologie, innovation/propriété intellectuelle et chaînes de valeur des technologies bas-carbone (ENR, nucléaire, gaz renouvelable dont l'hydrogène).

✓ Marché (transport public, éoliennes, solaires, infrastructures hydroélectriques, ville durable).

562. Seulement, la transition énergétique implique des investissements, des progrès technologiques et la transformation des systèmes, tel qu'il faut la mettre en œuvre à la plus grande échelle, pour en réduire les coûts et en renforcer l'efficacité. Ainsi, le défi en Afrique centrale est de développer une stratégie intégrée se concentrant sur les infrastructures, l'agriculture et l'énergie durable, par la coopération régionale, la mobilisation de l'épargne privée, ainsi qu'une stratégie adaptée aux spécificités locales, appuyée par les Institutions communautaires, mais pleinement soutenue, et mise en œuvre par les autorités locales. Pour cela, la CEMAC doit soutenir le renforcement des moyens et initiatives visant à l'électricité durable, l'éducation et l'adaptation aux changements climatiques. De plus, elle doit veiller à ce que les préoccupations sécuritaires immédiates n'occultent pas ces intérêts de développement de long terme. Toutefois, il n'y a pas de transition énergétique sans justice sociale. En effet, les différentes mobilisations citoyennes observées ci et là en Afrique centrale prouvent que la transition énergétique doit être intrinsèquement juste sur le plan social. De ce fait, la transition énergétique en Afrique centrale doit renforcer la justice sociale et répondre aux inquiétudes des populations, quant à l'augmentation du prix de l'énergie.

563. C'est dans ce sens qu'à ce premier objectif qui s'inscrit dans une action à long terme, vient s'ajouter une exigence plus géopolitique et plus

[1131] *Ibid.*

stratégique, qui touche à la souveraineté des États de la CEMAC. Il s'agit de la sécurité de l'approvisionnement en énergie, fondamentale à la fois pour le bon fonctionnement et la compétitivité de l'économie Cémacienne dans le monde, mais également, pilier indispensable des États.

2 / L'harmonisation pour garantir la sécurité des approvisionnements énergétiques

564. Les prix bas du baril de pétrole montrent qu'au-delà de l'impact de la crise sanitaire du Covid-19, la question des déséquilibres énergétiques mondiaux reste l'un des plus grands thèmes géopolitiques du XXIe siècle. De surcroît, les besoins de la population mondiale en énergie et des déséquilibres qui en découlent expliquent l'importance politique prise par les conflits touchant les régions productrices de ressources énergétiques[1132]. En outre, l'évolution des usages de la société africaine, conjuguée à l'augmentation de la population, fait qu'aujourd'hui l'Afrique centrale importe de plus en plus des produits pétroliers[1133]. La rendant ainsi de plus en plus sensible, sur le plan économique et social, à la sécurité d'alimentation et à la qualité de fourniture en énergie. En effet, la production communautaire étant insuffisante pour assurer les besoins énergétiques de l'Union, la dépendance énergétique externe est en croissance continue. En cela, la sécurité d'approvisionnement peut se définir comme la capacité du système énergétique à satisfaire de façon continue et à un coût raisonnable la demande prévisible du marché[1134].

565. Cependant, la sécurité des approvisionnements ne doit pas être confondue avec les concepts d'autarcie ou d'indépendance énergétique. En effet, un approvisionnement extérieur peut être sûr s'il s'appuie sur des fournisseurs fiables et diversifiés dans le cadre de marchés efficients. En revanche, un système en autarcie peut avoir des fragilités en cas de défaillance interne de nature technique, industrielle ou politique. En Afrique centrale, la sécurité d'approvisionnement consiste donc, d'une part, à assurer la continuité de la fourniture au regard de différents risques auxquels le système gazier est confronté. Et d'autre part, à garantir un approvisionnement en produit pétrolier, à un prix compétitif. En effet, l'aléa majeur faisant peser des risques sur la sécurité d'approvisionnement en gaz est le stockage. En revanche, pour ce qui est des produits pétroliers, cette

---

[1132] PAILLARD (C-A), *op.cit.*, p.9.

[1133] À titre d'exemple, au Gabon pour combler le déficit de production et satisfaire la demande, les importations des produits pétroliers, réalisé par la SOGARA et Gabon Oil Marketing, ont augmenter de 60,4% en 2018, passant de 254 432 tonnes en 2017 à 408 157 tonnes métriques. Au Cameroun, dans le cadre de l'approvisionnement en produits pétroliers, le ministre de l'Eau et de l'Énergie avait lancé un appel d'offres pour l'importation de 465 000 tonnes métriques de produits pétroliers au titre de janvier, février et mars 2021.

[1134] PPE-Volet relatif à la sécurité d'approvisionnement et au développement des infrastructures et de la flexibilité du système énergétique, « la transition énergétique pour la croissance verte ». p.3.

notion renvoie à une variété de problématiques qui se situent à des échelles de temps très différentes. À court terme, la sécurité d'approvisionnement correspond à la capacité à faire face à une interruption temporaire de l'approvisionnement en produits pétroliers ; À moyen terme, il faudra une réalisation en temps utile des investissements nécessaires, pour permettre de satisfaire la demande en produit pétrolier. Le long terme correspond à la diversification du mix énergétique et à la réduction de la consommation énergétique et la dépendance aux produits pétroliers.

566. Par ailleurs, la sécurité d'approvisionnement consiste également à garantir la sécurité du système électrique, afin d'éviter les risques de coupures de courant localisées ou de black-out à plus grande échelle[1135]. À cet effet, étant donné que l'électricité est un bien qui est difficile à stocker en grande quantité, la sécurité du système électrique repose d'une part sur l'adéquation des capacités électriques pour couvrir la demande d'électricité, exige que la quantité produite et injectée dans le réseau, soit à tout moment égale à la quantité d'électricité consommée. Et d'autre part sur la sûreté de fonctionnement, qui, quant à elle permet d'évaluer et quantifier la capacité d'acheminement du système électrique.

567. La sécurité d'approvisionnement est un enjeu multi-échelle qui doit aussi, prendre en compte les disparités locales, aussi bien du côté de la demande (en fonction du dynamisme et de l'attractivité des territoires), de l'offre (en fonction de la part d'électricité produite localement), que du réseau (en fonction de la densité locale du réseau). Dans les pays de la CEMAC, la zone rurale constitue la zone dont l'approvisionnement est le plus fragile.

568. À l'heure où les énergies fossiles sont remises en cause et où la concurrence des pays émergents pour la maîtrise des grandes sources d'énergie évolue de façon croissante, les pays de la CEMAC ne peuvent faire l'économie d'une stratégie globale sur la préservation de leur autonomie énergétique. Même si la crise sanitaire de Covid-19 est venue temporairement tempérer les perspectives de croissance de la consommation énergétique mondiale, toutefois, au regard de la raréfaction des énergies fossiles, et du fait que pour l'heure, il n'existe pas d'alternative durable à ces ressources carbonées, « la question du risque énergétique de nature géopolitique reste plus que jamais d'actualité[1136]». Ainsi, la sécurité d'approvisionnement des États de la CEMAC doit notamment passer par la maîtrise de la demande d'énergie, la production des ER et la diversification des approvisionnements[1137].

[1135] PPE-Volet relatif à la sécurité d'approvisionnement et au développement des infrastructures et de la flexibilité du système énergétique, *op.cit.*, p.3.

[1136] PAILLARD (C-A), *op.cit.*, p.9.

[1137] PPE-Volet relatif à la sécurité d'approvisionnement et au développement des infrastructures et de la flexibilité du système énergétique, *Ibid.*, p.3.

569. C'est en ce sens que l'intégration régionale par la construction des interconnexions transfrontalières obéit à un motif de sécurité d'approvisionnement. En effet, les interconnexions offrent la possibilité d'importer de l'électricité depuis un pays voisin en cas de tension sur l'approvisionnement national ; ce qui constitue une solution économiquement efficace. Ainsi, les interconnexions permettent de réduire les aléas géographiques entre pays et ce, de manière d'autant plus efficace que les fondamentaux nationaux sur lesquels repose la sécurité d'approvisionnement des différents pays diffèrent. En plus de cela, les interconnexions évitent, aux pays de la CEMAC d'investir dans des capacités supplémentaires pour assurer leur sécurité d'approvisionnement. De ce fait, la diversification des sources d'approvisionnement constitue, avec la politique d'économie d'énergie et celle du développement des ER, l'un des piliers de la sécurisation d'approvisionnement énergétique.

B / <u>L'harmonisation des politiques énergétiques au service des objectifs climatiques</u>

570. Comme dans d'autres régions du monde, le réchauffement climatique entraîne des conséquences visibles sur la biodiversité de l'Afrique centrale. Il faut dire qu'en dépit de certaines pratiques traditionnelles, le dépérissement tragique des forêts et l'érosion côtière ont été en grande partie favorisés par l'extraction des ressources naturelles si bien que la croissance non maîtrisée en Afrique centrale entraîne aujourd'hui des problèmes sociaux et environnementaux. De ce fait, l'introduction des objectifs de réduction des émissions par le déploiement des ENR (**1**) et l'efficacité énergétique (**2**), démontre que l'enjeu du climat est au centre des politiques Cémaciennes.

1 / Promouvoir les énergies renouvelables

571. Grâce à son potentiel de ressources hydrauliques, l'Afrique centrale a le taux de pénétration en ER le plus élevé de la planète. À tel point que, les énergies fossiles ne représentent qu'une part marginale de la production d'électricité[1138]. Même, pour les pays dont les ressources hydrauliques sont insuffisantes, les échanges régionaux d'électricité permettent de combler le déficit. À titre d'exemple, le Burundi importe 50% de son électricité de la centrale hydroélectrique de Ruzizi dont le capital est partagé avec le Rwanda et la RDC[1139]. Cependant, ce constat apparemment positif cache une réalité plus complexe. Dans le cas de l'électricité, la biomasse a une part

---

[1138] Livre blanc CEEAC/CEMAC, *op.cit.*, p.28.
[1139] *Ibid.*

considérable dans le taux de pénétration des ER dans la région. Utilisée de manière peu efficace sous forme de bois de feu ou charbon de bois, cette biomasse offre un confort limité. Les usages modernes de la biomasse (centrale électrique, équipement domestique performant et moderne, etc.) restent marginaux. Cette situation a entraîné la déforestation des bassins d'approvisionnement proches de grand centre urbain de consommation. À ce titre, le bassin du Congo a connu une perte nette de forêts d'environ 700 000 ha/an pour la période 2000-2010, soit un taux de perte de 0,23% par an[1140]. De ce fait, en dépit d'une réelle prise de conscience des différents acteurs, l'Afrique centrale, cour à la disparition presque programmée et inéluctable de sa biodiversité. L'enjeu pour l'Afrique centrale réside, donc dans le développement à grande échelle de la biomasse, tout en s'assurant du renouvellement de cette ressource.

572. Par ailleurs, le développement des ER autres que l'hydroélectricité est limité par des coûts initiaux élevés, une main-d'œuvre qualifiée insuffisante, un cadre juridique inapproprié, une planification inadéquate et un manque de coordination entre les acteurs concernés. Avec le développement des capacités et des interconnexions, les échanges régionaux d'électricité à partir des énergies renouvelables pourraient être considérablement accrus. Pour cela, avant la formulation de toute politique, il est crucial pour les pays de la CEMAC de tirer des enseignements des expériences pertinentes d'autres pays qui ont poursuivi des objectifs similaires[1141]. Toutefois, la priorité accordée aux ENR ne doit pas négliger l'enjeu de l'efficacité énergétique et des réseaux de refroidissement centralisés pour les villes côtières d'Afrique centrale.

2 / Promouvoir l'efficacité énergétique

573. Dans les pays de l'Afrique centrale, les politiques d'efficacité énergétique sont encore peu développées, malgré l'importance du potentiel d'économies d'énergie et des temps de retour du capital favorable. Pourtant, l'objectif des politiques d'efficacité énergétique est de maintenir la même qualité de service avec une consommation moindre. De surcroît, les mesures d'efficacité énergétique ne nécessitent généralement que de faibles investissements, dans la mesure où, la simple modification des comportements des acteurs économiques (ménages, industrie, administration) peut conduire à des économies substantielles.

574. Prenons l'exemple des réseaux de refroidissement centralisé pour les villes côtières d'Afrique centrale. Bien qu'une infime partie de la population

---

[1140] *Ibid.*

[1141] En effet dans le cadre de l'électrification, les améliorations les plus rapides de l'intensité énergétique, atteignant un taux de croissance annuel cumulé de moins de 4 à moins 8% ont été obtenu dans les pays ou l'intensité énergétique était élevé et ou les gains d'efficacité énergétique étaient facilement réalisables. Cf. Livre blanc CEEAC/CEMAC, *op.cit.*, p.29.

utilise des climatiseurs, l'augmentation des classes moyennes et l'urbanisation croissante des mégalopoles, les risques de piège à émission seront très élevés si la demande d'électricité est satisfaite par des générateurs diesel. Ainsi, l'efficacité énergétique constitue le gisement le moins cher en matière de développement des services énergétiques, tout en minimisant les émissions de gaz à effets de serre (GES). Cette prédominance des équipements et des pratiques qui ne favorisent pas les économies d'énergie (centrales thermiques classiques, lampes à incandescence, régulation non adaptée, perte élevée dans les transports et la distribution d'électricité, faible rendement de la filière biomasse) s'explique par l'absence d'un cadre institutionnel et réglementaire approprié.

575. C'est en cela que l'efficacité énergétique et la conservation de l'énergie constituent des outils économiques puissants pour atteindre l'accès universel à des services énergétiques durables. Entre autres, gestion des déchets, transports publics, standards d'efficacité énergétique pour l'habitat, systèmes centralisés de refroidissement des villes. Dans ce cadre, il faudrait que les États de la CEMAC emboîtent le pas au Gabon en interdisant que les anciens véhicules polluants ne soient plus revendus dans leur pays. À ce titre, l'intensité énergétique est l'élément le plus pertinent pour mesurer la performance des agents économiques dans ce domaine.

CONCLUSION DU CHAPITRE I

576. L'énergie est à la fois source et cause de développement. En effet, l'accès à l'énergie est gage de condition de vie décente, mais aussi un puissant levier de développement économique et industriel. Bien que l'Afrique centrale regorge d'importantes ressources énergétiques, cependant, la majeure partie de sa population souffre de disette énergétique. C'est dans cette perspective que l'intégration régionale énergétique optimise le potentiel énergétique commun pour améliorer le bien-être de la population, endiguer le phénomène de la précarité énergétique et réduire la fracture énergétique entre les pays. De plus, concernant les différends suscités par les ressources naturelles transfrontalières, l'harmonisation des politiques énergétiques assure une gestion pacifique des gisements transfrontaliers. Enfin, étant donné que la consommation d'énergie et les préoccupations liées à l'environnement occupent une place prépondérante dans l'agenda de l'intégration régionale de l'Afrique centrale, l'harmonisation des politiques énergétiques contribuerait à la préservation de l'environnement, en assurant d'une part, la gestion durable des ressources énergétiques de l'Union. Et en promouvant d'autre part, les énergies renouvelables et l'efficacité énergétique.

577. Toutefois, ces gains ne sont pas automatiques et résultent soit de la pression économique soit d'actions de sensibilisation accompagnées d'incitations financières. En l'absence de volonté politique et des politiques publiques dont l'ambition est de garantir le fonctionnement de l'économie globale sans dégrader l'environnement, en assurant une cohésion sociale équitable et un développement économique, ces objectifs ne peuvent être atteints. Sans énergie abondante, bon marché et facilement transformable, les pays de l'Afrique centrale ne pourront connaître une croissance économique à deux chiffres. Ainsi, pour atteindre les objectifs de croissance et de développement auxquels aspirent les États de la CEMAC, une réforme profonde du dispositif fiscal s'avère hautement nécessaire.

CHAPITRE II : UNE COMMUNAUTARISATION DES RÈGLES FISCALES PERFECTIBLE

578. La recherche d'un cadre fiscal capable de tenir compte de la dimension communautaire et de la souveraineté des États membres est un défi permanent pour la CEMAC. Bien que, les traités CEMAC et CEEAC ambitionnent de poser les bases d'un marché régional sans entraves douanières et fiscales, l'observation du dispositif actuel met en évidence des insuffisances graduelles, face aux nouveaux défis de la construction CEMAC. En matière d'énergie, l'enjeu pour la CEMAC consiste, dès lors, à mobiliser davantage de recettes publiques sans nuire aux flux d'échanges commerciaux ni à l'allocation des ressources, d'une part, et concevoir un système fiscal neutre par rapport à la prise de décision économique, d'autre part. Pour ce faire, des approches innovantes doivent être explorées en matière de fiscalité énergétique (**Section I**), afin d'entrevoir les bénéfices attendus d'un système fiscal intégré en CEMAC (**Section II**).

SECTION I : STRATÉGIE D'IMPLÉMENTATION SUGGÉRÉE POUR UNE HARMONISATION RÉUSSIE EN ZONE CEMAC

579. Dans le cadre d'un marché commun, tel que celui projeté par la CEMAC, la loyauté fiscale de la concurrence est nécessaire pour la survie de l'union. Si, la recherche d'un système fiscal optimal suppose, le rejet de la politique du « moins-disant fiscal [1142]», alors, il faudrait que les États améliorent non seulement les instruments fiscaux communautaires existants (**Paragraphe I**), mais doivent également, édicter de nouveaux textes relatifs à la fiscalité énergétique et aux mesures connexes (**Paragraphe II**). Ceci, dans l'optique d'améliorer le bien-être global des populations et de booster le développement économique des États.

Paragraphe I : Amélioration des instruments fiscaux communautaires existants

580. Puissant vecteur de la promotion de l'intérêt mutuel, le commerce international permet aux États de « réaliser pleinement leur potentiel productif en faisant appel aux compétences et aux ressources disponibles ailleurs »[1143]. De ce fait, la libération des échanges et la facilitation du commerce communautaire doivent constituer des priorités pour toute

[1142] Pratique consistant pour un État, à adopter une législation fiscale moins contraignante que celle d'États concurrents afin d'attirer les entreprises étrangères et les capitaux étranger.

[1143] KEEN (M) et al, *Moderniser la douane*, Washington, fonds monétaire international, 2003, p.ix. Cf MEYONG ABATH, *op.cit.*, p.346.

stratégie visant à enrichir les perceptives de l'économie régionale et à faire reculer la pauvreté. L'émergence d'une fiscalité énergétique harmonisée, compatible avec la souveraineté des États sur les ressources naturelles, suppose donc, la poursuite du processus de réforme douanière et des mesures prises (**A**) et l'amélioration de l'efficacité des régies financières (**B**).

A / <u>Poursuivre le processus de réforme douanière et des mesures prises</u>

581. Les impôts et taxes grevant les ressources énergétiques continueront, encore longtemps, de représenter une importante source de revenus pour les États de la CEMAC. L'enjeu consiste, dès lors, à faire remplir sa mission première de perception de recettes publiques à l'administration, en simplifiant et systématisant le régime d'imposition et la structure du tarif douanier (**1**). Ce qui suppose d'entériner la rationalisation du TEC CEEAC/CEMAC. Mais surtout, de parfaire la politique fiscale (**2**).

1 / Rationaliser le régime d'imposition et la structure du tarif douanier

582. La principale cause d'inefficience de nombreuses administrations douanières en Afrique centrale est l'application des dispositions directes du code des douanes communautaires, dans la mesure où, il se caractérise, par un défaut d'actualisation continue. Ainsi, simplifier le régime d'imposition et la structure du tarif douanier, revient à améliorer la politique douanière et réduire significativement la corruption[1144]. Seulement, pour ce faire, elle doit partir de la volonté des États, de mettre en adéquation leur régime douanier, avec les normes et pratiques internationales recommandées par l'OMD. En effet, le contexte actuel impose au préalable à la CEMAC de relever les discordances entre le TEC et les tarifs nationaux et de les éliminer par la suite. Toutefois, tout en restant conforme aux pratiques internationales en la matière, la réforme du tarif, devrait tenir compte « des contraintes spécifiques, notamment, la volonté politique des gouvernants, les engagements internationaux, les capacités des administrations douanières et les autres réformes engagées[1145] ». Dès lors, pour établir un mécanisme tarifaire uniforme, il est primordial que la CEMAC interdise aux États l'adoption unilatérale de mesure dérogatoire du tarif communautaire.

583. Par ailleurs, pour offrir un système d'évaluation en douane des marchandises importées qui soit uniforme, équitable, neutre et conforme à la réalité commerciale, les États de la CEMAC doivent rendre effectif

---

[1144] En effet, une législation simple et claire crée le cadre adéquat de mis au point des systèmes et des procédures lisibles par les hommes d'affaire et pout les agents de l'État.

[1145] GEOURJON (A-M), « La politique commerciale et l'administration douanière » in *KEEN (M),* Moderniser la douane, fonds monétaire international (éd) 2003, p.38.

l'application de la valeur transactionnelle. Seulement, comme le précise MEYONG ABATH « une mise en œuvre assurée de la valeur transactionnelle est celle qui couvre non seulement son contenu effectif, mais aussi, les moyens, les prérogatives et les mécanismes administratifs propres à en garantir le bon fonctionnement[1146] ». Par conséquent, l'idéal réside en une législation complète couvrant tous les aspects de l'évaluation. En cela, la mise en place d'une cellule de travail spécialisé en matière de contrôle à postériori de la valeur s'avère prioritaire.

584. En outre, pour une administration efficace et une célérité des remboursements des régimes douaniers suspensifs, le système devrait être entièrement informatisé. Bien que le régime de l'admission temporaire et le drawback, visent un même objectif, il présente néanmoins des mécanismes d'applications différentes. En effet, dans le cadre du drawback, l'État perçoit d'abord des droits, puis vérifie si les exportations ont effectivement eu lieu avant de procéder aux remboursements. En revanche, l'admission temporaire comporte un risque élevé de perte de recettes pour les États, dû aux possibilités de détournement des marchandises vers le marché local. Ainsi, pour réduire le risque de perte de recettes, l'idéal serait pour les États de la CEMAC de mettre en place un système hybride suivant le contexte et de prélever des droits, taxes et amendes en cas d'abus ou de fraude[1147]. L'admission temporaire avec caution garantissant le paiement des droits de douane, en cas d'infraction, conviendrait aux entreprises agrées, qui exportent la totalité de leur production. En revanche, les entreprises n'exportant qu'une petite partie de leur production, ou exportant de façon occasionnelle, devraient bénéficier du drawback. Compte tenu du niveau élevé de la fraude, les administrations douanières doivent contrôler rigoureusement l'utilisation des intrants importés dans le cadre du drawback, auditer les entreprises agréées, et vérifier les demandes de remboursement dans le cadre de l'admission temporaire.

585. Bien qu'il soit quasiment impossible d'éliminer les exonérations, une amélioration de leur gestion semble néanmoins indispensable. L'atteinte d'un tel objectif implique une analyse détaillée et un suivi systématique des exonérations pour évaluer la pertinence des avantages accordés. Pour ce faire, les États de la CEMAC doivent adopter une structure homogène des régimes d'exonération, en encadrant de manière stricte les décisions accordant les exonérations conditionnelles. Ainsi, au lieu de les consigner de manière éparse dans divers textes de loi nationaux, ils seront consignés dans un texte communautaire. Cela, permettrait d'annuler les effets pernicieux du pouvoir discrétionnaire de certains hauts responsables gouvernementaux en la matière.

1146 MEYONG ABATH (R), *op.cit.*, p.349.

1147 CORFMAT (F), GOORMAN (A), « régimes douanier suspensif et exonération », in *KEEN (M) et al*, *op.cit.*, p.103.

586. Enfin, pour faire face aux pertes de recettes provoquées par la fraude liée au transit, il est urgent pour la CEMAC d'adopter une législation homogène et efficiente, définissant précisément chaque étape du dédouanement. De plus, pour une meilleure qualité du transit, la CEMAC devra se pencher sur la gestion des flux de marchandises et améliorer les méthodes de suivi du dédouanement, dans les lieux et pays de destination finale. En outre, afin de réduire les arrêts et vérifications, les installations de contrôle douanier devraient être implantées de façon rationnelle, en tenant compte des contingences géographiques et des équipements disponibles. En tout état de cause, si l'on veut garantir la cohérence et la rapidité, la vision communautaire doit l'emporter sur toute considération nationale.

2 / Parfaire la transparence des finances

587. Il est de plus en plus admis qu'il existe bel et bien une corrélation entre la bonne gouvernance et de meilleurs résultats économiques et sociaux[1148]. Une bonne gouvernance se traduit, par la transparence des finances publiques. C'est-à-dire, faire des rapports financiers exhaustifs, pertinents de la situation et des résultats financiers des administrations publiques, pour mettre en balance les différentes options en présence[1149]. Ainsi, pour avoir une vision complète des activités financières du secteur énergétique et de ses sous-secteurs, il faudrait, que les rapports financiers publiés, couvrent les instituions, qui se consacrent aux activités liées aux ressources naturelles ; les stocks (un compte de patrimoine des actifs, passif et valeurs nettes publics) ; les flux financiers et les dépenses fiscales[1150]. Et ce, de façon régulière et en temps opportun. Par ailleurs, bien que la qualité des informations contenues dans les rapports financiers soit pertinente et comparable à l'échelle internationale, elles doivent tout de même présenter une cohérence interne, communiquer les importantes révisions apportées aux statistiques financières. Ce qui permettra de prévoir des rapprochements, entre les diverses mesures des agrégats financiers synthétiques.

588. En outre, pour faciliter la reddition des comptes, il faut d'abord que les statistiques financières et les états financiers soient soumis à un audit public de la Cour des comptes qui validera leur fiabilité[1151]. Ensuite, la documentation budgétaire doit contenir toutes les informations sur les objectifs et les résultats enregistrés dans le secteur énergétique. Enfin, les administrations douanières doivent mettre à disposition des citoyens, une synthèse accessible des effets des politiques budgétaires. Parallèlement,

---

1148 Rapport OCDE, *Transparence budgétaire : Les meilleures pratiques de l'OCDE*, 2002, Paris, p.7

1149 CODE de Transparence des Finances publiques du FMI, p.1

1150 *Ibid.*

1151 *Ibid.*, p.2.

étant donné que les projections budgétaires s'appuient sur des prévisions macroéconomiques exhaustives, les budgets et les prévisions financières qui leur servent de bases doivent énoncer clairement les objectifs budgétaires et les politiques visés par l'administration, et présenter des projections exhaustives des perspectives des finances publiques. De plus, les pouvoirs publics doivent analyser, gérer et communiquer les risques qui pèsent sur les finances publiques tout en assurant une coordination effective du processus décisionnel dans l'ensemble du secteur énergétique.

589. Enfin, l'amélioration de la transparence budgétaire, les États de la CEMAC passent également, par la rationalisation des dépenses fiscales. Il convient toutefois, de mentionner, que la rationalisation des dépenses fiscales, n'est pas la suppression des avantages accordés, mais plutôt, l'évaluation de leur coût budgétaire et l'analyse de leur impact économique et social[1152]. Cependant, avant d'évaluer les dépenses fiscales, il faut améliorer la qualité du système d'information fiscale. Pour cela, il faudrait remplacer le pouvoir discrétionnaire d'octroi d'incitations fiscales par des incitations codifiées afin de rendre le système plus transparent et plus simple pour les entreprises[1153].

B / <u>Améliorer l'efficacité des administrations douanières et fiscales</u>

590. À travers le monde, les administrations douanières jouent un rôle essentiel dans la mise en œuvre des politiques commerciales et tarifaires. Seulement, sans une administration douanière efficace et efficiente, les États Cémaciens ne seront pas en mesure de mobiliser plus de recettes publiques et de répondre à l'impératif de la facilitation des échanges. C'est en ce sens qu'optimiser les performances des administrations douanières (**1**) et améliorer le dispositif de lutte contre la fraude fiscale (**2**) s'avère être nécessaire pour permettre d'apporter des bénéfices certains.

1 / Optimiser les performances des administrations douanières

591. Bien que le rôle et les responsabilités principaux de la douane soient restés les mêmes, la manière dont la douane s'acquitte de ce rôle a considérablement changé. Ce changement a été motivé, par la mondialisation des échanges, l'explosion des usages des nouvelles technologies de l'information et de la communication, ainsi que, l'exigence d'améliorer les politiques et procédures directement associées aux engagements internationaux. Cependant, bien que les administrations douanières de la zone soient confrontées à des défis stratégiques similaires, l'environnement

---

[1152] SÉMINAIRE régional de formation sur l'évaluation des dépenses fiscales, *Définition et identification des dépenses fiscales*, Douala,4-6 novembre 2019, FERDI/CEMAC, p.3.

[1153] L'ASSISTANCE DE LA BANQUE MONDIALE à la rationalisation des dépenses fiscales en zone CEMAC : les cas du CAMEROUN et du GABON, Douala, le 6 novembre 2019, p.11.

dans lequel elles opèrent, leurs spécificités, les compétences administratives, la disponibilité des ressources et leurs ambitions en matière de développement varient d'un pays à un autre. Si une administration douanière, éthique et efficace, contribue dans une large mesure, à une mobilisation accrue des recettes et peut aider les États, à faciliter les échanges, et accroître la confiance placée, optimiser l'efficacité, l'efficience des administrations douanières en Afrique centrale, revient donc, à établir des critères de performances et relever les nouveaux défis découlant des tendances émergentes pour améliorer en permanence la rentabilité de tous les processus commerciaux.

592. Pour ce faire, les États de la CEMAC doivent d'abord mettre en place un dispositif juridico administratif qui promeut l'éthique et sanctionne tout comportement déviant. En effet, pour lutter contre la fraude fiscale et la corruption, les États Cémaciens doivent recruter dans l'administration douanière des personnes d'une grande intégrité professionnelle sur la base de la compétence et leur offrir les perceptives de critères et d'avancement selon le mérite. Ensuite, au-delà, de l'amélioration des performances administratives, l'enjeu réside dans le renforcement du degré d'autonomie de l'administration douanière. En effet le choix de l'autonomie des administrations douanières, se justifie par le fait qu'il préserve l'administration douanière contre toute interférence politique, améliore la qualité de ressources qui leur sont consacrées, et atténue la corruption[1154]. Ainsi, renforcer l'autonomie des administrations douanières revient à garantir leur efficacité et leur efficience, dans la mesure où, elle satisfait aux exigences de rigueur d'un service professionnel, tout en assurant le maintien d'un degré acceptable de responsabilité.

593. Enfin, en vue de faciliter l'adoption de la convention d'assistance mutuelle administrative, les États doivent mettre l'informatisation au cœur de la stratégie de modernisation des administrations. En effet, l'informatisation des opérations douanières permet un traitement rapide de l'information, une interprétation et une application uniforme de la législation douanière, et réduit les coûts de travail manuel[1155]. De surcroît, lorsqu'elle est complétée par la modernisation des procédures douanières, elle permet d'éliminer les pratiques irrégulières et parallèles, les goulots d'étranglements et allongement des délais de libération des marchandises, qui favorise les fraudes et les détournements. Ainsi, les États de la CEMAC doivent investir dans l'informatisation des systèmes douaniers, afin, non seulement, d'accroître la sûreté et la sécurité des citoyens Cémaciens, mais aussi, de renforcer l'activité et la croissance économique. Parallèlement, afin de

---

1154 CASTRO (P), WALSH (J-T) « l'organisation de l'administration douanière », in *KEEN (M) et al*, *op.cit.*, p.154-155.

1155 CORFMAT (F) et CASTRO (P), « l'informatisation des procédures douanières », in *KEEN (M) et al*, *op.cit.*, p.30.

favoriser un recours accru au développement informatif et collaboratif, il est souhaitable que la CEMAC mette en place un comité technique informatique chargé d'évaluer les procédures douanières et leurs évolutions, de proposer des fonctionnalités nouvelles à développer dans SYDONIA ++ et dans d'autres applications douanières.

2 / Améliorer le système de lutte contre la fraude fiscale

594. La fraude fiscale est loin de représenter un phénomène bénin en Afrique centrale. Ainsi, compte tenu, d'un environnement peu documenté, les États membres doivent développer ensemble des stratégies pertinentes de lutte contre la fraude fiscale[1156]. Pour cela, il faudrait d'abord que les Etats membres élaborent une stratégie préventive contre d'éventuelles irrégularités, en mettant en place divers instruments de mesure pour permettre aux administrations nationales et à la CEMAC de disposer de données plus concrètes et mieux qualifiées pour répondre au mieux aux phénomènes de fraude. Ensuite, devant la nécessité de lutter contre l'internalisation de la fraude, la CEMAC doit renforcer le cadre juridique en la matière en édictant d'une part, une clause d'arbitrage en cas de désaccord persistant entre les parties. Bien qu'elle soit contraignante pour les Etats, elle présente néanmoins « en droit les meilleures garanties d'élimination de la double imposition pour le contribuable[1157] ». Et d'autre part, édicter un droit de suite, afin de mieux fiscaliser les sociétés qui ont des démembrements implantés dans un autre pays.

595. Au-delà du renforcement du cadre juridique de lutte contre la fraude, une priorité doit également être accordée, suggère COSSON, la réforme des méthodes de travail des administrations[1158]. Cela induit au renforcement de la coopération administrative entre les États membres. Étant donné qu'il y a plus de distorsions dans l'application des règles fiscales interne, plus d'opportunités pour la fuite des capitaux, l'assistance administrative mutuelle apparaît comme une obligation pour les États de la CEMAC, dans le cadre d'une intensification de lutte contre la fraude fiscale. Toutefois, malgré l'ensemble des instruments mis en place[1159] pour lutter contre la fraude fiscale, elle demeure importante dans la zone. En effet, du fait du

---

[1156] MEYONG ABATH (R), *op.cit.*, p.393.

[1157] PERDRIEL-VAISSIÈRE (H), « Le règlement amiable des conflits en droit fiscal conventionnel français », in *L'Année fiscale*, 2003, pp.245 et s.

[1158] COSSON (J), *Les industriels de la fraude fiscale*, Paris Éditions du Seuil, 1971, p.220.

[1159] Il s'agit de l'Acte UDEAC n°4/83-UDEAC-108 du 19 décembre 1983 portant approbation de la convention tendant à établir les règles d'assistance mutuelle administrative en matière fiscale ; l'Acte n°5/83-UDEAC-108 du 19 décembre 1983 approuvant la liste des enregistrements à communiquer d'office dans le cadre de l'assistance mutuelle administrative en matière fiscale entre les États membres de l'UDEAC ; et la Convention de Nairobi adoptée le 09 mai 1997, à travers laquelle l'OMD exhorte les États à passer entre eux, et sur un modèle standard, des accords bilatéraux ou sous régionaux d'échanges d'information et de renseignement en vue de la prévention, la recherche et la répression des infractions douanières.

mode de travail largement autarcique des administrations, la brigade de vérification, prévue dans le Protocole d'assistance administrative mutuelle du 20 décembre 1994, censée faciliter la collecte et la transmission des informations, sollicitées par les États reste virtuelle[1160]. Pour justifier cette autarcie administrative, les États invoquent l'article 6 de l'Acte n°9/94-UDEAC-600-CE-30 du 22 décembre 1994, qui donne la possibilité aux administrations de refuser la communication des renseignements, en invoquant les raisons de souveraineté, de sécurité et d'ordre public. De ce fait, le mécanisme logique pour surmonter cette limitation est l'intensification d'une franche collaboration administrative en matière fiscale, en appliquant les mécanismes juridiques existants. Notamment, l'Acte n°17/65-UDEAC-38 du 14 décembre 1965 portant sur la Convention d'assistance mutuelle administrative en matière fiscale en zone CEMAC, qui comprend à la fois, l'échange de renseignement en vue d'établir l'assiette et le contrôle des impôts[1161] et l'assistance au recouvrement aux fins de percevoir effectivement les impositions établies[1162]. Toutefois, pour une coopération administrative efficace, il faudrait que les États fixent un délai moyen de réponses aux demandes. Enfin, les États doivent aller plus loin dans la coopération en améliorant l'effet dissuasif des sanctions vis-à-vis d'éventuels fraudeurs car, l'impunité notoire à grande échelle, observée en Afrique centrale, engendre un sentiment d'injustice chez le contribuable ordinaire.

596. Tout compte fait, s'il est vrai que, l'amélioration des instruments fiscaux existants est un préalable indispensable pour la mise en place d'une harmonisation fiscale susceptible de promouvoir le développement de la zone, toutefois, l'édiction de nouvelles normes fiscales communautaire s'avère tout aussi nécessaire pour compléter et consolider les acquis des mesures prises.

<u>Paragraphe II :</u> Édiction de nouveaux instruments fiscaux communautaire

597. Tirant l'essentiel de leurs revenus de l'exportation du pétrole, du bois et des minerais, la définition d'une fiscalité énergétique adaptée est essentielle, dans la mesure où, la fiscalité relative à ces produits contribue

---

[1160] Crée en 1966 au sein de l'UDEAC la brigade de vérification des entreprises n'existe plus à ce jour.

[1161] Il dispose à cet effet dans son article 1, que « *les États s'engagent à se communiquer réciproquement tous renseignements d'ordre fiscal qu'ils détiennent et qui sont utiles à l'assiette ou au recouvrement des impôts de toutes natures et à la répression de la fraude fiscale* ».

[1162] Elle précise en outres, dans son article 4, que « *les États contractants s'engagent à se prêter mutuellement aide et assistance pour recouvrer les créances fiscales de toute nature. Ce concours s'étend aux pénalités, majorations de droits en sus, amendes et frais de toute nature, y compris ceux inhérents aux retards apportés au paiement et aux poursuites en résultant. Cette assistance s'étend également aux créances parafiscales* ».

significativement au développement des économies des États de la CEMAC. Toutefois, la principale difficulté quant à la définition d'une politique énergétique adéquate, tient en une contradiction partielle entre les différents objectifs et enjeux de la fiscalité énergétique (mobilisation accrue de recette et compétitivité des entreprises). Dès lors, au regard des objectifs budgétaires, financiers, économiques, et environnementaux, qui sont sous-jacents, et des préoccupations de la politique énergétique, la stratification des dispositifs fiscaux nécessite la mise à plat de la fiscalité énergétique en vue d'une meilleure structuration des priorités (**A**). Cette mesure devrait inciter la CEMAC à pratiquer une harmonisation fiscale intelligente dans tous les domaines connexes, pour éviter que le « dumping social » ne crée des distorsions importantes au sein du marché commun (**B**).

A / Élaborer une alliance structurante en matière de fiscalité énergétique

598. La prise de conscience de l'importance stratégique des produits énergétiques devrait motiver les États à édicter des normes fiscales communautaires en matière de fiscalité énergétique, concernant la fiscalité énergétique, pour concevoir une politique fiscale flexible en matière pétrolière (**1**), et mettre la politique de la concurrence au service effectif des objectifs de la politique énergétique (**2**).

1 / Concevoir une politique fiscale flexible en matière pétrolière

599. En Afrique centrale, les réformes fiscales des États échouent souvent en raison des résistances des groupes de pression, seules les politiques fiscales conçues au niveau régional sont favorables à des progrès importants, car les institutions subissent moins d'influence de ces groupes de pression. Seulement, dans le contexte mondial actuel, les contraintes géologiques de la zone et l'absence de capitaux et de technologie, contrains les États à offrir des conditions plus favorables, pour compenser les coûts élevés et les nombreuses incertitudes. De plus, les divergences des objectifs des politiques énergétiques des pays d'Afrique centrale posent un nouvel impératif pour la zone CEMAC : la réconciliation des objectifs et le partage équitable de la rente des ressources transfrontalières. Dans ces circonstances de surenchère fiscale, la mise en œuvre d'une politique fiscale pétrolière pertinente doit d'abord maximiser les revenus de l'État, tout en garantissant, si possible, un niveau de rentabilité suffisant aux investisseurs. Ensuite, permettre d'acquérir l'expertise, par transfert de technologies et de compétences. Enfin, pour maintenir un niveau satisfaisant d'activités, les États doivent adopter un régime fiscal attractif, équitable et flexible.

600. À ce dernier objectif, l'élaboration d'un instrument fiscal communautaire flexible suppose l'adoption d'un taux de prélèvement modéré, en cas de haut risque géologique, de coût élevé d'exploitation, ou de baisse de prix du pétrole. À l'inverse, prévoir un taux de prélèvement progressif pour sauvegarder les intérêts de l'État, en cas de hausse du prix de pétrole, de rente pétrolière élevée due aux caractéristiques du gisement, tout en laissant une motivation suffisante aux investisseurs. Bien que ces objectifs soient difficiles à définir dans un avenir incertain, ils sont toutefois essentiels, si l'on veut mettre en place une association gagnant/gagnant.

2 / Accélérer le développement et l'opérationnalisation du marché régional d'électricité à travers le Power pool régional.

601. Au regard de son importance dans divers domaines d'activités, l'accès à l'électricité demeure un défi majeur à relever dans la perspective du développement économique et social des États d'Afrique centrale. Ainsi, pour limiter la fracture énergétique, les États de l'Afrique centrale se sont engagés au terme du chapitre XVI article 72 du traité de la CEEAC, à harmoniser leurs plans nationaux de développement énergétique à mettre en place une politique énergétique commune et créer un cadre adéquat de concertation et de coordination permettant de résoudre en commun, les problèmes que pose le développement énergétique de la communauté[1163]. En vue de concrétiser ces dispositions conventionnelles, les États de l'Afrique centrale ont fait le choix en avril 2003 de créer le PEAC[1164], chargé de : coordonner la politique énergétique, expansez les infrastructures communautaires, établir des conditions juridiques, commerciales et techniques favorables aux investissements et aux activités d'échange d'énergie électrique dans la région.

602. Pour régler le problème de sous-électrification et du déficit chronique d'énergie électrique de l'Afrique centrale, le PEAC entendait favoriser l'exploitation du potentiel hydroélectrique de la sous-région, par le biais d'un marché régional de l'électricité. Dès lors, pour assurer le bon fonctionnement de ce marché, un code du marché de l'électricité a été mis sur pied le 24 octobre 2009. Cela a constitué la première étape, qui toutefois ne couvre pas l'objectif de régulation. Certes, l'accord-cadre intergouvernemental de la constitution du PEAC prévoit un organe de régulation, qui est chargé « d'organiser le marché de l'électricité dans le PEAC, veiller à l'application des règles de jeu entre membres participant aux

---

[1163] Notamment ceux relatif au transport de l'énergie, à l'insuffisance de cadres qualifiés, à la pénurie de moyens financiers pour la réalisation des projets énergétiques. Cf. Article 72 al 2 du Traité révisé de la CEEAC

[1164] Le pôle énergétique de l'Afrique centrale, compte parmi ses membres l'Angola, le Burundi, le Cameroun, la R.D. Congo, la RCA, le Congo, le Gabon, la Guinée-Équatoriale, le Rwanda, la Sao Tomé et Principe, et le Tchad.

échanges et aux enchères concurrentielles dans le PEAC [...] [1165]», seulement l'accord ne prévoit pas les pouvoirs de cet organe et son fonctionnement. Ce qui semble expliquer pourquoi jusqu'à présent il n'est pas encore opérationnel.

603. Ainsi, pour régler le problème de production et de transport d'énergie, les États de la zone doivent au préalable développer des infrastructures, afin de disposer d'une réserve suffisante pour être en mesure d'aller au-delà des simples contrats bilatéraux[1166]. Ensuite pour le bon fonctionnement du marché régional de l'électricité, il est urgent que les États mettent sur pied la Commission régionale de régulation de l'électricité de l'Afrique centrale (CORREAC), pour instaurer de bonnes pratiques contractuelles en matière d'échanges transfrontaliers d'électricité. Par ailleurs, les États doivent définir formellement la structure, les responsabilités et les pouvoirs de la CORREAC, pour qu'elle puisse : édicter, fixer ou superviser l'élaboration et la recommandation des règles techniques et commerciales organisant, les échanges ; contrôler et approuver les questions relatives à la tarification ; assurer le respect des règles de la concurrence ; avoir le pouvoir d'injonction[1167] ; et régler les différends[1168]. Il est toutefois, important de préciser, que le choix de conférer des pouvoirs réels à la CORREAC, dans un secteur aussi stratégique que l'énergie, n'est pas fortuit. Il s'agit d'instaurer une réelle surveillance multilatérale du marché qui risquerait de subir des soubresauts de la pluralité des acteurs et son corollaire. Conjointement, conformément au DSPER-PEAC, les États doivent mettre en place une institution à qui ils assigneront les fonctions d'opérateur système du marché régional, afin qu'il s'assure de l'homogénéisation des normes régionales, et du respect des normes minimales d'exploitation, établi dans le code d'exploitation des réseaux électriques interconnectés d'Afrique centrale[1169]. Par conséquent, la mise en place de cette Institution va consister en la mise en commun du rôle de supervision de la réalisation des échanges convenus et autorisés par les Gestionnaires de Réseaux de Transport (GRT)[1170] nationaux, ainsi que la gestion et la tarification des flux transfrontaliers.

[1165] Article 8.3 du l'Accord-cadre intergouvernementale de constitution du PEAC du 27 janvier 2004

[1166] DSPER-PEAC, *op.cit.*, p.67

[1167] Elle peut demander à un ou des opérateurs de modifier les termes et clauses contractuelles ou de mettre fin à un certain comportement sur le marché. Elle peut également, suspendre ou mettre fin à toute opération qu'elle juge illégale, qu'elle ait constaté par elle-même ou sur saisine d'une tierce personne.

[1168] Ainsi, conformément à l'article 67 du Code du marché de l'électricité, elle intervient dans le mécanisme de résolution commerciaux. Ce pouvoir prend la forme de la médiation, la conciliation, la facilitation ou l'arbitrage.

[1169] DSPER-PEAC, *op.cit.*, p.64.

[1170] Malheureusement, aucun des États membres n'a mis sur pied un GRT indépendant pour le moment, même si la loi le permet déjà au Cameroun, en RD Congo et au Gabon. Cette fonction reste assurée pour le moment par la Direction Mouvements d'Énergie des sociétés d'électricité.

604. Ainsi, la mise en place du marché régional de l'électricité, devrait permettre à long terme, la création d'importante interconnexion entre les pays de l'Afrique centrale. De plus, la mutualisation des infrastructures en explosion au sein du marché régional permettra un partage de coûts de production et des avantages qui découlent des infrastructures de production[1171]. En outre, les États devront mettre en place un processus de planification qui implique des concepts d'optimisation régionale et des plans d'expansion nationale respectifs qui permettent aux États membres de prendre des décisions sur les plans d'expansion nationale respectifs en tenant compte du plan régional[1172].

B / Rechercher un cadre de conformité des conventions fiscales bilatérales avec le Traité CEMAC

605. En l'état, il s'avère important de prévenir ou de remédier à des situations d'incompatibilité en rationalisant les institutions de l'Afrique centrale (**1**), et que le FMI et la BM prennent en compte la législation fiscale communautaire lors de l'édiction des réformes structurelles des États de la CEMAC (**2**).

1 / Éradiquer des incompatibilités provenant des droits communautaires concurrents

606. Les rapports entre le droit fiscal communautaire et le droit fiscal international se sont souvent révélés conflictuels, du fait de la différence d'objectifs poursuivis et des méthodes utilisées. En effet, le droit fiscal international cherche à régir les rapports entre les États à travers une répartition du pouvoir d'imposition et une lutte contre la fraude fiscale internationale. En revanche, le droit fiscal communautaire vise la création d'un vaste marché communautaire sans frontières internes, par le canal du respect scrupuleux du carré des libertés communautaires[1173]. En réalité, le respect du principe d'égalité de traitement inscrit dans le Traité CEMAC s'oppose à la discrimination faite par les conventions entre résidents et non-résidents. Seuls les résidents des deux États contractants sont d'ailleurs susceptibles de bénéficier des dispositions des conventions fiscales bilatérales. Le fait de conclure une convention fiscale avec un État tiers, qui contient des dispositions contraires au droit communautaire, implique sans doute un manquement par l'État membre aux obligations prévues par le Traité.

[1171] DSPER-PEAC, *op.cit.*, p.68.
[1172] *Ibid.*
[1173] MEYONG ABATH (R), *op.cit.*, p.398.

607. Corrélativement, la CEEAC et la CEMAC coexistent en Afrique centrale et sont chargées de mener à bien le processus d'intégration du marché. Comme pour beaucoup d'autres régions du continent, cette coexistence de plusieurs schémas, entraîne le chevauchement des normes et la duplication des initiatives qui limitent la capacité des institutions sous régionales à relever les défis de l'intégration. Dès lors, les États doivent poursuivre la rationalisation des politiques commerciales en Afrique centrale en vue d'une plus grande cohérence. Pour accélérer le processus d'harmonisation des politiques, des programmes et des instruments d'intégration des communautés, la 13e Conférence des chefs d'États et de gouvernement de la CEEAC, tenue en octobre 2007 à Brazzaville, avait décidé de la création d'un comité de pilotage pour la rationalisation des communautés économiques régionales (CER)[1174]. Une feuille de route en matière commerciale a été élaborée et validée. Cependant, beaucoup restent à faire pour mettre fin au chevauchement et à la duplication institutionnelle en Afrique centrale. Pourtant, la rationalisation se fonde sur les prescriptions de l'UA, qui visent à réduire le nombre de communautés régionales en Afrique.

608. À l'observation, la CEMAC, la CEEAC et l'OHADA ne laissent entrevoir aucune incompatibilité quant à l'objectif ultime à atteindre : donner une impulsion nouvelle et décisive au processus de développement de l'Afrique. Toutefois, dans les faits, la coexistence de ces organisations supranationales peut, dans certains cas, être source de difficultés. Deux problèmes essentiels découlent des adhésions multiples aux organisations d'intégrations régionales au mandat similaires. À savoir : le dédoublement des programmes et les contradictions liées à leur mise en œuvre. En effet, en cas de conflit de norme, le traité CEMAC n'a pas prévu quelle norme le juge national, qui est à la fois juge du droit CEMAC et du droit CEEAC, devrait appliquer. De plus, quel est l'intérêt d'avoir deux législations supranationales sur une même matière, dès lors, que les pays membres de la CEMAC sont aussi membre de la CEEAC ?

609. La première voie pour la disparition progressive de toutes les entraves est la création d'un observatoire d'application du droit CEMAC et CEEAC, qui sera chargé de faire l'inventaire des difficultés nées de leur application et de proposer des solutions adéquates tendant à y remédier ; La seconde voie consisterait à établir une plateforme de coopération institutionnelle entre la CEMAC et la CEEAC, en vue de coordonner leur politique normative susceptible de faire disparaître les divergences et les doubles emplois.

[1174] Cadre politique et réglementaire de la CEEAC vers une plus grande cohérence des politiques commerciales, p.13.

2 / La prise en compte préalable de la législation fiscale communautaire par les institutions internationales

610. La particularité de l'harmonisation au sein de la CEMAC procède pour l'essentiel d'une substitution de la législation qui a l'avantage de réduire les difficultés inhérentes à la conflictualité des droits qui sont récurrents dans les rapports d'ordres juridiques[1175]. En dépit de cette spécificité, le statut de l'harmonisation en Afrique centrale n'est pas sans rappeler les débats sur la nécessité de la coordination des politiques budgétaires dans une union monétaire. En effet, selon certains, la coordination des politiques budgétaires est nécessaire pour assurer la stabilisation de l'activité à court terme, face à des chocs spécifiques auxquels ne peut répondre la BEAC. Ainsi, l'absence de coordination peut produire des effets de débordement sous forme d'une concurrence entre les politiques budgétaires des différents États membres de la CEMAC, avec des comportements stratégiques et des dépenses publiques excessives ou insuffisantes, selon que les autorités sont préoccupées par le chômage ou la balance commerciale[1176]. En revanche, pour d'autres, cette coordination tendrait à réduire au profit de certains membres de l'union, les coûts encourus lors d'une relance de l'activité et les inciterait au laxisme monétaire et budgétaire. Elle rendrait également, les politiques économiques peu crédibles, en raison des anticipations des agents et favoriserait la poursuite des politiques inflationnistes.

611. En raison de ce double enjeu théorique et surtout empirique, le processus d'harmonisation mis en œuvre dans la zone CEMAC, soulève actuellement plusieurs interrogations, dont les unes sont relatives aux résultats réalisés, par rapport aux critères de convergence, et les autres, aux progrès économiques réels accomplis par les États, mais surtout, l'impact de la surveillance multilatérale sur le développement dans la zone CEMAC.

612. Afin d'éviter la persistance de telles incohérences qui vicient le processus d'harmonisation fiscale, il faudrait que le FMI et la BM prônent une approche ciblée pays par pays, tout en tenant préalablement compte des politiques et des directives communautaires existantes et des programmes de réformes institutionnelles et économiques de la CEMAC. Cela faciliterait l'application des Directives fiscales communautaires. Par ailleurs, pour mieux répondre aux problématiques de chaque économie Cémacienne, ces institutions doivent éliminer les monopoles d'État et mettre en place un

---

1175 OUEDRAOGO (S-M). « Les problèmes juridiques relatifs à la communautarisation du droit des investissements dans l'espace UEMOA », in *Annuaire français de droit international*, volume 58, 2012. pp. 515-549.

1176 FOUDA OWONDI (J-P), « la convergence des politiques économique de la zone franc : ou on est-on 15 ans après ? », in *L'actualité économique*, vol.85, N°3, septembre 2009, pp.319-354.

solide cadre juridique permettant la création d'entreprise et l'acquisition des compétences nécessaires pour occuper les emplois créés.

SECTION II : PLUS-VALUE ESPÉRÉE D'UNE RÉELLE HARMONISATION FISCALE EN ZONE CEMAC

613. Dans le sillage de la crise économique mondiale, nombreux sont les pays qui réexaminent l'intégration régionale et les modalités de sa mise en œuvre, afin qu'elle puisse contribuer au renforcement de la stabilité économique. À cet effet, la fiscalité est l'un des éléments essentiels des stratégies économiques et sociales communautaires, dans la mesure où, l'une des missions fondamentales de l'impôt réside dans la réalisation des objectifs économiques et sociaux. Dès ce moment, le gain de l'harmonisation fiscale en CEMAC paraît clair et évident. Elle favorise croissance et développement économique des pays membres (**Paragraphe 1**) ; elle aurait de plus une contribution substantielle à l'amélioration des conditions sociales, politiques et environnementales (**Paragraphe 2**).

Paragraphe I : L'harmonisation condition essentielle pour une économie compétitive et dynamique

614. Au niveau communautaire le système fiscal est « l'une des expressions du système économique à la régulation duquel il participe[1177] ». Autrement dit, la politique fiscale communautaire participe à la régulation du système économique de la sous-région, dans la mesure où, elle détermine le cadre dans lequel interviennent les échanges et les investissements étrangers. De ce fait, l'harmonisation est essentielle dans la mise en œuvre des politiques fiscales, du simple fait qu'au-delà des objectifs issus de l'orthodoxie financière, elle stimule l'activité économique intrazone (**A**) et de manière ultime, promeut la croissance et le développement économique nécessaires à l'atteinte des objectifs de développement durable (**B**).

A / Les gains d'efficacité sur le plan économique

615. Si l'harmonisation fiscale au sein d'un marché unique facilite, les échanges intra-CEMAC et les flux de capitaux. Cela signifie que l'harmonisation des politiques énergétiques en CEMAC intensifierait la compétitivité (**1**), et bonifierait l'attractivité globale de la sous-région (**2**).

[1177] CASTELLU (J-M), MOISERON (J-Y), et POURCET (G), *Fiscalité développement et mondialisation*, Paris, Édition Maisonneuve et Larose, 1999, p.11.

1 / Renforcement de la compétitivité

616. La fiscalité est le pilier essentiel du cadre réglementaire qui conditionne l'investissement et la croissance[1178]. Seulement, la bataille la plus difficile pour la mise en place de l'émergence de la CEMAC se joue sans doute au niveau de son environnement des affaires, aujourd'hui peu attrayant. Ainsi, l'enjeu pour la CEMAC est de limiter les distorsions créées par les impôts et de profiter du superflu tiré de la croissance, pour améliorer l'équité du système fiscal. C'est dans cette démarche de réduction des distorsions de concurrence et d'ouverture des marchés, que s'inscrit pleinement l'harmonisation fiscale. En effet, l'harmonisation fiscale permet, non seulement, de dégager des synergies, mais favorise également la compétitivité et la croissance à long terme. Du simple fait qu'elle puisse imprimer « sa marque sur le processus de régulation, sur les modes d'accumulation, sur la nature même du système économique[1179] ». De ce fait, l'harmonisation fiscale au sein de la CEMAC, semble être un facteur de compétitivité non négligeable, qui contribuerait à renforcer l'efficience, et la transparence des systèmes fiscaux de la sous-région, puisqu'elle permet d'annihiler graduellement les barrières économiques, et institutionnelles au commerce transfrontalier.

617. En effet, grâce à la réduction de la charge administrative, des coûts de mise en conformité et les incertitudes juridiques auxquels les entreprises de la sous-région doivent actuellement faire face, les États cémaciens seraient en mesure de tirer profit des avantages du marché unique, et d'accroître la compétitivité de leurs entreprises. En outre, les entreprises considérant la CEMAC comme un marché unique pourront réaliser leurs objectifs de rentabilité économique, de financement des investissements, d'adaptation permanente de leur organisation, de sécurité et de transparence des opérations économiques. Ce qui permettrait de poser les fondations nécessaires à l'atteinte des objectifs du traité CEMAC[1180].

618. Bien que la fiscalité ne soit que l'un des facteurs pris en compte dans les décisions d'investissement et de financement, il est incontestable qu'elle crée un contexte propice au commerce et à la création de richesses. Ainsi, le défi pour la CEMAC est de trouver un équilibre optimal entre un système fiscal favorable à l'entreprise et à l'investissement, tout en dégageant un flux de recettes suffisant pour financer les investissements publics qui contribuent au développement, et l'attractivité de l'économie régionale.

[1178] En effet, les récentes réformes fiscales intervenues au sein des États Cemaciens, qui vont dans le sens d'une relative simplification de leur système, laissent transparaitre un potentiel de forte croissance économique de la sous-région, preuve d'un réel dynamisme et l'existence d'excellentes opportunités pour les investisseurs.

[1179] CASTELLU (J-M), MOISERON (J-Y), et POURCET (G), *op.cit.*, p.12.

[1180] En effet, les fondements de la compétitivité se trouvent dans les principes constitutifs de la CEMAC (liberté d'établissement, libre circulation des hommes, des capitaux et des services).

2 / Amélioration de l'attractivité du territoire CEMAC

619. Dans une sous-région de croissance potentielle de plus en plus faible et face à des dettes publiques d'un niveau inédit, l'une des préoccupations constantes des États de la zone est de rendre l'économie plus performante et plus compétitive. C'est en ce sens que l'attractivité du territoire est devenue le leitmotiv des stratégies fiscales et financières de croissance des États. Toutefois, il importe de ne pas confondre l'attractivité fiscale, de l'attractivité globale entendue comme, la capacité qu'a un territoire d'attirer et de retenir durablement ou temporairement, diverses activités économiques et facteurs mobiles de production et/ou de population[1181]. Seulement, dans un univers de contrainte économique et de concurrence accrue par la mondialisation, l'attractivité du territoire en Afrique centrale est trop souvent vue par le seul prisme fiscal. En dépit de cette ambition affichée de mettre la fiscalité à contribution afin de dynamiser l'attractivité du territoire et relancer l'investissement, l'efficacité de l'attractivité de la CEMAC, se heurte aux obstacles endogènes, qui se résument à la mauvaise gouvernance, aux tracasseries fiscales, aux manques de transparence, aux instabilités politiques, etc.

620. Ainsi, pour renforcer l'attractivité du territoire CEMAC, il est urgent de prendre des mesures fortes, car, aucune entreprise lors, de la détermination de son lieu d'implantation, ne se limite à prendre en considération un unique facteur. D'autant plus que, les ménages souhaitant s'installer définitivement dans un nouveau territoire, relèvent le plus souvent comme critères déterminants, les ressources, les libertés d'être et d'agir, offertes par ce dernier. De ce fait, les États de la CEMAC doivent absolument prendre conscience qu'une meilleure attractivité du territoire ne se résume pas à une fiscalité minimale, mais plutôt à une jonction de l'attractivité fiscale et l'attractivité globale. Pour ce faire, les États Cémaciens doivent mettre en place des stratégies de développement qui visent la rentabilité économique, tout en prenant en compte plusieurs aspects, susceptibles de valoriser le territoire CEMAC : le facteur politique (stabilité politique, climat favorable d'investissement) ; le facteur main-d'œuvre (qualification et coût) ; l'état des infrastructures et des télécommunications (énergie, route, chemin de fer, internet) ; la sécurité juridique et judiciaire ; et l'accès au financement. De surcroît, pour attirer les investisseurs qui assureront les emplois de demain, le système fiscal des États doit favoriser l'installation des usines et le transfert effectif des technologies.

[1181] LOPEZ (C), « la fiscalité comme vecteur de l'attractivité du territoire », in *LEROY (M) (dir),* Mondialisation et fiscalité, la globalisation fiscale, Paris, Édition L'Harmattan, 2006, p.249.

621. Certes, la capacité des États à répartir les gains de l'intégration économique via la fiscalité est la clé pour l'avenir de la CEMAC. Il n'en demeure pas moins que, des politiques nationales packagent, qui cible explicitement le renforcement de l'attractivité globale du territoire à plus long terme, tournée vers la transformation des matières premières, doit émerger. En effet, une politique communautaire, qui s'orienterait vers la transformation des produits énergétiques destinés au marché local et international, contribuerait de manière significative à la croissance et au développement de la CEMAC.

B / <u>L'harmonisation vectrice de développement économique de la CEMAC</u>

622. Les efforts entrepris dans un grand nombre de régions, en vue d'instaurer l'harmonisation fiscale, ont permis d'établir des arguments fondés sur des connaissances théoriques et pratiques, qui démontrent le potentiel de cette démarche, en termes de développement économique. Ainsi, le défi de la CEMAC est de déterminer la politique économique la plus efficace à mettre en œuvre, pour accélérer la croissance et la rendre durable. Pour ce faire, l'harmonisation doit d'abord consister en une stratégie de développement économique (**1**). À travers la libéralisation des facteurs de production que ce processus induit, on observerait également une amélioration du bien-être global (**2**).

1 / La réalisation des objectifs économique

623. Les gains de l'harmonisation fiscale en matière de réalisation des objectifs économiques sont nombreux. En effet, la politique fiscale communautaire est susceptible de relever la croissance économique, si elle est au service d'objectif structurel ou conjoncturel[1182]. Certes, les gains de l'harmonisation fiscale sur la croissance, seront inégalement distribués entre les États Cemaciens, mais, aucun n'en sortira perdant d'un espace d'intégration. Étant donné que, l'harmonisation fiscale suppose que les États s'écartent de l'optimum fondé sur les préférences nationales. Ainsi, l'efficience de la dépense publique représente des atouts majeurs, pour impulser une croissance forte, d'où la nécessité de rationalisation des dépenses fiscales.

624. L'harmonisation fiscale permet, également, de développer les échanges commerciaux intra-CEMAC et l'intégration du marché régional. En effet, l'élimination des barrières tarifaire et institutionnelle à la libre circulation diminuerait les coûts de transaction, du fait de l'exploitation des

---

[1182] En effet, l'impôt peut être utilisé non seulement pour le développement des entreprises, mais également comme régulation de la conjoncture.

économies d'échelles dynamiques. Mieux encore, la mobilité des facteurs de production qui s'ensuit favorisera la promotion de l'investissement et le transfert du savoir. Ainsi, les entreprises innovantes pourront améliorer leurs structures de production et facilement rentabiliser leurs productions sur un marché plus vaste. Bien évidemment, le marché commun devra contribuer largement à l'accroissement des échanges de produits énergétiques intrarégionaux, afin d'accroître leur résilience, compte tenu du fait que, les rendements sont plus élevés sur les marchés élargis.

625. Au bout du compte, une réelle harmonisation fiscale, rassemblerait d'abord, les économies de la CEMAC majoritairement petite et fragmentée en un vaste marché, ce qui stimulerait la productivité et le développement économique. Elle obligerait ensuite, les États de la CEMAC à créer un climat de concurrence régionale, ce qui non seulement, favoriserait de bons résultats économiques, mais renforcerait également, la crédibilité et la continuité des réformes économiques dans les États membres[1183]. Elle permettrait, enfin, aux États Cemaciens, de mobiliser davantage de ressource fiscale pour financer les dépenses publiques. Au regard de ce qui précède, il est désormais clair que la croissance et le développement soutenu et autonome auxquels aspire la CEMAC passent inéluctablement par l'harmonisation. D'autant plus que les avantages d'une telle intégration pour la CEMAC, peuvent dépasser le seul cadre de la croissance, si et seulement si, elle est aussi ambitieuse du point de vue de sa portée géographique, qu'au niveau de son application en matière d'élaboration de politique.

2 / Amélioration du bien-être global

626. L'harmonisation est un processus, qui dépasse de loin le cadre de la simple élimination des obstacles aux échanges, de biens et de services entre les États. En effet, une réelle harmonisation exerce une influence sur l'évolution des biens collectifs, dans la mesure où, elle favorise la mise en commun d'investissement dans les infrastructures transfrontalières pour les transports, l'énergie et la communication. En outre, face à la nature transfrontalière de menaces et au pouvoir limité des politiques nationales de lutte contre l'insécurité et les guerres intestines, dans les États faillis, le régionalisme réticulé et la coopération inter-États sont des moyens qui promeuvent la paix et préviennent les conflits. Étant donné que, la gestion de la criminalité transnationale demande le plus souvent des efforts et des capacités dont un État seul ne dispose. Les actions collectives passant par des réseaux transfrontaliers peuvent en effet, jouer un rôle central ou complémentaire aux politiques nationales de lutte contre l'entropie et l'insécurité. D'un autre côté, confronté à la précarité de l'emploi et le

[1183] Vu que, les institutions régionales fonctionneraient comme des instruments de régulation, en offrant un cadre nécessaire pour la coordination des politiques et de la réglementation.

chômage de jeune, l'élargissement des blocs économiques régionaux offre aux États Cémaciens la perspective d'opter pour des formes innovantes de politique industrielle régionale mieux adaptées. Mais offre également, des opportunités considérables en matière d'élargissement du marché du travail et de mutualisation de système de formation. Ce qui, dans le long terme, ouvrira la voie à des opportunités d'emploi supplémentaires dans la région.

627. Par ailleurs, l'élargissement des marchés incite, les entreprises à fournir des efforts d'investissement et d'innovation, afin d'améliorer leur compétitivité sur le plan de la qualité et des prix. La baisse des prix liée aux économies d'échelle augmente ainsi, le pouvoir d'achat des consommateurs, ce qui accroit de nouveaux la taille des marchés. À l'inverse, cette demande accrue renforce de nouveau les économies d'échelle et la baisse possible du prix de vente des biens et de services. Néanmoins, dans les faits, ce cercle vertueux n'est possible, que si le marché se consolide par l'application des mesures visant à endiguer l'émergence de comportements monopolistiques et monopsonistiques, qui provoquent une hausse des prix. En élaborant ainsi, des normes et des procédures communes, l'harmonisation, facilite la régulation économique des États.

628. Bien que la spécialisation et la complémentarité qui résulte de l'élargissement des marchés profitent à tous, ses incidences sur la satisfaction des besoins de base varient d'un pays à l'autre. Du point de vue du marché du travail, les effets ne sont pas les mêmes selon les secteurs d'activité et les catégories de travailleurs concernés. L'exemple patent est celui des hommes des pays limitrophes du Gabon, qui migrent pour rechercher des emplois dans le secteur minier, provoque dans leur pays d'origine, l'émergence d'un grand nombre de ménages dirigés par des femmes, le développement de l'entrepreneuriat des femmes et augmente la proportion des femmes dans la population active. En revanche, pour le Gabon, les effets sont tout autres, notamment, l'augmentation de la main-d'œuvre qualifiée.

629. Outre le fait que l'harmonisation soit particulièrement prometteuse en matière de contribution à la croissance inclusive, à l'accélération du développement humain et à la pérennisation des avancés enregistrée. Elle peut l'être également, en matière de réduction de pollution locale et de protection de l'environnement, par le biais de la fiscalité de l'énergie.

<u>Paragraphe II :</u> La fiscalité énergétique un instrument de protection de l'environnement

630. La fiscalité énergétique fait partie de ces sujets, pour lesquels le niveau de technicité et de complexité est rapidement rebutant pour le non-initié. Toutefois, il ne s'agit de présenter ici, il ne s'agit pas de présenter ici la fiscalité énergétique à l'aune de son assiette (énergies, pollution, ressources) ou de l'instrument utilisé (taxe sur la consommation, etc.), mais

plutôt en fonction des problèmes qu'elle vise à résoudre. Le défi pour la CEMAC consiste dès lors à trouver un équilibre entre exploitation des ressources énergétiques et la préservation de l'environnement. C'est en ce sens que, la fiscalité énergétique apparaît comme l'un des piliers de l'action publique pour la préservation de l'environnement (**A**). Pour ce faire, il faut créer des distorsions positives » en la matière (**B**).

A / La fiscalité communautaire gage d'une utilisation optimale du capital environnemental

631. Le bien environnemental apparaît comme un bien collectif appartenant à la CEMAC, « en faveur de laquelle existent en permanence l'intérêt diffus de sa jouissance et le devoir de conservation [1184]». Cependant, face aux nombreuses carences et menaces qui pèsent sur les hommes, ceux-ci doivent désespérément chercher de nouvelles formes de progrès pouvant assurer leur développement, tenant compte de l'environnement, dans une quête appelée succinctement développement durable (**1**). Dès lors, l'une des exigences de la CEMAC est de maintenir un équilibre entre le droit de jouissance collective, et le devoir des individus usufruitiers de sauvegarder le bien environnemental reçu, afin de le substituer en faveur des générations futures (**2**).

1 / L'avènement de l'objectif du développement durable

632. Face à un changement climatique de grande ampleur, la thématique du développement durable est davantage inscrite sur l'agenda politique international. Cependant, penser que la notion de développement durable n'est survenue que récemment ce serait se fourvoyer. En réalité d'un point de vue théorique, elle est apparue la première fois en 1972, au sein du rapport publié par le club de Rome portant sur les limites de la croissance, mais c'est en 1987, dans le rapport Brundtland « Notre avenir à tous », qu'elle émerge explicitement. En effet, ce rapport constitue un prolongement de la conférence de l'ONU sur l'environnement de 1972 à Stockholm, dont les principes 1 et 3 contenaient implicitement cette notion[1185]. Par suite, le principe fut repris par de nombreux textes internationaux notamment dans le

---

[1184] ROSEMBUJ (T), « Intangible et fiscalité de l'environnement », in *Regards critiques sur le droit et la fiscalité Liber amicorum Cyrille David*, Tome 8, Édition Bibliothèque de l'Institut André Tunc, LGDJ, 2005, p.177.

[1185] En effet, le principe 1 expose que l'homme à droit « a le devoir de protéger et d'améliorer l'environnement pour les générations présentes et futures ». Quant au principe 3, il précise les ressources actuelles du globe doivent être préservées et gérées attentivement. Principes cités par DUFAU (J.P) et BLESSIG (E), Rapport d'information N°2248 sur les instruments de politique de développement durable, au nom de la Délégation, à l'aménagement et au développement durable, 13 avril 2005.

principe 3 de la déclaration de Rio, lors du sommet planète terre du 3 au 14 juin 1992[1186]. En outre, pour une utilisation pratique et fructueuse du concept de développement durable, la Convention de Rio, a élaboré un ambitieux programme, dénommé « Agenda 21 », et pour une meilleure appropriation des principes du développement durable à l'échelle nationale, elle a prévu « l'Agenda 21 local ». Les États de la CEMAC ne sont pas restés en marge de cette dynamique. En effet, ils se sont lancés tous azimuts dans le processus de développement durable, par une vague d'adoption des lois-cadres de protection de l'environnement[1187], et pour certain l'adoption de « l'Agenda 21 local »[1188].

633. À ce titre, selon Gro Harlem Brundtland, le développement durable est « un développement qui répond aux besoins du présent sans compromettre la capacité des générations futures à répondre aux leurs [1189]». L'idée à retenir ici est non seulement qu'il faut faire preuve d'équité intragénérationnelle (l'obligation de satisfaire les besoins des générations actuelles), mais également, d'équité intergénérationnelle (l'obligation de ne pas compromettre la satisfaction des besoins des générations futures)[1190]. Malheureusement, à l'heure où un nombre croissant de dispositifs fiscaux visent explicitement un objectif environnemental, l'exploitation des ressources naturelles continue d'emboîter le pas à la préservation de l'environnement.

634. Au regard de ce qui précède, il faut donc qu'émergent des esprits des États une vision nouvelle du concept de développement associé à l'industrialisation. Cette vision nouvelle doit s'appuyer, sur un développement économique qui répond aux besoins actuels, sans altérer les capacités biologiques à long terme des écosystèmes complexes ni compromettre l'aptitude des générations à venir de satisfaire leurs besoins, basés sur l'intégration économique, sociale et environnementale. Cette approche du développement durable repose en grande partie sur la notion de patrimoine naturel composé d'un ensemble de ressources renouvelables et non renouvelables, qui ont été léguées par les générations passées et qui doivent être restitué aussi intacte que possible, voir bonifiée aux générations

---

[1186] Principes 3 de la Déclaration de Rio sur l'environnement et le développement « le droit au développement doit être réaliser de façon à satisfaire équitablement les besoins relatifs au développement et à l'environnement des générations présentes et futures ».

[1187] La loi n°003/91 du 23 avril 1991 sur la protection de l'environnement au Congo ; Loi n°16/93 du 26 août 1993, relative à la protection et à l'amélioration de l'environnement au Gabon ; Le Décret n°94/124 du 26 avril 1994, portant création du comité national pour l'Environnement et le développement durable en République centrafricaine ; Loi n° 96/12 du 5 août 1996 portant loi-cadre environnementale relative à la gestion de l'environnement au Cameroun ; Loi n°1/1997 du 18 février, sur l'utilisation et l'aménagement des forêts en Guinée-Équatoriale ; Loi n°014/PR/98 du 17 juillet 1998, définissant les principes généraux de la protection de l'environnement au Tchad.

[1188] Parmi les Etats il y a le Cameroun, la Centrafrique, le Gabon,

[1189] Rapport Brundtland 1987, page 14.

[1190] TOMO (G), *Ressources naturelles et développement durable dans les économies subaériennes : Le rôle de l'Union européenne*, Thèse Université de Lorraine, 2012, p.69.

futures[1191]. Toutefois, compte tenu du fait que les pollutions font fi du lieu où s'exerce l'activité d'exploitation des ressources naturelles, les mesures nationales à elle seule, ne peuvent suffire à bien protéger l'environnement. Dès lors, l'idée d'une collaboration communautaire semble trouver sa place.

2 / La politique communautaire de mise en œuvre du développement durable

635. L'Afrique centrale est une zone aux écosystèmes hétéroclites, couvrant les territoires de plusieurs États, où se développent des activités donnant lieu à des pollutions transfrontalières. Dès lors pour une meilleure appréhension des problèmes environnementaux, une coopération internationale s'avère nécessaire. Ce raisonnement est aussi celui de VALLÉE, qui estime que la préservation du bien environnemental nécessite de mécanismes de coordination impliquant, aussi bien les régions, les nations, les organisations supranationales, ONG, les collectivités locales, que les entreprises et les citoyens[1192]. Elle s'inscrit dans la Convention de Maputo sur la conservation de la nature et des ressources naturelles du 11 juillet 2003[1193]. En effet, elle stipule dans son article XIV « développement durable et ressources naturelles », que les « parties veillent à ce que la conservation et la gestion des ressources naturelles soient traitées comme une partie intégrante des plans de développement nationaux et/ou locaux [...] en vue de promouvoir un développement durable ». Si bien qu'à la sortie de cette convention, les pouvoirs publics et les responsables des institutions sous-régionales ont pris la juste mesure des enjeux, défis et priorités de développement durable, ainsi que, de l'acuité de sa problématique, ce qui marqua, le début de l'internationalisation du développement durable en Afrique centrale.

636. Néanmoins, bien que le changement climatique nécessite des solutions communes, aussi indispensables qu'elles soient, elles ne sauraient toutefois exonérer les États en mesure d'agir de leurs responsabilités individuelles. C'est du moins, ce que rappelle avec force le préambule de la Convention cadre des Nations unies sur les changements climatiques de 1992, lorsqu'il affirme que « le caractère planétaire des changements climatiques requiert de tous les pays *qu'ils* coopèrent le plus possible et participent à une action internationale, efficace et appropriée, selon leurs

---

[1191] 2e Rapport national de la RCA sur le développement durable, Rio +20, mai 2012, page 31.

[1192] VALLÉE (A), « instrument et politique. Les solutions économiques aux problème environnementaux : entre État et marché », in *Les Cahiers français, Développement et environnement,* N°337, Paris, la Documentation française 2007, p.49

[1193] Qui vint modifier la Convention africaine sur la conservation de la nature et des ressources naturelles adoptée à Alger le 15 septembre 1968, en vue de l'adapter à l'évolution des connaissance techniques, scientifique et juridiques. Notamment par l'introduction la conception de développement durable.

responsabilités communes, mais différenciées, leurs capacités respectives et leur situation sociale et économique ». Il n'est pas question ici d'affirmer, que les États de l'Afrique centrale, aient une responsabilité historique dans le réchauffement climatique actuel, mais, comment contribuent-ils à la lutte contre ledit réchauffement. À ce titre, l'élaboration des ODD, fait partie des principaux engagements pris par les États de la CEMAC dans le cadre de Rio+20[1194]. De surcroit en 2012 comme contribution collective pour le suivi de la mise en œuvre des recommandations de Rio+20, la CEA en collaboration avec la Commission de l'Union africaine (CUA), la BAD, et le Bureau régional Afrique du Programme des Nations Unies (PNUD) adoptèrent le document final de la réunion de mise en œuvre pour l'Afrique[1195]. Dans, la perceptive de la mise en œuvre des ODD, les États de la CEMAC ont fourni des efforts considérables pour conserver et valoriser le riche potentiel en ressources naturelles. L'exemple patent pourrait être le projet de création d'un Fonds régional de solidarité pour l'eau en Afrique centrale (FORSEAU)[1196].

637. Toutefois, en dépit de l'existence de textes juridiques fondamentaux, l'internationalisation des questions environnementales pour la mise en œuvre des ODD, se heurte à plusieurs contraintes et difficultés inhérentes aux États de la CEMAC. La première contrainte tient au fait, que dans la quasi-totalité des pays de la CEMAC, la conception étriquée de la notion de développement durable, ne considère pas les dimensions économiques et sociales comme des composantes du développement durable. Dès lors, les politiques économiques, sociales et environnementales sont élaborées de manière cloisonnée[1197]. L'autre contrainte est celle du financement. Les budgets consacrés aux questions environnementales et sociales sont encore insuffisants[1198]. Le déficit de la main-d'œuvre qualifiée est également un facteur limitant pour la prise en compte des trois dimensions du développement durable. Enfin, la grande instabilité sociopolitique que

---

1194 Les ODD ont pour objectif la poursuite d'actions cohérentes et ciblées de développement durable, lequel intègre de manière équilibrée les trois piliers du développement (économique, social et environnemental) ainsi que leur interdépendance.

1195 En effet, conscients du rôle limité que les parties prenantes africaines ont joué dans la définition des Objectif du millénaire pour le développement (OMD), les dirigent avaient chargé lors de la Conférence des Chef d'Eta et de gouvernement de l'UA en juillet 2012, la CEA, la CUA, la BAD et le PNUD, d'élaborer une position africaine commune sur le programme de développement pour l'après 2015 par le biais de consultations nationales, régionales et continentales.

1196 Atelier sous-régional d'appui à la mise en œuvre de l'ODD 6 en Afrique centrale francophone, *Cadre de gouvernance des ressources en eau en Afrique centrale*, Douala, 4 juillet 2018, p.23. Voir aussi, 7e Séminaire Africain de l'eau, *Proposition d'un « Fonds Régional de Solidarité pour l'Eau » en Afrique Centrale*, 30 octobre 2018, Libreville-Gabon, p.8.

1197 C'est le cas des stratégies et actions relatives à la promotion du développement durable, qui dans la plupart des cas, se retrouvent confinées dans le ministère chargé des forêts ou les ministères rattachés à celle-ci ; Cf. Rapport sur les objectifs de développement durable pour la sous-région de l'Afrique centrale, 2015, p.88.

1198 Les financements des bailleurs de fonds constituent dans la plupart des pays, les principales sources de financement des programmes.

connaît l'Afrique centrale est à l'origine de l'absence d'obligation redditionnelle et l'instrumentalisation des contre-pouvoirs[1199].

638. Ainsi, au vu de ce qui précède, il paraît indispensable que la CEMAC déploie de nouvelles stratégies susceptibles de mettre la gestion des ressources naturelles au service de la croissance et de la lutte contre la pauvreté. Car, à l'instar du changement climatique, et de l'extinction de la biodiversité, les problèmes environnementaux globaux auxquels l'humanité est actuellement confrontée sont complexes et doivent, par conséquent, mobiliser des modalités d'intervention différentes.

B / Les remèdes fiscaux à la dégradation de l'environnement CEMAC

639. L'Afrique centrale se trouve dans une situation paradoxale, où la préservation et la gestion durable du patrimoine naturel sont clamées par tous comme un enjeu de société, quand cette même société refuse de déployer de nouvelles stratégies, pour atteindre cet idéal. Dès lors, comment parvenir à limiter les dégradations environnementales observées en zone CEMAC ? (**1**), quels sont les moyens fiscaux les plus efficaces et les plus équitables pour réduire l'émission de gaz à effet de serre ? (**2**).

1 / Moyens de limitation des dégradations environnementales

640. Les dégradations environnementales observées en Afrique centrale et les dommages collatéraux en matière de santé publique, laisse penser que, les États ne prennent pas à bras-le-corps la mesure de ces dommages. En effet, outre le fait que les politiques environnementales se développent timidement, l'exploitation anarchique des gisements et le prélèvement insatiable des matières premières dans la zone, sur fond de productivisme entraîne une dégradation et la pollution de l'environnement. Si la stabilité de l'État semble caractériser les pays gérant correctement l'utilisation de leurs ressources, l'instabilité et la fragilité de l'État sont les lots communs des pays gérant mal les leurs. Face à ce constat, les États Cémaciens doivent s'impliquer activement à pratiquer une exploitation efficiente des ressources naturelles, afin que la richesse qui découle de cette exploitation débouche, sur un développement socio-économique générant une croissance durable.

641. Pour ce faire, les États doivent d'abord renforcer les capacités des institutions de contrôle, pour qu'ils puissent concevoir, mettre en œuvre et suivre des cadres de planification efficaces du développement durable. Puis, renforcer les initiatives nationales de conservation et d'exploitation durable

[1199] Rapport sur les objectifs de développement durable pour la sous-région de l'Afrique centrale, *op.cit.*, p.13.

de l'environnement[1200] et traduire dans les législations nationales la politique sous-régionale de l'eau et la politique énergétique commune. Poursuivent ensuite, les programmes de diversification des économies axées sur le développement d'une économie verte inclusive. Enfin les États doivent mettre en place un mécanisme d'évaluation des progrès dans la réalisation des ODD, et développer des mécanismes de financement appropriés à l'économie verte inclusive.

642. En outre, pour faciliter la mise en œuvre des ODD dans la sous-région et minimiser les risques identifiés, il faudrait, que la CEMAC et la CEEAC, mettent en place des réflexions à l'échelle régionale et nationale, sur la définition d'une stratégie d'ensemble devant concourir à l'atteinte des ODD. Poursuivre le développement d'une politique commune de développement industriel et l'opérationnalisation du fonds pour l'économie verte en Afrique centrale, géré par la BDEAC. Par ailleurs, elles doivent mettre en place un observatoire sous régional du développement durable et une instance sous régionale chargée de gérer le suivi de la réalisation des ODD.

643. Par ailleurs, afin de prévenir les incidences négatives sur l'environnement, les organisations internationales, maintenir l'élan de mobilisation des financements observé dans le cadre des OMD, et développer un mécanisme d'appui technique et financier au profit des acteurs et pays impliqués. De plus, elles doivent élaborer un indice de développement durable, combinant développement humain et empreinte écologique, pour mieux évaluer et suivre les progrès des États, tout en tenant compte des spécificités de chaque pays dans la mise en œuvre des ODD. La société civile n'est pas en reste, elle doit s'impliquer davantage dans l'initiative et les débats sur la formulation, la mise en œuvre et le suivi des objectifs de développement durable.

644. Dans le même ordre d'idée, l'initiative « Énergie durable pour tous » (SE4ALL) du Secrétaire général des Nations Unies, et plus récemment l'adoption par l'Assemblée générale de la résolution « Promotion des sources d'énergies nouvelles et renouvelables » aux termes de laquelle, elle décide de proclamer la décennie 2014-2024 « Décennie de l'énergie durable pour tous », souligne l'importance de l'énergie pour le développement durable et l'éradication de la pauvreté[1201]. Dès lors, la gestion des ressources énergétiques apparaît importante dans ce contexte.

[1200] Notamment les instruments et cadres de gestion des aires protégées, de gestion intégrée des ressources en eau, de protection des sols, de gestion durable des forêts.

[1201] À cet effet, l'initiative « Énergie durable pour tous » se fixe trois objectifs interdépendants d'ici à 2030 : l'accès universel aux services énergétiques modernes, le doublement de l'efficacité énergétique et celui de la part des énergies renouvelables dans le bouquet énergétique.

2 / Moyens fiscaux proposés

645. L'OCEDE, considère la fiscalité environnementale comme « l'ensemble des taxes, impôts et redevances dont l'assiette est constituée par un polluant, ou par un produit ou service qui détériore l'environnement ou prélève des ressources naturelles [1202]». Cette définition engage à une prise de conscience par les pouvoirs publics de la nécessité, de mettre en œuvre des politiques fiscales de protection de l'environnement. S'il est vrai, que pour l'essentiel la fiscalité à elle seule, ne peut suffire à apporter une solution globale à une telle problématique, toutefois, l'instauration au niveau communautaire des « écotaxes » sur l'énergie, l'exploitation pétrolière, minière, et le transport, permettrait de changer les comportements et de réduire le joug réglementaire. Pour ce faire, la norme fiscale communautaire de la CEMAC doit s'attacher à introduire les éléments incitatifs pertinents en matière de fiscalité environnementale, afin d'éviter certaines dépenses de préservation et de remise en état[1203].

646. Cependant, assimiler le paiement d'une taxe à l'achat d'un droit de polluer peut paraître choquant pour certains. Car, cela reviendrait à transformer l'environnement en marchandises. De même, les ménages estiment souvent que les taxes écologiques sont injustes, car elles affectent les plus faibles revenus. Les entreprises estiment, quant à elle, que les taxes peuvent porter atteinte à leur compétitivité, voire à leur survie. Seulement, aucune politique énergétique de la CEMAC ne saurait s'abstraire des contraintes acceptées, lors de la ratification du protocole de Kyoto. Aucune ne saurait se dispenser de l'obligation de mettre en cohérence les objectifs énergétiques avec ceux de la maîtrise du risque climatique. Par conséquent, la CEMAC devrait édicter un instrument fiscal communautaire biodégradable, suffisamment ciblée et dissuasive pour modifier le comportement visé. C'est dire que, la taxe environnementale affectée doit avoir pour vocation de contracter son assiette en taxant la pollution et en finançant son extinction[1204]. Par conséquent, l'instrument fiscal à mettre en place devrait répondre à un arsenal de question : quelles taxes vertes instaurer en cas de pollution, sur quelle base, avec quel montant, et quelles répercussions possible dans le prix d'une entreprise polluante ?

647. Ainsi, plusieurs catégories d'impôt pourraient être explorées notamment : La taxe spéciale sur les produits énergétiques ; les redevances qui couvriraient des droits pour services environnementaux, principalement dans le domaine de l'eau et des déchets ; Les exonérations, déduction, baisse

---

1202 ROTILLON (G), « La fiscalité environnementale outil de protection de l'environnement ? », in *Regards croisés sur l'économie* 2007/1 n°1, p.108.

1203 MEYONG ABATH, *op.cit.*, p.444

1204 BARDE (J-P), COURNEDE (B), « Les taxes environnementales : un instrument d'incitation ou de financement ? » in *Revue d'Économie financière*, n° 66, 2002, Johannesburg 2002 : écologie et fiance, p119-134

des taux qui cherchent également à orienter le comportement en faveur de l'environnement. Les crédits d'impôt recherchent qui permettraient d'orienter les choix d'investissement dans les énergies renouvelables. Il faudrait mettre en place un fonds sous-régional alimenté par un pourcentage de recettes des produits énergétiques exportés. En outre, les États de la CEMAC doivent convenir non seulement que les sources d'énergie devront être au préalable transformées pour leur commercialisation, mais également, interdire de commercialiser les énergies sous forme de matières premières. Car, l'une des sources de développement durable réside dans l'installation des unités de transformation successives. En effet, il est certain que la transformation du pétrole, du gaz, et des énergies renouvelables jusqu'au stade final créer une valeur ajoutée, des emplois et favorise la croissance. Pour tout cela, la CEMAC doit mettre en place une politique communautaire d'industrialisation de la filière énergie. Cela renforcerait les capacités institutionnelles, pour promouvoir un développement durable.

CONCLUSION DU CHAPITRE II

648. L'électrification complète de l'Afrique centrale et l'accès des populations à une énergie propre et durable sont deux défis majeurs pour la CEMAC dont la population n'a de cesse d'augmenter. Ainsi, pour atteindre les objectifs de croissance et de développement auxquels aspirent les États de la CEMAC, une réforme profonde du dispositif fiscal s'avère hautement nécessaire. Celle-ci consisterait d'une part, à poursuivre le processus de réforme douanière et de mesures prises, et améliorer l'efficacité des régies financières ; et d'autre part, parfaire la transparence des finances. En outre, compte tenu du poids des ressources énergétiques dans l'économie des États, et de la place centrale de l'énergie dans le PER-CEMAC, il faudrait, édicter de nouvelles normes fiscales en la matière. Entre autres, élaborer une alliance structurante en matière de fiscalité pétrolière et accélérer le développement et l'opérationnalisation du marché régional d'électricité à travers le PEAC. Ces mesures contribueraient à une mobilisation accrue des ressources, en faveur de la lutte contre la précarité énergétique, pour renforcer la compétitivité, le développement économique et social. Corrélativement, par le biais de la fiscalité communautaire, les États pourraient protéger de manière plus efficace l'environnement afin d'améliorer le bien-être des populations.

CONCLUSION DU TITRE II

649. Lorsqu'on considère les défis énergétiques que la CEMAC à relever, il importe de souligner qu'une mobilisation accrue des recettes fiscales est indispensable pour financer le PER et le PEAC. Dans cette perspective, l'amélioration du rendement fiscal constitue à la fois un objectif de la réforme et un enjeu des finances des États et des instances communautaires, car améliorer les recettes fiscales revient à procurer une base durable pour le développement, à réduire la dépendance de la CEMAC et des États à l'égard des instances financières internationales, mais surtout à avoir des systèmes fiscaux stables. C'est en cela que l'harmonisation de la politique énergétique au sein de la CEMAC permet d'une part aux économies des États de favoriser des règles de concurrence équitable et de lutter contre la fraude fiscale et douanière, par la collaboration entre les administrations des États membres. Et d'autre part, de mener une réflexion prospective sur les ressources énergétiques des États de la CEMAC, afin de saisir les opportunités offertes par le potentiel énergétique des États membres et lutter contre la disette énergétique. Ceci met en évidence la nécessité d'élaborer de nombreux instruments qui définiront les leviers d'actions pour renforcer l'élan vers la stabilité, la croissance et le développement économique. Pour perdurer, ces efforts doivent être complétés par des réformes visant leurs incidences sociales et à promouvoir une croissance inclusive.

CONCLUSION PARTIE II

650. Le bilan du processus d'harmonisation des règles fiscales a permis de se rendre compte, que le prescrit juridique n'est toujours pas en phase avec la réalité pratique. En effet, l'inadaptation du cadre institutionnel de la CEMAC, l'instabilité politique, l'inefficacité des régies financières nationales et l'inertie des organes communautaires sont les illustrations parfaites des écueils de l'intégration qu'il faut corriger. Certes, à la vue des innombrables dysfonctionnements et des écueils répertoriés, l'entreprise semble difficile, toutefois, rien n'est impossible. En effet, ces difficultés peuvent être surmontées par une approche sectorielle à l'image des efforts d'intégration des secteurs énergétiques. D'où, la nécessité de passer à des plans d'action prioritaire pour accélérer la mise en œuvre des objectifs régionaux. Ainsi, pour atteindre les objectifs de croissance et de développement auxquels aspirent les États de la CEMAC, une réforme profonde du dispositif fiscal s'avère hautement nécessaire. Celle-ci consisterait à améliorer l'efficacité des administrations fiscales et douanières, rationaliser la structure du tarif douanier. Il faudrait, de plus, édicter de nouvelles normes fiscales afférentes aux ressources énergétiques. Ces mesures contribueraient à une mobilisation plus accrue des ressources, au profit de la lutte contre la pauvreté et la protection de l'environnement. Pour cela, encore faudrait-il que les États de la CEMAC comprennent, que la construction d'une zone économique viable et émergente passe inéluctablement par des sacrifices à consentir au bénéfice des autres États membres, mais surtout en faveur des populations.

CONCLUSION

CONCLUSION GÉNÉRALE

651. Autant le dire d'entrée de jeu, conclure l'étude de l'harmonisation fiscale des produits énergétiques en zone CEMAC, est une mission titanesque. Comment mener à terme une problématique complexe et en perpétuelle évolution comme celle qui a été abordée tout au long de ce travail ? En revanche, avec les marges de liberté des États en matière d'endettement désormais réduites avec la crise, il paraît opportun de se demander comment concevoir une politique de développement[1205] et construire des infrastructures publiques, dont chacun s'accorde à reconnaître l'importance, si les ressources sont déficientes. L'une des seules alternatives réside alors, dans l'élaboration d'un système fiscal communautaire efficace, dégageant suffisamment de recettes pour financer les infrastructures nécessaires au développement. Il apparaît aussi, qu'au sein d'un marché unique la recherche d'une fiscalité optimale, doit non seulement, être compatible avec le carré des libertés communautaires, mais respecter aussi, les spécificités et les contraintes propres à chaque économie.

652. Plus qu'une source d'information, l'étude rétrospective est un élément incontournable permettant de comprendre les conditions politiques et économiques dans lesquelles ont évolué l'harmonisation fiscale et ses multiples péripéties. C'est en cela qu'il faut apprécier les efforts de réalisation d'un espace économique entrepris en 1964 dans le cadre de l'UDEAC, pour assurer le développement économique des États membres. Bien, que ces programmes de développement aient connu des formes diverses (institution de la TU, adoption du TEC, réformes fiscalo-douanières de 1991), ils se sont malheureusement tous avérés impuissants à promouvoir le développement économique des États membres, puisqu'elles se heurtaient aux particularismes nationaux et à la résistance des États, défendant leurs propres intérêts. Mais, les objectifs de développement, conjugués à la recherche de meilleures conditions de vie des populations, ont contraint les États dans un esprit de solidarité, à refonder l'idéal communautaire en dépit de nombreux défis, par la création de la CEMAC.

653. La CEMAC s'illustre, donc comme le meilleur rempart à un double niveau ; favoriser le développement et répondre au phénomène de la mondialisation. En effet, il faut bien reconnaître que les initiatives récentes consistant, entre autres au renforcement de l'union douanière (aménagement du TEC, institution d'un mécanisme autonome de financement) et du dispositif juridico-institutionnel (implémentation du PRI et densification du panorama institutionnel), constituent des avancées notables, sur le chemin de la suppression des obstacles aux échanges commerciaux intracommunautaires. Mais, la nouveauté réside sans doute, au niveau des réformes misent en place en matière de politique énergétique régionale, à

[1205] GASTELLU (J-M), MOISSERON (J-Y) et POURCET (G), *op.cit.*, p.1.

travers le Livre blanc CEEAC/CEMAC et le DSPER-PEAC. Malgré ces acquis, des avancées sont encore nécessaires. La dynamique de l'harmonisation fiscale en Afrique centrale révèle qu'au vu du faible taux d'échanges commerciaux intracommunautaires et de la précarité énergétique des États membres, ces actions ont été jusqu'à présent trop timides et infructueuses. De plus, par comparaison aux gains qu'engendreraient une gestion et un développement intégré des systèmes, beaucoup restent à faire.

654. En effet, les dysfonctionnements et l'incapacité du dispositif institutionnel actuel à répondre efficacement aux exigences du développement font obstacle à la mobilisation de ressources fiscales, pour le financement endogène du développement économique des États membres. D'abord, l'examen des législations nationales permet de se rendre compte que la rude concurrence entre les États participe à une multiplication des exonérations et régime de faveur sur toute la chaine économique, et crée l'érosion de l'assiette fiscale. À cela, s'ajoute la persistance des obstacles tarifaires et non tarifaires. L'autre problème qui oppose les pays côtiers aux pays enclavés est l'absence d'un traitement efficace des opérations de transport sous transit douanier. Ensuite, au terme de cette étude, une remarque paraît irréfutable : dans les États de la CEMAC, l'insuffisance des outils de travail et l'inefficacité des régies financières ne permettent pas une mise en œuvre adéquate de la législation fiscale. De plus, l'absence de coopération administrative entre les États membres intensifie la fraude et la contrebande des produits pétroliers. Si bien que, les conséquences de ses dysfonctionnements sont dévastatrices pour les budgets des États (incapacité de recouvrer certains impôts nécessaires à l'exécution budgétaire), favorisent la concurrence déloyale entre opérateurs (quasi-absence de contrôle et vérification fiscale de certaines entreprises), et accroissent l'incivisme fiscal et le sentiment d'illégitimité de l'impôt.

655. À tout bien considérer, les régies financières ne sont pas les seuls responsables de la latence du processus d'harmonisation en CEMAC. La volonté politique, qui soutient l'intégration CEMAC, manque souvent de fermeté et de rigueur. De surcroît, la Commission de la CEMAC, qui est l'organe vital du système, fait preuve de laxisme, alors qu'elle devrait jouer pleinement son rôle. En outre, il n'existe pas une véritable coordination des actions de développement et des espaces de coopération entre les différentes institutions de la sous-région. La coexistence de la CEEAC et la CEMAC, qui au départ avait des domaines d'interventions distincts[1206], ont pris une tournure de concurrence en 2000 lorsque la CEEAC a commencé véritablement à mettre en œuvre son programme d'intégration économique. Dès lors, il s'est posé un problème de coordination des actions des deux organisations d'intégration régionale, dans plusieurs domaines (transport,

[1206] Le mandat de la CEEAC portait sur les questions de paix et sécurité, alors que la CEMAC s'occupait de l'intégration économique et sociale.

énergie, santé, TIC, agriculture et sécurité alimentaires, industries, ressources naturelles, paix, etc.). Enfin, le diagnostic de l'élaboration et la mise en œuvre de l'harmonisation fiscale dans les États de la CEMAC a conduit, à faire remarquer qu'avec la pression de certains bailleurs de fonds, les pays de la CEMAC ont tendance à vouloir importer un système fiscal en déphasage avec les réalités économiques, sociales nationales et parfois contraire aux législations communautaires. L'approche pluridisciplinaire adoptée dans ce travail a permis de déceler les conséquences assassines d'une telle pratique.

656. Faut-il pour autant s'ébahir que les dysfonctionnements administratifs et juridictionnels décelés montrent des différences notoires entre la loi fiscale et la réalité fiscale ? Assurément pas. Comment espérer l'effectivité de la norme fiscale communautaire, si ceux qui élaborent les textes fiscaux ne tiennent pas compte des facteurs qui influent sur leur observance ? Comment en être éberlué lorsque les administrations fiscales ayant la charge de leur mise en œuvre sont caractérisées par des dysfonctionnements qui réduisent comme une peau de chagrin leurs interventions ? Toutefois, la question demeure. Quelles perspectives envisager pour une croissance accélérée et solidaire en Afrique centrale ?

657. En la matière, la solution consiste à élaborer et à mettre en œuvre un système fiscal alliant les exigences rationnelles du développement et les caractères spécifiques des États de la CEMAC. Pour ce faire, il est indéniable de s'imprégner des faits historiques pour puiser des leçons, ou s'écarter des erreurs commises par l'UDEAC. Le contexte actuel impose au préalable à la CEMAC de relever les discordances entre le TEC et les tarifs nationaux et de les éliminer. Il est urgent pour les États de reconnaître formellement le principe d'élimination de toutes formes de droit de douane et taxe d'effet équivalent et d'adopter une structure d'exonération homogène et efficiente. S'agissant de la Directive TVA, les États doivent garantir la neutralité interne et externe de la TVA, en mettant en place un mécanisme de déduction ou de remboursement de la TVA, supporté par un assujetti dans un autre État membre. En outre, il faudrait que la CEMAC mette en place une procédure de contentieux rapide spécifique aux règles communautaires relatives à la libre circulation des produits CEMAC, et se décide à lutter contre les diverses entraves techniques administratives, qui freinent les échanges commerciaux intracommunautaires, tant aux frontières, qu'à l'intérieur des pays membres.

658. Étant donné, que la transparence de la formulation et la mise en œuvre des politiques suivit est l'élément primordial d'une bonne gouvernance. Il faut nécessairement que les orientations des politiques soient présentées d'une manière, qui facilite l'analyse des politiques et la reddition de comptes. De plus, les pouvoirs publics doivent communiquer, analyser et gérer les risques qui pèsent sur les finances publiques et assurer une coordination effective du processus décisionnel dans l'ensemble du secteur

énergétique. Par conséquent, les États doivent rationaliser les dépenses publiques du secteur, afin d'améliorer la transparence budgétaire, d'évaluer le coût budgétaire des avantages fiscaux accordés, d'apprécier la pertinence de ceux-ci, quant aux objectifs, recherchés et éclairer le choix de politique fiscale. De même, la notion de « produit d'origine CEMAC » doit recevoir une interprétation uniforme dans tous les pays de la zone.

659. Quant à la nouvelle gouvernance fiscale proposée aux États de la CEMAC, elle devrait se situer dans un cadre plus général de gouvernance économique et financière. En effet, la préoccupation des États ne devrait pas seulement être l'amélioration des systèmes fiscaux, mais aussi celle de la gestion des ressources naturelles. La prise de conscience de l'importance stratégique des produits énergétiques devrait motiver les États à harmoniser leur fiscalité pétrolière, et accélérer le développement ainsi que l'opérationnalisation du marché régional d'électricité à travers le Power pool régional. Par ailleurs, la relance de l'harmonisation des politiques énergétiques offre l'une des stratégies les plus crédibles pour résoudre les problèmes de développement et de précarité énergétique auxquels la CEMAC est confrontée.

660. Notons que la pertinence des mesures proposées, largement inspirées des échecs passés et actuels de la pratique du droit comparé et des spécificités locales, ne constitue pas une panacée, mais plutôt des recommandations, car leur réussite nécessite la manifestation d'une volonté politique, mais également, la réunion de certaines conditions. Précisons qu'une harmonisation idéale est avant tout celle « *qui est reconnue comme légitime au sein d'une société donnée*[1207]». En cela, le renforcement de l'harmonisation fiscale exige l'adhésion collective de tous les acteurs. Il incombe donc à la CEMAC de créer les conditions de la légitimité du pouvoir fiscal communautaire, notamment les conditions juridiques, politiques, et administratives.

661. Il y va d'abord, des administrations fiscales et douanières orientées vers la performance et l'évolution des pratiques, qui, sans une stratégie efficace de lutte contre la fraude et la corruption, sont vouées à l'échec. Bien qu'elles contribuent souvent à détecter la corruption et la fraude, triste est de constater qu'elles ouvrent également, la voie à des abus qui compromettent leur efficacité. Maîtriser la corruption en Afrique centrale c'est donc, établir un système d'imposition équitable et mettre en place des procédures visant à améliorer la surveillance des percepteurs au moyen d'un système de contrôle, de telle sorte à maximiser l'intégrité de la perception des impôts. Dans un tel cadre, les États de la CEMAC doivent plus que jamais renforcer la coopération des administrations, afin de permettre un recoupement rapide des informations communiquées par les contribuables et les importateurs,

---

[1207] BOUVIER (M), *Introduction au droit fiscal général et à la théorie de l'impôt*, Paris LGDJ, 2005, 7e éd., p.16

dans le but de prévenir, rechercher et réprimer les infractions. Toutefois, la solution ne réside pas seulement, dans une réinvention des modalités de l'intégration, mais plutôt, dans l'effectivité des textes communautaires adoptés. Autant l'amélioration de l'efficacité des régies financière doit être une priorité, autant l'application des textes communautaires par ces dernières serait un simulacre, si elles ne sont pas surveillées par des organes impartiaux et indépendants. De surcroit, au même titre que les auteurs et complices de fraude fiscale, tout agent de l'État qui s'emploierait à une mauvaise gestion de finances publiques devrait être pénalement sanctionné.

662. Ensuite, il faut lever les obstacles relatifs à l'enchevêtrement de multiples regroupements d'intégration juridique et économique, d'où l'impératif d'accélérer la rationalisation de la CEEAC et de la CEMAC. Fort heureusement, depuis le 13 novembre 2020, l'espoir semble renaître du côté de la CEEAC dont l'offensive, ces dernières années, pour une zone d'intégration véritable est forte[1208]. Parallèlement, il devient impératif que la Commission devienne un acteur incontournable du contrôle de l'application des textes fiscaux. Ce n'est qu'à ce prix que le processus d'intégration régionale gagnerait l'adhésion des populations.

663. En outre, avec le retour de la paix, la montée des cours du brut et des vaccins Covid-19, les États de la CEMAC devraient poursuivre les réformes concernant la fiscalité spécifique notamment, celle relative au secteur du pétrole, des mines en cours, pour le développement énergétique de l'Afrique centrale. De plus, l'analyse de la situation actuelle exige la réévaluation globale du dispositif du PER et du PEAC, pour énoncer des normes fiscales communautaires dans le domaine énergétique. Afin, de permettre aux États de mobiliser davantage de recettes, et contrecarrer les firmes internationales partisanes du moins-disant fiscal. Dans le même temps, la CEMAC doit ressentir la nécessité de pratiquer des politiques fiscales de protection de l'environnement. De cette manière, les recettes des taxes environnementales serviront à financer la réduction des externalités environnementales négatives. Cependant, le problème demeure complexe et sa réussite dépend de nombreux paramètres économiques, juridiques, sociaux et fiscaux.

664. Ainsi, la mise en œuvre d'un projet d'harmonisation des politiques énergétiques dans la zone CEMAC ne peut résulter que de choix stratégiques clairs et univoques, guidant précisément l'action de la Commission chargée de leur mise en œuvre. Afin, de créer des conditions favorables à une mobilisation accrue de ressources financières interne. L'enjeu d'une telle option est de permettre aux opérateurs économiques de tirer le bénéfice maximal du potentiel du marché commun, sans être freinés par des obstacles

[1208] En effet, à l'issue de la réunion des experts du comité du pilotage de rationalisation des communautés économiques régionale en Afrique (Copil/CER-AC), le secrétariat technique a finalisé les textes fondateurs de la nouvelle communauté impliquant la fusion CEEAC/CEMAC. Ce comité a récemment identifié les domaines prioritaires sur lesquels les efforts d'harmonisation doivent se concentrer dans la sous-région.

tarifaires et non tarifaires, tout en sauvegardant la souveraineté fiscale des États.

665. De toute évidence, pour renforcer les bénéfices du système du PEAC, il y a encore des améliorations à faire, à savoir renforcer la fiabilité des réseaux, sécuriser les installations et coordonner les besoins lors des périodes de pic pour le bien-être des usagers. Ainsi, si très tôt, des actions d'harmonisation des règles d'exploitation des réseaux étaient menées par les institutions sous régionales et les États membres, plus vite, les États pourront profiter des complémentarités des systèmes pour réduire les coûts d'investissement et de gestion.

666. Outre, le fait que l'harmonisation soit particulièrement prometteuse en termes de contribution à la croissance inclusive, à l'accélération des progrès sur le front du développement humain et à la pérennisation des avancées enregistrées à ce titre. Elle peut l'être également, en termes de réduction des pollutions locales et de protection de l'environnement par le biais de la fiscalité de l'énergie. Ainsi, dans son devoir de maintien d'un équilibre entre les générations présentes et les générations à venir, la CEMAC devrait rechercher des compromis, entre une société de plus en plus technologique, dominée par une économie du profit à court terme et une société qui réhabilite les dimensions humaines du développement et la préservation des ressources naturelles. En égard à la protection de l'environnement, la problématique étudiée peut pour sa démarche méthodologique, susciter des questions et réflexions qui peuvent nourrir les perspectives d'analyses portant sur la fiscalité environnementale en Afrique centrale.

TABLE DES MATIÈRES

BIBLIOGRAPHIE

ENCYCLOPÉDIES, DICTIONNAIRES ET LEXIQUES

ALBERT (J-L), PIERRE (J-L), RICHER (D), *Dictionnaire fiscal et douanier*, Édition Ellipses, 2007, 592 pages.
CORNU (G), (Dir.), *Vocabulaire juridique*, Paris, Quadrige / PUF, 2000, 1091 pages.
Dictionnaire Larousse grand format, 2005, 112 pages.
Dictionnaire Larousse, 2016, 2048 pages.
Lexique des termes juridiques, 28e éd, Édition Dalloz, 2020-2021, par DEBARD (T), GUINCHARD (S), 1120 pages.

OUVRAGES GÉNÉRAUX

BARILARI (A) ; *Le consentement à l'impôt*, Paris, Édition Presses de Science Po, 2000, 146 pages.
BERLIN (D), *droit fiscal communautaire*, Paris, Édition, PUF, Collection droit fondamental, 1988, 410 pages.
BETTATI (M), *Le Droit des organisations internationales*, Paris, PUF, col Que sais-je ? 1987, 128 pages.
BIEBER (R), MAIANI (F), *Précis de droit européen*, 2e éd, Stämpfli Édition SA Berne, 2011, 451 pages.
BLANQUET (M), *Droit général de l'Union européenne*, 11e éd, Édition Sirey, 2018, 1062 pages.
BOUVIER (M), *Introduction au droit fiscal général et à la théorie de l'impôt,* Paris LGDJ, 2005, 7e éd, 239 pages.
BOUVIER (M) ET ESCLASSAM (M-C) et LASSALE (J-P), *Finances publiques*, Édition LGDJ, 19e éd, 2020, Paris, 990 pages.
CARRÉ DE MALBERG (R), *Contribution à la théorie générale de l'État*, Édition Paris, 1920, p.79. http://catalogue.bnf.fr/ark:/12148/cb37353931c
CARREAU (D), JUILLARD (P), *Droit international du développement*, LGDJ, col. Manuel, 1998, 640 pages.
COMBACAU (J), SUR (S), *Droit international public*, 13e éd, Édition LGDJ, Paris, 2019, 896 pages.
COMUNIER (J-M), *Droit fiscal communautaire*, Édition Bruylant, Bruxelles, 2001, 558 pages
DAILLIER (P), FORTEAU (M) et PELLET (A), *Droit international public*, 9e éd, Édition LGDJ, Paris, 2019, 1722 pages.
DORMOY (D), *Droit des organisations internationales*, Paris, Édition Dalloz, 1995, 116 pages.
DUPUY (P-M), KREBRAT (Y), Droit international public, 15e éd, Édition Dalloz, 2020, 960 pages.
DUTHEIL DE LA ROCHERE (J), *Droit matériel de l'Union européenne*, paris, 2e édition, Édition Hachette supérieure, 2004, 160 pages.
GAUDEMET (P-M), MOLINIER (J), *Finances publiques*, tome II, 5e éd, Édition Montchrestien, 1992, 524 pages.

GEST (G), TIXIER (G), *Droit fiscal international*, Édition, presse universitaire de France, Paris, 1990, 611 pages.
GROSCLAUDE (Jacques), MARCHESSOU (Philippe), *Procédures fiscales*, Édition Dalloz, 10e éd coll. Cours, 2020, 466 pages.
ISSAC (G), BLANQUET (M), *Droit communautaire général*, Paris, Édition Armand Colin, 2001, 408 pages.
JACQUÉ (J-P), *Droit institutionnel de l'Union européenne*, Paris, 9e éd, Édition Dalloz, 2018, 854 pages.
KELSEN (H), *Théorie pure du droit*, 2e éd, Paris, Édition Dalloz, 1962, 367 pages.
LAMBERT (T), *Contrôle fiscal : Droit et pratique,* Édition PUF, 2e éd, 1998, 464 pages.
MARTINEZ (J-C), DI MALTA (P), *Droit fiscal contemporain*, Tome 2, Paris, Édition Litec, 1986, 468 pages.
NYAMA (J-M), *Droit douanier de la CEMAC*, Yaoundé, CERFOD, 2003, 430 pages.
SABLIERE (P), *Droit de l'énergie*, Édition Dalloz, Paris, 2014, 2858 pages.
SCELLE (G), *Manuel de droit international public*, Édition Paris, éd Domat-Montchrestien, 1948, 1008 pages.
TEULON (F), *La nouvelle économie mondiale*, 6e éd, Édition Presses Universitaires de France, Paris, 2008, 430 pages.
TROTABAS (L), COTTERET (J-M), *Droit fiscal, Paris*, Édition Dalloz, 8e édition, 1997, 434 pages.
VERHOEVEN (J), *Droit international public*, Édition Larcier, Bruxelles, 2000, 850 pages.

OUVRAGES SPÉCIAUX

ARDANT (G), *Technique de l'État,* Paris, Édition, PUF, 1952, 318 pages.

- *Théorie sociologique de l'impôt*, Édition SEVPEM, 1965, cité par FOSTING (J-B), *Le pouvoir fiscal en Afrique : essaie sur la légitimité fiscale dans les pays francophones*, Tome 51, Édition LGDJ, 199, 340 pages.

AYESSA (A), *Élément de droit douanier, des procédures et techniques douanières dans les États de la CEMAC*, Édition Connaissance et Savoirs, 2010, 470 pages.
AYRAULT (L), *Le contrôle juridictionnel de la régularité de la procédure d'imposition*, Édition L'Harmattan, Coll. Finances publiques, 2004, 444 pages.
BADJAN (P-L), *Réforme institutionnelle de la CEMAC : jeux des acteurs, intérêt des États*, Paris, Édition L'harmatan, 2013, 168 pages.
BELTRAME (P), MEHL (L), *technique, politique et instituions fiscales comparées*, Paris, Édition, PUF, coll. Thémis, 2e édition, 1987, 708 pages.
BENAZET (J), *La perception de l'impôt par stoppage à la source : les principales applications du stoppage à la source à l'impôt sur le revenu*, Édition LGDJ, 1951, 254 pages.
BERAHAB (R), *Les pays pétroliers africains sous la menace du Covid-19 : enjeux économiques et piste pour sortir de l'impasse*, Édition Policy Brief, 20-39 avril 2020, 11 pages.

BOUSSETTA (M), *Intégration régional Sud-Sud, libéralisation commerciale et zone de libre-échange quadripartie : fondement et enjeux* (consultable sur www.gate.cnrs.fr/uneca07/communications%20pdf/Boussetta-Rabat-07.pdf>.)
CASIMIR (J-P), *Contrôle fiscal : droits, garanties et procédures*, 8e éd, Édition Groupe Revue Fiduciaire, 2002, 686 pages.
CHAMBAS (G), *Fiscalité et développement en Afrique subsaharienne, ministère de la Coopération*, Édition Economica, 1994, 152 pages.
- *Afrique au sud du Sahara : Mobiliser des ressources fiscales pour le développement*, Édition Economica, 2005, 200 pages.

CASTELLU (J-M), MOISERON (J-Y), et POURCET (G), *Fiscalité, développement et mondialisation*, Paris, Édition Maisonneuve et Larose, 1999, 241 pages.
COSSON (J), *Les industriels de la fraude fiscale*, Paris, Éditions du Seuil, 1971, 260 pages.
DELMAS-MARTY (M), *Critique de l'intégration normative : l'apport du droit comparé à l'harmonisation des droits*, 2004, Collection Les voies du droit, Édition Presses universitaires de France, 336 pages.
DENIS (M-E), *Histoire militaire de l'AEF*, Édition, Imprimerie national, Paris, 1931, 230 pages.
DIKOUME (A-L), *La fiscalité pétrolière des États membres de la CEMAC*, Édition l'Harmattan, 2008, 420 pages,
DONNIER (M) et DONNIER (J-B), *Voies d'exécution et procédures de distribution*, 6e éd, Édition Litec, 2001, n° 1027, 645 pages.
DUNNING (P-H), *International Investment : Selected reading, Harmondsworth Midlesex,* Penguin books, 1972, 495 pages.
DRUESNE (G), *Droit de l'Union européenne et politiques communautaires*, Col. Droit fondamental, droit communautaire, 6e édition PUF Section « Droit », Paris, septembre 2001, 640 pages.
ESSAGA (S), *Problématiques de la fiscalité pétrolière aval en Afrique : exemple du Cameroun*, Afritaxe, 5 pages.
FANFIL (M-J), CANTON-FOURRAT (A), *Le droit de l'énergie en Afrique*, Édition L'Harmattan, 2015, 110 pages.
FOUILLOUX (G), *La nationalisation et le droit international public*, Paris, Édition LGDJ, 1962, 477 pages.
GLÉLE (M-A), *Introduction à l'organisation de l'unité africaine et aux organisations régionales africaines*, Édition LGDJ, Paris, Tome XL, 1986, 574 pages.
GONIDEC (P-F), *Relations Internationales*, Ed. Les cours du Droit, Paris Sorbonne, 1974, 476 pages.
- *L'OUA trente ans après : l'unité africaine à l'épreuve*, Édition Karthala, 1993,168 pages.

GOLDSTEIN (A), *intégration régionale, IDE et compétitivité en Afrique australe, centre de développement de l'OCDE*, Édition de l'OCDE, 2004, 160 pages.
HANSEN (J-P), PERCEBOIS (J), *Énergie économie et politiques*, avec la collaboration de JANSSENS (A), 3e édition, Édition Deboeck mai 2019, 752 pages.
HIBOU (B), *L'Afrique est-elle protectionniste ? Les chemins buissonniers de la libéralisation extérieure,* Paris, Édition Karthala, 1996, 336 pages.
JOUVE (E), *l'organisation de l'unité africaine*, Édition presses universitaires de France, 1984, 284 pages.

KAMTO (M), PONDI (E) et ZANG (L), *L'OUA : rétrospective et perspectives africaines*, Paris, Édition Economica, 1990, 362 pages.
KOUASSI (K), *Les rapports entre l'Organisation des Nations Unies et l'Organisation de l'Unité africaine : contribution à la théorie institutionnelle dans les rapports internationaux,* Bruxelles, Édition Bruylant, 1978, 414 pages.
KOUASSIGAN (G-A), *L'homme et la terre : droits fonciers coutumiers et droit de propriété en Afrique occidentale*, coll ORSTOM nouvelle série n°8, Édition Berger-Levrault, 1966, Paris, 2683 pages.
LAMBERT (D), *Amérique Latine. Structures sociales et institutions politiques*, Paris, Édition, PUF, 1968, 441 pages.
LEROY (M), *La sociologie de l'impôt*, Édition, PUF, coll. « Que sais-je ? », juillet 2002, 125 pages.
LAURIOL (T), RAYNAUD (E) ; *Le droit pétrolier et minier en Afrique*, Édition LGDJ, 2016, 588 pages.
LECOURT (R), *L'Europe des juges*, Édition Bruylant, Bruxelles, 2008, 334 pages.
LEFEVRE (S), *les actes communautaires atypiques*, Bruxelles, édition Bruylant, 2006, 552 pages.
Le pétrole et le gaz en Afrique, 1er édition, Édition Ediafric la Documentation africaine, Paris, 1983, 154 pages.
MAITROT DE LA MOTTE (A), *Souveraineté fiscale et construction communautaire*, Tome 44, Édition LGDJ, 2005, 552 pages.
MARTINEZ (J-C), *Le statut du contribuable*, Tome I l'élaboration du statut du contribuable, 1980, 394 pages.
M'BOKOLO (E), *Médiation africaine* ; OMAR BONGO et les défis diplomatiques d'un continent, 2009, 410 pages.
MILLET (D), TOUSSAINT (E), *65 Questions / 65 Réponses sur la dette, le FMI et la Banque Mondiale*, Édition CADTM, Belgique, 2011, 390 pages.
MONTAGNIER (G), *Le Trésorier payeur général*, Paris, Édition LGDJ, 1966, 357 pages.
NDOKIA (C-I), *L'intégration économique : les enjeux pour l'Afrique centrale*, Paris, Édition l'Harmattan, 1999, 200 pages.
NGAOSYVATHN (P), *Le rôle de l'impôt dans les pays en voie de développement*, Tome 1, Édition LGDJ, 1980, 316 pages.
NONORGUES (H), LABORDE (J), *La fiscalité et le développement des pays du tiers monde*, Édition Antananarivo (MG), 1970, 138 pages.
PAYER (C), *The debt trap : the International Monetary Fund and the Third World*, published by Monthly review press, New york and London, 1974, 251 pages.
RAYNAL (M), *Justice traditionnelle, Justice moderne : le devin, le juge, le sorcier*, Paris, Édition L'Harmattan, 2000, 338 pages.
REBOUD (L), *Systèmes fiscaux et marché commun*, Paris, Sirey, Coll. Recherches économiques, 1961, 374 pages.
RIVOLI (J), *Vive l'impôt,* Paris, Édition, Seuil, 1965, 128 pages.
RIGGS (F-W), *Administration in the Developing Countries : The theory of prismatic society,* Boston, Houghton Mifflin, 1964, 477 pages.
ROSENBERG (D), *Le principe de souveraineté des États sur les ressources naturelles*, Paris, Édition, LGDJ, 1983, 395 pages.
SARR (A-Y), L'intégration juridique dans L'Union Économique et Monétaire Ouest Africaine (UEMOA) et dans l'Organisation pour l'Harmonisation du Droit des

Affaires en Afrique (OHADA), 2008, Col Institut des droits des Affaires, Édition PU Aix-Marseille, 654 pages.
SAURON (J-L), *L'application du droit de l'Union européenne en France,* 2e éd, Édition La documentation française, collection « Réflexe Europe », 2000, 134 pages.
SAURUGGER (S), *Théories et concepts de l'intégration européenne*, Paris, Édition Presses de science po, 2013, 488 pages.
SIROËN (J-M), *Le régionalisme de l'économie mondiale*, Édition La Découverte, 2008, Paris, 128 pages.
TAMEKAMTA (A-Z), *Le Cameroun à l'UDEAC : Bilan et perspectives d'une gestion administrative contestée à l'ère du Renouveau*, Édition L'Harmattan, 2011, Paris, 244 pages.

THÈSE ET MÉMOIRE

1- THÈSE

AFANTCHAWO (Lucas Kodge), *La fiscalité de l'entreprise dans les pays en voie de développement*, Thèse 3e cycle, Paris, 1969.
AUBRY MEMOLI (C), *Les relations monétaires entre la France et ses colonies d'Afrique centrale*, Thèse de Doctorat en histoire, Université, Paris I, 2004, 540 pages.
BANGO (A), *L'élaboration et la mise en œuvre de la fiscalité dans les pays de la communauté économique et monétaire de l'Afrique centrale (CEMAC),* Thèse droit Finance publique et fiscalité, Université Jean Moulin Lyon 3, sous la direction de Jean-Luc ALBERT, 2009, 663 pages.
BAYA (D), *Histoire des archives des colonies Française d'Afrique noire*, Thèse d'histoire, Université Lumière Lyon, 1987,
BOMBA MATONGO (A), *La fiscalité du Congo*, Thèse pour le doctorat en droit, Université Paris 2, 21 octobre 1994, 410 pages.
BORSI (F-X), *Intégration du cadre économique et juridique européen et attractivité des espaces régionaux. Economies et finances*, Thèse, Université Nancy 2, 2008, 276 pages.
CAMPIN (A-R), *fiscalité des produits pétroliers en France*, Thèse Université de Strasbourg, 1978, 432 pages.
ELLAINGANH (S) ; *Aspects Juridiques des nouvelles formes d'investissement dans les pays africains de la Zone Franc*, Thèse Droit du Développement Université de Nice, sous la direction de Jean TOUSCOZ, 1998, 528 pages.
FOHOUO (M), *L'Union douanière et économique de l'Afrique centrale*, Thèse, Paris I, 1984, 478 pages.
GOUGOU LABOUHE (P), *L'unification du droit des assurances en Afrique Zone Franc : contribution à l'étude des relations entre l'assurance et le développement,* Thèse pour l'obtention du Doctorat (nouveau régime) en Droit, Faculté de Droit, des Sciences Economiques et de Gestion, Université de Nice-Sophia Antipolis, septembre 2000, 358 pages.
GUERNIER (E), *L'intégration économique sous-régionale en Afrique : L'exemple de l'Afrique centrale*, Thèse droit public, Université de Reims, 2005, 430 pages.

GUIPIEMBA TONANG (E), *Droit matériel et intégration sous régionale en Afrique centrale : contribution à l'étude du droit communautaire de la communauté économique et monétaire de l'Afrique centrale (CEMAC),* Thèse droit et financement de développement, Université de Nice-Sophia Antipolis, mars 2004, 558 pages.
MADJADOUM (L), *Administration publique et développement : analyse de l'exemple tchadien,* Thèse pour le Doctorat d'État en Droit, Nantes, 1988, 540 pages.
MENGUE ME ENGOUANG (F), *Contribution à l'étude de la fiscalité du Gabon,* Thèse pour le Doctorat d'État en Droit, 1979, Tome 3, 649 pages.
MESSE MBEGA (C), *La Communauté économique des États de l'Afrique centrale (CEEAC) : Quelle politique de sécurité pour une organisation régionale à vocation économique ?* Thèse Université de Reims Champagne-Ardenne, 2015, 222 pages.
MEYER (A), *L'intégration régionale et son influence sur la structure, la sécurité et la stabilité d'États faibles : l'exemple des quatre États centrafricains*, Thèse institut d'Étude politique de Paris, 13 décembre 2006, 543 pages.
MEYONG ABATH (R), *L'harmonisation fiscale en zone CEMAC*, Thèse université de Paris Dauphine, sous la direction du Professeur Bernard CASTAGNEDE, soutenu en mars 2010, 610 pages.
MIRANDA SANCHEZ (S), *La bureaucratie dans les pays en voie de développement*, Thèse de 3e cycle en droit public, Paris 2, 1975, 231 pages.
MKIMER-BENGELOUNE (L), *Modélisation des barrières non tarifaires et leur impact sur les échanges internationaux : une application aux pays méditerranéens*, Thèse Economies et finances, Université de Toulon, 2013, 438 pages.
NGAOSYVATHN (P), *Le rôle de l'impôt dans les pays en voie de développement*, Thèse Université Paris 2, 1973, 300 pages.
OPARA OPIMBA (L), *L'impact de la dynamique de l'intégration régionale sur les pays de la SADC : une analyse théorique et empirique*, Thèse Université Montesquieu bordeaux IV, mars 2009, 421 pages.
OUEDRAOGO (S), *Les compétences nationales en matière fiscale et la communautarisation des règles dans l'espace ouest-africain*, Thèse de l'Université de Bordeaux, sous la direction du Professeur Jean-Pierre DUPRAT, soutenue le 25 novembre 2015, 650 pages.
PRISO ESSAWE (S-J), *Intégration économique et droit en Afrique centrale intégration*, Thèse Droit public. Université Montpellier I, 1997, 520 pages.
RICCI (J-C), *Le pouvoir discrétionnaire de l'administration fiscale*, Thèse Presses Universitaires d'Aix-Marseille, 1977, 537 pages.
SAKAI (L), *La souveraineté permanente sur les ressources naturelles et la protection internationale des Droits de l'Homme,* Thèse Droit international et Européens (EDDIE), Université Paris 1- Panthéon-Sorbonne, 2014, 687 pages.
TOMO (G), *Ressources naturelles et développement durable dans les économies subaériennes : Le rôle de l'Union européenne*, Thèse Université de Lorraine, 2012, 275 pages.
TOUSSAINT (E), *Enjeux politiques de l'action de la Banque Internationale pour la Reconstruction et le Développement et du Fonds Monétaire International envers le tiers monde : Analyse de l'influence des logiques financières mondiales impulsées par le FMI et la BIRD sur les pratiques politiques des pays en développement,*

suivies de propositions d'alternatives, Thèse en Sciences politiques, Université de Liège-Université de Paris 8, 2004, 369 pages.

2- MÉMOIRE

AWOUMOU (J-A-B), *La communication comme outil d'optimisation des performances dans les administrations publiques camerounaises : le cas de la Direction générale des Impôts,* Master professionnel 2e année, Université Paris Sorbonne-ENA, 102 pages

CHAMEGUEU (G-M), *Le contrôle juridictionnel des activités de la CEMAC*, Mémoire Université de Douala, DEA, 2008, 90 pages.

DELBOSC (L), *Quels enjeux pour la fiscalité de l'énergie aujourd'hui ?* Mémoire, Aix-Marseille III, 2009, 87 pages.

DIOUM (N-N), *L'harmonisation fiscale en UEMOA : Enjeux et Perspectives*, Mémoire, Promotion : 2013/2015, 80 pages.

D'ONORIO DI MEO (E), *De l'harmonisation à la coordination de la fiscalité directe dans la lutte contre la concurrence fiscale dommageable,* Mémoire Université de Droit, d'Économie et des Sciences d'Aix-Marseille, 2002-2003, 141 pages.

MBOUKOU MAYANGUI (G-M), *Les principaux obstacles aux échanges commerciaux intrarégionaux en Afrique centrale : cas de la Communauté économique et monétaire de l'Afrique centrale (CEMAC),* Mémoire, École nationale d'administration publique, octobre 2019, 80 pages.

NDJOGOBISSA LESSEBI (S), *Fiscalité énergétique l'Exemple du pétrole au Gabon*, Mémoire Master II Recherche finance publique et fiscalité sous la direction de Gilbert ORSONI, 2015, 119 pages.

NDOUMBE (D), *La saisie attribution des créances dans le cadre de l'OHADA,* Mémoire Auditeur de justice, ENAM, Yaoundé, juillet 1999, 72 pages.

NJANKE TATCHOU (M), *Transports et échanges commerciaux dans les pays de la CEMAC*, Mémoire Master II en Économie des Transports, Université de Yaoundé II Soa CAMEROUN, 2008, 100 pages.

OUAMBA-DIASSIVY (A), *La souveraineté de l'état et l'intégration sous-régionale en Afrique centrale : le cas de la CEMAC*, Université de Yaoundé II - Institut des Relations internationales du Cameroun (IRIC) Stage diplomatique (Master I) - Master I 2009, 98 pages.

RINAUDO (A), *Le Nationalisme des Ressources : Défi juridique et stratégique majeur pour les grands Groupes Pétroliers*, Mémoire de Séminaire de Droit international public, 2010, Université lumière Lyon 2 Institut d'Études politiques de Lyon, 72 pages.

SOMMO PENDE (A), *L'intégration sous-régionale en CEMAC à l'épreuve de la liberté de circulation des biens et des personnes*, Mémoire Master Gouvernance et Politiques publiques, Université Catholique d'Afrique centrale, 2010, 92 pages.

TSOPBEING (M-W), *Les mécanismes de financement et de gestion budgétaire de la CEMAC,* Université de Dschang, Cameroun, Diplôme d'Études approfondies (DEA) en droit communautaire et comparé CEMAC 2004, 102 pages.

ARTICLES ET CHRONIQUES

ADEWOYE (O), « Constitutionnalisme et intégration économique », in *Réal LAVERGNE, Intégration et coopération régionale en Afrique de l'Ouest*, Édition KARTHALA et CERDI, 1996, p.375.
ALIBERT (J), « Transparency International et l'évaluation de la corruption en Afrique », in *Afrique contemporaine*, n° 196, 4e trimestre 2000, p. 87.
ANDRE (C), « Regards critiques sur le dispositif de lutte contre le blanchiment de capitaux : les obligations de vigilance et de déclaration des professionnels de l'expertise comptable et du commissariat aux comptes », in *Revue internationale de droit économique*, vol. t.xxv, N°1, 2011, pp. 75-112.
AVON (D), « Intégration régionale dans la CEMAC : des problèmes institutionnels récurrents », In *Afrique contemporaine*, n° 222, 2007/2, p. 199-221.
AVOM (D), GBETNKOM (D), « La surveillance multilatérale des politiques budgétaires dans la zone CEMAC : bilan et perspectives », in *Mondes en développement,* vol. no 123, N°3, 2003, pp. 107-125.
AWOUMOU (C.D.G), « Le couple Cameroun-Gabon : moteur de l'Afrique centrale ? », *in Enjeux,* n°17, octobre-décembre 2003, pp.5-10.

- « La multinationalisation des entreprises nationales au sein de la CEMAC : initiative purement privée ou cheval de Troie pour l'hégémonie du Cameroun ? », *in Enjeux,* n°13, octobre-décembre 2002, pp.24-27.

BARDE (J-P), COURNEDE (B), « Les taxes environnementales : un instrument d'incitation ou de financement ? » in *Revue d'Économie financière*, n° 66, 2002, Johannesburg, 2002 : écologie et fiance, p119-134.
BAYART (J-F), « La problématique de la démocratie en Afrique noire : "La Baule, et puis après ?" », in *Politique africaine*, n° 43, octobre 1991, p.6.
BERAUD (P), JABLANCZY (A), « Crise et variable d'ajustement des États pétroliers méditerranéens », in *Management & Avenir*, n° 35, 2010, p.95-117.
BÉRANGÈRE (T), « Les critères de l'applicabilité directe des traités internationaux aux États-Unis et en France », In *Revue internationale de droit comparé*. Vol. 59 N°1,2007. pp. 157-176.
BELAID (S), « Le rôle du droit dans l'intégration régionale », in *Revue tunisienne de* Droit 1989, pp.21-35.
BERR (J-C), « Union douanière », in *RTDE* n° 37, juillet-septembre 2001, p.668-669.
BHAGWATI (J), « Réponse aux détracteurs de la mondialisation », in *Bulletin du FMI, 4/2001*, Communication lors du séminaire du FMI du 12 mars 2001.
BINDSCHEDLER RUDOLF(L), « La protection de la propriété privée en droit international public », in RCADI, vol. 90, 1956, pp 174-306.
BORELLA (F), « L'Union des États d'Afrique centrale ». In : *Annuaire français de droit international*, vol 14, 1968. pp. 167-177.

- « Modèles européens et organisations économiques internationales », in *SFDI*, L'Europe dans les relations internationales-unités et diversités, Colloque de Nancy, Paris Pedone, 1982, pp.34-35.

BOUVIER (M), « Sens et légitimité de l'impôt », in *Le Seuil pouvoir* n°151, 2014/4, p 27.

BOSSUYT (M), Guide to the « travaux préparatoires » of the International Convenant on Civil and Political Rights, Martinus Nijhoff Publishers, Dordrecht, 1987, pp. xix-xx.
BOUGOUMA (O), « La dimension commerciale des APE : quelle stratégie pour le régionalisme ouest-africain ? » in *Le partenariat Europe-Afrique et les intégrations régionales*, 2012, pp.327-360.
BRUNETIERE (J-R), « À quoi servent les politiques publiques ? », *in TROSA (S), Evaluer les politiques publiques pour améliorer l'action publique : une perspective internationale*, Édition IGPDE, 2009, p.203-220.
BUZELAY (A), « L'union fiscale et douanière des douze : quels enseignements pour l'intégration régionale en Afrique Centrale ? » In *: Tiers Monde*, tome 35, N°140, 1994. pp. 875-890.
CANTONI (R), MUSSO (M), « L'énergie en Afrique : les faits et les chiffres. Introduction », in *De Boeck Supérieur*, Afrique contemporaine, 2017, n°261-262, pp.9-23.
CANTON-FOURRAT (A), FANFIL (J-M.), « Brèves réflexions sur le fondement du droit de l'énergie en Afrique », in *Revue de l'Énergie*, n° 594, mars-avril 2010,
CARREAU (D), « Souveraineté : comme la virginité on l'a ou ne l'a pas », in *Dictionnaire des idées reçues en droit international*, Édition Pedone, 2017, paris, p.547.
CHARMES (J), « Le secteur informel, nouvel enjeu des politiques de développement ? » in *L'homme et la société*, n°105-106, 1992. Vers quel désordre mondial ? pp.63-77.
CHEVALLIER (J), « Performance et gestion publique » in *Réformes des finances publiques et modernisation de l'Administration,* Mélanges en l'honneur de Robert HERTZOG, Paris, Édition Economica, 2010, pp.83-93.
COQUERY-VIDROVITCH (C), « Histoire et historiographie du politique en Afrique : la nécessité d'une relecture critique (à propos de la démocratie) », in *Politique africaine*, vol. 46, juin 1992, pp. 34-35.
COZIAN (M), « L'avis à tiers détenteur en matière de privilège du Trésor », in *RTD com*., 1967, p.61-102.
DÉKÁNY-SZÉNÁSI (É), « La question de la souveraineté et la construction européenne », in Le Portique (en ligne), 5-2007, le 07 décembre 2007. http://leportique.revues.org/index1385.html
DESOUCHES (C), « Les Assemblées », in *Encyclopédie juridique de l'Afrique*, tome I, Abidjan, Dakar, Lomé, NEA, 1982, p. 57.
DUPRAT (J-P), « La formation et l'évolution du droit financier en Afrique francophone subsaharienne » in *Dominique DARBON et (J.) du Bois DE GAUDUSSON, La création du droit en Afrique*, Paris, Édition Karthala, coll. Hommes et Société, 1997,
DUPUIS (R-J), in « droits déclaratoires et droits programmatoires : de la coutume sauvage à la « soft law », in SFDI, L'élaboration du DIP, Paris, Pedone, 1975, pp.139-140.

- « La Communauté internationale entre mythe et l'histoire », Paris, Édition Economica/UNESCO, 1986, pp.39 et ss.

EASTERLY (W) et LEVINE (R), « Tropics Germs, and Crops : How Endowments Influence Economic Development », *Washington, D.C, Center for Global Development. Working paper*, 2002,

FETZE KAMDEM (I), « Harmonisation, unification et uniformisation. Plaidoyer pour un discours affiné sur les moyens d'intégration juridique » in *Revue juridique Thémis* 43-3, 2009, pp. 605-645.

FISHER (G), « La souveraineté sur les ressources naturelles », in *AFDI,*1962, pp.516-528.

FRIER (P-L), « L'ordre de recette, acte charnière », in *RFDA*, janvier-février 1987, p.134.

GATSI (J), « L'avis à tiers détenteur et le nouveau droit des affaires OHADA », in *Ohadata D- 05-24,* p. 11.

GEOURJON (A-M), « La politique commerciale et l'administration douanière » in *KEEN (M), Moderniser la douane, fonds monétaire international* (éd) 2003,

GEST (G), « De la nature du moyen tiré de la prescription du droit de reprise de l'administration », in *Mélanges Paul Marie Gaudemet*, Paris, Édition Economica, 1984, p.965.

GREGGIO (R), MAFFEI (B), « Rente pétrolière et crise économique : le paradoxe des cours élevés du pétrole en période d'abondance productive et crise économique », in *Géoéconomie*, n° 68, 2014, p.111-126.

HARIRI (R) et CUENCA (C) ; « Les réformes dans le secteur des hydrocarbures en Afrique subsaharienne francophone : le point de vue de praticien », *RJS Po*, n° 5, février 2012,

HAQUET (A), « La (re)définition du principe de souveraineté », in *Pouvoirs* n°94, 2000, pp.141-142.

HEIDENHEIMER (A), « Perspectives on the perception of corruption », in *HEIDENHEIMER (Arnold) JOHNSTON (Michael) and LEVINE (Victor T.) (Eds), Political corruption, a handbook, New Brunswick, Transaction Publishers*, 1989, pp.149-163.

HERRERA (J), « Les échanges transfrontaliers entre le Cameroun et le Nigeria depuis la dévaluation. Estimation des flux frauduleux d'essence nigériane et de leur impact au Cameroun et au Nigeria », in *DIAL*, Document de Travail n° 1997-04-T, p.56-188.

HUGON (P), « les économies en développement au regard des théories de la régionalisation », in *Problèmes économiques*, n°2782, octobre 2002, pp18-24.

HYDE (J-N), « Permanent Sovereignty over Natural Wealth and Resources », in *AJIL,* vol. 50, 1956, p. 855.

INIS (Claude), « Swords into plowshares. The problems and progress », in *International Organization, Random House*, 1964.

ISSA SAYEGH (J), « L'intégration juridique des États africains de la Zone Franc » in *Penant,* 107e année, n° 823, janvier-avril 1997, 51 pages.

JÈZE (G), « Nature et régime juridique de la créance d'impôt », in *RSF*, 1936, p.199.

KAM YAGO (E-D), « Le droit matériel de la Communauté économique et monétaire de l'Afrique Centrale à l'épreuve des règles de l'Organisation mondiale du Commerce », in *Revue québécoise de droit international*, 2009, p.42.

KIJIMA (Y), « An inquiry into constraints on a green revolution in sub-Saharan Africa: The case of NERICA rice in Uganda », *World Development*, Vol. 39, 2011, pp 77-86.

KLEIN (M), « Simplifier la vie des entreprises », in *Finances et Développement, décembre* 2006, p.31.

KRUGMAN (P), « Géeography and trade », *Cambridge (Mass.) MIT Press,* 1991.

- « is free trade passé ? », in *Economic perspective*, vol.1, n°2, 1991 a, pp131-144.
- « is bilatéralism bad ? », in *HELPMAN (E), RAZIN (A), Edition International trade and trade policy, Cambridge, MIT press*, 1991 b, pp.9-23,
- « Regionalism Versus Multilateralism : Analytical Notes », in *DEL MELO (J) et PANAGARIYA (A), New Dimensions in Regional Integration. Cambridge, New York, Melbourne : Cambridge University Press*, 1993.

LAFFITEAU (E), EDI (S-J), « Les pays de la CEMAC convergent-ils ? » in *STATECO* n°108, 2014,

LARBA (Y), « Les Parlements régionaux, acteurs et facteurs d'intégration en Afrique » in *le partenariat Europe-Afrique et les intégrations régionales,* Bruxelles, Édition Bruylant, 2012,

LIMBIO (E), « La maladministration centrafricaine : Conséquence de la situation économique, politique et sociale », in *RJPIC*, n° 1, janvier-avril 2001, p.101.

LOGMO MBELEK (A), « La souveraineté fiscale des États africains au sud du Sahara (face aux enjeux du développement) : l'exemple du Cameroun », in *Revue EDJA*, n°3, 2008, pp.45-46.

LOPEZ (C), « la fiscalité comme vecteur de l'attractivité du territoire », in *LEROY (M) (dir), Mondialisation et fiscalité, la globalisation fiscale*, Paris, Édition L'Harmattan, 2006, p.249.

LUABA LUMU (N), « La faiblesse du cadre institutionnel décisionnel comme frein à l'intégration régionale africaine », in *État, société et pouvoir à l'aube du XXIe siècle*, Mélange en l'honneur de François BORELA, Presse Universitaire de Nancy, 1999, pp.335-364.

MALHIERE (F), « Le contrôle de l'équivalence des protections des droits fondamentaux : les juges et les rapports de systèmes », in *RDP*, 2013-6, pp.1523-1556.

MANSOUR (M), ROTA-GRAZIOSI (G), « Coordination fiscale dans l'Union Économique et Monétaire ouest-africaines », Tax Coordination in the West African Economic and Monetary Union, in *Revue d'économie du développement*, 2012/3 Vol. 26, p. 9-34

MEDARD (J-F), « Clientélisme politique et corruption », in *Revue Tier Monde*, 2000, pp.75-87.

- « L'État sous-développé au Cameroun », in *Année africaine*, 1977, p. 43.

MESCHERIAKOFF (A-S), « L'ordre patrimonial : Essai d'interprétation du fonctionnement de l'administration d'Afrique francophone subsaharienne », in *RFAP*, n° 42, 1987, p.128.

MIALLOT (C), DIMA EHONGO (P), « Introduction. De l'intégration normative à géométrie et géographie variables ». In *DELMAS-MARTY ; critique de l'intégration normative, l'apport du droit comparé à l'harmonisation des droits*, Paris, PUF. 2004, pp.25-36.

MILHAT (C), « Les modes traditionnels dans l'exercice du pouvoir par le Chef de l'État en Afrique », in *BLANC (François-Paul), GAUDUSSON (Jean Du Bois de), FALL (Alioune), FERAL (Francis) (dir.), Le Chef de l'État en Afrique : Entre juridictions, État de droit et transition démocratique, Cahiers du CERJEMAF*, n° 9, Perpignan, Presses Universitaires de Perpignan, 2001, p. 133.

MICHAEL (S-M), « International Capital Mobility and the Economic of Intégration, *in International Economic Journal*, vol 7, n°1, 1993, p.61-73.

MONTAGNIER (G), Harmonisation fiscale communautaire, janvier 1995- février 1997, in *Revue trim. de droit européen*, n°1, 1997, p.368.

MORRISSON (C), MEAD (D), « Pour une nouvelle définition du secteur informel », In *Revue d'économie du développement,* 4e année N°3,1996, pp. 3-26.

MOUAFO (D) ; « les difficultés de l'intégration économique interrégionale en Afrique noire : l'exemple de la zone UDEAC ». In : *Cahier d'outre-mer,* N°174-44e année, avril-juin 1991, pp. 167-185.

MOUELLE KOMBI (N), « Les aspects juridiques d'une union monétaire : l'exemple de l'union monétaire d'Afrique centrale », in *RGDIP*, 2001-3, p.544

NAVARRO (M), « Plaidoyer pour une harmonisation fiscale en Europe », in *Regards croisés sur l'économie*, vol. 1, N°1, 2007, pp. 250-251.

OCHOZIAS GBAGUIDI (A-K), « l'intégration par l'énergie : quels progrès 50 ans après le Traité d'Abuja ? » in *Revue intervention économique* [en ligne], hors-série transformations 2017, pp.78-88.

ONANA ETOUNDI (F), « La protection des intérêts des parties dans la saisie attribution des comptes bancaires en droit OHADA », in *Actualités juridiques*, n° 48/2005, p.117.

OSHIKOYA (W-T), NURELDIN HUSSAIN (M), « l'infrastructure au service du développement en Afrique », in *Séminaire du Centre de Développement : l'intégration régionale en Afrique*, Édition OCDE/BAfD, 2002, p.88.

OWONA (J), « Le pouvoir exécutif », in *Encyclopédie juridique de l'Afrique*, Dakar, NEA, 1982, Tome 1, p. 98.

OYOUBI (L), « Surveillance multilatérale et convergence des politiques macroéconomiques en Afrique Centrale : analyse du contentieux et des critères ». In *les enjeux de l'intégration régionale en Afrique centrale.* FFB Yaoundé. P.116.

PADIOLEAU (J-G.), « De la corruption dans les régimes pluralistes », in *Revue française de Sociologie,* vol. XVI, n°1, janvier-mars 1975, pp.33-58.

PAILLARD (C-A), « La sécurité énergétique, enjeu majeur de souveraineté pour les États du XXIe siècle », in *Cahiers de la sécurité*, Revue de l'Institut national des hautes études de la sécurité et de la justice, « La sécurité énergétique Sécurité énergétique et souveraineté Sécurité énergétique : de la théorie à la pratique La sécurité des centrales nucléaires, Les politiques énergétiques régionales de l'Inde et de la Chine », n°21, octobre 2012,

PALLE (A), « Conjuguer sécurité d'approvisionnement et transition énergétique dans l'UE à travers l'intégration régionale : vers une Europe des régions de l'énergie ? », *in Alia Gana* éd., La régionalisation du monde. Construction territoriale et articulation global/local. Karthala, 2014, pp. 129-145.

PERDRIEL-VAISSIÈRE (H), « Le règlement amiable des conflits en droit fiscal conventionnel français », in *L'Année fiscale*, 2003, pp.245 et s.

PÉTREN (S), « La confiscation des biens étrangers et les réclamations internationales », Tome 109 de recueil de cours, 1963, p.562.

RAMBOURG (M), « L'échec des réformes en Afrique. Le cas des pays francophones au sud du Sahara », in *Revue française d'Administration publique*, juillet-septembre 1998, p.405.

RIEBER (A), « Les déterminants des investissements directs étrangers intraeuropéens », in *LEHMANN (P-J) et MONNIER (L), Politique économique et Construction communautaire : le choc européen,* Édition L'Harmattan, 2000.
ROSEMBUJ (T), « Intangible et fiscalité de l'environnement », in *Regards critiques sur le droit et la fiscalité Liber amicorum Cyrille David,* Tome 8, Édition Bibliothèque de l'Institut André Tunc, LGDJ, 2005, p.177.
ROTILLON (G), « La fiscalité environnementale, outil de protection de l'environnement ? *», in Regards croisés sur l'économie*, 2007/1 n°1,
ROUSSEAU (J), « Administration et sous-développement », in *Revue Tiers Monde*, 1963, p. 634.
SAAL (A) ; « Chronologie des faits internationaux d'ordre juridique (année 1981) », in *Annuaire français de droit international*, vol 27, 1981, pp.929-962.
SARR (B), « Le traité de l'UEMOA : un pacte constitutionnel fédératif », in Revue EDJA, 4è trimestre 1999, p.78. Voir également, TERPAN (F), « Le constitutionnalisme européen : penser la Constitution au-delà de l'État » in *Mélanges offerts en l'honneur du professeur Henri OBERDOFF*, Paris, Édition LGDJ, 2015, p.186 et svts.
SCHRIJVER (N), « Permanent sovereignty over natural resources versus the common heritage of mankind: complementary or contradictory principles of international economic law ? », in *DE WAART, P., PETERS, P., DENTERS, E. International Law and Development, Nijhoff*, Dordrecht, 1988, pp. 87-101.
SCHWARZ (A), « Mythe et réalité des bureaucraties africaines », in *Revue canadienne d'Études africaines*, vol. 8 n°2, 1974, pp. 255-284.
SCOTT (J-C.), « An essay on the Political Functions of Corruption », in *Asian Studies*, vol. 5, n° 3, 1967, pp. 501-522 ;

- « The analysis of corruption in developing nations », Comparative Studies in *Society and History*, vol. 11, n° 3, juin 1969, pp. 315-341.

TAIT (Alan A.), « IMF advice on fiscal policy, Public finance and steady economic growth », *IIFP, Congrès de Buenos Aires*, 1989, Foundation Journal of public Finance, La Hague, 1990, p.42-43.
TATY (G.), « le recours en manquement d'État de l'article 4 du traité révisé de la CEMAC : analyse critique », CJ UEMOA, Dakar, troisième rencontre interjuridictionnelle des cours communautaires de l'UEMOA, la CEMAC, la CEDEAO et l'OHADA, mai 2010.
TIRARD (M), « Le fédéralisme financier au chevet de l'Europe », in *RFFP*, 2013-124, pp.139-140.
TÙRK (P), DAËL (S) et SAISON (J), « Documentation, Recherches et Méthode » in Exercices pratiques du contentieux administratif », *PUF*, 2006, p 1 et s.
VALLÉE (A), « instrument et politique. Les solutions économiques aux problèmes environnementaux : entre État et marché », in *Les Cahiers français, Développement et environnement*, n°337, Paris, la Documentation française 2007,
VAN DER MENSBRUGGHE (Y), « La mise en œuvre des dispositions du traité de la CEE relatives à la libre circulation des marchandises », in *CDE* n°1, 1966,
VIRALLY (M), « Définition et classification des organisations internationales : approche juridique », in *ABI-SAAB (G), Le concept d'organisation internationale*, Édition UNESCO, Paris, 1980, pp.227-240.

YANNOPOULOS (G-N), « Foreign Direct Investment and European Intégration : the evidence from the formative years of the European community », in *Journal of Common Market Studies*, vol.33, n°28, march 1990, pp.235-259.
YONABA (S), « Le recouvrement des recettes publiques dans les États africains : un état des lieux préoccupant », in *Revue française d'administration publique*, 2012/4, n°144, p.1043-1051.

ARTICLES DE PRESSE

Bulletin économique et statistique de la Banque des États de l'Afrique centrale, BES n°06 mars 2020,
Editorial, « Quelle fiscalité pour quels objectifs », in *Regards croisés sur l'économie*, vol. 1, n°1, Édition la Découverte, 2007, pp. 8-11.
GESTIN (J-D), « Pétro-diplomatie », in *Jeune Afrique/L'intelligent*, n°2175, du 16 septembre 2002, p.24.
Jeune Afrique/L'intelligent n°2319, du 19 au 25 juin 2005, p.38
Jeune Afrique /L'intelligent, n°2322, du 10 au 16 juillet 2005, p.70
La lettre d'Afrique centrale Cameroun, Centrafrique, Congo, Gabon, Guinée Équatoriale, République Démocratique du Congo, São Tomé et Príncipe, Tchad n°16 – mars 2020,
Magazine d'information de la Société nationale des hydrocarbures, N°64 de décembre 2019,

COLLOQUES, MÉLANGES, ÉTUDES

Centre africain de Politique commerciale ; Les processus de création du marché commun africain : Une vue d'ensemble, juin 2004, 26 pages.
TREHAN (J-C), *Quelle politique fiscale pour dynamiser le Marché unique ? Fondation pour l'innovation politique*, octobre 2006, Paris, 11 pages.
TURNHAM (D), SALOMÉ (B) et SCHWARTZ (A), *Nouvelles approches du secteur informel*, Paris, Centre de développement de l'OCDE, 1990, 20 pages.
POUTIER (R), *Atlas de l'UDEAC : Intégration régionale en Afrique centrale*, étude, université paris 1 panthéon Sorbonne, 36 pages.

BREETON (M), ZACCOUR (G), Colloque Douala du 28-30 avril 1993, HEC-Montréal SNH-Yaoundé ESSE-Douala, Industrie pétrolière outils d'aide la décision et étude de cas, Édition Technip, Paris, 1994, 200 pages.
Colloque, la fiscalité du futur, n°1 Alliance centriste 1er édition, présenté par LAPORTE (M) et GRAU (R), 13 octobre 2018, 68 pages.
ROPIVIA (M-L), « Gabon-Guinée Équatoriale : les défis d'une gestion concertée des ressources pétrolières offshore », in *Colloque sur la gestion coopérative des ressources transfrontalières en Afrique centrale : quelques leçons pour l'intégration régionale*, Édition Clé, Yaoundé (Cameroun), 2011, 181 pages.
BIYOYA MAKUTU KAHANDJA (P), « la gestion concertée des ressources minières dans l'espace transfrontalier oriental et occidentale de la RDC (RDC-Rwanda) », in *Colloque sur la gestion coopérative des ressources transfrontalières*

en Afrique centrale : quelques leçons pour l'intégration régionale, Édition Clé, Yaoundé (Cameroun), 2011, 181 pages.
BOUIMON (T), « Les défis d'une exploitation équitable des eaux du lac Tchad et du fleuve Logone », in *Colloque sur la gestion coopérative des ressources transfrontalières en Afrique centrale : quelques leçons pour l'intégration régionale*, Édition Clé, Yaoundé (Cameroun), 2011,
NGODI (E), « La gestion concertée des aux transfrontalières du fleuve Congo », in *Colloque sur la gestion coopérative des ressources transfrontalières en Afrique centrale : quelques leçons pour l'intégration régionale*, Édition Clé, Yaoundé (Cameroun), 2011,
NTUDA EBODÉ (J-V), *La gestion coopérative des ressources transfrontalières en Afrique centrale : quelques leçons pour l'intégration régionale*, Colloque, Édition Clé, Yaoundé (Cameroun), 2011, 181 pages.

GEST (G), « Considérations générales sur la notion de souveraineté fiscale », in *Mélanges Paul AMSELEK, Bruxelles*, Bruylant, 2005, 649 pages.
VIRALLY (M), *Sur un pont aux ânes : les rapports entre droit international et droits internes*, Mélanges H. ROLIN, Paris, Édition Pedone, 1964, p.488-505.

7e Séminaire africain de l'eau, Proposition d'un « Fonds Régional de Solidarité pour l'Eau » en Afrique Centrale, 30 octobre 2018, Libreville-Gabon, 12 pages.
Séminaire régional de formation sur l'évaluation des dépenses fiscales, Définition et identification des dépenses fiscales, Douala,4-6 novembre 2019, FERDI/CEMAC, 58 pages.

Étude du Système d'information énergétique du Cameroun (SIE), janvier 2008, 8 pages
ÉTUDE PROSPECTIVE ET STRATEGIQUE, Impact de la baisse du prix du pétrole sur les pays producteurs d'Afrique équatoriale (Cameroun, Congo-Brazzaville, Gabon et Guinée-Équatoriale), 25 septembre 2015, 52 pages.
MAMATY (I), SALMON (J-M), DIOULO (J-M), DE BIOLLEY (T), ANGELO (L) ; *L'appui à l'intégration régionale en Afrique : quels enjeux pour les partenaires au développement ?* Étude réalisée par STRADEVCO, juin 2012, Direction générale de la Mondialisation, du Développement et des Partenariats,
Banque Mondiale, Coopération régionale et ajustement structurel : programme de réforme de la politique fiscalo-douanière pour les États membres de l'UDEAC, 22 octobre 1991, 120 pages
Étude sur les facteurs explicatifs de l'incivisme fiscal au Burkina Faso et les modalités d'incitations aux paiements des impôts, juin 2019, 47 pages.
Étude « Meta-analysis of pro-environmental behavior spillover », avril 2019. 20 pages.

OCDE ; Document de consultation publique : quels sont les déterminants du civisme fiscal, 10 avril – 10 mai 2019, p.12
DSPER–PEAC, Document stratégique de Politique énergétique régionale du Pool énergétique
COMMUNAUTE EUROPEENNE-AFRIQUE CENTRALE, Document de stratégie régionale et Programme indicatif régional pour la période 2008-2013, p.35. Voir 10e

session ordinaire de la Conférence des chefs d'Etats de la CEMAC du 17 janvier 2010 à Bangui.
Document de travail de la banque africaine de développement, L'investissement direct étranger améliore-t-il le bien-être des populations dans les pays d'Afrique du Nord ? Série sur les notes de politiques en Afrique du Nord, 2015, 23 pages.
Document de Vision stratégique de la CEEAC à l'horizon 2025, 45 pages.
Document de travail des services de la Commission de l'énergie pour le développement : mise en œuvre du nouveau consensus européen pour le développement dans le domaine de la coopération énergétique, décembre 2017,

SAMBIA (C) ; Forum conjoint Commission Européenne-Commission de l'Union africaine sur : « la facilitation des échanges- une stratégie douanière pour la Zone de Libre échange Continentale (ZLEC) ». Bruxelles, du 11 au 13 décembre 2012, P.22.
Commission de la CEMAC, Résultat définitif de la surveillance multilatérale de la CEMAC au 31 décembre 2019,
Commission économique pour l'Afrique, Les processus de création du marché commun africain : une vue d'ensemble, juin 2004, 29 pages.
OCDE, « Fiscalité, renforcement de l'État et l'aide », Note de synthèse, mars 2008, p. 2 (consultable sur http://www.oecd.org/dataoecd/43/18/40456560.pdf).
L'ASSISTANCE DE LA BANQUE MONDIALE à la rationalisation des dépenses fiscales en zone CEMAC : les cas du CAMEROUN et du GABON, Douala, le 6 novembre 2019,
Atelier sous-régional d'appui à la mise en œuvre de l'ODD 6 en Afrique centrale francophone, cadre de gouvernance des ressources en eau en Afrique centrale, Douala, 4 juillet 2018,
1er Session ordinaire du Comité technique Spécialisé de l'Union africaine sur les infrastructures : projet d'électrification de l'Afrique centrale, Lomé 13 mars 2017, par Jean KOUTELE,
PFISTER (M), Initiative NEPAD-OCDE pour l'investissement en Afrique ; une fiscalité orientée vers l'investissement et le développement : aperçu de quelques enjeux de politique fiscale en Afrique, avril 2009, 22 pages.

RAPPORT ET COMMUNIQUÉ

1- RAPPORT

Rapport de la Commission, N. Y., 1962, pp. 257 s. (6)
Rapport de la CEA, Mission d'évaluation de l'UDEAC et possibilités d'élargissement de la coopération en Afrique du Centre, Conférence annuelle du Conseil des Chefs d'État de l'UDEAC, Libreville, 17-19 décembre 1981, p. 88 et s.
Rapport Brundtland 1987,
PONCELET (C), CHINAUD (R), Rapport d'information sur la fiscalité en Europe (fait au nom de la Commission des Finances, du contrôle budgétaire et des comptes économiques de la Nation (1), N°211 Tome II (1989-1990) Sénat, 4 avril 1990, p.7.
Confidential Report, n° 9747, AFR, 22 octobre 1991, p.18-35.
Rapport n° 9747-AFR de la Banque mondiale ; Coopération régionale et ajustement structurel, Programme de réformes de la politique fiscalo-douanière pour les États membres de l'UDEAC du 30 novembre 1992,

Rapport d'évaluation des capacités nationales, diagnostic et stratégies de renforcement, 1997, p.15 et s.
PNUD et ministère de la Planification, de la Programmation du développement et de l'Aménagement du territoire, Rapport national sur le développement humain, Libreville, PNUD, juillet 1999, pp. 43-45.
N° 2801 Assemblée nationale ; Constitution du 4 octobre 1958, onzième législature, enregistrée à la présidence de l'Assemblée nationale le 13 décembre 2000, Rapport d'information déposée en application de l'article 145 du règlement par la commission des finances, de l'économie générale et du plan sur les activités et le contrôle du fonds monétaire international et de la banque mondiale, présenté par M. Yves TAVERNIER.
Rapport OCDE, Transparence budgétaire : Les meilleures pratiques de l'OCDE, 2002, Paris,
Cour Suprême de la République du Tchad (Chambre des Comptes), Rapport sur l'exécution de la loi de finances en vue du règlement du Budget de l'exercice 2002, décembre 2003, pp. 32-33.
TRANSPARENCY INTERNATIONAL, Rapport mondial sur la corruption, 2003, p. 310
Rapport d'activité de la première étape du processus d'intégration économique de la CEMAC (1999-2004), p.26.
DUFAU (J.P) et BLESSIG (E), Rapport d'information N°2248 sur les instruments de politique de développement durable, au nom de la Délégation, à l'aménagement et au développement durable, 13 avril 2005.
Rapport final sur le diagnostic institutionnel, fonctionnel et organisationnel de la CEMAC, tome 1, Performances Management Consulting-ECDPM, février 2006, 140 pages.
Rapport final de l'audit institutionnel, fonctionnel et organisationnel de la CEMAC, Tome 1, 2006, p.164.
Rapport d'étude, sous la direction de KEGNE OUABO (J) et LAPONCHE (B), *Les consommations d'énergie des pays de la CEDEAO et de la CEMAC*, 2008,
Rapport 2009 du SIE-Cameroun,
Rapport final CEMAC 2025 : Vers une économie régionale intégrée et émergente, Programme économique régional 2010-2015, volume1, octobre 2009, p.9
Rapport des Nations unies, Intégration régionale et développement humain : une voie pour l'Afrique, avril 2011,
Rapport 2011 de l'institut national de la statistique du Cameroun,
2e Rapport national de la RCA sur le développement durable, Rio +20, mai 2012,
RAPPORT FERDI, « Evaluation des gains attendus de l'intégration économique régionale dans les pays africains de la Zone franc », 19 septembre 2012,
Annexe WT/TPR/S/285, Rapport du Secrétariat AT CEMAC : Examen des politiques commerciales, 24 juin 2013 p.290.
Rapport de la BAD sur la politique stratégique d'intégration régionale (PSIR) 2014-2023, Intégration de l'Afrique : créer le prochain marché global, 2015,
Rapport BEAC, BWP N° 07/15, Règles de surveillance multilatérales et pro cyclicité de la politique budgétaire dans la zone CEMAC, BIKAI J. Landry, juin 2015,

Rapport FERDI, viabilité budgétaire et renforcement du dispositif de surveillance multilatérale au sein de la CEMAC, juillet 2015, GUERINEAU (S), GUILLAUMONT JEANNENEY (S) et LEON (F),
Rapport N°691 de la Commission des finances du Sénat, le e-commerce : proposition pour une TVA payée à la source, par MM. Michel BOUVARD, Thierry CARCENAC, Jacques CHIRON, Philippe DALLIER, Jacques GENEST, Bernard LALANDE et Albéric de MONTGOLFIER, 2015,
Rapport FMI sur les perspectives économiques régionales pour l'Afrique subsaharienne, 2017,
Rapport de la réunion du comité de relecture du projet de révision du code des douanes de la CEMAC et de préparation de texte d'application, Libreville Gabon du 12 au 16 mars 2018.
Rapport d'octobre-novembre 2018 du Programme de Recherche pour une Approche intégrative de la Réduction de l'Impact environnemental (PRAIRIE).
Rapport BAD, Gestion des ressources naturelles transfrontalières dans un contexte de changement climatique : le cas des bassins versant partagés en Afrique, 5 décembre 2018,
Rapport de la banque de France sur la zone franc, octobre 2018,
Rapport world Bank Group, Briser les obstacles au commerce agricole régionale en Afrique centrale, août 2018,
Rapport 2018 sur les dépenses fiscales 2016-2017 du Gabon, p.11.
Rapport de la commission de la CEMAC du 29 octobre 2017,
Rapport annuel de l'agence internationale de l'énergie, novembre 2019.
Rapport FMI n°19/2 sur la communauté économique et financière d'Afrique centrale, de mars 2019 p.47
Rapport du FMI n° 19/389, Consultations de 2019 au titre de l'article IV, quatrième et cinquième revue de l'accord élargi au titre de la facilité élargie de crédit, demande de dérogation pour non-observation de critères de réalisation, et demande de rééchelonnement des achats restants, janvier 2019,
Rapport de la Banque africaine de développement sur les Perspectives économiques en Afrique centrale : Performances macroéconomiques et perspectives, Intégration régionale en Afrique centrale, 2019,
Rapport OIT, Femmes et hommes dans l'économie informelle : un panorama statistique, Troisième édition, 2019,
Rapport du FMI n°19/2 de mars 2019 sur la CEMAC
Rapport 2019, du ministère de l'Économie et des Finances du Gabon,
Rapport ACAJSUR la gouvernance de la coalition FCC-CACH janvier 2019-janvier 2020, Alternance politique en RDC : « De la lueur au leurre d'une coalition FCC-CACH contre nature », janvier 2020,
Rapport OCDE, les réponses de politiques fiscale et budgétaire à la crise du coronavirus : accroitre la confiance et la résilience, 19 mai 2020,
Rapport définitif de surveillances multilatérales 2019 et perspectives pour 2020 et 2021 de la CEMAC, 39 éditions octobre 2020,
Rapport de la Commission au Conseil économique et social sur les travaux de ses première et deuxième session, E/3334
Rapport de la Banque africaine de Développement, Perspective de l'Afrique centrale 2020 : faire face à la pandémie de covid-19, du 16 juillet 2020,

Rapport FERDI, La CEMAC face aux impacts du coronavirus COVID-19, avril 2020,
Rapport Nation-unis, Bilan macroéconomique rapide des effets du Covid-19 en Guinée-Équatoriale, Data-Pop Alliance en collaboration avec ADE, version V2, vendredi 3 juillet 2020,
Rapport Nations Unies Gabon ; Covid-19 : cadre de riposte socio-économique des Nations-Unies au Gabon, version 1,0, août 2020,
Rapport BEAC, sur la politique monétaire, décembre 2020,
Rapport du secours catholique, Congo-Brazzaville : Le pétrole ne coule pas pour les pauvres,
Rapport annuel de l'agence internationale de l'énergie, Africa Energy outlook février 2020.
JACQUET (P), PISANI-FERRY (J), LE CACHEUX (J), ATKINSON (T), BOYER (R), HERZOG (P), HEL-THELIER (S), OULD AOUDIA (J-M J) et TUBIANA (L), *La coordination des politiques économiques dans la zone euro : bilan et proposition*, Rapport, Pierre Jacquet Directeur ADJOINT de l'IFRI, Jean Pisani-Ferry, Université Paris-Dauphine et Conseil d'Analyse économique,

2- COMMUNIQUÉ

Communiqué de presse N° 16/352, du Conseil d'administration du FMI
Communiqué de presse N° 17/233, du Conseil d'administration du FMI
Communiqué de presse N° 17/248, du Conseil d'administration du FMI
Communiqué de presse N° 17/257, du Conseil d'administration du FMI
Communiqué de presse N° 19/274, du Conseil d'administration du FMI

PRINCIPAUX TEXTES INTERNATIONAUX ET COMMUNAUTAIRES

A- TRAITE ET ACCORDS INTERNATIONAUX

Traité institutif UDEAC 1964
Traité du CEEAC 1983

Traite de la Commission du golfe de Guinée du 3 juillet 2001
Traité sur la Charte de l'énergie et le protocole sur l'efficacité énergétique et les aspects environnementaux connexes du 17 décembre 1994
Traité institutif CEMAC 1996

Traité constitutif UEMOA 2007
Traité révisé CEMAC 2008
Traité OHADA modifié par le Traité du Québec 2008
Additif au Traité CEMAC

Charte de l'OUA de 1963,
Charte africaine des droits de l'homme et des peuples de 1981.
Charte africaine de la participation populaire au développement et à la transformation d'Arusha 1990.

Charte du FMI.
Statuts du FMI 2011

Déclaration universelle des droits de l'homme en 1948.
Déclaration de Stockholm sur l'environnement, 1972.
Déclaration de Rio sur l'environnement et le développement, juin 1992.
Annuaire des Nations Unies 1952.
Archives nationales d'outre-mer (ANOM), 2011/2013

Accord général sur les Tarifs douaniers et le Commerce du 17 février 1965
Accord sur la Mise en Œuvre de l'Article VII de l'Accord général sur les Tarifs douaniers et le Commerce de 1994

Convention de Vienne sur la succession d'États en matière de traités du 23 août 1978.
Convention des Nations Unies sur le droit de la mer du 10 décembre 1982,

UN.Doc.[A/C.2/L.620, sub.1) de 1948.
UN. Doc. [A/C.2/L.188], 10 décembre 1952
UN.Doc.[A/C.2/L.686], de 1954.
Doc. A/C. 2/L. 705. De 1954
UN. Doc. [A/AC.97/L.2] du 5 mai 1961, le projet de l'URSS
UN. Doc. [A/AC.97/L.3] du 10 mai 1961, le projet chilien (voir Annexe I).
Doc. ONU. 62. V. 6., État de la question de la souveraineté permanente sur les richesses et ressources naturelles
ST/ECA/PSD.2/12, E/CN.14/TPCW II/18/Revl, 25 février 1982, mise en œuvre du plan d'action de Lagos ; proposition et recommandation pour l'orientation des États membres, p.3.

Résolutions 523 (VI) et 626 (VII) de 1952
Résolution 523 (VI) de l'assemblée générale du 12 janvier 1952 : développement économique intégré et accords commerciaux.
Résolution 1314 (XIII) du 12 décembre 1958, §1
Résolution 1803 (XVII) de l'assemblée générale du 14 décembre 1962, souveraineté permanente sur les ressources naturelles.
Résolution 2200 A (XXI) du 16 décembre 1966. Pacte international relatif aux droits civils et politiques, et Pacte international relatif aux droits économiques, sociaux et culturels du 16 décembre 1966.
Résolution OPEP XVI, 90 du 24 juin 1968; Declaroty Statement of Petroleum Poly in Member Countries.
Résolution 3281 (XXIX) du 12 décembre 1974 ; charte des droits et devoirs économiques des États.
Résolution du Conseil économique et social no 586 D (XX), UN Yearbook, 1955, pp. 158-160.
Résolution 1514 (XV) (A/AC.97/5 et Corr.1 et Add.1)
Résolution concernant les statistiques de l'emploi dans le secteur informel adopté par la quinzième Conférence internationale des statisticiens du travail, janvier 1993,

Résolution 523 (VI) de l'assemblée générale du 12 janvier 1952 : développement économique intégré et accords commerciaux.
Résolution 421 (V) de l'assemblée générale du 4 décembre 1950.

Commission des droits de l'homme, Rapport sur la 10e session, 23 février-6 avril 1954,
Commission économique pour l'Afrique, Restructuration des institutions pour le développement et la coopération en Afrique, Alger, 12-15 octobre 1976,
ST/ECA/PSD.2/12, Commission économique pour l'Afrique ; mise en œuvre du plan d'action de Lagos, proposition et recommandation pour l'orientation des États membres, 25 février 1982,
Commission économique pour l'Afrique, vingtième session, Addis-Abeba, Éthiopie, 25-29 avril 1985.
Commission économique pour l'Afrique, bureau sous-régional pour l'Afrique centrale, prospectus intégration régionale, 25e session du comité interétat, Libreville, 2007,

L'histoire générale de l'Afrique VIII ; l'Afrique depuis 1935, Édition UNESCO p.443.
KERLAN (P), L'interaction du système fiscal français et des pays en voie de développement, Nations Unies, Département des affaires économiques et sociales, New York, 1971,
Introduction à la Réforme fiscalo-douanière UDEAC/CEMAC, Secrétariat général de l'UDEAC/CEMAC, Bangui, août 1993, p.5.
Quatrième forum international sur les perspectives africaines : Un meilleur accès à l'énergie pour les Africains, p.2.
Banque Mondiale, Coopération régionale et ajustement structurel. Programme de réformes de la politique fiscalo-douanière pour les États membres de l'UDEAC, 22 octobre 1991, p.10.,
Assemblée générale de l'ONU n°A/AC97/1, « l'histoire des discussions relatives à la question de la souveraineté permanente sur les ressources naturelles ».
Brochure n°175, des publications de la Chambre française de Commerce et Industrie, p.39.
Communication n°155-96 du 13 octobre 2001: Social and Economic Right Action Center (SÉRAC) and Center for Economic and Social Right (CESR) c. Nigeria
Banque africaine de développement (BAD), The high 5, Éclairer l'Afrique et l'alimenter en énergie – « Le New Deal » pour l'énergie en Afrique.
Agence française de Développement et Banque africaine de Développement, L'énergie en Afrique à l'horizon 2050,
Livre blanc CEEAC-CEMAC, politique régionale pour un accès universel aux services énergétiques modernes et le développement économique et social 2014-2030, 2014,

B- ACTES COMMUNAUTAIRES

1- CEMAC

Acte Additionnel n° 3/00-CEMAC-046-CM 05 instituant un mécanisme autonome de financement de la Communauté.
Acte Additionnel n° 4/00/CEMAC-041-CCE-CJ-02, portant Règles de Procédure de la Chambre judiciaire de la CEMAC ; l'Acte Additionnel n° 07/00/CCE-041-CCE-CJ-02 portant Statut de la Chambre des comptes.
Acte Additionnel n° 03/CEMAC-CE-06 portant renouvellement du mandat et nomination à des postes de responsabilité au sein de la CEMAC et l'Acte Additionnel n° 1/2000/CEMAC/CJ/CE portant nomination des membres de la Cour de Justice de la CEMAC du 10 février 2000.
Acte additionnel n°08/CÉMAC-CEE-SE, du 29 juin 2005, relatif à la libre circulation des personnes en zone CEMAC,
Acte additionnel n° 08/CEMAC-046-CCE-11, portant modification de l'Acte additionnel n° 01/01-CEMAC-046-CE-03 du 08 décembre 2001, portant modification de l'Acte Additionnel n° 3/00-CEMAC-046-CE-03 du 14 décembre 2000 instituant un Mécanisme autonome de Financement de la Communauté.

Acte n° 16/62-UDE-209 du Comité de Direction de l'Union Douanière Équatoriale
Acte n°5/66-UDEAC-49 du 13 décembre 1966 portant convention fiscale d'élimination de la double imposition
Acte n°17/65-UDEAC-38 du 14 décembre 1965 portant convention d'assistance mutuelle administrative en matière fiscale.
Acte n°44/71-CD-905 du 13 décembre 1971,
Acte N° 12-74-UDEAC-180 du 7 décembre 1974, portant révision du Traité instituant une Union doua-nière et économique de l'Afrique centrale, signée à Brazzaville le 8 décembre 1964
Acte n°8/77-UDEAC-226 du 21 décembre 1977 du Conseil des Chefs d'État prescrivant la nouvelle méthode d'élaboration des statistiques du Commerce extérieur et du commerce inter-États.
Acte n°08/79-CD-UDEAC-143 du 15 décembre 1979, le Comité de Direction
Acte n°1/93/ UDEAC-573-CD-SEI du 17 mai 1993 portant adoption du système des ressources permanentes de l'union
Acte n° 7/93- UDEAC-556-CD-SEI du 21 juin 1993, portant révision du Tarif extérieur commun et fixant les Modalités d'Application du Tarif préférentiel généralisé (TPG).
Acte n° 5/94-UDEAC-556-CD-56 du 19 Décembre1994, portant modification des articles 5 et 6, suppression de l'article 14 de l'Acte n° 7/93- UDEAC-556-CD-SEI,
Acte Uniforme OHADA sur le recouvrement des procédures simplifiées et voies d'exécution

Convention régissant la Cour de justice de la CEMAC 30 janvier 2009
Convention régissant le Parlement communautaire 30 janvier 2009
Convention régissant l'UEAC, 30 janvier 2009.

Règlement N° 3/03-CEMAC-046-CM-09 fixant les modalités d'intervention et de gestion du Fonds de Développement de la Communauté.
Règlement n° 02/12-UEAC-213-CM-23 du 22 juillet 2012, portant adoption du tarif extérieur commun de la CEMAC selon la version 2012, du système harmonisé

Règlement N° 12/06-UEAC-171-CM-14, portant création de la Commission permanente de l'Énergie et des Mines (COPEM)
Règlement n° 10/99/UDEAC-023-CM-02 du 17 août 1999 portant mise en place du Fonds du Développement.
Règlement n°17/99/CEMAC-20-CM-03, relatif à la charte d'investissement CEMAC
Règlement n° 10/99/UDEAC-023-CM-02, portant mise en place du Fonds de Développement en vue de promouvoir le développement harmonieux des États membres, et de faciliter l'intégration régionale.
Règlement N° 09/05-UEAC-143-CM-13 portant adoption de la Réglementation Commune sur le Contrôle de la Consommation des Substances appauvrissant la couche d'Ozone dans l'espace CEMAC.
Règlement n° 12/06-UEAC-171-CM-14 portant création de la Commission permanente de l'Énergie et des Mines (COPEM)
Règlement n°21/07-UEAC-1505-U-CM-16 du 18 septembre 2007 portant modification de l'article 10 de l'Acte n° 1/98-UDEAC-1505-CD-61 du 28 juin 1998 portant modification des articles 9 et 10 de l'annexe à l'Acte n° 1/93-UDEAC-556-CD-SE1 du 21 juin 1993.
Règlement n°7/08-UEAC-193-CM17 portant institution du comité de l'origine.

Directive n°1/99/CEMAC-028-CM-03 du 17 décembre 1999 portant Harmonisation des Législations des États membres en matière de TVA et de Droit d'accises (DA).
Directive relative à l'impôt sur les sociétés, annexe à la Directive n°02/01/UEAC-050-CM-06 du 3 août 2001.
Directive N° 07/11-UEAC-028-CM-22 portant révision de la Directive N° 1/99-CEMAC-028-CM-03 portant harmonisation des législations des États membres en matière de Taxe sur la Valeur ajoutée (TVA) et Droit d'Accise (DA).
Directive N° 02/16-UEAC-093-CM-30, du 3 février 2016 modifiant et complétant la Directive N°01/01-UEAC-094-CM-06 du 3 aout 2001 fixant les critères et les indicateurs macroéconomiques de la surveillance multilatérale.

Décision n°9/P du 7 juillet 1967 donnant délégation permanente aux directeurs du département de la fiscalité pour ester en justice au nom de l'union en matière de contentieux fiscal douanier
Décision du Conseil d'administration de la BEAC du 16 octobre 1990.
Décision n°94/07 portant création d'un centre de collecte de donnés fiscales en zone CEMAC.
Décision n°21/07-UEAC-1368 U-CM du 17 mars 2007 approuvant la mise à jour du TEC de la CEMAC selon la version 2007 du système harmonisé.
Décision n° 01/18-CEMAC-CCE-P du 19 février 2018, portant relocalisation de la Commission à son siège provisoire à Malabo.

Recommandation N° 01 /02/UEAC-114-CM-08 relative aux Grandes Orientations des Politiques économiques des États membres de la Communauté pour l'année 2003.
Avis n° 002/2003 du 9 avril 2003 sur l'Avant-projet de règlement CEMAC relative aux systèmes, moyens et incidents de paiement.

Annexe à la Circulaire n°471/SG/DUD du 18 décembre 1993 du Secrétaire général de l'UDEAC relative aux modalités d'application de l'Acte n°7/93-UDEAC-556-SE1 du 21 juin 1993 portant révision du TEC et fixant les modalités d'application du TPG.
Note Circulaire n°179/CEMAC/SE/DMC/SDAD du 24 octobre 2003 et son Corrigendum n°027/CEMAC/SE/DMC/SDAD du 11 février 2004.

Communiqué final de la première session extraordinaire de la Conférence des Chefs d'État de la CEMAC, Malabo, 29 juin 2005.
Communiqué final de la septième session ordinaire de la conférence des Chefs d'État de la CEMAC du 14 et 15 mars 2006 à Bata.
Communiqué final de la Conférence des Chefs d'État de la CEMAC, du 6 mai 2015 à Libreville.
Communiqué final de la 13e session ordinaire du Conseil des ministres de l'UEAC tenue du 7 au 8 février 2005 à Libreville au Gabon.
Communiqué final de la session extraordinaire de la conférence des chefs d'État du 31 octobre 2017 à Ndjamena.
Communiqué final de la 33e session du Conseil des ministres de l'UEAC du 8 février 2019.
Communiqué officiel de la dernière session du comité de politique monétaire (CPM) de la BEAC 2019.
Communiqué final de la 36e Session du CM-UEAC, 27 janvier 2021.
Commission de la CEMAC-TARIF DES DOUANES-CEMAC, février 2009, Yaoundé,

Code de Transparence des Finances publiques du FMI,
Code des Douanes UDEAC/CEMAC
Conseil économique et social pour l'Afrique, sixième réunion du comité technique, Addis-Abeba, Éthiopie, 15-22 avril 1985.
Conseil des Chefs d'État UDEAC, Libreville décembre 1991

Note de réflexion sur les politiques de la monnaie et du crédit et de la supervision bancaire dans la zone BEAC, Banque mondiale, juillet 1990.
Discours d'ouverture des travaux de la 36e session ordinaire du Conseil de ministre de l'UEAC, du Président de la Commission de la CEMAC.
Discours d'ouverture du président en exercice de la conférence des chefs d'États Idriss DEBY ITNO, lors de la session extraordinaire de la conférence des chefs d'État du 31 octobre 2017, tenu à Ndjamena.

2- <u>UE</u>

Directive 92/81/ CE concernant l'harmonisation des structures des droits d'accises sur les huiles minérales JOCE n° L316 octobre 1992,
Directive 92/82/CE 19 octobre. 1992 concernant le rapprochement des taux d'accises, huiles minérales.
Directive 94/22/CE du Parlement européen et du Conseil du 30 mai 1994, sur les conditions d'octroi et d'exercice des autorisations de prospecter, d'exploiter et d'extraire les hydrocarbures

Directive 2003/96/CE du conseil du 27 octobre 2003, JOUE n° L283, 31 octobre. 2003

3- OHADA

Acte uniforme révisé, relatif au droit des sociétés commerciales et du groupement d'intérêt économique du 30 janvier 2014.
Acte uniforme relatif au droit comptable et l'information financière, adoptée le 26 janvier 2017, entrée en vigueur le 01 janvier 2018.

PRINCIPAUX TEXTES JURIDIQUES NATIONALE

1- CONSTITUTION

Constitution de la République du Gabon 2019
Constitution de la République de Tanzanie adoptée en 1977
Constitution de la République du Libéria de 1986
Constitution de la République de Namibie de 1990
Constitution du Burkina Faso de 1991
Constitution de la République du Ghana de 1992
Constitution de la République démocratique fédérale d'Éthiopie de 1994
Constitution de la République d'Ouganda de 1995
Constitution de la Guinée-Équatorial de 1995
Constitution d'Algérie de 1996
Constitution de la République de la Guinée-Bissau de 1996
Constitution de l'Érythrée de 1997
Constitution de la République du Nigeria de 1999
Constitution de la République du Congo de 2002
Constitution de la République du Mozambique de 2004
Constitution du Royaume de Swaziland de 2005
Constitution de la République Démocratique du Congo de 2006
Constitution de la République du Niger de 2010
Constitution de la République d'Angola de 2010
Constitution du Cap-Vert de 2010.
Constitution provisoire de la République fédérale de Somalie de 2012
Constitution de la République arabe d'Égypte de 2014
Constitution de la République tunisienne de 2014.
Constitution de la République du Tchad du 04 mai 2018
Constitution centrafricaine 30 mars 2016
Constitution du Cameroun.14avril 2008

2- LOI

Loi du 2 février 1961 portant codification des dispositions législatives et réglementaires pour les impôts directs et taxes assimilées, JORT du 15 février 1961.
Loi N° 39-62 du 28 décembre 1962 instituant un nouveau Code général des impôts,
Loi n°003/91 du 23 avril 1991 sur la protection de l'environnement au Congo

Loi n°16/93 du 26 août 1993, relative à la protection et à l'amélioration de l'environnement au Gabon

Loi n°96/06 du 18 janvier 1996 portant, révision de la Constitution du 02 juin 1972, modifiée et complétée par la loi n°2008/001 du 14 avril 2008, article 44 de la constitution du Cameroun.

Loi n° 96-1236 du 30 décembre 1996 sur l'air et l'utilisation rationnelle de l'énergie, JO 1er janvier 1996,

Loi n° 96/12 du 5 août 1996 portant loi-cadre environnementale relative à la gestion de l'environnement au Cameroun

Loi n°1/1997 du 18 février, sur l'utilisation et l'aménagement des forêts en Guinée-Équatoriale

Loi n°014/PR/98 du 17 juillet 1998, définissant les principes généraux de la protection de l'environnement au Tchad

3- DÉCRET

Décret n° 60-308 du 12 novembre 1960.

Décret du 11 juillet 1960 portant refonte du Code général des Impôts directs, J.O. du 3 août 1960,

Décret n° 62/DS/223 du Président de la République fédérale du Cameroun.

Décret n°94/124 du 26 avril 1994, portant création du comité national pour l'Environnement et le développement durable en République centrafricaine

Décret n° 076/PR/MF/2002 portant organisation et attribution du ministère des Finances

Décret n° 141/PR/PMMEF/2003 du 08 mai 2003 portant organisation du ministère de l'Économie et des Finances.

Décret n° 2008/365 du 08 novembre 2008, portant organisation du ministère des Finances.

Décret n°2010-565 du 3 août 2010, portant attribution et organisation de la direction générale des douanes et des droits indirects

4- ARRÊTÉ

Arrêté du 11 décembre 1888, le Gabon est réuni au Moyen-Congo.

5- ORDONNANCE

Ordonnance n°2008/001 du 7 mars 2008, portant suspension des droits et taxes de douanes à l'importation de certains produits de première nécessité.

Ordonnance n°2008/001 du 7 mars 2008, portant révision du taux du tarif extérieur commun applicable à l'importation du ciment. Cette ordonnance fixe le taux du TEC à 10% pour le ciment.

6- CIRCULAIRE ET INSTRUCTION

Instruction n°012/MINEFI/DGI/LC/L du 30 janvier 2006 précisant les modalités d'application des dispositions fiscales de la loi de finances pour l'exercice 2006.

7- CODE

Code général des Impôts du Tchad,
Code général des Impôts du Cameroun
Code général des Impôts du Gabon
Code général des Impôts du Congo
Code général des Impôts de la Centrafrique
Code général des Impôts de la Guinée-Équatoriale

JURISPRUDENCE COMMUNAUTAIRE

1- CEMAC

Arrêt CJCE, 30 avril 1974, Haegeman, 181/73, Rec., p.449. À ce jour, la CEMAC a signé l'Acte n°5/66 UDEAC-49, Convention d'assistance mutuelle administrative en matière fiscale du 13 décembre 1966 avec la France.
Arrêt n° 003/CJ/CEMAC/CJ/08 du 20/11/2008, Aff. : MOKAMANEDE John Wilfrid C/ Commission CEMAC : Annulation d'une décision du Conseil des ministres de l'UEAC excluant un fonctionnaire du corps des fonctionnaires de l'EIED, illégalité tirée de l'incompétence du Conseil des ministres à prononcer l'exclusion de ce fonctionnaire.
Arrêt n° 010/CJ/CEMAC/CJ/09 DU 13/11/2009 ; Affaire : SIELIENOU Christophe et Autres C/ Décision COBAC N° 2008/52 - Amity Bank Cameroon PLC - Autorité Monétaire du Cameroun : illégalité de la décision COBAC portant nomination d'un mandataire, la Convention de la COBAC prévoyant la désignation d'un administrateur provisoire ou d'un liquidateur.
Arrêt n° 003lCJ/CEMAC/CJ/03 Du 03/07/2003, Affaire : TASHA LOWEH Lawrence C/ Décision COBAC D-2000/22, et Amity Bank Cameroon PLC,
Arrêt n° 005/CEMAC/CJ/07 du 10 mai 2007 dans l'affaire USTC et Syndicats des douaniers centrafricains c/État centrafricain ;
Arrêt n° 001/CJ/CEMAC/CJ/10-11 du 25 novembre 2010. Affaire École Inter-Etats des douanes C/ Djeukam Michel la CJ-CEMAC a rendu son premier Arrêt préjudiciel.

2- UE

CPJI, Compétence des tribunaux de Dantzig, avis du 3 mars 1928 (Série B, n° 15).
CJCE Internationale Handelsgesellschaft du 17 décembre 1970
CJCE, 15 juillet 1964, Costa c/ ENEL, Affaire 6/64, 1141,
Arrêt CJCE, 12 décembre 1972, international Fruit Company, 21à 24/ 72, R., p.1219.
CJCE, 9 mars 1978, Simmenthal, aff., 106/77, Rec. p. 609.
CJCE 19 janvier 1982, Ursula Becker, contre Finanzamt Münster Innenstadt aff 8/81,
CJCE arrêt du 26 févier 1986, MH Marshall c. Southampton et South-West Hampshire Area Health Authority (Teaching).

CJCE, 18 décembre 1997, Inter-Environnement Wallonie ASBL, affaire C-129/96, Rec. page I-7411.
Recueil de jurisprudence CCJA n° spécial, janvier 2003, p.73

3- UEMOA

Cour Commune de Justice et d'Arbitrage (CCJA), Avis du 30 avril 2001 (Avis rendus sur demande de la République de Côte d'Ivoire, enregistrés au greffe sous le n° 002/2000/EP).
CJ UEMOA, extrait de minute du greffe sur l'arrêt n°03/2005.

JURISPRUDENCE NATIONALE

CS/CA, jugement n° 51/82-83, du 7 avril 1983, Affaire NOMENY NGUISSI Émile c/ État du Cameroun, MANDESSI BELL (Evelyne), op. cit., n° 8, pp. 96-99.
Cour d'Appel du Gabon, 8 janvier 1963, Isourey c/Bikè, Penant, 1963,
Arrêt Jacques Vabre, que la Cour de cassation 1975.
CE Ass. 22 décembre 1978, ministre de l'Intérieur c/ Cohn-bendit, Rec. 524, GAJA op. cit. pp. 669 - 678. V. aussi CE. Ass. 3 février 1989, Compagnie alitalia.
Conseil d'État français, 22 décembre 1978, aff Conhn-Bendit, Rec. p. 80
CE section, 3 décembre 1999, Association ornithologique et mammalogique de Saône-et-Loire et association France nature environnement, Rec. 379, concl. Lamy, GAJA pp. 849 – 856.
CE Ass. 3 février 1989, Compagnie Alitalia, GAJA, 13è édition, Dalloz, 2001, pp. 705-714.

SITOGRAPHIE

http://www.cemac.int/cour_justice
http://leportique.revues.org/index1385.html
http://catalogue.bnf.fr/ark:/12148/cb37353931c
https://www.senat.fr/rap/r98-483/r98-4836.html
www.gate.cnrs.fr/uneca07/communications%20pdf/Boussetta-Rabat-07.pdf
www.databank.banquemondiale.org
http://www.cemac.int/Qui_sommes_nous
Accueil - Trésor public du Gabon (tresorpublic.ga)
Direction générale des Impôts (dgi.ga)
www.peac-ac.org

INDEX ALPHABÉTIQUE

U

Structures éditoriales du groupe L'Harmattan

L'Harmattan Italie
Via degli Artisti, 15
10124 Torino
harmattan.italia@gmail.com

L'Harmattan Hongrie
Kossuth l. u. 14-16.
1053 Budapest
harmattan@harmattan.hu

L'Harmattan Sénégal
10 VDN SICAP AMITIE 3
BP 45034 Dakar-Fann
direction@senharmattan.com

L'Harmattan Cameroun
Tsinga/Derrière polyclinique FECAFOOT
BP 11486 Yaoundé
Jacques.koukam@harmattan.fr

L'Harmattan Burkina Faso
Villa 281, secteur 23 623, rue 14.32
Ouagadougou
zagbie@outlook.fr

L'Harmattan Guinée
Almamya, rue KA 028 OKB Agency
BP 3470 Conakry
harmattanguinee@yahoo.fr

L'Harmattan RDC
185, avenue Nyangwe
Commune de Lingwala – Kinshasa
matangilamusadila@yahoo.fr

L'Harmattan Congo
219, avenue Nelson Mandela
BP 2874 Brazzaville
deunovmikhael@gmail.com

L'Harmattan Mali
Immeuble Mgr Jean Marie Cissé
Aci Hamadallaye
BP 145 Bamako
syllaka@yahoo.fr

L'Harmattan Togo
Djidjole – Maison Amela
face EPP BATOME
02 BP 20680 Lomé
didieramela11@gmail.com

L'Harmattan Côte d'Ivoire
Résidence Karl – Cité des Arts
Abidjan-Cocody
03 BP 1588 Abidjan
harmattan.ivoire@gmail.com

L'Harmattan Bénin
Rue 604, (Immeuble à l'entrée
de la rue UCAO- Cite de Saint-Jean)
Cotonou
stepcorpus@gmail.com

Nos librairies en France

Librairie internationale
16, rue des Écoles
75005 Paris
librairie.internationale@harmattan.fr
01 40 46 79 11
www.librairieharmattan.com

Librairie des savoirs
21, rue des Écoles
75005 Paris
librairie.sh@harmattan.fr
01 46 34 13 71
www.librairieharmattansh.com

www.ingramcontent.com/pod-product-compliance
Lightning Source LLC
LaVergne TN
LVHW080926071026
849535LV00013B/4110
* 9 7 8 2 3 3 6 4 9 6 0 0 9 *